생활과 춤 문화

LINE DANCE
DANCE SPORTS

LIFE AND DANC
CULTURE

OUPLE
DANCE

SOCIAL
ANCE

박현숙 지음

KYOWOOSA 교우사

서문

나의 춤, 무용 그리고 댄스

진부한 표현임에도 나에게 있어서 춤은 산소와 같다고 표현하는 것이 가장 적절할 듯하다. 한순간 벅찬 호흡을 내쉬면서도 그에 따르는 희열은 무엇과도 비교하기 힘든 내 삶의 에너지가 되는 것이다.

살면서 생활에 필요한 최소한의 움직임마저 온 몸으로 그 무게를 고스란히 느끼거나, 일상의 소소한 움직임들이 한 순간 노동 아닌 노동처럼 내 몸을 힘겹게 할 때가 있다. 그러나 춤추는 순간의 에너지는 나 자신도 이해할 수 없는 보이지 않는 근원의 힘이 작용하는 듯하다. 거짓말처럼 마치 방전된 배터리 속의 숨겨진 전류가 순간 내 발끝을 관통하면서 나는 듯이 내 몸을 가볍게 만들곤 한다.

나를 춤의 세계로 이끈 것은 철들기 전부터 소망해 온 오랜 발레에 대한 환상을 현실로 만든 내 고집이었다. 이후 춤과 함께하는 세월 속에 우연히 만난 댄스스포츠는 내 춤 인생에 있어 중요한 터닝 포인트였으며, 내가 가지고 있던 그리고 나 자신도 미처 알지 못했던 나 속의 또 다른 나를 발견하고 끼를 분출하게 만든 장(場)이었다. 춤에 대한 욕심은 끊임없이 계속되었고, 거의 1년간 매주말마다 힘겹게 상경하여 접하게 된 아르헨티나 탱고, 그리고 플라멩코는 나의 춤에 아주 멋진 활력과 탄탄함을 주었다. 발레가 밑거름이 되어 스포츠 장면에서의 미학적인 예술성과 같은, 결코 스포츠 형식만으로는 부족한 공연예술로서의 댄스스포츠를 다시금 인지하게 되었고, 주변예술분야에 대한 이해와 습득으로 내가 진정 원하는 춤에 생기를 더하게끔 해 주었던 소중한 경험들이 큰 기쁨이던 시기였다.

자타공인 지금도 가끔 고개를 끄덕이는 부분이 있다. '나의 모든 춤들은 발레 덕을 톡톡히 본다'는 것이다.

서양에서 발생되고 발전되어진 수많은 춤의 분야는 대부분 발레를 근간으로 한다. 발레를 전공한 사람이 다른 장르의 춤으로 전향하여 매진을 하거나, 각 분야의 댄스를 좀 더 섬세하고 세련되게 소화하기 위해서 발레의 필요성을 느끼게 되어 따로 발레레슨을 받는 경우도 많이 보았다. 이것은 서양 춤의 역사에서 발레가 차지하는 비중만큼 오늘날 지구상에 존재하는 수많은 춤꾼들이 그들만의 최상수행(Peak–Performance)을 위해 발레기법을 통한 몸만들기를 하고 있는 것이다.

나 또한 여러 가지 춤의 분야를 접하고 익히면서 먼저 발레를 익힌 내 몸이 또 다른 분야의 춤을 익히는데 밑거름이 되는 탄탄한 주체가 된다는 사실에 얼마나 감사하고 또 다행스런 생각이 들 때가 많았는지 모른다.

물론 발레로 오랜 시간 다져진 신체이기에 부딪히는 장해 또한 만만치 않았다. 내가 매진한 장르 가운데 댄스스포츠는 오늘날 영화나 다양한 예능 프로그램을 통해 자연스럽게 대중의 인식 속에 스며들고 있는 커플 댄스 가운데에서도 가장 독립적이며 세계인의 스포츠예술로서 자리매김하고 있는 분야이다. 라틴 5종목과 모던 5종목으로 구성되어 있는 이러한 댄스스포츠의 매력을 접하고 프로선수로서 활동하는데 있어서 발레무용수가 댄스스포츠선수가 되기 위해서는 보이지 않는 어려움이 따르게 될 수도 있다. 발레에 익숙한 몸을 먼저 댄스스포츠 움직임의 원리에 적합한 신체로 전환하는 과정이 선행되어야 하는데, 이는 일반인들이 처음부터 거치는 숙련과정보다 더 힘들 수 있는 것이다. 흔히 표현하기를 이미 그려진 그림을 수정하거나 다시 지우고 채워 넣는 것보다, 백지상태에서 새롭게 그려 넣는 것이 훨씬 수월한 법이라고 한다. 정말 공감할 수 있는 말이다.

댄스스포츠의 라틴댄스 분야는 흡사 쇠사슬을 끄는 듯 무거운 걸음과 같이 발과 지면의 마찰을 통한 끈끈한 체중이동이 몸 전체의 바디 무브먼트로 표현되어 다이내믹한 에너지를 만들게 된다. 특히 라틴의 기본종목인 룸바는 가볍고 우아하며 인체의 아름다운 선으로 표현되는 요정같은 발레리나의 움직임 원리와는 많은 차이점을 가지고 있기에, 이를 극복하기까지의 워킹을 비롯한 몸만들기는 매우 필요한 인고의 과정일 수밖에 없다(때로는 훈련과정에서 발목에 무거운 모래주머니를 차고 동작을 하거나, 양 손에 무거운 아령을 들고 흔들리지 않는 상체와 하체의 균형으로 워킹 연습을 하는 경우도 있다). 하지만 이와 같은 한계를 잘 극복하고 내 몸의 근육과 신경들이 라틴액션의 기본적인 몸 원리를 인지하게 되는 순간 발레전공 출신의 댄스스포츠 선수들은 비로소 일취월장하게 된다. 대부분의 춤에 필수요소인 유연한 몸과 스피디한 회전이나 점프력은 그들의 액션에 거대한 날개를 달아주어 다른 이보다 멀리 그리고 높게 날게 하는 것이다.

고도의 밸런스 능력과 섬세하고도 현란한 다리동작, 음률을 온 몸으로 느끼고 절절한 감성으로 표현하며 상대 파트너를 휘감아 도는 발끝이 돋보이는 아르헨티나 탱고 또한 발레기법이 익숙한 무용수에겐 더할 나위없는 매력이 될 수 있다. 플라멩코의 상징인 꽃잎이 흩날리는 것을 묘사하는 특유의 손동작과 함께 정열적인 스타카토와 더불어 선홍의 스커트 자락 너머 휘몰아치는 화려함은 추는 이와 보는 이 모두의 피를 뜨겁게 만든다. 발레리나라면 이미 '돈키호테'나 '카르멘' 등과 같은 발레작품을 익히면서 이러한 움직임을 비슷하게 경험했던 터라 그 기본바탕 위에 플라멩코 특유의 탭을 가미한 액션을 표현하는데 있어서 매우 유리할 수 있는 것이 바로 이러한 춤의 연계성일 것이다.

내가 욕심을 내어 익혔던 아르헨티나 탱고 액션은 댄스스포츠 모던에 속하는 탱고(컨티넨탈 탱고, 유러피언 탱고)와 라틴 각 종목의 움직임에도 많은 도움이 되었으며, 플라멩코는 투우경기를 형상화한 파소도블레 동작에서 기본자세와 플라멩코 탭스 등과 같은 스페인 고유의 춤 흐름을 표현하는데 당당함을 주었다.

여러 가지 댄스들을 접하면서 매번 느끼게 되는 발레에 대한 고마움은 예외 없이 근래에 심취하게 된 라인댄스라는 장르에서도 발휘되고 있다. 컨트리스타일에서 출발하였지만, 오늘날에는 수많은 다양한 분야의 춤과 리듬을 접목시킨 장르가 라인댄스분야이기에, 대표적인 왈츠계통과 라틴움직임의 작품들을 멋지게 소화하기 위해서는 발레와 댄스스포츠를 전공한 사람에게 매우 유리하다는 것이 일반적인 통설이다.

다양한 신체활동이나 댄스분야를 통해 심신의 건강을 위한 효과나 교육적 가치와 같은 많은 장점들을 얻을 수 있듯이 라인댄스 또한 명실상부한 다양한 장점들을 가지고 있다. 특히 댄스스포츠와 같은 커플 댄스를 이미 경험한 이들에겐 솔로댄스의 자유로움과 해방감을, 다양한 춤의 리듬을 접하고 싶었던 이에겐 지구상에 존재하는 수많은 리듬과 춤의 동작을 쉽게 경험하게 해 준다는 것이 우선 가장 큰 매력으로 다가온다. 춤이 대중화되고 보는 춤에서 하는 춤으로 발전되고 있는 오늘날 대중들의 욕구를 충족시키는 댄스문화가 바로 라인댄스가 아닐까 싶다. 물론 기본적으로 춤을 통해 얻을 수 있는 신체적, 정신적, 사회적 효과 또한 더불어 얻게 되는 것은 물론이다.

댄서로서 지도자로서 춤을 대하는 것도 중요하지만, 인생의 경험과 춤에 대한 마음이 넓어짐에 따라 내게는 이제 초심으로 돌아가는 작업이 남은 듯하다. 순수하게 춤을 즐기는 순간이 좋았고, 지금도 각 각의 춤을 처음 접했을 때의 환희를 기억하면서, 춤이 있어 내 인생이 더 행복하기에 오늘 이 순간도 춤에 흠뻑 빠져 본다.

이 책을 내면서

춤이란 무엇인가에 대한 근원적인 사고부터 동서양 춤의 역사적 배경을 좀 더 쉽고 재미있게 들여다 볼 수 없을까.

인간의 삶속에 공존했던 춤이 누구에 의해 어떠한 형태로 계승되고 추어져 왔는가.

춤 역사상 대표적인 인물을 통해 당시의 문화와 사회적 이슈, 그리고 춤의 역할을 되짚어 보면 어떨까.

생활 속에 전승되어 온 대표적인 춤과 오늘날까지 삶 속에 이어져 내려오는 춤들을 한 눈에 알아볼 수 없을까.

P.R.E.F.A.C.E.

더불어 그러한 생활 속의 춤을 나도 한번 도전해 볼 수 없을까.

이 책은 이러한 바람을 근간으로 사실적인 역사와 계보 그리고, 구태의연한 내용들의 나열이 아닌 시대를 아우르는 토픽이나 상징적인 인물을 통해 역사 속의 춤을 보다 친근하고 매력적으로 다가갈 수 있는 내용으로 구성해 보았다. 인류 역사상 인간들의 삶과 생활 속에 뿌리내려온 춤에 대해 이해하고, 오늘날까지 우리의 삶속에 그대로 살아 있는 춤들의 향연을 조금 더 현실적인 감각으로 조명하고자 하였다.

춤과 관련된 전반적인 내용을 다룸에 있어서 사실적 연속성은 특별히 고려하지 않았으며, 역사적 흐름가운데 상징적인 부분을 제시하여 그 토픽을 보다 세부적으로 전개하여 그 시대의 춤과 생활을 이해하고자 하였다.

제 1장 '역사와 춤'을 통해서는 춤의 역사 속 상징적인 인물이나 토픽을 제시하여 그 시대 춤의 흐름과 인간생활 속의 춤을 이해하고자 하였으며, 제 2장 '인간과 춤'에서는 춤을 추는 인간의 몸을 동서양의 관점에서 그 상징성을 비교하면서 동서양 문화와 춤의 흐름을 이해하고자 하였다. 그리고 제 3장 '대중과 춤'을 통해서는 예술로서의 춤과 대중문화 속의 춤을 이해하고, 오늘날 전 세계인이 공유하며 즐기고 있는 대중속의 댄스문화를 보다 자세히 제시하였으며, 제 4장 '생활과 춤'에서는 오랜 시간 역사적 흐름과 시대적 변천 가운데 인류의 역사와 함께 자생되어 오늘날까지 현대인들의 삶과 사교의 현장에서 직접 향유되고 있는 인터내셔널 커플 댄스인 댄스스포츠와 더불어 세계인들이 함께 공유하는 라인댄스 문화를 자세히 이해할 수 있도록 하였다. 마지막으로 '춤 따라잡기'를 통해 댄스스포츠와 라인댄스의 패턴을 쉽게 응용하여 즐길 수 있는 실전의 장을 마련하였다.

그리고 이 책에서는 필자가 신문에 연재한 '춤 문화'에 관한 칼럼을 책 내용과 관련되거나 도움이 될 수 있는 장면에 삽입하여 본문 내용의 이해를 돕도록 하였다.

[생활과 춤 문화]는 전공자뿐만 아니라 춤을 처음 접하고 또 춤을 보다 쉽고 재미있게 이해하기를 원하는 모든 이들에게, '인간'과 '춤'의 관계에 또 다른 시각으로 다가갈 수 있는 경험이 되리라 생각하며, 이 책을 통해 보다 매력적인 춤의 세계를 가까이 느낄 수 있기를 바란다.

끝으로 책을 출간함에 길을 열어주시고 독려해 주신 민경진 교수님과 최재희 교수님께 감사의 마음을 전하며, 책의 출간을 지원해 주신 교우사 관계자 여러분께도 진심으로 감사드리고 싶다.

2015. 여름에 접어들며

박현수

차례

Ⅰ. 역사와 춤

C.O.N.T.E.N.T.E.S.

Ⅱ. 인간과 춤

Ⅲ. 대중과 춤

차례

V. 춤 따라잡기

I

역사와 춤

01
'춤' 원초적 본능

춤은 '인간의 신체가 운동하는 것'으로, 정확하게 말하자면 춤은 운동이 행해지고 있는 순간에만 존재하고 운동이 중지되는 순간에는 춤도 사라진다.

가령 춤이 인간의 신체와 같이 있다고 해도 인간의 신체는 언젠가는 죽는 것이기에 그와 동시에 춤도 죽는 것이다. 아무리 유명한 무용가라 해도 그 사람의 죽음과 함께 사멸(死滅)되는 것이 바로 춤의 성질이다. 따라서 역사적으로 무용의 흐름을 정확하게 묘사하는 것은 실질적으로 한계가 있으며, 기록되어지고 보관된 몇몇 자료와 가설 그리고 본능적인 상상에 의해 해석하고 이해하는 측면이 많을 수밖에 없다.

♪ 춤추거나 사냥하는 모습이 그려진 불가리아 마구라 동굴벽화(B.C. 8000)

인간의 삶은 춤과 함께 시작했다. 춤은 완전한 생명체를 만들기 위한 작은 떨림에서 시작되었고, 최초의 사회에서 상호 소통하기 위해 학습된 문화였다. 춤의 발생은 흔히 원시시대까지 거슬러 올라간다. 인간은 본능적으로 춤을 추기 시작했고, 이는 삶 속에서 공존하는 생활로서의 춤이었다. 춤을 위한 춤, 예술로서의 춤이 아닌 자연과 환경에 순응하고 의지하기 위한 자연스러운 몸짓이었으며, 살아남기 위한 본능적인 움직임이 바로 그들의 춤이었다.

그러나 '인간의 춤'이 세상에 존재하는 '모든 움직임'을 의미하지는 않는다.

때때로 인간은 자연 현상 속에서 인식할 수 있는 움직임이나 동물의 움직임을 보고 '마치 춤추는 것 같이 보인다'라고 말한다. 이것은 자연 현상이나 동물이 실제로 춤을 춘다는 것이 아니라 그것이 인간의 공간을 차지하고 시간을 취하면서 움직이기 때문에 마치 춤추는 것과 같이 느껴진다는 것을 의미한다. 꽃이나 새가 실제로 춤을 춘 것이 아니라 인간이 그 모습을 보고 춤을 은유한 것이다.

어떤 사람이 행하는 하품이나 재채기 같은 본능적인 모습을 보고 우리는 '춤춘다'고 말하지 않듯이, '춤추듯이 말을 한다'라는 비유도 실제로 춤을 추는 것이 아니라 일상적인 몸짓을 춤에 비유한 것이다.

♪ 현대발레 [백설공주] 중, 몸짓으로 의사 전달하는 모습

우리 인간은 자신의 생각이나 주장을 여러 가지 '몸짓'으로 표현한다. 인간은 주로 언어(verbal language)를 통해 의사를 소통하지만 여러 가지 표정, 손짓을 함께 사용하기도 한다. 때에 따라서 언어보다는 몸짓이 더욱 효과적인 경우도 있듯이, 몸짓은 풍부한 의미를 담고 전달하는 또 하나의 언어(nonverbal language)라고 할 수 있다. 마음과 몸, 감정과 몸짓은 하나이기 때문이다. 몸짓으로서의 감정 표출을 억누르는 일은 부자연스럽다. 살아있는 인간을 마음(mind)과 몸(body)으로 따로 나눌 수 없듯이 감정과 몸짓 역시 그러하다.

언어가 혀와 입술의 무용이라 한다면 무용은 전신적 언어이다. 언어를 습득하는 과정을 사회화 과정이라고 한다면 이것이 바로 무용의 출발이 될 수 있다. 언어의 힘에 대한 경외가 노래를 낳고 시를 낳았듯이, 자신의 것이면서도 자신의 것이 아닌 신체에 대한 경외가 무용을 낳았다고 볼 수 있다.

인간은 강한 짐승들을 흉내 내고 아름다운 꽃을 흉내 낸다. 부모의 표정과 말을 모방하여 언어를 습득하고 동작을 익히듯이 인간은 모든 사물과 자연현상까지도 모방하는 존재이다.

춤이 체현하고 있는 것이 인간의 이러한 성질이다. 다른 이와 공감하고 다른 이를 모방하고 다른 이를 계승하는 것에 의해 인간의 기반을 확보하고 확장시켜 나가고 있다. 무용을 볼 때에도 사람은 자신도 그 움직임 속에 있다는 것을 발견하곤 한다. 높이 뛰고 재빨리 도는 무용수와 함께, 보는 이 또한 높이 뛰고 빨리 돈다. 무용수가 무엇인가가 되어 춤추듯 보는 이도 무용수를 통하여 그 무엇인가가 되는 것이다.

♪ 동물본능을 모방한 바디페인팅

'무용'이라는 말은 근대에 와서 불리어진 것으로, 본래 무(舞) 또는 춤이라 하였다. 그러나 근대에 영어의 댄스(Dance), 독일어의 탄쯔(Tanz)라는 말이 들어오게 되어 무용(舞踊)이라는 말로 예술적인 춤을 의미하게 된다.

인간의 본능에서 우러나오는 '몸짓'이 무용이 되기까지는 많은 조건이 구비되고 정비되어야 하는 것인데, 가령 원시인들의 희열과 기쁨에 의한 신체동작이 본질상으로 현대인이 생각하는 무용이라고 할 수 있느냐 하는 데 대해서 명확히 단정하기는 어려울 것이다. 그러나 무용의 정의를 말할 때 집단적 환희나 종교적 희열의 강렬한 자극에서 일어나는 근육 스스로의 움직임인 우미한 동작의 여러 가지 구성의 복합체라고 표현한다.

어느 학자는 인간에 있어서 음악과 무용은 모태(母胎)에서 세상에 나오면서부터 시작되었다고 말하기도 하고, 또는 모태 속에 태아로 있을 때에 꼬물거리고 있었으니 태아 때부터 무용은 시작되었다고도 한다. 해석이 다양하고 구구하지만 인간의 육체에 토대를 둔 신체의 움직임이 무용의 기초가 되는 것은 부정할 수 없으며, 지구상에 인류가 생존하기 시작함과 더불어 일어났음에 틀림이 없다.

춤은 인간의 본능이며, 원초적인 신체의 기능이기 때문이다.

문/화/칼/럼/

숨

몸속에서 울리는 리듬 일깨우다

'춤'이란 글자는 '숨'에서 나왔다고 한다.

'숨'이란 규칙적인 떨림이며 우리 몸속에 내재된 가장 자연스러운 리듬이다. 이런 리듬감의 표현에서 춤이 출발하게 되는데, 숨 쉬는 듯 자연스러운 움직임이 이루어질 때, 우리는 비로소 꽃이 되고 물이 되고 바위가 되며 날아오르는 새가 되어 자연을 품에 안을 수 있는 평안을 느끼게 된다.

'숨' 쉬는 것처럼 인간에게 주어진 자연의 리듬 가운데, 가장 음률에 가까운 것이 또한 '심장의 고동소리'이다. 아프리카 정글 한 가운데서 칠흑 같은 밤의 공기를 가르는 북소리처럼, 열정적인 쿠바인의 축제가운데 울리는 봉고나 마라카스 리듬처럼, 단순하게 두드려지는 리듬이 반복될 때 솟구치는 원초적 흥분은 춤을 제대로 알지 못하는 사람에게도 강렬한 느낌을 가져다준다.

이는 바로 인간이 자궁 속에서 유영하며 듣던 어머니의 심장소리이자 달콤한 젖을 찾으며 느꼈던 따뜻한 어머니 품속에서의 소리이며, 자연으로 돌아갈 때까지 내 속에서 쉼 없이 들려주는 리듬이기도 하기에, 우리는 그 두드림 속에서 편안함을 찾는지도 모르겠다.

순수 예술무용을 하는 이들은 가끔 몸의 소리에 귀 기울인다. 그러기에 그들의 움직임에 있어서 음악은 필요하지만 필수적인 요소는 아니다. 내 속에서 울리는 훌륭한 소리는 어떤 음악이 주는 감동도 대체할 수 없을 만큼 심금을 울릴 수도 있거니와, 들리지 않는 소리지만 내 안의 리듬에 맞춰 움직여내는 몸짓 하나에서 관객들은 리듬을 볼 수 있고 또 느낄 수도 있는 것이다.

가끔 무용작품을 감상할 때, 드넓은 무대공간과 화려한 조명 속에 울려 퍼지던 고고한 음률이 순간 없어지고 적막감속에서 홀로 무대를 가르는 무용수의 움직임만을 쫓을 때가 있다. 일순간 흐르는 정적은 무심히 흘려듣던 일상의 소리들(기침, 관객의 부스럭거리는 움직임, 숨소리 등)을 부각시키면서, 관객의 긴장감을 유도하여 무대와 무용수의 소소한 움직임 속에 그들의 눈길을 묶어둔다. 정말 전하고 싶고 호소하고 싶은 의미가 있을 때, 안무가는 과감히 음악을 없애고 모든 이의 시선을 확보한다. 이는 심장의 리듬에, 인간의 본능에 호소하는 것이다.

춤이란, 가장 원초적인 생명현상의 표현이다. 우리가 추는 춤은 특별한 행동이 아니라 우리가 살아있음을 표현하는 가장 자연스러운 몸짓인 것이다.

살아있음에 감사하고, 감동을 누릴 수 있음에 벅찬 내 안의 소리에 귀 기울여 보자.

02
죽음의 무도(舞蹈)

1) 무도병

인간은 고통스러운 삶 속에서도 춤을 추었다.

오랫동안 전성기를 누렸던 고대 로마제국이 사치와 향락, 그리고 부패로 인해 멸망한 후 유럽은 서로 싸우고 분열하는 혼란 상태에 빠지게 된다. 그래서 사람들은 개인적인 발전이나 독립보다는 오히려 현실의 고통과 외부로부터의 안전을 구하려하게 되었다.

이러한 시대에 중세의 기독교는 나약한 민중들을 이끌어가며 영혼의 구원자적 역할을 하게 되는데, 기독교가 주창하는 정신이 현세보다는 내세를 중요시했던 까닭에 영혼은 존중되고 육체적 욕구는 무시되는 심신이원사상(心身二元思想)이 팽배해졌다. 따라서 인간의 본능적인 솔직한 감정표현은 죄악시되었고, 인간의 육체로 표현하는 무용 또한 억압되었다.

그러나 결국 이러한 중세 초기 기독교의 금욕주의는 인간의 일탈행위로 '광란의 춤'을 발생시켰고, 기근과 병마와 싸우며 죽음의 공포를 덜기 위한 '죽음의 춤'을 추게 했다. 이 '죽음의 춤'은 사회 각층의 사람들을 심야의 유희로 유혹했는데, 이는 엄격한 금욕주의에 대한 반발이자 민주주의 사상과 각성을 보이려는 것이었다.

이러한 춤들은 '무도광'의 맹렬한 기세에 말려든 신의 신비로운 힘을 드높이기 위한 탈혼 상태의 춤이었으며, 기독교화된 디오니소스적인 의식이었다. '무도광'은 병적인 탈선으로서, 사람들은 광기가 들어서 며칠씩 이리저리로 춤추고 설치며 돌아다니다 고통과 피로로 죽어버렸다. 이러한 의식에는 격렬한 열광과 황홀경의 체험이 존재했으며, 이는 춤추는 자를 신격화하는 것이었다.

서민적 괴질증상의 일종으로 순간적인 광기 또는 발작 증상처럼 나타난 '무도광' 또는 '무도병'은 1000년부터 1300년경까지 전 유럽에 광적으로 퍼졌던 춤이었다. 이 춤을 출 때에는 남녀노소가 모두 광적으로 날뛰면서 빙글빙글 돌고 몸을 뒤틀고 소리를 지르며 입에 거품을 물고 춤을 추었으며, 한번 시작하면 몇 개월 동안이나 계속 되어 의사나 사제도 속수무책이었다고 한다. 무도광 증상은 한 사람씩 개별적으로 발병하는 것이 아니라 순식간에 연쇄적으로 일어나서 집단화되었는데, 환자들의 행렬이 교회로 인도되는 즉시 평정을 되찾는다는 흥미로운 사실도 전해진다.

♪ 중세시대 죽음과 함께하는 삶을 묘사한 그림

2) 죽음의 춤

'죽음의 춤'은 프랑스에서 기원되었다고 일컬어지는 춤으로써 중세 동안에 계속 되다가 1300년부터 1400년대에 걸쳐 절정에 달했다.

죽음의 춤은 일반적으로 교회의 묘지에서 시작되었다. 이 춤은 누군가가 죽었을 때 혹은 교회의 축제 때 사람들이 갑자기 교회의 묘지에서 노래하고 춤을 추기 시작하였는데,

♪ 미카엘 볼게무트 '죽음의 무도'

사제가 그만하라고 명령하면서 이들에게서 악령을 몰아내기 위한 기도를 그칠 줄 모르고 지쳐 쓰러질 때까지 계속하게 된다. 교회는 무덤에서의 춤을 금지시키기 위한 여러 가지 조치를 강구하였음에도 이러한 춤을 종식시킬 수 없었다.

무도병과 비슷한 증상의 것으로 타란튤라 거미에 물려서 생긴 병으로 생각되었던 일종의 발작적인 춤이 있었는데, 치료법으로서의 이 춤이 현재에는 이태리의 많은 도시에서 타란텔라라는 민속무용으로 남아있다.

중세의 사람들은 절망에 빠져 있었고 마음이 흔들렸으며 육체적으로나 정신적으로 매우 저항력이 약했다. 1233년 이탈리아 민중들은 저항할 수 없는 강박증에 걸려 나뭇가지와 촛불을 들고 고해 신부들 뒤를 따랐다고 전해지는데, 4년 후 독일에서는 강박증에 걸린 100명 이상의 아이들을 에어푸르트에서 아른슈타트로 이주시켰다고 한다. 이때 [하멜른의 쥐잡이꾼] – 우리나라에서는 '하멜른의 피리 부는 사나이' – 이야기가 생겨나게 된다.

이 이야기는 어떤 쥐잡이꾼에 관한 전설로서 하멜른 시의 주민들은 쥐로 들끓는 재앙에서 도시를 구해내는 사람에게 상금을 주겠다고 했다. 한 사나이가 나타나서 피리소리로 쥐들을 홀려 강가로 유인해 모두 빠져 죽게 만들었는데, 주민들이 약속했던 상금주기를 거부하고 그를 도시에서 쫓아내 버린다. 그러자 그는 피리를 불어 그 도시의 아이들을 유인해 산으로 끌고 감으로써 마을 사람들에게 복수하게 되는데, 이때 아이들은 춤추면서 그 피리소리를 따라 갔고 산의 입구가 열리자 쥐잡이꾼은 그곳에 아이들을 가두고 잠그게 된다. 이때 소년 하나만이 탈출해서 이 끔찍한 소식을 도시에 알리게 된다는 내용이다.

♪ 타란튤라 거미

♪ 하멜른의 피리 부는 사나이

당시에 평균 수명은 대략 30세였다고 한다. 죽음은 어디서나 볼 수 있었으며, 유럽에 대대적으로 퍼진 '페스트'가 수백만 명의 목숨을 앗아가게 된다. 죽음의 무도에서 죽음 앞에 모든 인간들은 교황이든 거지든 상관없이 평등했으며, '죽음의 무도'로 춤곡을 연주하는 가운데 각각의 연령과 신분의 사람들이 죽음의 인도를 받아 자신의 나라로 떠나가게 된다.

이처럼 시대의 요구에도 불구하고 인간들의 삶에 있어서 무용의 뿌리가 아주 없어질 수는 없었으며, 중세 교회의 압박에도 불구하고 무용은 기사의 보호 아래 궁중의 가장 큰 대회나 무도회에서는 이루어졌다. 그러나 춤은 무엇보다도 민중들의 삶 가운데에서도 막을 수 없는 인간의 본능적인 욕구로서 또는 권위에 대한 일종의 반항운동으로서 중요한 부분을 차지하게 된다.

여기에서 여러 세기 동안 세계 각 지방에서 자유롭게 성장한 민속적인 춤이 출연하게 되는데 그 춤이 바로 오늘날까지 전승되고 발전되어 온 포크댄스(Folk Dance)인 것이다.

문/화/칼/럼/

춤, 순수로의 회귀

무용인들이 만들어내는 다양한 이야기들은 그들의 무한한 상상의 세계와 맞닿아 있다. 인간의 정서를 언어나 소리가 아닌 몸짓으로 만들어 내는 이들의 움직임은 한 폭의 그림들이 연속적으로 공간을 채우는 듯하다.

생각하고 싶고 또 그 생각에서 벗어나기 위해 우리는 쉼 없이 예술을 찾는지도 모른다.

흔히 역사의 눈으로 짚어보는 중세를 말할 때 암흑기(Dark Age)라고 표현한다. 중세는 인간의 개인적 발전이나 독립을 구하기보다 우선 안전을 원하는 심리에 의하여 기독교의 통일을 일으킨 시대이지만, 후대의 회화, 조각, 음악, 건축 등의 예술 활동은 종교를 바탕으로 많은 진보를 보게 되는데 반하여 무용은 금욕주의에 의해 비통을 겪게 되는 한을 남기게 된다.

그러나 몸짓, 나아가 아름다운 움직임에 대한 예찬은 본능 속에 내재된 인간의 순수한 갈망에서 출발하기에, 소박한 대중으로부터 발현된 춤이 결국 집단생활의 여가선용의 방법으로 뿌리내리게 되어 오늘날 세계 각국의 민속무용(Folk Dance)으로 정착하게 되는 결과를 가져오게 된 것이다.

춤추는 것은 인간의 본능이다.

또한 움직임의 본능은 광범위하다.

오늘날 소위 춤의 분야로 구분되는 장르는 예술무용인 한국무용, 현대무용, 발레를 기본으로 하여 커플 댄스이자 스포츠의 한 장르인 댄스스포츠를 비롯하여 대중에 깊이 뿌리내린 재즈, 라인 댄스, 힙합 등 다양한 춤의 분야가 있다. 보는 춤으로부터 하는 춤에 이르기까지 다양한 몸짓이 우리들 가운데 존재하며 우리와 함께하고 있기에 대중들의 눈높이 또한 나날이 발전할 수밖에 없다.

예술을 사랑하며 본능으로부터의 희열을 예찬하는 이들에게 필요한 것은 '순수로의 회귀'다. 비판에 앞서 과정에서 오는 즐거움, 행복한 마음으로 표현하는 이들에 대한 공감을 먼저 생각할 때 이들의 몸짓은 더욱 가벼워질 것이다.

오늘날 춤은 대중 가운데 가까이 존재한다. 여러분들의 일상의 소소한 움직임 또한 아름다운 몸짓이 될 수 있다.

03 춤추는 왕

왕이 춤을 춘다? 영화 <왕의 남자> 얘기가 아니다. 사실 왕은 춤을 추지 않는다. 적어도 우리나라의 공식 문헌상으로는 그렇다. 그러나 정재(궁중무용) 중에서 드물게 독무이자 무용수들이 가장 즐겨 추는 춤인 <춘앵전>을 순조 때 효명세자가 창제했다는 기록을 보면, 조심스럽기는 하지만 비공식적으로는 춤을 직접 즐기지 않았을까 추측해볼 수 있다.

동서양의 무용사에서 한 나라의 국왕이 춤을 춘 기록을 발견하기는 쉽지 않다. 한 나라의 국왕은 정치권력의 핵심이자 한 시대의 문화를 압축적으로 보여주는 상징적인 존재이다.

그래서 왕이 춤을 추었는가 그렇지 않은가에 따라 그 시대와 한 나라의 춤에 대한 사회 문화적 인식과 그 수준을 파악할 수 있고, 춤의 역할과 기능 및 가치까지도 유추할 수 있다.

1) 우리나라의 춤추는 왕

우리나라에서 행해진 왕의 춤은 단군이 제사장으로 존재했던 제정일치시대 이후 고려조까지 계속되었을 것으로 추정하지만 역사서에 남아있는 왕의 춤은 [조선왕조실록]에서 그 모습을 찾을 수 있다.

조선을 건국한 태조 이성계를 비롯하여 연산군에 이르기까지 왕들은 공식적인 행사후의 연회나 기로연과 양로연 같은 곳에서 여흥을 위해 혹은 효를 표하기 위해, 또는 위로를 위해 춤추기를 권유하거나 직접 춤을 추었다. 그러나 당시 성리학적 유교의 영향으로 왕이나 대신들이 춤추는 것은 쉽지 않았다.

♪ 드라마 [정도전] 태조 이성계의 춤

[태조실록]에 의하면 태조 4년에 있었던 한 주연에서 태조가 정도전에게 춤을 권했는데 정도전이 즉시 일어나 춤을 추었다는 기록이 있다. [정종실록]에는 왕이 직접 춤 춘 내용이 기록되어 있는데, 예에 어긋난다는 내관의 말을 무시하고 세자와 함께 여러 차례 춤을 추었다고 한다. 정종과 태종 또한 여러 차례 춤을 춘 왕으로 기록되어 있으며, 태종은 세종에게 왕권을 물려주고 상왕이 된 이후에 아버지인 태조와 형인 정종 그리고 세종과 함께 춤을 추었고, 즐거운 자리, 연회의 자리, 성균관 유생과의 술자리, 문병한 자리에서 춤을 추었다고 한다. 정종은 당시 태조를 기쁘게 하기 위해 춤을 추었는데, 이때 태상왕이 총애하는 기생 '무협아'를 불러내어 잔치에 참여한 것으로 보아 춤의 형태는 기생이 추었던 춤과 비슷한 형상이었을 것으로 유추된다. 당시 기생의 춤은 교방에서 추었던 것으로 궁중정재의 형태가 대부분이었다.

2) '최초의 발레스타' 태양왕 루이 14세

왕과 귀족들이 예술을 후원하는 일은 그리스와 로마 시대부터 있었던 유럽의 오랜 전통이다. 매우 화려하고 웅장한 발레 또한 그런 전통을 가지고 있다.

17세기 이탈리아의 궁중 사교춤이 프랑스에 유입돼 궁정 발레로서 정착하는 과정에서 막강한 후원자의 역할이 절대적이었는데, '짐은 곧 국가'라는 말을 남긴 절대 군주였던 프랑스의 루이 14세는 이러한 발레의 막강한 후원자였으며, 나아가 '후원자'라는 상징적인 역할을 넘어 당대 최고의 발레리노이기도 했다.

예술의 황금기를 맞아 유럽에서는 절대 권력의 위엄을 드러내고 유지하는 수단으로 춤을 이용했으며, 프랑스 문화의 황금기이자 궁정무용의 전성기를 이룩한 루이 14세는 자신의 권력과 정체성을 보여주는 자신만을 위한 발레를 추었다.

루이 14세는 어릴 때부터 오랫동안 발레를 했다고 한다. 다섯 살에 왕위를 계승한 루이 14세는 어릴 적부터 정적들로부터 왕실 전복 위협에 시달려야 했는데, 당시 유행하던 궁정발레는 그의 현실 도피처이자 정적들의 관심을 예술로 분산시킴으로써 권력을 강화하는 수단으로 안성맞춤이었다. 그는 열세 살 되던 해인 1651년 [카산드라의 발레]에서 무용수로 데뷔해 1670년 무대를 떠날 때까지 모두 27편의 발레에 출연했는데, 당연히 주연을 맡은 그는 최고 무용가로서의 지위도 함께 누렸다.

그가 '태양왕'이라는 영광스런 별명을 갖게 된 계기는 열다섯 살 때인 1653년 태양을 상징하는 아폴로가 전쟁에서 승리하는 과정을 묘사한 [밤의 발레(La Ballet de la Nuit)]에서 아폴로 역을 맡은 후, 자신이 우주의 태양을 의미하는 태양왕임을 선포하면서 부터였다. 여기서 루이 14세는 떠오르는 태양을 상징하는 금빛의 찬란한 의상을 입고 금빛의 곱슬머리를 늘어뜨렸으며 깃털로 화려한 머리장식을 했다. 왕은 명예, 우아함, 사랑, 용기, 승리, 친절, 명성 그리고 평화를 재현하는 무용수들에게 둘러싸여 있었으며 이들의 자세와 제스처는 엄격하고 기하학적인 균형을 이루었고 주로 중심축으로부터 멀리 펼쳐지는 방식의 동작으로 춤을 추었다.

루이 14세는 이와 같이 귀족들이 즐기던 궁정 발레를 자신의 발레로 변형시켰고 자신을 중심으로 문명 세계가 돌아간다는 의미로 춤을 추게 된다. 특히 [밤의 발레]는 이상적인 통치자로서의 권력 유지에 필요한 이미지를 전달하려는 의도가 짙게 깔려 있는 춤이었다.

♪ 태양왕으로 분장한 루이14세

♪ 루이 14세 초상화

이후 루이 14세는 왕립무용아카데미의 설립을 통해 교장이자 음악가인 륄리와 안무가이자 발레 마스터인 보샹과 함께 체계적인 춤을 개발하여 추기에 이른다. 이 때, 두 다리를 턴 아웃(turn-out)하여 신체의 조형미를 보여주는 형식이 만들어졌으며, 무용수와 객석을 분리한 극장에서 자신의 춤이 우아하고 권위 있게 보이도록 수직적인 춤을 추었다. 특히 5가지 다리 포지션과 12가지의 팔 자세의 기본 동작을 만들어 춤에 사용하였는데, 이것은 오늘날까지 발레의 기본자세의 원리가 된다.

루이 14세의 정치사상과 춤은 프랑스 전역의 삶을 통치했고, 장대하고 호화찬란한 바로크 예술의 상징인 베르사유 궁과 함께 프랑스 문화의 르네상스를 이룩하였다. 베르사유 궁에서 왕과 귀족들은 정치적이고 우아한 자세로 사교를 했고 화려한 궁정의상을 입은 귀부인들은 파반느(Pavane), 알르망드(Allemande), 사라방드(Sarabande)와 미뉴에트(Minuet)를 추면서 자신들의 위용과 아름다움을 뽐냈다. 그들의 춤 안에는 희로애락이 공존했다.

만약 루이 14세가 발레 스타로만 만족했다면, 역사는 그를 '권력을 활용한 욕심쟁이 무용수'정도로만 기록했을 것이다. 그러나 루이 14세는 발레 무대를 떠난 뒤 발레의 발전을 위해 지원을 아끼지 않았던 까닭에 오늘날까지도 발레 패트론(patron, 후원자)으로 기억되고 있다. 발레학교의 효시인 왕립무용아카데미 또한 발레가 지배계급의 여흥에서 전문가의 예술로 발돋움할 수 있는 중요한 업적이었으며, 이후 1672년 왕립 음악 아카데미와 통합하여 '왕립 음악 및 무용 아카데미'를 발족하게 된다. 이것이 오늘날까지 명성이 이어지고 있는 파리 오페라 발레학교 및 발레단의 모태이다.

♪ 영화 [왕의 춤, Le Roi danse The King Is Dancing]에서 루이14세의 춤

대표적으로 우리나라의 왕과 프랑스 루이 14세의 사례를 통해 살펴본 '왕들의 춤'은 특징적인 차이를 보이고 있다. 조선시대 왕의 춤은 다양한 연회의 막바지에 흥을 돋우기 위해 춤을 추는 경우가 대부분이었으며, 국왕으로서 예를 다하기 위한 위로의 춤, 우애의 춤, 효의 춤, 헌수의 춤 등으로 이루어졌다. 또한 프랑스의 왕은 궁전의 연회장에서 귀족사회의 사교를 위해 춤을 추었고, 프로시니엄 무대 위에서 펼쳐지는 예술로서의 춤을 추었으며, 자신의 위용을 드러내는 정치적인 목적으로 춤을 춘 것을 알 수 있다.

동서양 춤 문화의 한 형태로서, 왕들의 춤은 그 시대의 정치적인 위상이었으며 문화의 르네상스였다.

발레리노 태양왕 루이 14세

춤은 선사시대의 인간을 일상의 존재를 넘어 외경의 영역으로 이어주었다. 원시인들의 동굴벽화에서 표현되는 이들의 영혼은 춤을 향한 본능과 인간의 영혼 속에 깊숙이 묻혀있는 자연의 힘으로 나타나며, 그것은 만물의 충동으로까지 다가온다.

세월이 흘러 소위 일정한 형식을 지닌 춤의 형태는 이탈리아의 궁중에서 탄생되었는데, 그곳에서 춤은 하나의 정치적 도구였으며, 부와 권력의 장대함과 그 과시를 나타내게 하는 상징으로 사용되었다. 이탈리아의 발레를 프랑스로 전파시킨 이는 카트린느 드 메디치 왕비였는데, 그 손자 루이 13세 역시 열렬한 발레애호가였다.

루이 14세에 이르러서는 왕이 직접 무용수로 무대에서 활략할 정도로 발레광으로써의 왕의 면모를 역사 가운데 남기게 된다. 왕립무용아카데미(Academie Royal de Dance)를 설립하여 음악과 무용의 교육과 공연을 체계적으로 모색한 점만 보아도 루이 14세의 발레 예술에 대한 집착을 어느 정도는 짐작해 볼 수 있을 것이다.

16세기 말에 조목별로 요약되기 시작한 춤은 귀족들이 그들 군주의 찬미에 열렬히 동참하기 위한 아마추어적 취미로까지 성행되었는데, 르네상스시대의 모든 예술이 그렇듯이 춤도 그리스 로마 신화에 나오는 옛 신과 여신의 전설에서 끌어낸 우화를 통해 그 정치적 메시지를 표현한 것이었다. 실제로 귀족들의 춤 유희에 대한 참여는 계속되었고, 이는 루이 14세 시대에 절정에 달하여 궁정생활의 중요한 일면을 이루었다.

오늘날 루이 14세를 소재로 만들어진 영화 [왕의 춤, Le Roi danse]를 통해 춤을 사랑하고, 이를 훈련받고, 무대에서 주인공의 역할을 맡아하는 왕의 모습과 궁정의 무용예술에 대한 위치를 보여주는 면면을 우리는 쉽게 접할 수 있다.

어렸을 때 루이는 항상 주인공 역할을 도맡으며(실제로 집착하고, 실력도 있었겠지만 절대 권력자로서 주인공의 역할은 왕이 차지할 수밖에 없었을지도 모른다) 궁정발레에 등장했는데, 1653년에는 '밤의 발레'(Le Ballet de la Nuit)에서 '태양신 아폴로'로 출연함으로써 '태양의 왕'이라는 칭호를 얻게 되었으며, 이후로 [태양왕 루이14세]라는 별명으로까지 불리게 된다.

이로부터 4백년 후, 위대한 안무가 죠지 발란신(20세기 가장 유명한 신고전주의 안무가)의 작품에서 불꽃이 튀는 듯 천부적인 시적 영감을 불어넣은 젊은 아폴로를 그려내게 되는데, 태양왕이 실제로 현존해 있었더라면 무척이나 흡족해 했을지도 모른다.

이처럼 세계사 가운데, 우리가 생각하는 권력과 정복, 그리고 왕권의 강력한 상징으로 기억되는 왕의 근엄한 존재를 떠올려볼 때, 여리고 섬세하며 열정으로 가득한 땀과 노력이 어우러진 춤추는 왕에 대한 또 다른 이미지는 역사의 이면 속에 존재하는 인간으로서의 왕의 모습일 것이며, 이를 통해 춤에 대한 매력을 또 다른 시각으로 느껴보는 계기가 될 것이다.

04
'발레' 탐미하다

1) 왕후의 발레

발레(Ballet)는 왕후귀족의 예술이며, 탐미주의(耽美主義)의 산물이다.

15세기 유럽 왕후귀족의 탐미주의적 궁정생활은 발레의 사회적, 예술적 배경을 만들었다.

정치적으로 안정되고, 경제적으로 풍부해지면 인간은 누구를 막론하고 실리적인 것 외의 일에 눈을 돌리며 마음을 쓰게 된다. 귀족들은 일하지 않아도 생활의 걱정이 없었고 서민들처럼 세금 때문에 고심하지 않아도 되었으므로 공허한 시간을 메꾸는 데에 급급했을 것이다.

예술은 사치에서 온 것이라고 말한 미학자들도 있지만, 예술이 꼭 사치를 조건으로 삼지는 않더라도 사치와 여유 있는 생활은 예술을 낳게 하는 소지는 되었을 것이다.

15세기 이후 유럽 귀족의 생활은 무용으로 시작해서 무용으로 끝나는 일과였다. 그러나 당시 그들이 애용한 무용은 예술로서의 춤이 아니었다.

최초의 무용은 오락을 위한 것이었는데, 먼저 오락으로서의 궁정무용이 발달해서 성행했고 그것이 오락만으로는 만족하지 못해서 사교와 연결시켜 의례적인 성격을 갖게 되었으며 예술의 세계에 들어가게 된 것이다. 당시 귀족들이 어떤 무용을 사랑했는지 우리들은 상상도 못 할 정도의 대단한 것이었으며, 역사적으로도 증명되고 있다.

♪ 프랑스와 이탈리아 귀족들의 춤

궁정무용의 유행은 귀부인들의 의상보다 더 빠르게 변화했으며, 유행에 뒤지지 않기 위한 경쟁으로 궁정의 오락무용이 더욱 실행되게 되었고, 체면에 손상되지 않도록 무리를 해서라도 각자의 궁전이나 저택에 웅장한 무도실을 만들고 사치스런 댄스파티를 열었다.

귀족사회의 일원들은 거의 강제적이 된 사교교양(社交敎養)으로서 무용을 배우지 않으면 안 되는 분위기였으며, 무용이 생활의 중요한 부분을 차지하는 오락인 동시에 사교상의 교양이며 필수적인 소양이었다.

귀족들의 물질적으로 만족한 생활은 얼마 후 탐미주의를 낳게 하고 합리성을 무시한 양식으로 나타나게 되는데, 의미 없는 장식의 발달과 더불어 건축에서도 주로 실내장식의 발달이 이루어졌으며 이는 가구나 의상에까지 이르렀다. 그러나 그러한 장식들은 아름답긴 했지만 생활과는 관계가 없는 귀족취미로서 국한된 아름다움이었던 것이다.

이러한 조건과 환경 속에서 놀이로 탄생한 발레는 자신이 즐기는 춤에서 점차 무대발레로 발전해 간다. 여성이 주역을 맞게 되고 발레리나를 아름답게 보이기 위해 다양한 테크닉이 개발되었으며, 그것이 발끝으로 추는 토(toe) 댄스가 되었고, 이것이 바로 고전발레의 대표적인 특징이 되었던 것이다.

결국 발레는 모든 합리성과 자연주의를 짓밟고 귀족의 탐미취미를 만족시키기 위해서 만들어진 예술인 셈이다. 물론 그것을 찬성하고 만들어 지배한 왕후 귀족이 실질적으로 몰락하면서 발레도 우선 그 내용에서 개혁되어 형식에서도 변화를 가져왔으나, 그 기교에 있어서는 귀족 취미의 것들이 현재까지도 남아 있게 된다.

2) 발레의 탄생

발레는 고대 그리스에도 있었다는 설이 있다. 또는 중국에 그 기원이 있다는 견해도 있다. 중국의 경극(京劇)은 확실히 발레의 일종으로서, 가면극 형식의 초기발레의 느낌을 많이 내포하고 있다. 발레는 고대 중국이나 고대 그리스뿐만 아니라 고대 문명국에는 어디든 존재했던 예술형식이었다.

발레가 중세 이후 새로운 흐름의 발레로 되었지만, 이것을 '발레의 발생'이라고 하지 않고, 오히려 '발레의 부흥'이라고 역사학자들은 말한다.

일반적으로 최초의 발레는 1489년 밀라노의 베르콘치오 디 보따(Bergonzio di Botta)에 의해 개최된 갈레아 조(Galea zzo) 공작과 이사벨라(Isabella) 공주와의 결혼식 축하연에서 행해진 막간극이라고 알려져 있다. 이 축하연은 매우 성대했으며, 무용수들은 그리스 신화를 주제로 하여 막간극의 형식으로 춤을 추며 요리접시를 운반하였다고 한다. 물론 음악 반주와 무언극적 요소의 리듬에 따른 움직임이었다. 15세기와 16세기에 이루어진 이러한 발레의 테마가 된 것은 주로 그리스 신화였으나, 무용이라고 할 만한 요소는 전혀 없었으며 주로 음악과 의상 그리고 묵극(默劇)으로 이루어졌다.

3) 낭만발레와 여성무용수

사실상 1581년에 카트린느 드 메디치의 후원으로 제작된 [왕비의 발레 꼬미끄(La Ballet Comique de la Reine)]가 최초의 공식적인 발레작품으로 일컬어지는데, 카트린느 드 메디치는 1533년 프랑스 앙리 2세와 결혼하면서 조국 이탈리아의 궁정발레를 가지고 와서 소개했으며, 이것을 계기로 이탈리아 궁정에서 태동된 발레가 프랑스 궁정에서 발전을 이루게 되고 파리의 발레는 점차 예술미가 더해지게 되었다.

발레가 하나의 예술이 되었다는 사실은 프랑스 루이 14세의 공적을 특기하지 않으면 안 된다. 루이 14세는 궁정의 사교무용을 사랑했으며, 그것과 관련된 발레도 대단히 좋아했다. 그는 발레를 보호하고 장려한 것뿐만 아니라 스스로 발레를 배우고 추었던 무용수였다.

♪ 왕비의 발레 꼬미끄
(La Ballet Comique de la Reine)

발레가 큰 마루에서 행해졌을 무렵은 춤이라고 하는 것보다 묵극이었으나, 이것이 무대 위에 오르게 되면서부터는 무용극으로 변해갔다. 발레 전체가 연극적인 것으로부터 무용적인 것으로 변해서 무용수의 존재가 더욱 중요시 되게 된 것이다.

17세기의 발레는 남성 무용수의 전유물이었으나 18세기가 되면서 여성이 서서히 편승하게 된다. 이어 19세기 이르러서는 여성무용수가 압도적으로 우세하게 되었다.

발레의 춤동작은 여성무용수가 발레에 참여하게 된 후부터 한층 강화되어 새로운 춤의 테크닉이 가미되었는데, 이것은 여성의 신체미를 강조하는 테크닉이었다. 이는 발의 다섯 가지 기본 포지션에서 시작되는 테크닉과 발끝으로 추는 토 댄스를 그 극치로 하는 것이다. 현재 남아 있는 고전발레의 테크닉은 이렇게 여성을 위해 만들어진 것이었다.

고전발레에서 남성의 지위는 낮았으며, 발레리나를 높이 들어 올리고 회전을 도와주는 보조역할이 전부였다. 이는 우리나라 전통무용의 기본이 여성적인 동작들인 것과 같은 원리로, 현재에도 행해지고 있는 고전발레의 테크닉이나 기본은 모두 여성의 체격과 몸을 대상으로 만들어진 것이라고 볼 수 있다.

낭만발레, 고전발레, 현대발레를 구분하는 특징 몇 가지를 살펴보면, 우선 남성 무용수의 역할을 들 수 있다. 낭만발레에서 남성 무용수는 여성 무용수를 들어 올렸다 내렸다 하거나, 여성무용수가 회전할 때 지지대 역할을 하는 보조자에 불과했다. 하지만 고전발레에서는 이런 보조자 역할에서 점차 벗어나 그들만의 테크닉을 구사하는 무대의 주인공으로 영역을 확대하게 된다. 물론 개성을 중시하는 현대발레에서는 이런 차이도 무의미할 것이다.

♪ 낭만발레 ➔ 고전발레(로맨틱 튀튀 · 클래식 튀튀) ➔ 현대발레

다음은 무용수 의상의 차이인데, 특히 시대에 따라 변화한 발레리나의 치마 길이로 구분이 가능하다. 꿈같은 이야기를 담은 낭만발레에서는 흰옷을 입고 둥실둥실 하늘을 나는 가녀린 요정들이 등장하는데, 이들이 입는 흰색 망사 같은 옷이 '로맨틱 튀튀'이다. 복숭아뼈까지 내려오던 이 긴 치마가 고전발레로 오면 마치 뒤집힌 우산 모양의 '클래식 튀튀'로 바뀌면서 길이기 훨씬 짧아지는데, 이는 보다 자유롭게 기술을 구사하기 위한 것이었지만 여성이 다리를 드러내는 일이 금기시되던 당시엔 그 자체가 여성의 권리신장의 상징이기도 했다. 현대발레에서는 또한 이런 제약도 거의 사라졌다.

한편 발끝을 완전히 세워서 춤을 추는 포인트 기법은 낭만발레 시대의 전설적인 무용수 '탈리오니'를 상징하는 동작으로, 하늘로의 비상을 꿈꾸는 낭만발레의 이상이 담겨 있는 동작이었다. 이러한 동작은 오늘날까지 발레의 상징으로 통하고 있으며, 이 수직 자세를 원활하게하기 위해 개발된 신발이 바로 포인트 슈즈, 일명 토슈즈(toe-shoes)이다.

4) 발레의 여성성과 탐미주의

발레에서 가장 아름다운 포즈라는 아라베스크(arabesque, 기이한) 자세는 한쪽 다리를 뒤쪽 사선 방향으로 든 채 다른 쪽 발끝으로 서 있는 자세이다. 가장 이상적인 낭만발레리나였던 마리 탈리오니의 트레이드마크 동작은 한 다리를 애튀튜드(attitude)로 꺾어 들고 다른 쪽 발끝으로 선 채로 숫자를 백까지 세는 것이었다고 한다. 여성의 다리라는 단어를 사용하는 것조차 점잖지 못하다고 생각했던 빅토리아 시대에 무용수들이 다리를 높이

꺾어 들고 외다리로 서 있는 모습을 보면서 관객들이 무엇을 상상하였을지는 짐작가능할 것이다.

탈리오니는 남성 파트너 없이 솔로로 춤추는 것을 선호하였는데 이는 발레 무대에서 여성을 갈구하는 관객들의 열망에 부응하면서 동시에 위협적인 남성 무용수를 보기 싫어하는 남성 관객들의 라이벌 의식과도 맞아 떨어져 그녀를 더욱 더 매력적으로 보이게 하였다. 남성 관객들이 공연이 끝난 탈리오니를 무대 뒤로 찾아와 그녀의 토슈즈에 샴페인을 부어 마시고 토슈즈로 요리를 만들어 먹기까지 하였다는 기록은 '낭만발레 시대부터 발레리나 숭배의 전통이 생겼기 때문'이라는 설명도 있으나, 탈리오니의 열성 팬들 중에 발레리나의 다리에 성적 만족을 느끼는 사람들이 끼어 있었기 때문으로 보는 것이 훨씬 설득력이 있다.

♪ 낭만발레 마리 탈리오니

♪ 발레의 아라베스크

♪ 피겨 김연아 선수의 아라베스크

[지젤(Giselle)]이 유행할 당시 발레의 광적인 팬들이 지칭하는 유머가 잡지에 실렸는데 "그들은 '여자를 보는 것(la voir)'이 '그녀를 갖는 것(l'avoir)'이기를 바라는 사람들"이라고 하였다. 당시 남성 관객들이 애용하던 망원경은 공연을 더 잘 보기 위한 것이라기보다는 관능적인 발레리나의 몸을 더 잘 보기 위한 것이었다. 극장이라는 공공장소에서 오케스트라 박스 안에서 망원경 렌즈라는 프레임을 통해 남성 관객들은 무용수의 몸에 은밀히 성적인 시선을 투사하고 자신의 시각 경험을 개인적인 것으로 사유화하며 여성의 몸에 대한 관능적인 상상의 힘을 휘두른다. 그들은 객석의 부스와 망원 렌즈 안에서 '발레리나들의 다리를 연구하고 깊이 감상하는 것'을 아무에게도 방해받고 싶어 하지 않았다. 이와 동시에 발레리나 역시 자신의 열성 팬들을 유혹하면서 짐짓 유혹당하지 않는 척 관객과 게임을 벌이는 것이다.

이러한 발레 무대에 드러나는 여성성(femininity)은 남성 발레 감독과 관객들에 의해 만들어진 여성이었다.

문/화/칼/럼/

무용예술과 여성성

청년기로부터의 특정한 활동이나 직업에 종사함을 통해 계속적으로 성역할 사회화가 일어나게 되는데, 흔히 무용작품에서 나타나는 여성의 역할이 정형화되는 것과 무용자체가 특유의 여성다운 동작과 섬세한 표현을 통하여 여성을 더욱 여성화시키는 경향이 있다는 것은 무용이 성의 정체성에 영향을 준다는 의미로도 해석될 수 있다.

일례로 지금까지 무용 활동을 하는 전공자들의 비율은 극단적으로 여성이 높으며, 남성 전공자에 대한 인식 또한 무용 전공이라는 개념만으로도 여성의 전유물에 드물게 도전하는 특별한 일로 여겨지고 있는 것이 현실이다.

무용을 통해 얻을 수 있는 신체적 효과는 특히 여자아이의 경우, 바른 자세와 아름다운 걸음걸이 그리고 무용 활동을 통한 미적체험 등을 얻게 하는데, 이를 위해 유아 발레 클래스를 듣게 한다든지 어린이 무용단에서의 활동이나 학생들의 방과 후 교육 프로그램을 통한 무용관련 활동들을 아이들에게 접하게 하는 계기가 되고 있다.

무용관련 분야 특히 순수예술무용분야의 경우 표현되어지는 장르의 특성상 인체의 섬세한 부분을 요구하는 근 움직임에서부터 역동적인 대근육의 파워풀한 움직임까지 자유자재로 소화할 수 있는 역량을 얻기 위한 수련과정이 필요하다. 이는 다분히 인내와 땀이 수반되는 극한의 상황을 요구한다. 그러나 결과적으로 공간속에 움직임으로 나타나는 절제된 흐름과 표현되는 감성이 절절히 느껴질수록, 그리고 인체의 움직임이 곱고 아름다울수록 그 감동은 장르의 여성성을 더욱 강조하는듯하다. 때문에 타고난 재능과 끼를 지닌 남자가 여성성의 상징인 무용이라는 삶에 뛰어들어 정상에 오르기까지 마주쳐야할 심리적 부담은 여자가 부딪히는 갈등상황과는 그 정도와 색깔이 많이 다를 수 있다.

그러나 인식의 차이와 추구하는 표현방법에서의 차이점은 있지만, 남녀무용수 각자의 역할은 모두 중요하며, 반드시 필요한 위치이다.

여성이 강하고 다이내믹하게 표현해도 내면에는 정형화된 여성성이 갖는 섬세함이 내포되어 있으며, 남성이 부드러운 움직임 속에 감성적인 정서를 표현하며 나긋한 흐름을 보이더라도 그 속에는 남성이기에 가능한 강인함이 숨 쉬고 있는 것이다.

역할에 대한 기능은 인간의 삶과 사회 전반적인 흐름 속에 존재하듯이 무용예술 분야에서도 남녀 각각의 역할만이 가질 수 있는 매력을 충분히 발휘하고 멋지게 승화시키는 것이 필요하다. 남녀 무용수가 각자의 성역할에 조화로운 장점을 부각시켜 나갈 때 그에 따른 내면의 감동과 표현의 기쁨 또한 다시금 발견할 수 있다.

5) 발레와 요정

낭만발레시대에 발레리나는 요정이었다. 요정의 역할과 요정을 갈구하는 시대의 요구는 무엇 때문이었을까. 왜 수많은 발레에 요정이 등장하는 것인가. 한 때의 꿈같은 이야기를 즐기고 싶은 인간의 욕구 때문일까. 초자연적인 존재가 무대를 날아다니는 것에 대한 동경과 현실에서 탈피하고 싶은 심리가 맞물린 현상 때문에 발레리나가 요정이 되어야 했는가.

현실이 아님을 알면서도, 요정이나 정령이 존재하지 않음을 알면서도 요정이라는 초

자연적인 존재가 현실의 인간에게 속삭이며 혼과 만나는 과정에서 인생의 진실이 비추어지기 때문이 아닐까 한다. 오늘날까지 수많은 클래식 발레에서 여전히 많은 요정들이 등장하고 있다. 현재에 까지도 사람들의 마음을 반하게 만드는 요정이 그들의 마음속에 여전히 존재하는 이유이다.

[라 실피드](La Sylphide)는 프랑스의 발레 작품으로, 현존하는 낭만발레 가운데 가장 오래된 작품 중 하나이다. 이 작품은 낭만발레를 알리는 최초의 작품으로 특히 안무에 나타나는 기법이 매우 주목을 받는다. 라 실피드의 '실피드'는 공기의 요정을 뜻하는 불어로 숲이나 연못에 사는 요정을 의미했기에 춤 또한 가볍고 경쾌해야 한다고 생각했다. 그래서 마리 탈리오니는 그 시기에서 찾아볼 수 없었던 발가락 끝을 세워 춤을 추게 되었고, 도약 기법을 시도하게 된다. 사실 18세기 말에 다른 무용수들은 발레의 동작을 몇 가지 스텝 정도로 했을 뿐이었고, 발끝을 세워 춤을 추지는 않았었다.

낭만주의 시대였던 이 당시 [라 실피드] 작품은 엄청난 찬사를 받았는데, 이 작품 속에서 실피드가 파리 낭만주의자들의 이상을 포인트 기법(토슈즈)으로 표현했기 때문이다.

또한 날개 의상을 입은 실피드의 공기처럼 날아다니는 모습이 인간이 아닌 완벽한 요정으로 보였기에 현실을 벗어나서 환상을 원하는 그 시대 관객들의 요구에 매우 완벽한 대상으로 더욱 열광을 받았다. 그래서 라 실피드의 의상과 헤어스타일 등이 모두 유행되어 당시 파리의 패션에까지 영향을 미치게 된다.

♪ 공기의 정, 라 실피드

또한 발레 [지젤]에서의 윌리는 결혼식을 올리기 전에 죽은 신부들이다. 이 가여운 젊은 여인들은 무덤 속에서 꼼짝 않고 잠들지도 못한다. 그녀들의 죽은 마음속에, 죽은 다리에, 생전에 자신이 충분히 만족할 수 없었던 그 춤의 즐거움이 아직도 살아있기 때문이다. 그래서 늦은 밤에 땅 위로 올라와서 많은 무리를 지어 모인다. 그런 장소에 우연히 젊은 남자가 나타난다면, 그는 윌리들과 춤추지 않으면 안 된다. 그녀들은 그 젊은 남자에게 방종한 광기로 달려들며 쉴 새 없이 그녀들과 춤추게 하고 끝내는 죽게 만든다. 웨딩드레스를 입고, 머리에는 아름다운 꽃관과 리본을 달고,

손가락에는 반짝이는 반지를 낀 윌리들은 요정과 똑같이 달빛을 받으며 춤춘다. 그녀들의 얼굴은 눈처럼 희고 젊고 아름답다. 그러나 죽음에 이르게 하는 이러한 주신의 무녀들에게 반항할 수는 없다. 하이네는 인생의 꽃이 한창 필 무렵, 죽어간 처녀들에 대한 동정이 이러한 신앙을 낳은 것이라 하였지만, 어쨌든 죽음은 불가해한 것이다. 이러한 불가해를 이해가능으로 만들기 위해 종교가 필요했고 또 예술이 필요했다.

♪ 지젤

춤은 생과 사의 의미를 파악하기 위해 생겨났다고도 한다. 그것은 신체에 의해 직접적으로 생과 사의 의미, 세계의 의미를 느끼는 예술이 춤이기 때문이다. 무대에 사자의 세계, 사후의 세계, 그리고 꿈의 세계가 전개되는 것은 나약한 인간의 삶에 있어서 그 나약함과 공포를 잊기 위한 당연한 시도라 할 수 있다. 그럼으로써 관객들은 처음으로 이 세상에 살고 있다는 것의 의미를 알게 되는 것이다.

요정의 매력은 그것이 현세와 떨어져 있다는 점에 있다. 이 세상이 아닌 저 세상에 속한 존재인 것이다. [라 실피드]도 [지젤]도 [백조의 호수]도 어떤 의미에서는 사랑하는 이를 찾아 저승으로 내려가는 이야기이다. 청년은 연인의 모습을 찾아 깊은 숲 속으로, 죽음의 묘지로, 또 심연의 호수로 빨려 들어간다. 사자의 세계로 들어가는 것이다. 사자의 세계에서 봄으로써 비로소 인간의 생의 의미가 분명해지게 된다.

사람은 사랑의 절정에서 죽음을 부르짖는다. 이루지 못하는 사랑, 연인이 현실의 사람이 아닐 때는 더더욱 안타깝고 고귀한 사랑이 된다. 죽음과도 바꿀 만큼의 사랑이 보여질 때 비로소 구원받게 되고 사랑이 승리하게 된다. 물론 요정이나 윌리와는 결국 현실에서 사랑이 이루어지지 않기에 더욱 애틋한 이야기가 되는 것이다.

사랑과 죽음이라는 고전적인 주제는 그 시대와 오늘날의 시대를 아울러 핵심적인 인간사의 주제이며 관심사이다. 아름답고 슬프고 환상적인 존재로 그려지는 클래식 발레의 요정이 지금까지의 요정의 상징이었다면, 현대의 요정은 어떻게 그려질까.

피나 바우쉬의 [카페 뮐러, Café Müller]에서는 몽유병에 걸린 무용수가 망령처럼 등장한다. 이 발레리나야말로 현대의 요정일지도 모른다. 발레리나가 넘어지지 않도록 한 남자가 땀투성이가 되면서 계속 의자를 치워나간다. 하지만 이 행위의 의미가 몽유병에 걸린 발레리나에게 전해질리 없다. 마치 사랑의 불가능성을 보고 있는 듯하다. 결국은 슬픔이 물처럼 무대의 전면을 적셔온다. 아름답고 환상적인 요정이 아닌 현대인에게 있어서 요정은 [카페 뮐러]에서의 몽유병자처럼 불가사의의 존재, 이해하기 힘든 존재이지만 결국 인간과 공존하는 존재일 수밖에 없는 그 누군가가 아닐까. 가까운 이웃일수도 있고, 연인일수도 있고, 내 아내 내 남편일수도 있는 존재이다.

♪ 피나 바우쉬 [까페 뮐러]

두 얼굴의 발레블랑(백색발레)

"백조의 호수는 발레리나의 알파이자 오메가이다"라는 말이 있다.

'숭고의 극치'로 상징되는 백조와 '공격적이고 간악'한 흑조를 동시에 연기하는 능력이야말로 발레리나의 모든 것이기 때문이다. 작품의 소재는 러시아에 널리 알려진 백조에 관한 전설이나 동화 등에서 따온 것으로 기사와 백조소녀와의 결혼 이야기, 안데르센의 동화 [야생의 백조들], 목욕하는 백조소녀의 옷을 감춰 결혼했으나 몇 년 후 옷을 찾아 떠난다는 전설(흡사 우리나라 고전동화인 '선녀와 나무꾼'을 연상케 하는 내용) 등을 조화롭게 재구성함으로써 극적인 완성도가 높은 발레가 탄생하게 된다.

흔히 발레공연 하면 떠오르게 되는 대표적인 작품이 '백조의 호수'인 것은 발레를 상징하는 환상적이고 비현실적인 아름다움과 함께 우리에게 익숙한 고전이야기에 대한 낯설지 않은 끌림 때문일지도 모른다. 아울러 차이코프스키의 음악이 주는 환상도 백조의 우아한 날개 짓과 함께 비극적인 결말을 예언하는 듯 등줄기를 스치는 애절한 멜로디의 촉감을 통해 대중이 상상하는 백조에 대한 아련함을 느끼게 하는 요인이 될 수 있다.

고전발레 작품에서 '백조의 호수'와 함께 발레리나의 연기력이 집중되는 또 하나의 작품은 '지젤'이다. 연극 관객이 '햄릿'을 잊지 못하듯 발레 관객은 항상 어떤 발레리나가 '지젤'을 가장 잘 연기하는가에 커다란 관심을 갖는다. 1막에서는 쾌활하고 순박한 시골소녀인 지젤로서, 2막에서는 신비한 영혼인 윌리(요정, 처녀귀신)로서 인간과 초인간의 역할을 동시에 표현해야 하는 발레리나의 연기력은 그 기량을 평가하는 관객의 또 다른 즐거움이다. 왕자와의 파드되(pas de deux ; 발레의 2인무)에서 꽃 점을 치는 발랄한 지젤의 모습과 사랑의 고통에 몸부림치며 실성하게 되면서 칼에 뛰어들어 죽음에 이르는 비통함에 대한 표현, 그리고 윌리가 되어 춤추면서 동료 윌리들의 왕자에 대한 복수를 막기 위해 혼신을 다하는 사랑을 표현하며 2인무를 장식하는 발레리나의 춤은 공연의 성공과 함께 그 무용수의 기량을 평가하는 기준이 되고 있다.

19세기 초부터 문학과 음악에 유행하던 낭만주의가 발레에 도입된 대표작품이 바로 '지젤'이다. 이러한 낭만주의 발레의 특성은 그 주제가 두 가지 측면으로 대비되는데, 비통한 현실과 환상적 아름다움이 그것이다. 로맨틱 튀튀와 포인트 슈즈(토슈즈)는 떠다니는 영혼을 나타내기 위한 수단으로 발레블랑(백색발레)이 곧 낭만주의 발레의 대명사가 되게 하였다. 발끝으로 춤을 춤으로써 현실의 상징인 땅으로부터 벗어나 허공을 떠다니는 초인간적인 모습을 보면서, 관객들은 현실세계의 고통에서 일순간 탈피하여 잠깐이나마 황홀한 꿈속을 거닐 수 있게 된 것이다.

지금까지도 대중들은 발레리나의 환상, 즉 백색의상의 휘날림 속에 근심을 묻을 수 있고, 백조의 하얀 날개 짓 속에서 해방을 꿈꾸기 위해 극장을 찾는 것이 아닐까.

05
매력의 아시아 춤

유럽 이외의 대륙에서 춤은 오늘날에도 종교 생활이나 궁중 예식과 밀접하게 연관된 경우가 많다. 아시아에서는 상징적 제스처, 가면, 분장과 화려한 의상들을 사용하는 춤이 많은데, 이 춤들은 신화나 역사적 사건을 이야기하거나 종교적 목적으로 사용되었다.

1) 서아시아 벨리댄스

서아시아의 춤으로 여성의 몸을 최대한 이용한 특별한 표현예술인 벨리댄스는 원래 다산을 기원했던 춤이다. 이 춤은 여성 무용수가 동작을 잘 구사해야 할 뿐 아니라 자신의 신체와 진실한 관계를 맺어야 하는데, 그렇게 해야 자기 영혼의 모든 감정을 강하게 표현하고 성찰할 수 있으며 다른 사람들에게 영향을 줄 수 있기 때문이다. 1940년대와 1950년대에 벨리댄스는 아랍 국가들에서 특히 사미아 가말과 같은 무희들로 인해 매우 인기가 높았다. 그러나 아랍 세계가 다시 이슬람화되면서 이 춤은 아랍에서 격렬하게 공격을 받게 된다.

1980년대 이후 벨리댄스는 유럽과 미국에서도 유행하기 시작하는데, 유럽과 미국의 전통적 형식이 계승되면서 새로운 형식도 생겨나게 된다. 오늘날 유럽의 거의 모든 도시에 벨리댄스 그룹이 있으며 유럽의 여성들은 점점 더 벨리댄스를 여성의 자의식을 표현하는 가능성으로 생각하고 있다.

벨리댄스의 역사는 깊다. 고대 이집트 신왕국 시대 제 18왕조의 무덤 속에 현재의 벨리댄스와 똑같은 형태로 춤을 추는 무용수가 그려져 있을 정도로 오래된 것이다. 기원을 한 가지로 말하기는 어렵지만 통상 그리스, 이집트, 터키 등에서 종교적으로 행해지던 춤의 형태라고 할 수 있으며, 오스만 터키 시대가 되면서 터키 문화의 영향을 받아 에로틱한 분위기의 춤이 시작되었다.

명칭에 대해 살펴보면, 서양에서는 복부와 허리를 움직이는 이 춤을 벨리댄스(Belly Dance, 복부의 춤, 일명 배꼽춤)라고 하고 있으나, 아랍어로는 라스 샤루이(Raks Sharki, 동방의 춤), 이집트에서는 발라디(Balady, 국산의, 자연의)라고도 한다. 이런 명칭에서 판단해보건대 벨리댄스는 오랜 세월 동안 여러 지역으로부터 영향을 받아 현재의 모습으로 발전한 것이라 할 수 있다. 20세기 초 시카고 무용박람회를 통해 이 춤이 비로소 미국에 알려졌으며 이때 프랑스식 이름 'dance du ventre'는 'belly dance'로 바뀌게 된다. 이렇듯 혼란스러운 명칭의 사용에도 불구하고 벨리댄스는 분명 이들 지역의 다른 춤과는 뚜렷하게 구별되는 형태를 취하고 있다.

이름에서 볼 수 있듯이 복부와 허리를 중심으로 나선, 회전운동을 하는 정열적인 이 댄스는 '신비'의 댄스이다. 모성애와 생명의 수정, 분만의 고통과 새 생명이 세상에 나올 때의 행복을 표현하는 춤이며, 특히 여자의 몸을 위해 디자인된 댄스로서 복부근육과 엉덩이, 가슴의 움직임이 핵심인 근육댄스이다. 베일(veil), 스틱(stick), 핑거 심벌즈(finger cymbals)와 초(candle) 등등 많은 소품들을 사용하여 유쾌함과 다채로움을 전해준다. 벨리댄스는 발레와는 달리 움직임이 자연스럽고 몸에 부담을 주지 않으며 자신들이 알지 못하는 복부 부위의 근육을 많이 쓰기 때문에 중년 여성들의 건강과 유연한 몸매를 유지하는데 적합한 운동으로 알려져 있다.

♪ 벨리댄스

이 춤은 전통적으로 종교적인 부분 그리고 에로틱한 부분과 연관이 있다. 이런 이유 때문에 벨리댄스는 경멸과 멸시의 대상이면서도 동시에 많은 사람들의 사랑을 받을 수 있었다.

벨리댄스는 전통적으로 맨발로 춤을 추는데, 비슷한 형태로 무어식(Moorish style)의 스페인 춤을 들 수 있다. 벨리댄스라는 이름에서 유추해 낼 수 있듯이 춤 자체가 어머니의 땅, 즉 대지에 경의를 표하는 것이기 때문이다.

현재 벨리댄스의 음악은 서구의 영향을 받아 다양한 음계를 가지고 있는 음악에 맞추어 춤을 추고 있지만, 원래 벨리댄스는 동방음악의 전통을 성장시킨 것으로 근동과 중동 음악 리듬에서 받은 영향이 크다고 볼 수 있다. 멜로디에 대한 자연적인 감각에 의존하지만 동양의 음악은 멜로디를 이끌고 형태에 다양성을 부여하는 리듬에 의존한다. 춤을 추는 동안 댄서들은 반주에 도움이 되는 형태로, 혹은 반주악기로 리듬악기를 이용하기도 하는 것이다.

♪ 벨리댄스 공연

스페인의 플라멩코나 중동의 벨리댄스에서는 케스터네츠 이외에 뱀이라든지, 칼, 베일, 촛불 등과 같은 소품들도 사용했는데, 이들 지역의 춤들에서 여전히 사용되고 있는 이러한 소품들은 중세 사람들에게는 마술적인 기능과 벽사의 기능을 가지고 있었다.

구경꾼들은 춤이 행해지는 마당에 그냥 동전이나 지폐를 바로 던져 주기도 하고 댄서의 몸 위에 돈을 올려놓기도 했는데, 다른 형태의 춤에서는 이런 형식이 존재하지 않는다. 고대 그리스 시대에 가난한 집안 출신의 여성들은 엉덩이에 장식 띠를 두르고 자신의 결혼 지참금을 벌기 위해 시장으로 춤을 추러 나가곤 했으며, 오늘날 댄서들은 여전히 이

지참금 동전으로 장식된 의상을 입고 춤을 춘다.

벨리댄스는 민속춤 또는 보통 사람들로부터 발전된 춤임에도 불구하고 전문적인 댄서와 잘 훈련된 독무가의 형태로 변형되었다. 민속춤은 대개 더 많은 사람들에게 전파되기 위해 단순한 형태로 변형되어 발전되는 특징이 있는데, 이 벨리댄스는 일정 정도의 훈련을 필요로 할 정도로 세련된 형태로 변화해 갔다. 종교적인 영역에서 출발했던 춤이 볼거리와 놀이로서, 그리고 기능적인 황홀한 춤으로 발전하게 된 것이다.

2) 인도의 무희

인도에서는 춤이 종교적 예식의 확고한 한 부분이다. 힌두교는 살아 있는 사람들의 나라와 신의 세계를 하나로 생각하는데, 이러한 합일이 춤을 통해서 창조력을 강화시킨다는 것이다.

인도 춤의 기본은 대략 2000년 전의 [나티아샤스트라]에 기록되어 있다. 이 문헌에는 무드라라고 부르는 복잡한 손 모양의 상징에서부터 의상과 가면에 대한 복잡한 규칙에 이르기까지 표현 기술에 대한 모든 것이 기록되어 있다. 독무인 '바라타 나티얌'은 옛날 힌두교 사원에서 고도의 교육을 받은 무희들이 추었던 춤을 토대로 삼고 있는 춤이고, '카타칼리'는 일군의 배우들이 힌두교 신화의 서사시에 나오는 영웅, 신, 악마들의 이야기를 보여주는 일종의 무용극이다. 연기자나 관객들은 춤이 공연되는 동안 두 가지 형식에서 진정한 종교적 귀의를 기대한다. [나티아샤스트라]는 확신을 주는 춤을 추기 위해 무용수가 구사해야 할 동작으로 눈썹의 움직임 7개와 눈꺼풀의 움직임 9개를 꼽고 있다.

'바라타 나티얌'에서 무희들은 시간을 초월한 감정을 전달할 수 있는 완벽한 태도를 보여주는데, 이로 인해 춤이 조각상과 같은 효과를 내게 된다. 각각의 동작은 균형을 이룬 한 순간에 시작되고 끝나게 되며, 무대 위에서 춤추는 무희는 동시에 안무가로서도 계속 반복되는 기본 리듬을 결정하게 된다.

19세기 후반 무희들의 명성이 땅에 떨어지면서 전통적인 이러한 사원 춤의 형식이 인도에서 금지된다. 바라타 나타얌이 알려지기 직전에 알려진 사원 춤은 오늘날 다시 행해지고 있는데, 이는 극장에서만 허용 되고 있다.

♪ 인도 무희

♪ 인도 춤 [바라타 나티얌]

1931년 인도 최초의 유성영화가 극장에서 상영되었을 때 봄베이는 특히 음악, 노래, 춤이 삽입된 대중적인 영화문화의 중심지였다. 오늘날 춤이 삽입된 화려한 영화 속의 인도 문화는 발리우드(인도영화 산업계) 작품들과 함께 세계로 전파되었고, 춤과 노래 장면이 없는 영화는 돈을 벌어들이지 못했기 때문에 제작비의 대부분이 음악과 안무에 지출되었다. 물론 영화 속의 안무는 전통적인 춤과는 무관하다. 그 동안 인도의 지식인들은 가장 오래된 인도의 춤 문화 가운데 하나가 영화에 의해 왜곡되는 데에 항의해왔다.

전통적인 춤들은 정치 및 사회 발전으로부터 위협받고 압박받는 경우가 많았는데, 발리의 '레공 춤'의 경우 전에는 섬의 왕궁에서 교육받은 젊은 여성들이 추었으나, 20세기 초 네덜란드의 침공으로 왕궁이 파괴되었을 때 무희들이 시골로 돌아가 그곳에서 춤의 명맥을 이어가게 된다. 오늘날에는 다시 레공 춤을 추는 사람들이 많아졌으며, 발리의 전통적인 춤에서 현대적인 해석들도 나오고 있다.

3) 중국의 경극

중국에서는 베이징 오페라(경극)가 음악, 노래, 낭독, 춤으로 이루어진 종한 예술을 공연하는 가장 유명한 무용극이다. 이 극은 19세기 중반 중국 오페라의 오랜 특징을 발전시켜 줄거리의 주요 부분을 자극적인 곡예로 공연해 주목받게 되었다. 50년대 후반부터 중국 정부는 유럽 발레를 지향하는 춤, 그리고 당대 정치와 경제에 중요하며 부분적으로는 선전에 이용할 수 있는 주제를 다루는 춤을 지원했다.

경극(京劇)은 지금도 중국 각지에서 공연되고 있는 여러 가지 중국의 전통연극 중에서도 가장 대표적이다. 경극이란 베이징을 중심으로 발전한 연극이어서 붙여진 이름인데, '경희(京戲)'라고도 부르고 한 때 '평희(平戲)'또는 '국극(國劇)'이라고도 불렸다. 서양 사람들은 흔히 Chinese Opera라고 부른다. 배우들은 화려한 비단 옷을 입고 요란한 치장을 하고 시끄러운 악기 반주에 맞추어 창을 하며 춤을 추기도 하고 요란한 타악기 반주에 맞추어 무대 위에서 땅재주 넘기 및 온갖 무술 등과 입으로 불 뿜기 등 갖가지 재주를 부리면서 공연을 한다.

경극뿐만 아니라 중국의 대부분의 공연예술은 이처럼 놀이의 성격이 뚜렷하고 또 음악과 배우의 노래가 공연의 중심을 이루기 때문에 이들 공연예술을 흔히 '희곡(戲曲)'이라 부른다.

경극에서 말하는 '희곡'은 음악과 무용 그리고 재주부리기 등으로 이루어지는데, 베이징에서 발전하여 지금은 중국 전역에 유행하는 중국 전통 희곡의 일종이다. 경극은 완전히 노래를 바탕으로 하고 상징적인 동작과 상징적인 기물을 사용하고 무대 장치며 배우의 화장과 옷, 치장도 모두가 비현실적인 것이어서 경희에 익숙하지 않은 관객들은 연극의 내용을 이해하기가 쉽지 않다.

♪ 중국 경극

본시 중국의 모든 희곡은 창과 춤으로 이루어지는 것이었다. 따라서 경극 또한 연출자의 사상과 감정을 바탕으로 일정한 사람들의 정신과 기질 그리고 의지와 품격을 드러내는 것을 목표로 하는 연극으로 이러한 내용은 창과 춤의 형식으로 이루어지게 된다.

경극의 기원은 청나라로 들어와서 성행하기 시작한 중국 여러 지방의 각기 다른 토속조(土俗調) 민요의 가락을 바탕으로 이루어진 여러 가지 지방희(地方戲) 중의 한 종류라고 한다. 한 '지방희'가 중국의 수도이며 문화의 중심지인 베이징으로 들어와 공연되면서 관중의 인기를 끌고 다시 여러 지방 연극의 장점을 흡수하여 발전한 연극이 바로 경극인 것이다.

이렇게 중국의 전통 연극 자리는 경극이 차지하고 있으며, 중국의 모든 지방희와 공연예술의 음악과 연출기법이 경극의 영향을 가장 많이 받으며 발전했다.

오늘날 중국 10억 인구가 이 전통적인 경극을 즐기고 공감하고 있으며, 모든 사회계층을 막론하고 공감을 주는 이러한 예술형식이기에, 전 중국인의 의식과 생활에 깊이 뿌리내린 전통문화로 자리 잡고 있는 것이다.

경극을 통하여 음악, 미술, 무용 등 예술에 관한 의식을 종합적으로 반영하고 있는 것이 중국사회이기에, 경극이라는 중국의 연극 자체뿐만이 아니라 중국 사람이나 중국문화에 대한 이해에 있어서도 먼저 경극을 이해하게 되면 중국에 대한 많은 부분을 이해하는데 도움이 될 것이다.

4) 일본의 노, 가부키 그리고 부토

○ 노

일본에서는 두 개의 전통 무용극 형식이 있는데, 노와 가부키가 그것이다. 이들 춤은 형태는 서로 다르지만 그 기원은 모두 '시루가쿠'로서, 이는 14세기 궁정춤, 사원춤, 민속춤에서 생겨난 연극이라 할 수 있다.

'노(能)'는 춤, 연극, 언어, 노래가 혼합된 형식으로 극도로 느리고 양식화된 동작으로 진행되는 복잡한 상징체계를 갖고 있으며, 배우는 모두 남자들이고 화려한 의상에 화려한 가면을 쓰고 연기한다.

'노'는 약 600년의 역사를 지니고 있는 무도 · 극 · 음악 · 시 등의 여러 가지 요소가 복합된 일본예능의 일종으로, 가면을 이용하는 등 독특한 양식을 갖춘 가무극이다. 이는 본래 흉내 내기를 주로 했던 우스꽝스러운 재주라는 의미였는데, 이것을 현재의 '노'에 거의 가까운 형태로 발전시킨 것이 간아미(1338~84)와 그 아들 제아미(1367~1443)이다. 그 후 '노'는 서서히 발전하여 에도 중기에 지금과 같은 형태가 되었다. 현재에도 변화와 발전을 계속하고 있지만, 각본만은 당시의 것을 그대로 사용하고 있다.

♪ 일본 무용극 [노]

초창기의 노는 심어져 있는 나무와 그대로 보이는 하늘이 배경이 되는 야외가무극이었다. 그러다가 무대가 신사 경내에 설치되었고 현대에는 실내 공간 안에 설치되기에 이르렀다. 그런 흔적으로 무대 정면에는 커다랗게 소나무 한 그루를 그려 놓고, 왼쪽에는 작은 소나무 세 그루를 심어 놓는 전통이 지켜지고 있다. 노무대에서는 인물이 등장하여 품고 있는 각각의 사연을 그려낸다. 신들의 이야기, 무사이야기, 미녀이야기, 또 이루지 못한 욕망으로 생기는 광란과 인간의 집착 등 오늘날 정식으로 공연할 수 있는 작품은 약 240편이 된다.

'노'를 상연할 때 가장 많은 역할을 담당하는 주인공이 '시테(仕手)'이다. 시테는 대대로 담당하는 집안이 있어 세습해 나간다. 또 부주인공인 '와키(脇)'는 시테의 상대 배역으로서 승려, 신관, 무사, 신하, 마을 사람 등 남자 역으로만 등장하는 특징이 있다. 와키는 주인공의 이야기를 받아주는 역할을 하며, 현실에 존재하는 인간의 배역이기 때문에 가면을 쓰지 않는다.

'노'는 지붕이 있는 전용의 '노무대'에서 연기하는데, 이 지붕은 노무대가 본래는 옥외에 설치되어 있었던 것을 오늘에 전하는 것이다. '노'는 농악 가사의 문구와 음악, 배우의 의상, 미묘한 움직임에 의하여 표현된다. 가면을 착용한 연기자의 입에서 쏟아지는 말들은 현대의 우리들이 이해할 수 있는 것도 있지만, 그 문구가 고어이기 때문에 이해할 수 없는 것들도 많다. 그 때문에 요코쿠(謠曲 : '노'의 대본)를 객석에까지 들고 가서, 무대는 보지 않고 활자만을 쫓느라 바쁜 관객도 적지 않다. 또 '노'는 정말 답답하리만치 느리게 진행된다. 그래서 왠지 '노'는 따분하고 지루한 것이라고 생각하는 이들도 있다. 하지만 '노'

는 원래 지적인 능력으로 이해하는 것이 아니라 감성으로 체험하는 것이라고 한다.

야외에서 오페라와 '노'를 보았던 한 사람이 오페라를 볼 때에는 방해가 될까봐 걱정이 됐던 귀뚜라미 소리가, '노'의 공연 때에는 걱정이 되지 않았다고 말한다. 이처럼 '노'는 주위의 모든 것을 거두어들이는 독특한 양식미의 세계를 담고 있는 것이다.

○ 가부키

'가부키(歌舞伎)'는 17세기에 생겨난 좀 더 소박하고 민속적인 연극의 형식으로 노래, 무언극과 춤으로 구성되어 있으며, 오늘날에도 남자 연기자들만 공연에 참여하는 특징이 있다.

♪ 가부키 공연

일본의 대중적인 고전연극인 '가부키'는 사실주의와 형식주의, 음악과 춤과 무언극, 호화로운 무대와 의상이 혼연일체로 어우러져 있는 연극으로 글자 자체로는 '노래'[歌]와 '춤'[舞]과 '솜씨'[伎]를 뜻한다.

매우 서정적인 가부키는 물론 예외가 있긴 하지만, 문학이라기보다는 한 배우가 몸짓·목소리·연기를 통해 자신의 폭넓은 기교를 드러내는 데 쓰이는 수단으로 여겨진다. 가부키 배우들은 약간의 변형 외에는 대대로 가부키의 전통을 지켜왔다.

그들은 초기 가부키 배우들의 연기양식을 답습했으며, 배우의 계보에서 자신들의 위치를 나타내기 위해 이름 뒤에 숫자를 붙여 자신이 몇 대(代)임을 나타낸다.

전통적으로 가부키에서는 배우와 관객 사이에 지속적인 상호작용이 오고 간다. 배우들은 관객에게 말을 걸기 위해 자주 연기를 중단하고, 관객들은 미리 지시된 양식대로 적절한 찬사나 박수갈채를 보내 응답한다. 또 관객들은 공연 중에 좋아하는 배우의 이름을 소리쳐 부르기도 한다. 가부키는 아침부터 저녁까지 상연되고 대부분의 관객들이 거의 하나의 막(幕)이나 하나의 장(章)만을 보게 되므로 극장에는 항상 사람들이 드나들게 마련이다. 과거에는 식사 때가 되면 관객들에게는 음식이 제공되었다.

가부키의 진행순서에는 사계절을 반영하는 주제와 풍습들이 포함되기도 하고, 동시대에 일어난 사건들에서 따온 소재들이 삽입되기도 한다. 17세기 후반 이래 무대 앞에 홍예(虹霓, an arch)를 두어 배우와 관객을 분리시켰던 서구의 연극들과는 달리, 가부키에서는 배우들이 계속해서 관객들 사이로 들어가곤 한다. 무대에서 객석 끝까지 죽 이어진 2개의 하나미치[花道, 꽃길]가 설치되어 있기 때문에 관객은 3개의 무대로 둘러싸인다.

일본 황실의 궁중무용인 부가쿠[舞樂]와 전통적 연극인 노[能]가 역사가 깊고 귀족들과 무사계급의 오랜 전유물이었던 반면에 가부키는 농민과 도회지 사람들의 연극이었다. 부가쿠와 노가 연약한 우아함과 극도로 섬세한 움직임을 특징으로 한다면 가부키는 약간 거칠고 절제되지 않았지만 화려하고 과장된 데서 그 아름다움을 찾을 수 있다. 한마디로 가부키는 지성보다 감각에 호소한다고 할 수 있다.

가부키는 새로운 형식들을 쉽게 흡수할 수 있음에도 불구하고 여전히 매우 양식화된 연극으로서, 신사나 절에서 공연되던 때부터 이어져 내려온 많은 관례들을 계속 유지하고 있다. 가부키의 춤은 가부키의 여러 요소 중에서 가장 잘 알려진 것이다. 온나가타의 절제되고 흐르는 듯한 동작이나 남자배우의 꾸민 듯한 과장된 몸짓 등 춤을 삽입하지 않는 경우가 거의 없다. 가부키 연기는 매우 양식화되어 있어 실제로 춤과 구별할 수 없을 정도이다.

가부키의 본래 목적은 관객을 즐겁게 하고 배우들이 솜씨를 마음껏 펼치도록 하는 것이지만, 여기에는 권선징악으로 대표되는 교훈적 요소가 들어 있다. 따라서 보다 보편적인 도덕적 의미뿐만 아니라 종종 불교의 무상(無常)이나 유교적 본분 같은 종교사상까지도 연관된 갈등을 다루며, 도덕성이 인간적인 감정과 갈등을 빚을 때 일어나는 비극을 주제로 하기도 한다.

○ 부토

일본의 현대무용은 1960년대 성립되었는데, 이 시기의 일본은 춤 뿐 아니라 거의 모든 문화 분야에서 서양의 영향을 강하게 받은 시기였다. 무용수 히지카타 다쓰미는 이러한 서양의 영향을 반대했는데, 그는 자신의 춤 양식을 '안코쿠 부토(암흑의 춤)'라고 부르면서 서구의 무용 미학을 거부하였다. 그는 무대에서 모든 사회적 관습과 의미에서 해방된 몸을 보여주고자 했으며, 공포, 나체, 성(性)을 주제로 다루었다.

죽음의 춤, 어둠의 춤으로 불리는 '부토(舞踏)'는 한마디로 정의하기가 어려운 춤이다.

부토의 어원은 메이지유신 때 서양의 무용에 대해 '부토', 즉 새로운 차원의 것이라는 의미로 불리던 것으로 히지카타 다쓰미(土方)가 '59년에 만든 첫 작품 '암흑부토'가 널리 알려지며 그 이름도 비롯된 것으로 추정된다.

♪ 죽음의 댄스, 부토

♪ 부토무용단 [다이라쿠다칸]

히지카타의 영향을 받은 무용수들은 모두 '부토'라는 이름 아래 자신들의 독특한 춤의 양식을 발전시켰다. 부토에서 중요한 것은 언제나 자신의 몸과 자신의 영혼, 내면의 탐색이었다.

파괴적인 신체 자세와 하얀 석고를 바른 몸으로 추는 부토는 서구의 일반적인 미적 개념에는 맞지 않지만, 그 동안 유럽에서는 대략 200명의 부토 무용수들이 생겨나게 된다.

부토는 정신적 무(無)의 상태에 도달하려는 시도, 온갖 경험과 영향, 관습과 불안으로부터의 해방이라고 이해할 수 있다. 처음에는 육체를 비우고, 다음에는 주변과 완전히 새로운 관계를 맺으며 지각을 해방시켜 예리하게 만든다. 이런 의미에서 부토는 일반적으로 통용되는 규칙과 양식이나 특정한 기교가 없는 개인적인 예술이라 할 수 있다.

부토는 폐허의 춤이다. 전후 일본에서 탄생한 부토는 서구의 정신과 문명에 매몰된 아시아 근대의 진혼곡이었다. 폐허 속의 인간은 재(災)를 뒤집어쓰고 냉혹한 자연으로 돌아간다.

부토는 '순수한' 육체를 재발견하고자 했고, 기형적이라는 느낌까지 주는 동양인의 신체를 그대로 드러내 서양무용에 저항했고, 그것이 바로 부토 창시자 히지카타 다쓰미의 육체의 이념이었다. 서구의 정통발레나 모던 댄스와는 물론, 일본에서 태동했으면서도 일본전통 예술형태인 노(能)나 가부키(歌舞伎)와도 다르기 때문이다. 형식화된 룰을 깨고 무용수가 즉흥성을 발휘할 여지를 많이 남겨놓는다는 면에서 기존의 모든 테크닉과 미적 개념을 깨뜨리는 작업이다.

지난 1978년 처음 파리에 소개된 부토가 오늘날까지 유럽 무용계에 큰 영향을 끼친 이유의 하나는 부토가 매우 정신적인 춤이라는 점이었다.

서양 춤의 역사가 겉으로 보이는 기교에 치중해 온 반면, 내면 깊숙한 곳에서 나오는 예민한 감수성으로 폭력, 기쁨, 분노 등 모든 것을 표현하는 부토는 신체의 모든 가능성을 탐험하기 위해서 양식화된 모든 스타일을 거부한다. 그래서 일부 무용인들은 부토의 핵심을 '자기 자신이기를 멈추고 다른 사람, 혹은 다른 물건이 되는 메커니즘', 즉 변형으로 보기도 하였다.

보는 이들에게 가장 쉽게 와 닿는 특징은 빡빡 민머리와 얼굴 등 온몸에 흰 분칠을 한 벌거벗은 무용수가 매우 느린 움직임으로 일그러진 제스처를 취하는 것이다. 때로 참기 어려울 만큼 지루하지만 가만히 살펴보면 그 안에 매우 충격적이고 도발적이며 영적(靈的)이고 에로틱하면서도 허무적이고 신비스러운 면이 담겨 있다.

부토의 외견적 특징은 서로 다른 육체로의 변신이다. 부토의 무용가들은 몸에 하얗게 칠을 한다. 부토의 발생당시는 석탄을 풀어 하얗게 발랐으며 갑각류 동물처럼 요철이 있고 묘한 느낌을 주었다. 최근에는 백분을 몸에 풀어 사용하므로 하얀 농도는 가부키 배우와 같은 정도이다. 이러한 하얀 칠은 현재 영국의 호모섹슈얼 무용단 [린지켐프]나 브라질의 [맥 메이너 무용단]에서도 볼 수 있다. 켐프의 무용단은 장 쥬네의 '꽃의 노트르담'에서 하얀 칠을 하고 전라로 연기했으며, 멕 메이너 무용단은 브라질 산골의 나체족의 페스티발에서 하얗게 바르고 연기했다. 브라질의 흑인이 하얗게 바르면 피부가 하얗게 되는 것이 아니라 재색이 되어버리기도 했지만, 어쨌든 하얀색을 바른 것은 사실이다. 민족 무용 중에서는 오스트리아의 아폴로 신처럼 하얗게 바른 것을 볼 수 있다. 그들은 자연의 위험에 대한 공포로부터 숨기기 위해서 가면을 대신해 하얀 칠을 했음에 틀림없다. 하얀 칠에 의한 개성의 소멸이 행해져 그들은 평준화된 하나의 종족으로 환원되었으며, 공동체적 구성원이 된다. 부토의 하얀 칠은 아마 끓어오르는 정념의 억제와 다른 형태로 전환하려는 변신의 의지에 의해 지켜져 왔을 것이다.

문/화/칼/럼/

클레오파트라의 눈물

로마를 멸망시킬 뻔했던 여인, 여왕이기 전에 한 여인으로서 위대함의 극치를 보여준 클레오파트라의 일대기는 아직도 많은 이들이 선호하는 이야기 거리가 되고 있는 소재다.

소문과는 달리 대단한 미인은 아니었다는 것이 공통된 여론이지만, 그녀의 콧대의 높이가 어떠했는지 그녀의 눈물이 로마를 멸망시킬 뻔했는지의 자세한 내막도 알 수는 없지만, 클레오파트라의 무기는 눈물과 냉대 그리고 열변과 열정의 완벽한 밸런스였다는 말이 맞을 것이다.

당시 로마 사람들은 피부가 희고 망태 같은 옷을 입고 화장을 하지 않고 절개와 순결을 지키는 주변의 로마여성들만 보다가 머리에서 발끝까지 보석으로 치장하고 중요한 부분만 간신히 가린 차림에 짙은 화장을 하는 이집트여인들의 패션을 처음 보았기 때문에 시저나 안토니우스 같은 절대적인 로마의 영웅들조차 클레오파트라의 유혹에 빠질 수밖에 없었다.

30년도 훨씬 더 넘은 오래전에 만들어진 영화로 기억한다. '클레오파트라'라는 영화에서 그 유명한 헐리웃의 여배우인 엘리자베스 테일러에 의해 연기되어진 클레오파트라의 모습이 아직도 기억에 선명하다. 실제로 클레오파트라의 춤에 대한 열정과 끼가 존재했었는지는 모르지만, 극중에서 추어졌던 도발적인 리즈 테일러의 춤은 그 자체만으로도 뭇 남성들의 흥분을 유발시키기에 충분하고도 남음이 있었다. 오늘날 유행되고 있는 벨리댄스를 떠올려보자. 터키와 이집트의 춤으로 알려진 벨리댄스의 움직임을 기억한다면, '벨리'라는 용어에서 짐작할 수 있듯이 당시 배꼽춤으로 대중의 넋을 빼놓은 무희들의 현란한 움직임을 상상해볼 수 있을 것이다. 이러한 미적 끼와 도발적인 춤과 높은 콧대와 연약하지만 적시적소에 어필되는 눈물의 힘은 시대를 넘어 오늘날의 인간의 본능에도 호소하는 면이 없지는 않을 것이다. 동서고금을 막론하고 여자의 눈물은 힘을 가진다. 그러나 힘이 있는 도구인 만큼 쓰임새에 대한 적절한 조율도 필요함을 우리 여자들은 이미 알고 있다.

독일 서사시인 '짜라투스트라는 이렇게 말했다'에서 표현된 눈물에 대한 메시지가 와 닿는다. 지나가는 늙은이에게 짜라투스트라가 '노인장, 무엇을 그렇게 조심스럽게 들고 갑니까?'하고 묻자 '나는 여자라는 아기를 이 망태 안에 가지고 있습니다. 한 손으로 입과 얼굴을 항상 가려야 하지요. 그녀의 입에서는 인류를 망하게 하는 한탄이, 눈에서는 인류를 괴롭게 하는 눈물이 끊임없이 나오려 합니다.'라고 대답하는 대목이 있다. 너무나 많은 눈물의 남발로 여자가 우는 데에 아무렇지 않게 된 남자라면 아마도 여자가 울 때 이 노인장처럼 말할지도 모른다.

클레오파트라는 눈물의 위력과 그 가치를 사용하는 방법을 너무도 잘 알고 있었기에, 한 방울의 눈물만으로도 당대의 세계라고 할 수도 있는 로마를 흔들 수 있지 않았을까.

06
맨발의 '이사도라'

'무용은 인간의 감정을 자유롭게 표현하는 것이다'라는 생각은 특별한 사고와 비판 없이 무조건적으로 사람들에게 받아들여졌다. 20세기 초의 일이다.

사람들은 기다리기라도 한 것처럼 자유로이 즐거움이나 슬픔을 표현하는 새로운 무용공연을 환호했으며, 이러한 춤은 언제나 젊은 층의 관중으로 만원이었다. 누구나 무용가가 되고 싶어 했고, 무용가와 무용애호가의 수는 계속 증가하였다.

♪ 이사도라 던컨

더불어 무용을 전공하는 전문가 또는 비전문가를 구별할 수 없는 이상한 무용세계가 출현했는데, 한꺼번에 쏟아져 나온 무용가들은 모두 신예였고 예술적으로 우열을 구분할 수 없을 정도였다.

이들 중 미국의 이사도라 던컨(Isadora Duncan)은 가장 극단적이고 용감한 시도를 하게 된다. 이제까지의 기교적인 무용, 즉 발레에 대한 반기를 들고 무용계에 일대 혁명을 일으킨 '무용은 자연으로 돌아가라'는 주장이었다. 이것이 바로 현대무용의 기원이다.

무용은 어디까지나 자연의 일부여야 한다. 우리는 발레에서 해방되어 무용 본연의 모습으로 돌아가야만 한다. 자연 그대로의 아름다운 육체를 무대 위에 올려놓음으로써 살아 있는 무용이 된다. 자연 그대로의 육체로 자연의 법칙에 적합한 운동을 하는 것이 순수한 무용인 것이다.

♪ 그리스의상을 입고 춤추는 이사도라

이사도라는 발레의 테크닉이 자연미(自然美)를 위배하며 인간의 감정을 표현하는 행위는 되지 않는다고 주장하며, 자연미를 고대의 조각에서 발견하여 그리스의 대표적인 의상인 튜닉을 즐거이 무용의상으로 사용한다. 물론 토슈즈로부터 해방된 '맨발의 이사도라'였다.

이사도라의 자서전을 보면 그녀는 음악교사였던 어머니로부터 어린 시절 음악적 영향을 받았으나, 무용교육을 받은 적은 없었다. [음악을 듣고 내키는 대로 춤을 추었다]라고 말하며, 이것이 그녀의 예술에 근원이 되었다. 정규적인 무용교육을 받지 않았기에 그녀는 새로운 무용세계로 돌입할 수 있는 용기가 났었다고 할 수도 있다.

이사도라는 런던에서의 방랑시절 대영박물관에서 그리스 조각을 연구하고 조각을 통해서 새로운 무용의 길을 모색하고자 했는데, 그 후 그리스의 아테네까지 직접 찾아가 그리스에 영주하기를 희망할 정도로 헬레니즘에 심취했다. 그녀에 의하면 발레는 그 자체가 부자연(不自然)한 것이며 부자연한 조건에 인간의 몸을 구속시켜 기형적(畸形的)으로 만들고 있다는 주장을 하였다. 이러한 생각은 그녀의 사회관에서도 나타나는데, 그녀는 부인해방론(婦人解放論)의 선봉자이기도 하였다.

감동적이고 표현적인 이사도라의 춤은 거의 움직임이 없어도 강한 인상과 감동을 유발시키는 내면의 전달에 뛰어난 기술을 보여주었다. 그녀는 고전 발레의 하나하나의 동작이 필연성 없이 맹목적, 기계적으로 움직일 뿐이라고 비난했으며, 전통적인 발레에서의 표현운동은 종말이며 살아있는 해골들의 무덤이라고까지 극언하였다. 그녀의 의도는 형식에 구속되어 왜 추어야하는가, 생각하지 않는 채 어떻게 추는가 하는 본질적인 발레에 대한 비판으로 발레의 독창성 결여에 대해 나무란 것이다.

"나는 하나의 동작을 만들기 위해 몇 날 며칠을 세워야 했다"고 기록한 자서전 내용을 통해 그녀의 노력들과 춤의 정신을 알 수 있다.

이사도라는 여성의 육체가 그 시대의 미(美)의 박물관이라고까지 하면서 무대 위에서도 표현되어 때로는 몸에 실오라기 하나 걸치지 않은 나체로 춤추는 것이 가장 순수한 춤이 된다고 설명한다. 이러한 대담한 행동은 발레의 의상에 파묻혀 춤추는 것에 싫증을 내고 있던 유럽 사람들에게 신선하고도 천상의 예술처럼 여겨졌다.

이사도라 던컨의 무용을 특별히 높이 평가하고 환영한 곳은 독일이었다. 그녀는 런던에서 파리로 옮겨 고생했으나 성공한 것은 베를린 공연이 처음이었으며, 그 후 베를린에 최초의 던컨무용학교를 설립했다. 이사도라의 춤을 환영한 독일은 이미 새로운 무용에 대한 수준이 높았다는 것을 의미한다.

독일을 시작으로 유럽각지에 던컨무용학교를 세운 이사도라는 모스크바에까지 그 손길을 뻗쳤으나 그것은 실패하고 말았다. 부인해방론자였던 그녀는 자유연애주의자로서 많은 추문을 남겨 놓고 1927년 가을 49세의 나이로 자동차 사고로 극적인 최후를 맞게 된다.

이사도라 던컨은 천재였을지도 모른다. 일반 무용가들에 비해 그녀의 창의성은 매우 우수했다. 그녀의 무용은 혁명적인 것이었지만, 만약 그녀가 동양의 사회에서 활동을 했다면 그녀의 무용사상은 결코 혁명적이 아니었을 것이다. 동양의 무용개념은 옛날부터 [마음을 표현하는 예술]이었기 때문이다.

항상 그렇듯이 새로운 스타일은 위대한 실천이라기보다는 이상을 가진 사람에서부터 시작된다. 또 그것이 형식뿐만 아니라 실천을 위한 용기를 발견하기 위해서 과거로 관심을 돌릴 때가 있다. 이사도라는 그런 의미에서 언급할 가치가 있는 유일한 사람일 것이다.

이사도라 던컨은 그리스의 조각에 생명을 불어넣고, 옛 헬레네의 춤을 경직된 조각의 상태에서 그리고 박물관의 동면상태로부터 해방시켰으며, 통찰력과 감정을 동원해 옛 조각가들이 마법으로 잠재워 놓았던 동작과 리듬을 그 대상으로부터 다시 깨워냈다.

물론 그녀는 발레에 대항해 싸웠던 첫 번째 사람도 유일한 사람도 아니다. 그러나 세기의 전환기에 수많은 그녀의 모방자들 가운데는 자기본위주의자는 많았어도 실제로 능력 있는 사람은 거의 없었다.

♪ 영화 [맨발의 이사도라]

07

최초의 한류스타 '신무용가 최승희'

우리나라는 서구 궁중무용에 해당하는 초기 발레(A.D.1581년)에 비길만한 근대적인 궁중무용이 이미 그들보다 500년 앞선 고려 11대 문종 27년(A.D.1073년)에 있었다. 그럼에도 불구하고 서양의 발레는 앞서 무대예술로의 눈부신 발전을 거듭하고 이로 인한 현대무용 탄생의 근간을 제공하는 등 문예부흥의 산물로써 분명한 자리매김을 해 온 상태였다.

그러나 우리의 춤은 그 화려한 선대의 업적과는 달리 이조를 거쳐 개화기를 맞아 1909년 서구적 극장인 원각사 무대에서 각광을 받기까지 별다른 무용혁명을 가지지 못한 채 아무런 준비 없이 근대화의 물결 속에 서양의 무용을 접하게 된다.

서양의 신무용(新舞踊)이 국내에 처음 소개될 당시 1920년대와 1930년대의 사회분위기는 신문화에 대한 열망으로 서구 문화를 이상시하고 전통문화를 부정하는 태도가 만연하였다. 그러나 그것은 표면상일 뿐이며 이면은 복잡하고 불균형한 많은 모순을 지니고 있는 것이 현실이었다. 이러한 점은 고도의 전통무용문화를 가지고 있는 우리 한국에 돌연히 많은 외국무용이 들어왔기 때문이며, 서양문화를 통해서 세계적 무용문화에 대한 임무와 더불어 생기는 필연적인 혼란이었던 것이다.

우리나라가 기존의 전통무용문화를 가지고 있지 않았더라면 새로운 서구적 문화는 아무런 모순도 없이 흡수되었겠지만, 한국에 새로운 무용이 도입된 후 찾아온 혼란과 모순이 결코 한국의 무용문화를 낮은 지위로 떨어뜨리는 것은 아니었다. 이러한 혼란과 모순을 통해서 한국은 장래 세계 무용문화의 창조에 기여할 수 있었기 때문이다.

일제 강점기 서울에서 태어나 북한에서 생을 마감한 세계적인 무용가 최승희(1911~1967)는 한국 무용사에서 매우 독특한 위치를 차지하는 인물이다. 해방 이후 월북하여 북한에서 활동했기 때문에 오랫동안 우리나라는 그녀에 대한 평가가 매우 조심스러웠다. 냉전시대가 지나고 최근에야 최승희에 대한 재평가 작업이 활발하게 진행 중이다.

♪ 신무용가 최승희

'신무용'은 전통 무용에서 벗어난 새로운 춤이라는 뜻의 신조어로, 서양의 발레와 현대무용의 자극을 받아 새롭게 창작한 무용을 지칭한다.

최승희는 일본에서 배운 표현방식을 귀국 후 자신의 무용으로 소화해 한국 신무용의 토대를 마련했다. 당시 한국인이 일본의 명문 무용가인 이시이 바쿠의 제자가 되고 이시이 무용단에서 활동한다는 사실 자체만으로도 대단한 화제가 되었는데, 최승희는 이시이 무용단의 서울공연 멤버로써 처음 고국 무대에 올랐으며 [세레나데]라는 독무로 일약 '조선의 꽃'이라는 찬사를 받게 된다.

1926년 당시 이시이 바쿠의 신무용 공연은 우리나라에 서양식 예술 무용 형태를 처음으로 소개한 공연이었다. 이시이 바쿠의 춤은 독일의 노이에탄츠(Neue Tanz) 즉 새로운 춤이라는 현대무용에 영향을 받은 것이었다. 그의 공연을 보고 이시이의 문하에 들어가 일본에서 유학하면서 이시이 무용단의 최고 스타로 성장한 최승희는 1929년 한국으로 돌아와 1930년 2월 제1회 공연을 열게 된다. 이후 그녀는 일본과 세계무대에서 활동하면서 '일본 제일의 신진 무용수', '동양 제일의 무용수', '세계적인 한국의 무용가'로 성장하게 되는데, 그녀의 성공비결로는 총명한 지적인 능력 못지않게 탁월한 신체조건을 지적하지 않을 수 없다.

1932년 동경에서 열린 최승희의 제1회 무용 작품 발표회와 이어지는 공연들에 대한 비평문에서 그녀의 뛰어난 신체적 조건에 대한 지적이 빠짐없이 여러 번 나오고 있는데, 그것이 모두 그녀를 일본 최고의 무용수로 꼽는 이유로 언급되고 있다.

노벨 문학상을 받은 가와바타 야스나리는 최승희를 '일본 제일의 신진 무용가'라 평하면서 그 근거를 '다른 누구보다 월등한 최승희의 첫 번째 조건은 체구이며 춤의 크기와 힘이다. 그리고 무용에서 한창 꽃을 피울 수 있는 그녀의 나이다. 또 그녀만이 갖추고 있는 독특한 민족의 향기다'라고 하였다.

최승희의 뛰어난 신체조건(키 166.9cm, 체중 55kg, 아름다운 얼굴)은 오늘의 기준으로도 손색이 없는 수준이었고, 당대 평균 신장이 특히 작았던 일본 무용수들 사이에서 머리 하나가 더 큰 모습이었으니 대단한 일이었을 것이다. 조선여자로서 그만한 여자가 있었다는 것 자체가 이유 없이 전설이었다. 이는 당시 일본여성 뿐 아니라 서양의 여느 여성과 겨루어도 손색없는 신체 조건을 지녔기에 서구의 미의식에 합당한 아름다운 신체의 전형을 보여줄 수 있었다.

♪ 최승희 [보살춤]

또한 최승희는 무용가로서 자신의 몸을 드러내는데도 대범하였다. [보살춤]에서 최승희는 구슬로 된 거의 반라의 의상을 입었으며, [보살춤] 공연을 직접 감상했던 원로 무용학자 정병호 선생의 회고담에 의하면 그녀는 무대 위 높은 곳에서 벽을 따라 서서히 아래로 내려오는 단 위에 움직임 없이 포즈를 취한 채 서 있었다고 한다. 그리고 작품이 시작되면서 동그란 원형의 조명이 최승희의 드러난 배꼽 부위를 비추고 그 원이 점차 커지면서 춤이 진행되는데 그 인상이 너무나 강렬하여 "정말로 사람을 죽이고야 말 살인적인 인기"의 한 증거를 볼 수 있었다고 한다.

1920년대와 1930년대 당시 조선 사회는 한복과 양장 차림이 공존했던 시대로서, 전통적인 동양의 신체관과 미의식 그리고 서구적인 신체관과 미의식이 서로 팽팽하게 긴장관계를 이루며 대척하고 있을 때였으므로 이러한 최승희 공연의 강렬한 모습은 과도기적 사회에 충격을 고백하는 것이라고 생각할 수 있다. 최승희는 자신의 완벽한 체형을 당당하게 드러냄으로써 일반인들이 몸의 충격에 사로잡히기 전에 새로운 예술적 형식으로 받아들여져 성공한 것이라 할 수 있을 것이다.

독창적인 신무용을 완성한 최승희의 시대는 탄탄대로였다.

최승희는 1935년과 1936년 두 번째와 세 번째 창작무용 발표회를 도쿄에서 개최하게 되는데, 이 무렵 그녀의 자전적인 이야기를 담은 [반도의 무희]라는 영화가 완성돼 도쿄에서 무려 4년간 상영되었던 사실을 볼 때, 일본에서 최승희의 인기는 오늘날의 '한류스타' 이상으로 대단했을 것이다.

세계 각국의 초청장도 날아들어 모험을 즐기는 최승희는 1937년 한국의 예술가로는 최초로 미국에 진출하여 순회공연을 펼쳤으며, 우아하고 격조 있는 최승희의 춤에 감동한 미국 언론들은 "세계 10대 무용가의 한 사람"이라는 찬사를 보내기도 했다.

이제 최승희는 더 이상 '반도의 무희'가 아니었다. '세계의 무희'가 된 것이다.

♪ 동양의 이사도라 최승희

♪ 반도의 무희 최승희

1939년 프랑스 파리에 입성한 최승희는 2년간 유럽과 남미를 돌며 세계적인 명성을 얻었는데, 관중 속에는 피카소와 장 콕도 등 유럽의 예술계를 주름잡던 거물들도 있었으며, 프랑스 일간지인 [르 피가로]는 "선이 환상적인 동양 최고의 무희"라며 격찬을 아끼지 않았다.

그러나 세계적인 무용가도 전쟁은 피할 수 없었다. 1940년을 전후로 유럽과 북남미 등지에서 150여회의 순회공연을 치른 최승희는 일본의 진주만 공습으로 태평양 전쟁이 발발하자 일본군 위문공연에 나서기 위해 귀국하게 된다. 이후 조선과 만주, 중국 등지의 전선에 끌려 나가 공연을 하고, 이러한 이유 때문에 해방 이후 친일파로 몰린 그녀는 남편 안막을 따라 1946년 월북해 북한에서 활동하다 1967년 사망했다고 전해진다.

명실상부한 한국 최초의 월드 스타였던 최승희는 한국의 전통춤은 물론 동서양 무용에 두루 능했던 무용의 천재였다. 또한 일제치하와 남북 분단의 아픔을 모두 경험한 한국 현대사의 비극적인 자화상이기도 했다. 최승희는 1964년까지 총 310편의 창작무용을 만들었으며, 이 가운데 120편이 한국무용이고 나머지가 현대무용, 동양무용, 일본무용이었다. 공연 횟수는 통상 2500회가 넘었다고 한다.

♪ 신여성 최승희

최승희가 신여성으로서 한국 근대문화의 표상으로 자리 잡게 된 것은 그녀의 다양한 활동에서 짐작해 볼 수 있다.

첫째, 그녀는 해외 유학파로서 일본에서 배운 서양 춤의 동작 원리와 서구적 미학을 바탕으로 한국적 정서와 춤 정신 등 민족성이 가미된 이국적인 춤을 창조했다.

둘째, [반도의 무희]와 같은 영화에 출연하고, 단발머리로 유명 화장품의 광고 모델을 했으며, [이태리의 정원] 등의 대중가요로 레코드 취입을 함으로써 신여성의 이미지를 각인시켰다.

셋째, 남성이 아닌 여성으로 유럽과 미국 등 해외의 춤 공연 활동을 통해서 한국을 세계에 알리는 데 힘썼다.

넷째, 월북을 통해서 정치적으로 사회주의 이념을 바탕으로 한 사상성이 짙은 춤을 창작하는 데 힘을 기울였다.

다섯째, 체계적인 무용 교육을 위해 [조선민족무용 기본동작]이라는 무보를 만들어 영화로 제작했다.

여섯째, 일본, 중국 등의 무용계에 큰 영향을 주었으며, 타국의 무용 발전과 더불어 세계 신무용 예술의 발전을 가속화하였다.

이처럼 최승희는 자신의 예술적 감각을 드러내기 위해 서양의 신여성에 못지않은 춤 예술 활동을 다각적이고 적극적으로 추진했다. 그녀의 춤에 대한 여성주의적 해석은 '신여성', '신여자', '모던 걸'의 특징을 담은 것이었고, 명랑한 춤 [초립동], 동양의 신비로운 춤 [보살춤], 한량의 즐거움을 표현한 춤 [에헤라 노아라], 학춤을 재해석한 [현대 학춤], 전쟁의 비극을 표현한 춤 [조선의 어머니], 정치적 사상을 표현한 춤 [조국의 깃발], [여성 빨치산], [전선의 밤] 등으로 표출되었다.

♪ 최승희 [현대 학춤]

♪ 2014년 공개된 최승희 [승무]

한편, 최근 2014년 '한국춤문화유산기념사업회'에서는 일본 근대무용의 선구자이자 최승희의 스승인 일본 무용가 이시이 바쿠의 손자 이시이 노보루로부터 최승희의 승무 사진을 기증받아 춤사위를 펼치고 있는 최승희의 새로운 사진을 공개해서 무용문화계의 큰 이슈가 되기도 하였다.

문/화/칼/럼/

죽어가는 백조로 일생을 마감한 발레리나

발레의 낭만주의로 대변되던 19세기의 황금기를 거쳐 쇠퇴일로에 있던 서구의 발레에 르네상스를 가져다 준 것이 러시아의 발레였다. 오늘날 까지도 많은 발레리나 가운데 주저 없이 단 한명의 불멸의 발레리나로 꼽히는 이가 바로 러시아가 탄생시킨 '안나 파블로바' 이다.

파블로바를 설명하는 시릴 보몽의 말이다.

"파블로바는 처음이자 마지막으로 위대한 개인적인 예술가였다. 그녀는 자신의 불꽃같은 정신을 춤에다 불어넣을 수 있을 뿐 아니라, 아무리 여러 번 춘 춤이라도 번번이 마치 이제 막 태어난 것처럼 자연스러움과 신기함과 생기에 충만한 춤을 출 수 있는 최고의 능력을 지닌 하나의 완전한 통일체였다. 그녀는 위대한 예술가이며 무용가 그 이상의 무엇이었다. 그녀는 자신의 외양으로 하여금 말을 하게하고 자신의 육체로 하여금 노래하도록 만들었다."

파블로바는 전 세계의 수천만 대중에게 발레 예술의 진미를 맛보게 해 준 문자 그대로 발레를 '대중화'시킨 장본인이라 할 수 있다.

파블로바를 말할 때 꼽는 대표적인 작품이 [빈사의 백조]이다. 2분밖에 되지 않는 짧은 발레 속에 파블로바 예술의 진수가 들어 있음을 이해할 수 있다. 빈사의 백조, 말 그대로 죽음을 눈앞에 둔 백조의 움직임을 미학적으로 형상화한 작품이다. 고통 속에 죽어가는 당당한 백조의 영상을 보듯이, 그녀가 표현한 '빈사의 백조'처럼 49세의 젊은 나이에 갑작스럽게 생을 마감한 그녀의 발레인생을 표현한 그녀만의 작품이 아니었나 싶다. 순회공연 도중 그녀는 삶을 마감했지만, 이미 예정되어진 무대 위에서는 약속된 생상의 [백조]를 오케스트라가 연주하는 가운데, 텅 빈 무대에 한줄기 가냘픈 스포트라이트만이 지금은 가고 없는 발레리나의 모습을 뒤 쫓는 듯 무대를 비추었다고 한다.

♪ 안나 파블로바 [빈사의 백조]

한 사람의 발레리나에게 바치는 이보다 더 감동적인 경의는 상상할 수 없을 것이다.

한번은 파블로바가 막 순회공연을 하면서 명성을 떨치게 되었을 때, 환호하는 군중들의 열광에 당혹했었다고 한다. '내가 무얼 했다고 저들이 저렇듯 흥분해서 열광하는 걸까?' '부인, 당신은 그들에게 1시간동안 생활의 슬픔을 잊게 함으로써 그들을 행복하게 해 주었답니다.' 하녀의 대답이었다. 파블로바는 한낱 시골소녀였던 하녀의 말을 한 번도 잊은 적이 없다고 한다. 그녀의 예술에 대한 새로운 목표가 여기에서 시작되었으며, 그녀의 이와 같은 예술에 대한 헌신은 그녀의 비범한 인격의 힘에 의해 곧바로 관객들에게 전달되었다.

오늘날까지 수많은 발레리나들이 무대의 영광을 재현하고자 소리 없는 고통과 인내 가운데 이지러진 발끝을 내딛고 있다. 발레의 역사 속에 많은 위대한 예술가가 탄생했다 해도 그들은 단지 훌륭한 발레리나였을 뿐이지만, 파블로바는 모든 미래의 댄서들이 갈망하는 하나의 '이상'인 것이다.

08
춤 문화 코드읽기

1) 민족춤(Ethnic Dance)

민족춤은 특정한 국가나 지역의 대표성을 가지고 하나의 문화적 전승으로 연행되는 춤으로 특정한 민족의 전형적인 춤이라 할 수 있다.

또한 민족춤은 한 민족, 언어, 종교 등을 대표하는 춤이면서 한 국가의 역사나 사회적 관습, 종교 및 기타 문화적 요소와도 밀접하게 관련되어 있다. 그래서 모든 양식의 민족춤은 공동생활을 함께 지속해나가는 하나의 민족에서 발달되어온 문화적 전통을 반영하며 동일한 유전적, 언어적, 문화적 연대를 공유한 집단의 춤으로 전승된다.

이러한 민족춤은 일정한 지역에서 고유한 민족의 전통적 양식을 계승해나가면서 오랫동안 함께 살아가는 무리들의 공통된 문화와 사회적 관습 속에서 완성되는 춤이기 때문에 특정한 민족적 정체성이나 민족적 특이성을 강하게 띠고 있다. 따라서 국가마다 독특한 색채를 가지고 그것을 밖으로 드러내는 표현물로서의 역할을 담당하며, 자민족에게는 자연스럽고 친근함을 주어 정서 교류에 있어서 훌륭한 수단으로, 타민족에게는 이국적인 신비감을 주어 매력적인 문화로 존재하게 만든다.

민족춤은 특정 민족의 역사 속에서 전해 내려오는 문화적 몸짓이기에 그 전통을 그대로 유지하며 관람자와 참가자 모두에게 즐거움을 주는 민속춤뿐 아니라 다른 문화와의 혼종으로 새로운 형태가 되어 전승되는 예술성을 표현하는 춤까지 모두를 포괄하는 춤이라 할 수 있다.

따라서 민족춤은 국가적인 차원에서 전문적인 단체에 의해 극장이나 그것과 유사한 공간에서 공연되며, 자국의 문화를 홍보하는 기능을 하게 된다.

우리나라의 경우 '궁중무용'을 의미하는 고전형식의 춤이나 [봉산탈춤], [양주산대놀이], [고성오광대놀이], [하회별신굿놀이], [북청사자놀이] 등과 같은 '향토무용', [농악]이나 [강강술래] 등과 같은 민속무용, 종묘, 문묘제례 등에서 추는 '의식무용', 전통을 바탕으로 현대무용의 형식을 토대로 만들어지는 '창작무용' 등이 민족춤에 속한다.

♪ 조선의 마지막 궁중무용(재연)

♪ 일본 오키나와 궁중무용

♪ 한국 북청사자놀이

♪ 태국전통무용

2) 민속춤(Folk Dance)

민속(folklore)이란 민간의 생활과 관계되어 민간에 의해 내려오는 신앙, 습관, 풍속, 전설, 기술, 전승 등을 모두 이르는 말로서, 민족이 가진 민간의 풍속과 같은 인간의 문화가운데 하나이다. 즉 민속은 민간공동체의 종교나 민속의례 등 노동처럼 일상생활과 함께 발생하고 성장한 것으로 민중의 삶을 안정되게 하는 문화의 형태라고 할 수 있다.

이와 같은 개념을 춤에 적용시키면, 민속춤은 사전적으로 민속의 특성과 지역의 특색을 갖추고 역사성과 전통성을 바탕으로 옛날부터 전해 내려오는 전통춤을 의미한다. 즉 민속춤은 특정 지역의 밑바탕, 원초적인 것 또는 근원적인 것을 의미하는 기층문화에서 생겨난 것으로 생활과 결부되어 직접적인 참여를 유도하는 것이 특징이다.

이러한 민속춤은 한 지역사회 문화의 근간을 이루는 민족적 고유성을 갖고 있지만 전문화되거나 무대화된 춤이라기보다는 일반 대중들이 즐기는 춤이라는 특성을 지닌다.

우리나라의 대표적인 민속춤은 농악춤, 탈춤, 소리춤, 허튼춤, 모방춤 등으로 분류되며, [강강술래]와 같이 다수의 민중이 함께 추는 춤으로부터 밀양 두레패의 [병신춤]과 같이 홀로 추는 춤, 그리고 [밀양떨떨이춤], [경남두꺼비춤], [동래학춤], [양산사찰학춤] 등과 같이 특정지역을 대표하는 춤들이 전해진다.

이러한 민속춤은 민족춤의 한 형태이며 사람들의 활동 속에서 그 모습을 드러내는데, 민족의 문화적 차이를 불문하고 민속적인 것은 인간의 본능에 의해 자연적으로 발생하기 때문에 어떠한 민족에게나 보편화된 토속문화라고 할 수 있다.

♪ 동래학춤

♪ 캉캉춤

종교적인 영향이 지배적인 [인도의 춤]은 감각적이면서도 영적인 손놀림의 표현을 특징으로 하며, 주름치마를 들어 올리고 속옷이 살짝 드러나는 상태로 다리를 높이 차 올리면서 추는 파리의 [캉캉], 우아하고 화려한 발동작과 걸음걸이를 주로 하며 매 순간의 미를 표현하는 스페인의 [플라멩코], 엉덩이를 양옆으로 흔들면서 양팔을 부드럽게 물결치듯 움직이는 하와이의 [훌라], 군사 집단이 행렬을 짓거나 둥글게 둘러서서 다양한 형태로 높이뛰기를 하면서 추는 러시아의 [코작], 정열적이고 에로틱하면서 빠르고 강한 리듬으로 추기도 하며 때로는 슬픔과 애절함을 표현하기도 하는 아르헨티나의 [탱고] 등도 한 나라 혹은 한 민족 특유의 '민속춤'이다. 그리고 이 춤들은 전승과정에서 변형되고 정제되어 공연되기도 한다.

3) 발레공연에 내재된 민족춤과 민속춤

화려한 발레의 무대 배후에는 민족무용과 민속무용 즉 포크댄스의 그림자가 있다. 발레리나의 우아한 몸짓 하나하나는 어떤 식으로 보더라도 시골 사람들의 거친 춤들과는 무관하게 보인다. 그러나 발레는 포크댄스와 밀접히 관계하고 있다. [지젤] 제1막의 젊은이들의 춤이나, [백조의 호수] 제1막의 왈츠장면 등 비단 그런 정경에서 뿐만 아니라 발레동작 자체의 에너지는 일관적으로 시골의 평범한 사람들의 춤으로부터 흡수해 왔다.

발레는 궁정무용, 특히 프랑스의 궁정무용에서 태어났고 루이 14세의 장려에 의해 발레의 기본을 이루었으며 거의 반세기가 지난 1760년대에 그 유명한 노베르(Jean Georges Noverre)의 [무용과 발레에 관한 편지]에 따르면 춤이 들어간 것이라면 무엇이든지 발레라고 칭해졌음을 알 수 있다. 게다가 노베르는 일반적으로 당시의 발레가 어떻게 만들어졌는가를 풍자적으로 묘사하고 있다.

일찍이, 발레라는 명칭은 유럽 여러 나라의 궁정에서 행해졌던 호화스러운 모임에서 흔하게 불리어졌다. 나는 그 많은 모임들을 검토해 보고 발레라는 이름은 어울리지 않는다는 것을 확실히 알았다. 그 때까지 나는 극적 무용을 본 적이 없었기 때문이다.

♪ 클래식 발레 공연에 포함되는 민간무용

클래식 발레의 연출은 서막에서 마지막까지 갖가지 춤의 명칭으로 메워져 있다. 당시에 궁정에서 추어지던 궁정무용이 무대에 그대로 올려 졌으며 – 물론 무대에 올리는 경우 스텝이 근본적으로 다르기는 하지만 연속성은 있었다 – 이들 궁정무용은 유럽 각지의 민속무용, 즉 포크댄스로부터 온 것이었다.

발레공연에 사용되는 음악들도 이러한 궁정무용인 파반느, 가야르드, 알르망드, 쿠랑드, 사라방드, 지그 등 머지않아 발레를 탄생시키게 되는 이러한 춤들을 위한 무용조곡으로 작곡되었으며, 발레를 위한 소나타와 교향곡을 탄생시키게 된다. 이들 무곡이 발레와 오페라 그리고 심포니의 온상이었던 것이다. 또한 음악가들이 작곡한 무곡들은 거의 모두가 유럽의 각 지역에서 전승되고 있는 포크댄스 음악이었다는 것을 알 수 있다.

노베르는 프랑스의 사교적이고 권위적인 궁정무용을 예술적으로 바꾸어놓았다. 그리고 그는 오페라의 장식적 부속물로서의 발레가 완전히 독립된 하나의 극예술이 되는 데 기여했다. 무거운 가면과 가발을 벗기고, 궁중의 권위적 형식주의를 대중을 위한 사실적 줄거리로 바꾸었으며, 음악과 시, 조각과 회화 등 여러 장르의 예술이 한데 어울리게 만들기도 했다. 그 춤은 간결했고 화려한 기교와 극적인 것으로 이해하기 쉬운 표현을 추구했으며 관객에게 감동이 되는 춤으로 변화했다. 노베르는 또한 [무용과 발레에 관한 편지]에서 다음과 같이 말한다.

훌륭하게 구성된 하나의 발레 작품은 지구상의 모든 나라의 열정, 풍습, 기질, 의식, 습관 등을 그린 한 폭의 그림 같은 것이며(중략)... 만약 여기에 사사의 표현이 없고 뚜렷한 묘사가 없거나 감동적인 장면이 없다면 무미건조한 스펙터클이 되어버릴 것이다.

♪ 극무용 발레 [동키호테]

이처럼 발레는 프랑스에서 발달한 궁정무용, 즉 여러 가지의 포크댄스를 집합시켜 그것을 다시 세련되게 만든 것이라고 볼 수 있다. 궁정무용은 프랑스의 혁명과 함께 종말을 맞이하게 된 것은 당연한 사실이지만 그렇다고 해서 발레와 포크댄스의 관계가 끊어진 것은 아니었다. 이미 18세기 말 남성 무용수들은 자신의 기량을 과시하려고, 눈이 돌아갈 정도의 빠르기로 튀어 오르고 선회하면서 중력의 법칙을 극복하는 것을 시험했으며, 남성무용수처럼 씩씩하지 못한 여성 무용수들은 발끝으로 사뿐히 바닥을 스치는 것만으로 춤을 추었다.

공기처럼 가벼워진 무용수들은 19세기 초 낭만주의와 안성맞춤을 이루게 되는데, 이것은 발레의 주제 자체가 변화했기 때문이기도 했다. 18세기까지의 오페라발레의 주제가 그리스신화나 로마의 전설이었다면, 19세기 낭만주의는 그 주제를 크게 바꾸어 유럽의 민간전승의 소재를 취하게 된다. 이는 나폴레옹 전쟁이 당시까지 희박했던 민족의식을 강하게 자극했기 때문이다.

발레를 채색하는 여러 요정을 보더라도 그 민간전승의 연구에서부터 등장한 것으로 볼 수 있다. 이렇게 발레에도 그림을 보는 듯 색색가지의 의상과 사실적인 장치로 스페인, 이탈리아, 독일, 폴란드 등의 민간전승과 밀접히 관계하고 있는 성격무용이 행해지게 되는데, 이것이 바로 '캐릭터댄스'이다.

♪ 발레의 캐릭터 댄스

그러나 캐릭터댄스가 곧 포크댄스는 아니다. 포크댄스는 어느 나라에나 있지만, 그 중 가장 개성적이고 매력적인 춤은 지역과 국경을 넘어서게 되는데, 이것이 바로 캐릭터댄스이다. 그러므로 어떤 의미에서는 민족이나 지역의 트레이드마크와도 같은 것인데, 헝가리의 차르다슈(Czardas), 스페인의 볼레로(Bolero), 폴란드의 폴로네즈(Polonaise), 마주르카(Mazurek), 오스트리아의 왈츠(Waltz) 등이 그것이다.

4) 우리나라 민속춤에 내재된 아름다움

우리나라의 민속춤은 일상생활의 삶의 예지로서 자유로운 생활감정에서 우러난 자연스러운 춤이다. 민속춤은 억압되고 절제됨이 없이 있는 그대로를 표출한다. 그래서 민속춤은 즉흥성과 현장성이 강한 춤으로 발달해 왔다. 이렇게 자유로운 민속춤이 지니는 특성과 아름다움은 과연 무엇일까?

많은 무용학자들이 말하는 우리나라 민속춤의 특성과 아름다움의 기저를 간략히 정리해 본다.

○ 우리의 민속춤은 자연에 순응하는 춤이다.

민속춤은 자연과 사람이 하나가 되어 조화를 이루는 춤이다. 우리 민족은 자연에 대립하거나 역행하지 않고, 자연과 조화를 이루며 살아왔다. 이는 우리의 전통정원에서도 잘 드러난다.

우리의 전통적인 정원의 특징은 자연의 모습을 훼손하지 않고 자연을 집안으로 가져오는 것이었다. 자연스러움! 이것이 우리의 예술관이다. 우리의 민속춤 안에도 산, 물, 꽃, 동물 등 주변의 자연이 존재한다. 그래서 민속춤의 춤꾼은 자연의 일부분으로써 자연과 어울려 하나가 된다. 이런 모습은 민속춤이 춤사위나 춤 길에서 둥그러진 선과 형태로 표현되는 것이다. 이와 같이 우리의 민속춤은 자연을 모방하고, 자연과 하나가 되어 자연의 아름다움을 몸으로 표출하는 춤인 것이다.

○ 우리의 민속춤은 신명의 춤이다.

민속춤의 본질은 신명이다. 신명이란 천지의 신령이란 의미로 인간이 신과 혼연일치되어 함께하는 종교적 의미를 지닌다. 신명은 살이 낄수록 응어리가 깊을수록 고조되는 것으로 어둠의 세계에서 빛의 세계로, 눈물에서 웃음으로 나아가는 것으로서 예술충동이 극점에 이른 것을 말한다. 이때의 예술충동이 신명인데, 이는 민중들의 삶의 원동력이며 촉매제이다.

신명은 춤꾼과 관객이 열린 춤판에서 하나가 되어 어우러진 난장의 춤판에서 표출되는데, 오늘날에는 축제마당과 더불어 청소년들의 거리 춤인 힙합과 같은 춤판에서도 이러한 신명풀이를 볼 수 있다.

○ 우리의 민속춤은 멋과 흥을 표출하는 춤이다.

민속춤은 멋과 흥이 내재된 춤이다. 민속춤은 연희자인 춤꾼과 더불어 향유자인 관객의 역할과 비중이 매우 크다. 이는 관객을 의미하는 귀 명창, 눈 명창이라는 말에서도 알 수 있다. 즉 관객의 추임새는 춤을 멋있는 춤으로 완성도를 높이기도 하고 미숙한 춤으로 전락시키기도 한다. 또한 멋있는 춤꾼의 춤은 관객의 흥을 돋워 관객의 추임새를 이끌어내기도 하는 것이다.

춤꾼이 표출하는 민속춤의 멋은 무엇인가? 우리 민속춤에 내재된 멋은 일상생활의 경험을 통해서 습득된 멋이다. 그래서 '우리 민속춤의 멋은 이것이다'라고 지칭하기는 어렵다. 하지만 좁은 의미에서 민속춤의 멋을 찾으라면 아마도 '비어있음'이라고 할 수 있다. 다 채워져 있지 않은 비어 있음을 의미한다. 이 비어 있는 것을 채우는 것은 춤꾼이 아니라 관객이다. 바로 관객의 흥이 춤의 나머지를 채우게 됨으로 춤판의 관객은 또 다른 하나의 춤꾼이라 할 수 있다,

○ 우리의 민속춤은 여백의 미를 지닌 춤이다.

민속춤에는 '장단을 먹는' 부분이 있다. 이는 장단이 빠르게 흐르는데, 춤은 반대로 정지된 상태에서 호흡을 통한 어깨 짓이나 고개 짓으로 표현되는 것이다. 민속춤의 여백의 미는 곧 동양 회화에서의 여백에 해당되고, 한국 음악에서 음과 음 사이의 빈 시간과 공간을 채워 주는 농현(弄絃)에 해당된다.

이것은 텅 비워놓은 시간적 공간적 여백이지만 집중된 선, 집중된 음, 집중된 동작이 불러일으키는 파문으로 가득 채워진 생동하는 미적 시공간인 것이다. 마치 겉으로는 일각

만 보이면서 속으로 그 크기를 알 수 없는 덩어리를 숨기고 있는 빙산과 같은 고요한 역동성으로서 우리의 민속춤에는 맺고, 풀고, 어르고, 당기는 동작을 통해 여백이 나타난다.

이것이 한국 춤의 묘미라 할 수 있다. 이와 같이 민속춤의 여백의 미는 정중동과 같이 정지해 있되 정지한 것이 아닌 끈임 없는 움직임을 통해 춤의 발전구조를 이루고 있다.

♪ 우리 춤 '여백의 미'

○ 우리의 민속춤은 풍자와 해학의 미가 뛰어난 춤이다.

민속춤에는 풍자와 해학이 넘쳐난다. 민중들의 삶을 투영한 춤이 민속춤이기에 풍자와 해학이라는 기법을 통해 비참한 현실을 극복하고자 하는 의지를 표출한 춤인 것이다. 민속춤에서 갈등의식을 내포하고 있는 풍자와 해학은 사회 고발적인 내용을 웃음과 위트로 표출하는데, 여기서 웃음은 고된 현실을 극복하고자 하는 민중들의 저항이다. 이러한 웃음을 통해 서민들은 일상생활에서 오는 왜곡된 감정과 억눌린 감정을 정화하게 되며, 이러한 감정 정화는 그들의 새로운 삶에 대한 희망을 위해 꼭 필요한 과정이 되는 것이다.

풍자와 해학이 넘치는 민속춤에는 허튼춤, 모방춤, 병신춤, 탈춤 등이 있다. 이러한 춤들은 어딘가 비어있고, 일그러지고, 무언가 빠진 듯 불완전한 모습을 보여주는데, 이는 그 시대를 살고 있는 그들 삶의 일면을 내포한 모습일 것이다.

♪ 탈춤의 해학

♪ 고 공옥진 여사 [병신춤]

Ⅱ

인간과 춤

01 동서양, 그리고 춤

인간이 자연을 이해하고 자연에 대한 불안을 해소하고자 이용한 방편이 바로 춤이기에 춤은 자연과 인간을 매개하는 가장 근원적이고 원초적인 인간의 활동이라 할 수 있다. 세계와 자연 그리고 인간과 예술에 관한 동서양의 이해 방식은 그들의 판이한 춤의 형태에 그대로 반영되어 있다.

춤은 신체에 직접 관여하기 때문에 가장 원시적인 예술이라 일컬어진다. 그러나 지금, 현대인에게 가장 강력히 호소하는 예술 또한 춤이다. 가장 오래되고, 가장 새로운 예술인 춤 속에는 인간의 시간과 공간의 비밀이 함께 숨겨져 있다.

이 장에서는 오늘날 서구적인 춤의 상징이며 서양의 대표적이며 전통적인 춤의 장르인 발레와 동북아시아의 근본적인 춤의 요소를 충분히 지닌 한국의 전통무용을 통해 대표적인 동양사상을 살펴봄으로써 동서양 춤의 상징성과 특성을 이해해 보고자 한다.

1) 동서양 춤과 미학

○ 동서양 춤의 자세와 기본

무용은 무(舞)와 용(踊)으로 나누어진다. 무의 기본은 땅을 스치듯 걷는 걸음이며, 땅에 발을 떼지 않고 천천히 도는 걸음이다. 용의 기본은 뛰는 것으로 발끝으로 뛰어 오르는 움직임을 말한다. 전자는 농경문화에서 후자는 유목문화에서 그 특징을 이해할 수 있다.

동서양 사고의 차이는 춤의 모습에 그대로 반영된다. 발레의 기본자세는 우선 허리 아래에서부터 골반, 무릎, 발목, 발끝을 바깥을 향해 회전시킨 인위적인 턴 아웃(turn-out)의 자세에서 시작된다. 반면 한국무용은 무릎을 구부리고 팔과 다리를 굽힌 상태가 기본자세이다.

신체 에너지와 호흡이 끊임없이 위로 끌어올려지고 공간적 방향성 역시 위로만 지향하는 것에 중점을 두는 발레와 달리 한국 춤의 경우 신체 에너지와 호흡 그리고 공간적 방향성에서 양방향의 진행이 모두 사용되고 있고, 이들 양 측면이 동등하게 중시되고 있다.

발레의 턴 아웃된 자세는 공간상의 신체 디자인이 강력한 수직 축을 중심으로 대지 위에 뻗친 직선적인 모습을 만들어 준다. 발레의 발끝으로 서서 추는 기교와 항상 위를 향하는 동작 디자인은 신체에 작용하는 지구중력을 부정하고 천상으로 날아오르고 싶어 하는 인간의 열망을 상징하는 것이다. 이러한 열망은 토슈즈(toe-shoes)라고 하는 발레 슈즈에서도 발견된다.

♪ 한국무용의 발 디딤

♪ 발레의 도약

한국 춤의 움직임은 무릎을 구부리고 팔과 다리를 굽힌 상태에서 호흡의 들이쉼과 함께 신체가 완만하게 펼쳐진다. 이것은 서양 춤의 움직임처럼 직선적인 것이 아니라 곡선적인 형태로 사지가 펼쳐지는 것이다. 이러한 움직임은 마치 살포시 대지를 밟고 올라서면서 다른 디딤이 만들어지기 위한 것이며, 우리가 보는 것은 다리가 만들어내는 전진보다 어깨선에서 만들어내는 어깨춤이 중시되고 그곳에서 춤의 리듬의 읽어내는 것이다.

그리고 발의 디딤도 어느 방향으로의 이동보다는 제자리걸음이나 발바닥과 지표간의 유희나 어우르기, 즉 교감을 중시한다. 따라서 호흡과 함께 사지와 몸통을 함께 구부렸다 폈다하면서 신체는 항상 지구 중력에서 잡아당기는 보이지 않는 고무줄에 강력하게 묶여 있는 듯하다. 다리는 주로 신체 중심을 지탱하는 기능을 하고 있으며, 다리만의 공중도약은 몇몇 민속춤의 경우를 제외하고는 희박하다 할 수 있다.

이렇듯 한국의 춤은 신체나 움직임이 공간과의 조화를 지향하고 있다. 서양인들이 구부러진 선을 그로테스크하다 하고 힘 있게 쭉 뻗은 사지의 직선이 아름답다하며 공간 속으로의 쉼 없는 도약에서 역동성을 느낀다면, 한국의 춤은 부드럽게 구부러진 선에서 아름다움을 느끼고 움직임의 역동성도 공간 속에서 솟아오르기 보다는 땅에 디디는 발 디딤의 강도와 리듬의 조정으로 대지와의 접촉에서 이루어 내는 특성을 가지는 것이다.

이와 같이 우리 춤은 지구중력을 수용하고 있으며, 신체나 움직임이 처한 공간과 대지에 대하여 이를 대립적인 것이 아니라 협력의 대상으로 받아들여 조화로운 관계를 유지하거나 쌍방 소통의 통일감을 추구한다. 한국 춤의 형태는 지표와의 완전한 접촉을 이룬 신체를 구부린 상태에서 대지와의 통일감과 안정감을 느끼고 완만하게 공간 속으로 순응하며 공간과 함께 호흡하며 움직인다. 따라서 공간과 대지와의 관계도 대립이 아닌 수용의 조화로운 상태를 지향하는 것이다.

○ 동서양 춤의 선과 미학

선의 미는 관절의 유연함과 신체의 여러 부위가 길고 휘어진 듯 선을 이루는 것이다.

스페인춤, 일본춤, 아랍춤 그리고 특히 한국의 춤은 곡선의 춤을 이루는데, 한국 불상에서 그 극도의 곡선미를 엿볼 수 있다. 또한 우리의 태평무나 승무, 살풀이와 같은 대표적인 전통춤에서도 볼 수 있듯이 천을 사용한 곡선의 움직임은 가히 말로 형언하기엔 너무나 아름답다.

옛 고구려 영토인 현재 중국 길림성에 위치한 고구려 무용총의 무용도에서 나타난 무용수들의 복식을 보면 역시 소매를 길게 늘어뜨려 팔을 연장하여 길게 사용하는 움직임을 볼 수 있다. 이처럼 어깨에서부터 소매 끝까지 흐르는 자연스러운 아름다움을 춤을 통해 극대화시킨 고구려 복식을 통해서도 당시 춤의 흐름을 짐작하게 한다.

♪ 고구려 무용총 무용도

또한 우리나라 춤에서 손을 사용한 춤의 부드러운 움직임과 강강술래 원무의 형식은 선의 아름다움과 의미를 너무나 잘 표현하고 있다. 곡선의 원무는 인간 최초의 춤 형식으로 원시인들은 원의 중심점에 신생아, 죽은 자, 환자 등을 놓기도 하고 원의 중심을 힘의 발산으로 받아들여 토템, 신의 형상, 제단 등을 꾸미기도 하였다.

원의 형태는 인간의 문화가 발달한 곳에서 그리고 지금도 화합의 움직임과 표현의 형태로 끊임없이 사용되며 이어져 내려오고 있다.

기원전 6세기말 그리스인들은 '각의 미'에서 '직선의 미'로 옮겨갔고, 직선의 미는 중세 귀족들의 춤에서 나타나듯이 의도적으로 선택된다. 5세기 말엽부터 그리스 춤의 말기까지 붉은 인문의 항아리 시대에는 '각의 미학'에서 '선의 미학'으로 변화하는데, 대표적으로 발레의 뛰어오르기의 도약에 나타나는 선의 미학은 동작을 경쾌하게 하는데 적합하며 다리, 몸통, 팔의 긴 선은 멀리 뻗어나가는 느낌까지 더하여 준다. 이렇게 서양의 직선적이며 수직적인 동작은 보다 높이 솟아오르고 싶은 인간의 욕구와 현실에서 벗어나고자하는 시대의 염원에서 출발한 것으로, 인간의 몸으로 만드는 극치의 미를 보여준다. 이러한 발레의 인체 해부학적이고 과학적인 접근을 통해 오늘날 서양의 모든 춤에서의 기본은 발레가 근간을 이루는 것이다.

○ 동서양 춤에서 본 팔과 다리동작

우리는 여러 가지 손짓에 익숙하다. 두 손을 합장하면 기도를, 높이 들면 투항을, 함께 쥐면 위협을 나타내고 악수는 우호를 나타낸다. 이렇게 여러 가지 상징을 포함하고 있는 손짓은 우리의 말보다 훨씬 더 오랜 기원을 가지고 있고, 그 표현 역시 말로 표현하기 힘들만큼 깊고 오묘하다. 사람과 사람이 만날 때, 예를 들어 연애를 할 때 사람들은 말보다는 그 모든 상징을 활용해 손을 잡고 포옹하고 서로를 애무하며 상대와의 애정을 확인하는 것이다.

손에는 많은 영감이 담겨 있다. 영감을 담은 한 쌍의 손은 다른 한 쌍의 손을 찾는다. 종교예술에서는 하나님의 손이 아담의 몸에 닿으니 아담이 혼돈 속에서 깨어나 이로써 역사가 시작되었다고 말한다. 우리 주위에는 분주하게 움직이는 사람들, 현란한 손짓들, 끊임없이 주절거리는 말들이 가득하다. 그러나 세상이 이처럼 시끄러운 것은 정말로 중대한 일이 발생하기 전까지다. 심각하고 진지한 순간이 찾아오면 모든 소란이 잦아들고 우리는 서로를 갈망하는 두 손에 귀 기울이며 가만히 그 손에 다가갈 것이다.

♪ 마음의 문을 열게 하는 교황의 손짓

동서양을 막론하고 종교에서 시작한 춤의 동작에는 손과 상체의 움직임이 많다. 오늘날 남아있는 인도와 동남아시아의 전통 무용에서 손의 독특한 움직임은 그 의미와 함께 미적인 아름다움으로 전승되고 있다. 우리나라의 춤 또한 상체와 손의 흐름을 통한 춤의 기본이 전승되고 있으며, 수건이나 한삼, 장삼을 이용한 손과 팔의 늘임은 보다 큰 표현과 기원을 담은 형태로 민족의 사상과 감정을 내포하고 있다.

♪ 한국 전통춤의 미

♪ 인도춤의 손동작

♪ 캄보디아춤의 손동작

모든 발레동작에서 스텝은 매우 중요하다. 발레는 근본적으로 발재주에서 시작한 무용이라고 해도 과언이 아니다. 최초의 무용학교인 프랑스 왕립무용아카데미에서 팔과 다리의 기본자세가 체계화되고 양식화될 때 매끄러운 스텝 연결에 주어진 강조점에 근거를 두었으며, 낭만발레시대에 이르러 토슈즈의 등장과 함께 정교하고도 복잡한 스텝과 아름다운 포즈의 연결은 발레동작 구성에서 가장 중요한 본질이 되었다.

♪ 발레의 직선적인 다리동작

한국 춤에서는 다리가 주로 신체 중심을 지탱하는 기능을 하고 있으며 전체적인 동작 디자인에서 특별히 다리나 발만의 움직임이 강조되는 경우는 거의 없다. 우리의 춤은 호흡과 함께 버선코 세운 발을 들고 뒤꿈치부터 디디며 대지를 밟아내는 동작을 통해 몸 전체가 하나로 움직이게 된다.

서양의 사고방식과 춤이 직선이라면, 우리의 그것은 곡선이라 할 수 있다.

서양의 춤은 신체의 각 부분의 위치가 정확하게 분석적으로 측량될 수 있는 것에 비해 우리의 춤은 신체의 여러 부분이 마음에 이끌려 따라가는 형식이다. 한국 춤에 있어서는 서양 춤에서 발견되는 것처럼 정확하고 분명한 인위적인 선이야말로 멋없고 부자연스러운 선으로 인식한다. 한국 춤의 기본자세는 곡선적인 구부린 자세에서 호흡과 함께 수용하면서 다리를 굴신하는 형태로 춤이 이루어지는데, 고정된 경직상태의 변화 없는 지속을 거부하면서 살아 움직이는 유동성의 성격을 지닌 율동적인 흐름을 이룬다. 그리고 춤의 외형적인 모습에서 승무의 장삼과 처용무의 긴 한삼 그리고 살풀이의 긴 수건들이 만들어내는 태극모양의 곡선의 흐름을 공간속에서 확인할 수 있다.

♪ 처용무 한삼의 곡선

○ 동서양 춤의 방향성과 무대

발레동작에서는 어느 각도에서 봤을 때 가장 아름다운 신체라인을 만들어 내느냐를 염두에 두고 움직임을 구성하고 훈련하는데, 그러기 위해 매 순간의 동작들을 정지된 순간에 초점을 맞추어 각 측면들의 질서와 안배를 위해 면밀하게 조사하는 방식을 쓰고 있다. 이렇듯 부분 동작들의 관계로부터 질서를 지닌 조화로운 형식을 만드는 것이 발레 움직임의 구성원리라고 할 수 있다.

이러한 발레를 비롯한 서양의 춤이 공연되어진 공연장의 구조는 무대가 돌출되어 객석보다 높고 무대에만 조명을 밝힘으로써 무대로의 몰입이 이루어지도록 하여 무대에서 객석을 향한 일방적인 이야기 방향이 제시된다. 이는 일상적인 시간성과 공간성으로부터 차별된 극적인 효과를 조성하기 위해 객석과 무대의 구분을 강화하는 대립적인 이원구조를 형성하는 것이다.

♪ 서양식 극장무대

♪ 동양의 전통춤판

반면 전통적으로 한국 춤의 공연은 궁정의 뜰이나 동네의 원형 공터에서 관객들이 빙 둘러앉는 구조이기 때문에 현실 공간의 중심에서 춤이 진행된다. 객석과 무대의 구분이 조명으로나 시설물로나 명확하지 않기 때문에 춤 소통의 주체와 객체가 구분되지 않는 쌍방향의 수평적 공연방식이 되는 것이다. 즉 관객들의 일상적인 시간성과 공간성은 공연자의 그것과 공존하며 넘나든다. 한국 춤의 이러한 무용수와 관객이 같은 시공간에서 존재하는 특성 때문에, 공연 중이나 뒤풀이에서 관객과 공연자의 소통과 교류가 바로 이루어지게 되고 차별이 아닌 만남을 위한 '교차로'의 역할을 하게 되는 것이 바로 춤추는 장소였다.

한국 춤에서의 구부린 신체는 근본적으로 신체 전면으로만 방향성을 지니기 때문에 움직임의 진행방향은 무용수의 전면이 향하는 곳이 된다. 그러므로 춤의 진행 방향 또한 어느 정도 예측 가능하다. 원형으로 관객들이 빙 둘러앉아 어느 각도에서나 춤꾼들을 볼 수 있는 우리의 전통 공연장은 객석과 무대의 구분 또한 서양 극장처럼 단절된 구조가 아니라 경계가 불분명하고 상호소통이 가능하게 열려있는 것이 특징이다. 그러므로 춤꾼의 몸은 발레리나처럼 관객에게 보이는 정면만을 의식하는 디자인이 될 수 없다. 한국 춤은 관객의 시선이 닿지 않는 감출 수 있는 뒤쪽이 없고 전 방향으로 열려 있는 것이다. 발레리나의 몸에 꽂히는 시점이 정면의 아래쪽에서 오는 것이라면 한국 춤꾼은 사방에서 돌아가며 볼 수 있는 움직임의 시점을 지녔다.

○ 동서양 춤의 방법론과 무용보

발레와 한국 춤이 각기 '보기'와 '읽기'의 대상이라는 점은 각각의 춤이 실시될 때의 강조점이 달라질 수밖에 없는 상이한 춤과 무용수 그리고 관객과의 관계를 암시하고 있다. 즉 춤을 추는 주체인 무용수가 움직임을 바라보고 받아들이는 것이 동서양이 서로 달라 춤의 방법론에 대한 접근도 상당히 다를 수 있다.

발레는 프랑스 무용아카데미에서 팔과 다리의 기본자세들이 분류되고 체계화된 이후 각 동작들의 객관적인 실행방식이 수백 년 동안 다듬어지고 발전되어 하나의 방법론으로 정립되었다. 따라서 발레동작은 마치 패턴에 따라 칼로 대고 잘라낸 종이처럼 객관적인 실행 방식을 분명하게 지니고 있다. 어느 한 스텝이나 포즈를 취할 때의 신체 각 부분들, 머리에서 발끝까지의 사지와 몸통 그리고 시선에 이르기까지 이들의 각도와 위치와 자세 그리고 각 부분들의 관계가 분명하게 분석되어 있는 것이다. 이는 서양의 과학자들이 논리적이고 분석적인 이성으로 자연을 정복하고 이에 대한 지식을 체계화하여 과학이라는 이론 체계를 만든 것과 같은 것이며, 발레의 경우도 움직임들의 구조가 분석되고 체계화되어 용어상으로나 방법론적으로도 정리되어 수백 년 동안 이에 대한 지식이 전해 내려온 결과이다.

무용은 창조의 순간에 소멸되는 예술로서 오랜 역사 동안 무용가들의 목격과 실행이라는 방법에 의지하여 전해져 왔다. 이러한 무용의 특수성은 무용기록에 대한 관심으로 이어져 다양한 무용기록법이 개발되었는데, 그중 가장 보편적으로 쓰이고 있는 서양의 무용기록법은 '라바노테이션'이다. 라바노테이션은 무용이론가 '루돌프 본 라반'이 고안한 무용기록법으로, 움직이는 방향, 높낮이, 주체, 시간에 대한 정보를 시각적인 기호들을 이용하여 효율적으로 전달하는 방식이었다.

반면 한국의 궁중춤을 기록해 놓은 무용보를 보면, 각 춤의 전체적인 대형들이 그림으로 그려져 있고 몇몇 동작들의 명칭이 시적이고도 상징적인 한자로 표기되어 있다. 한국의 전통 무용보에는 의상과 장치의 형태를 그림으로 그려놓고 그 치수와 색채명 그리고 명칭을 상세하게 기록해 놓은 데 비해 스텝이나 동작의 실시 방법에 대해서는 구체적인 설명이 없고 그 동작을 지칭하는 문학적인 명칭들만 간혹 있을 뿐이다. 이러한 사실로부터 우리는 한국 무용이 개별 동작보다는 동작과 무용수간의 관계를 지시하는 전체적인 대형을 더 중요시하고 있음을 알 수 있다.

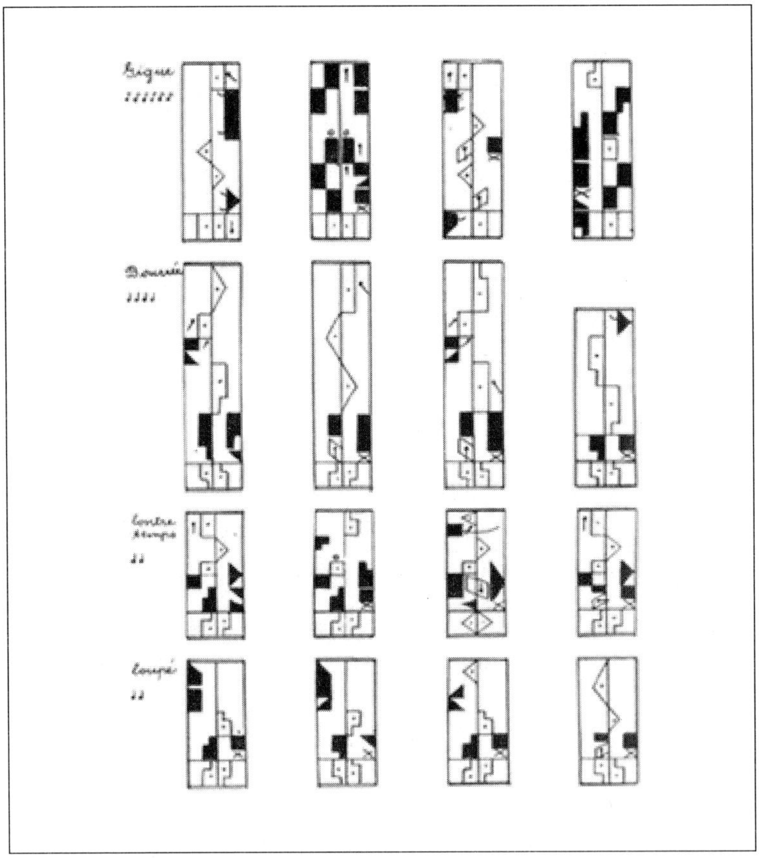

♪ 라반의 무용기록법 [라바노테이션]

♪ 궁중무용 무용보

문/화/칼/럼/

발레공연 제작과정이야기

무대에서 관객의 시야에 처음으로 선보이기 전까지는 발레가 어떻게 평가받게 될지 아무도 정녕 모른다는 사실은, 발레제작과 발레공연의 커다란 어려움 가운데 하나인 점과 동시에 흥분거리 중의 하나가 될 수 있다.

새로운 발레 작품을 생산하는 이유는 다양하다. 한 공연단에서 기존 또는 새로운 관객의 흥미를 유지시키려는 욕구, 한 공연단 내의 창조적인 생명을 보존시키려는 보다 큰 욕구, 마찬가지로 중요한 기존의 무용수들에게 신선한 기회를 주려는 욕구, 또는 새로운 인재를 발굴해 내려는 욕구 등이 있을 것이다.

공연을 제작하기 위한 다양한 목적을 이루기 위한 과정에서는 먼저 공연단의 예술 지휘자가 필연적으로 일차적인 결정을 취한 후, 새 작품으로 귀결이 될 공동 제작과정을 지휘할 안무가를 선택하게 된다.

안무가는 그의 새 작품이 이야기체가 될 것인지 줄거리가 없는 것이 될 것인지의 여부를 먼저 결정하게 되며, 비구성적인 작품에 있어서는 안무적 표현(choreographic expression)을 주고자 하는 작품을 먼저 고려하게 된다.

이야기체 작품에 있어서는 자신의 극적 계획에 적합한 유용성 있는 작품이 종종 드문 까닭으로 음악 선택에 있어서 보다 어려움이 크다. 때문에 새로운 상품의 악보(작곡가가 곡을 쓸 시간과 상당한 비용이 수반되는)를 의뢰하거나, 발레작품이 무엇을 원하는지 이해하고 있는 편곡자를 통해서 기존 작품을 다듬은 악보를 먼저 제작하기도 한다. 안무자가 작업을 시작한 후에 악보가 공급되는 것은 드물며, 악보에 대한 오랜 학습과 준비 없이 작업을 시작하는 경우는 바람직하지 못하다.

이러한 준비가 완료된 이후에야 통상 작품을 위한 디자인의 성격이 결정지어지게 되며, 작품의 시각적 아이덴티티에 대한 디자이너와의 협의가 이루어지게 되는데, 안무가가 무용수들과 작업을 개시하는 동안 디자이너는 발레의 전개과정을 지켜보면서 무희가 옷을 입는 방식에 관한 움직임과 동선 등을 파악하게 되고 필요한 무대장치 및 소품에 대한 아이디어를 집약하는 과정을 거치게 된다.

작품의 제작과정에서 무엇보다 중요한 것은 무용수의 캐스팅인데, 이는 여러 가지를 고려한 이후에 이루어지게 된다. 이는 어떠한 아티스트를 쓰고자 하는 안무자의 욕구, 안무가 자신이 찾는 재능을 가지고 있는 칭송할만한 무용수들을 다루려는 보다 큰 욕구, 무용수들의 능력을 증대시키고 적합성을 고양시키고자 하는 욕망 등의 결과로 이루어지는 것이다.

안무가와 배역들 간의 관계는 매우 미묘하다. 많은 안무가들이 잘 모르는 무용수들과 작업하는 것이 거의 불가능함을 인식하는데, 만일 새로운 안무가가 무용단에 오게 되면, 그는 배역을 정하기에 앞서 연습이나 리허설 중 또는 실연 중에 무용수들을 관찰하는데 상당한 시간이 필요할 것이다. 친숙한 무용수들과의 작업은 종종 그 무용수들의 능력에까지 확대될 수 있으며, 필연적으로 안무가들은 선호하는 유형의 무용수들을 보유하고 있기도 하다. 작품을 직접 보여주고, 감동을 선사하게 되는 주인공은 바로 무용수들이기에 이들과의 교감은 안무가의 작품성을 결정짓는 바로미터가 됨을 이해할 수 있을 것이다.

2) 동서양 춤과 정서

○ 동서양 정서와 춤의 표현

기본 움직임에서 발견되는 동서양에 따른 공간 감각과 우주관의 차이는 비단 무용 작품뿐 아니라 언어 표현에서도 발견할 수 있다. 서양의 경우 근본적으로 천상으로 도약하고자 열망하므로 그러한 상층으로의 전진 욕구가 좌절될 때 스트레스를 느낀다. 즉 서양인들의 경우 스트레스란 위에서 아래로 오는 방향성을 지니며, 그들은 스트레스를 받는다고 할 때 'under the stress'라고 표현한다. 그러나 한국인의 경우 춤 출 때 신체가 지니는 대지와의 관계에서 알 수 있듯이 대지와의 조화와 접촉에서 안정을 느낀다. 한국인들은 자신의 처지가 편하지 못할 때 '가시방석'이라든가 '좌불안석(坐不安席)'이라는 표현을 씀으로써 스트레스가 아래에서부터 오는 것임을 지적하고 있다.

이러한 공간관과 우주관은 동서양의 무용작품에서도 흥미롭게 발견된다. 미국 후기 현대파 출신의 안무자 트왈라 타프(Twyla Tharp)와 한국의 무용가 임학선은 여성이 결혼과 가정을 이루어가는 과정을 주제로 각기 [캐서린 휠(The Catherine Wheel)](1983)과 [마음꽃](1992)이라는 작품을 만들었다. 이 작품에서 여성은 모두 상당한 어려움과 난관에 부딪히는데 그러한 갈등과 어려움을 표현하는데 있어서 타프는 주인공이 위에서 내려오는 쓰레기더미에 깔리는 것으로 표현하였고, 임학선은 군무 무용수들의 손과 발로 만들어진 가시방석 위를 신부가 기어가는 모습으로 표현하였다.

춤의 신체적 공간에는 정지상태의 공간과 운동 상태의 공간이 존재한다. 정지상태의 공간은 외견상으로는 계속성이 없는 특정한 순수공간으로서의 성격을 갖추고 있는 것처럼 보인다. 이러한 평면적인 공간은 차지하는 공간의 위치에 따라서 고유한 감정이 표출되는데, 똑같은 감정을 가지고 있는 인간이라도 무대공간이 차지하는 위치가 달라지면 그 감정의 강도도 달라질 수 있다. 예를 들어 슬피 우는 춤의 몸짓을 할 경우 무용수가 무대 한가운데서 울고 있는 움직임과 무대 왼쪽 끝 가장자리에서 울고 있는 움직임을 통해 보다 다른 표현의 강도를 느낄 수 있다. 즉 무대공간의 위치에 의해서 주는 느낌의 효과로서 무대 가장자리의 몸짓이 훨씬 큰 강도로 관객에게 다가오는 것이다.

○ 동서양 춤의 정신

흔히 한국 춤에서 대가들이 '춤에 빠진다' 혹은 '춤에 젖어든다'라고 춤의 경지를 말하는데, 이는 춤이 추어지는 대로 혹은 흘러가는 대로 빠져드는 상태를 지적하는 것이다. 또한 한국 춤의 멋을 '신명' 또는 '흥'으로 얘기하는데, 이는 춤추는 이가 자신을 의식하지 않고 춤과 혼연일체가 되어 춤의 흐름에 실려 춤의 '흥'에 따라 움직일 때 나타나는 현상이다.

발레의 움직임이 미리 계획되고 인위적으로 다듬어지고 합리적인 형식을 갖춘 매끄러움을 우선시했다면, 한국의 춤은 계획되지 않은 우연을 끌어들여 감정이 흐르는 대로 신명에 따라 춤과 인간이 자연스럽게 하나가 되는 상태를 추구하였다고 할 수 있다.

동서양 춤의 정신은 또한 각기 기와 형을 중시한다. 한국 춤에서는 동작의 형태를 만들어내는 춤꾼의 기운이 몸의 중심에서 사지 말단으로 나갔다가 다시 아래로 내려오는 등 자연스레 흐르는 것을 중요시한다. 따라서 기운의 흐름이 자유자재로 이어지고 연결되는 춤을 대가의 경지에 이른 명무(名舞)라고 흔히 일컫는다.

♪ 한국 춤의 미(美)

춤은 우리 눈에 동작의 형태가 아니라 춤의 기운이 춤꾼을 이끌어가고 소통시키는 상태로 지각되며 이는 다시 말해 인간과 우주가 기로 통한다는 동양적 세계관을 증명해 보이는 상태라 할 수 있다. 한국 춤의 대가인 김백봉 선생은 "춤을 추다보면 어느덧 내가 춤이 되고 춤이 내가 될 때가 있어. 그 땐 온 우주가 다 내 것이야"라고 말한다.

발레에서는 개별 스텝과 이들의 자연스러운 연결 그리고 형식을 중시하는 춤의 정신을 만나게 된다. 발레 기교의 출발은 아름다운 발과 팔의 자세들을 여러 유형으로 나누어 기본으로 만들고 거기에다 이들 간의 적절한 조합과 연결 순서를 축적해 나간 것이라고 할 수 있다. 발레 동작들은 시작과 끝이 분명하여 정지 부분과 움직임 부분이 명료하게 나누어지는데 이는 개념적 택일에 익숙한 서구의 구체적이고 객관적인 사고를 반영하는 것이다.

신체의 전면에서 보는 관객의 시점을 중시하며 매 순간 동작을 가장 아름답게 보일 수 있는 최적의 시점을 염두에 두고 구성된 발레의 움직임 관점에서 알 수 있는 것은 서구의 실체를 중시하는 우주관의 영향뿐 아니라 사물을 객관적인 대상으로 상정하고 이를 분석적으로 관찰한 과학적 정신을 엿볼 수 있는 측면이다.

동양의 춤의 정신에 따르면 움직임은 무용수로부터 분리될 수 없다. 춤은 오히려 춤추는 자의 내면 즉 성정과 품격에서 나오는 것이다. 춤의 본질이 바로 춤추는 자의 내면을 만나는 데 있으므로 서양 춤의 경우처럼 시각적인 외형에 전적으로 매달리지 않는다.

동서양 춤의 외형적 차이를 떠나 이들이 근본적으로 공유하고 있는 것은 적어도 이 세계와 우주 속의 인간 활동인 무용 예술이 동양과 서양을 막론하고 인간이 지니는 세계관의 영향을 벗어날 수 없다는 점이다. 춤이란 인간의 세계 인식을 움직임으로 표현하는 가장 인간적인 활동이라고 말할 수 있기 때문이다.

○ 동서양 춤의 역사적 상징성

현대의 창작무용에서는 동양무용과 서양무용의 차이가 특별히 존재하지 않는다. 과거의 지구상에는 몇 개의 세계가 있었다. 사람들은 각기 다른 물질생활과 정신생활을 하였으며, 그것은 오락이나 예술에도 반영되었다. 따라서 무용도 각각 달랐으며 무용에 대한 생각과 개념 또한 다른 것이었다.

고대문명제국의 무용을 보면 근본적으로 동서양 무용이 하나였으며, 신(神)에게 바친다는 종교무용의 개념을 근본으로 하고 있다. 이는 인간의 정신생활과 연결된 것으로 같은 목적, 같은 이념을 가지고 있기 때문에 무용의 개념도 같았다고 볼 수 있는 것이다. 동서양 종교무용의 공통점은 구성이 연극적인 것으로 줄거리가 있고 계통이 있었다는 것이다. 또한 이러 연극적인 형식을 빌려 '기도하는 마음'을 나타내었다.

표현하는 무용의 특징은 그 동작에 있어서 양팔과 상반신을 많이 쓰게 되는데, 동서양 모두 기교상 이러한 특징이 공통적이었다.

무용이 동서양으로 확실히 나누어진 시기는 중세시대 교회의 무용금지령 이후의 일이다. 교회의 무용 금지에 의해 유럽에서는 무엇인가를 표현하는 무용은 사라졌으며 남은 것은 추어서 즐기는 춤뿐이었다.

♪ 중국 천수관음춤

♪ 이슬람 수피교의 한 종파인 메블라나 종파의 종교적인 춤

동양에서는 고대 문명국의 종교무용이 그대로 중세를 거쳐 근세와 현대까지 이르게 된다. 이러한 역사적인 결과로 인해 다른 계통의 무용현상이 나타나게 되었으며, 동양무용과 서양무용으로 계통되었다.

서양의 포크댄스가 종교에 반항해서 이루어진 것이라면 한국의 향토무용은 종교무용 그 자체가 향토화되고 민중화된 것이었다. 동양무용이 정적(靜的)이며 표현적이라면 서양무용은 동적(動的)이며 형식미적이라고 할 수 있다. 또한 동양무용이 상지상체의 운동이 주가 된다면, 서양무용은 하지의 운동이 주가 된다. 태국의 무용이나 인도의 무용은 손가락이나 손목, 팔, 목을 주로 쓰고 있으며, 한국의 무용은 어깨나 팔이 주점(主点)을 이루고 있다.

서양무용은 표현이 주목적이 아니었다. 자기 스스로가 춤추고 즐기는 것이 제일의 목적이었으므로 관능적으로 몸 전체에 반항이 되는 단순하고 강한 리듬이 필요했고, 그 때문에 발로 밟는 스텝이 발달하게 되었다.

○ 동서양 춤과 커뮤니케이션

동양의 커뮤니케이션 사상은 한국 춤에 있어서 관객에 대한 무용수의 예법이나 춤의 전체적인 제시법을 중요시한다. 궁중 춤에서 존대의식은 춤을 시작하고 끝낼 때 한삼 낀 두 손을 모아 입을 가리고 춤의 내용을 담은 노래를 한 뒤 앞으로 손을 내려 공손하게 절을 하는 모습과 등퇴장을 할 때의 경의를 갖춘 몸가짐 등에서 알 수 있다.

춤을 추는 동안 무용수는 눈빛, 낯빛 등의 용모와 몸짓을 모두 온화하고 공손하고 덕성스럽게 하여 최대한 관객에 대한 겸손한 자세와 공경의 태도를 갖춘다. 이는 궁정 연회를 관람하는 왕을 비롯한 고관대신들에 대한 군신지간의 사회적 질서나 인간관계에 대한 인식이 춤추는 동안에도 작용하고 있다는 것을 의미한다. 즉 공연자로서의 무용수의 역할이 그 무용수의 인간적인 본분과 위계질서를 초월할 수 없으며, 이는 춤을 추는 동안이나 전후에도 변함없이 일관성을 유지해야 하는 것이다.

♪ 궁중무용 [가인전목단]

하지만 서양 발레에서의 몸은 찬미와 욕망에 가득찬 시선의 대상으로서 일상의 몸과는 완전히 다른 존재라는 차별성이 전제되어 있다. 그래서 무용수의 개인적인 정체성은 춤추는 동안 사라지고 극중 캐릭터로의 변신과 전이가 요구되는 것이다. 프랑스 루이 14세가 발레에서 시골 촌부역할로 춤추는 일 같은 것은 우리의 전통 사회에서는 일어날 수 없는 일이다.

조선 후기 효명세자는 자신이 주최한 궁중 연향의 준비를 위해 기녀들의 춤 연습을 감독한 일이 있는데 이일로 상소를 받게 된다. 이유는 대리청정을 하고 있던 당시의 효명이 남녀유별의 유교적 법도를 어기고 왕의 체통에 적절치 않는 행동을 했다고 여겼기 때문이다.

이러한 동서양 궁중 춤의 차이는 바로 플롯(plot)의 유무에 기인한다고 볼 수 있다. 한국 전통 춤에서는 플롯의 유무와 상관없이 무용수가 인간적 관계를 끊고 가상의 스토리텔링의 매체로 완전하게 전이되는 것을 허용하지 않는다. 이에 비해 서양의 경우 무용수는 춤의 배역에 따라 왕이나 공주와 같은 행동이 허용되고 화려한 기교를 과시한 뒤에 이어지는 관객들의 환호에 답하려고 무용수 본연의 모습으로 돌아와 답례한 다음 다시 극중 역할로 전환하는 것이 가능하다. 극중의 역할을 연기하면서도 여전히 자신의 정체성은 보장받고 있는 것이다. 발레극의 중간에 어려운 기교를 실시한 무용수가 연이어 관객에게 인사를 하는 것은 바로 자신의 차별화된 몸과 뛰어난 춤 솜씨에 대해 인정을 받기 위한 것으로 관객들의 박수를 유도하는 것이다. 이것은 한국 궁중 춤에서 시종일관 관객을 향한 공경의 마음으로 춤을 추는 것과는 다른 성격을 보여주는 장면이다.

동서양 춤에 있어서 소통의 차이는 춤을 추는 공연장의 특성과도 관계가 있다. 서양의 극장구조와 동양의 원형 무대라는 차이점은 춤추는 주체와 객체의 구분에 있어서 시간성과 공간성에 있어서 분리와 공존으로 이루어진다. 이러한 표현무대에 따라서 한 곳으로의 몰입을 유도하는 서양의 춤은 테크닉과 기술적인 발전에 몰두하게 되는 반면, 동양의 춤은 주체와 객체가 분리되지 않는 공연구조에 의해 개별자가 아닌 전체가 강조되는 움직임과 무용수의 총체적인 감수성이 베어나는 직관적 느낌으로 춤을 풀어나가는 모습이다.

춤의 매체 기술인 기교를 등한시하는 우리 전통 춤의 커뮤니케이션은 상황에 적합한 동작 기호로 이루어졌다고 할 수 있다. 대표적인 서양 춤인 발레의 경우 발레극의 플롯이 내포하는 문자화된 줄거리를 구체적이고 사실적이며 명료한 마임의 몸짓으로 전달한다. 물론 극 속에는 작품의 내용과 상관없는 볼거리용 춤들(민속무용, 캐릭터댄스 등)이 추어지지만 극의 전개를 전달하는 춤의 경우 각 손짓과 몸짓은 약속되어 있으며, 그 표현방식은 매우 사실적이고도 모방적이다.

이는 동서양의 문화적 차이를 각기 집단주의(collectivism)와 개인주의(individualism)로 나누어 해석한데서 이해할 수 있다.

발레 무용수간의 우월을 증명하기 위해 촉발된 기교 경쟁은 체계적인 기술 분석과 교수법, 고난도의 발전된 기교라는 결과를 낳게 된다. 그리고 기교적으로 어려워지는 테크닉을 실시하는 방법론은 체계적으로 규정되어 있어 기본적으로 개인마다 다르게 동작할 수 없다. 그러나 한국 전통 춤의 경우는 각 동작이 형태로나 실시 방법에 있어서 보편적인 하나의 방법론으로 확정되어 있는 것이 아니라 무용수의 즉흥적인 해석에 따른 멋과 개성의 가치에 주목한다. 또한 한국 춤은 동작의 용어가 확립되어 있지 않기 때문에 춤의 구성과 그 연결이나 이음새가 분명하게 드러나지 않는다. 그래서 이 모든 것을 자연스럽게 이어서 춤을 출수록 경지에 이른 춤이라고 생각한다.

문/화/칼/럼/

찰리 채플린과 안나 파블로바

'모던타임스'란 영화에서 찰리 채플린의 연기는 많은 관객을 폭소 속으로 몰아넣는다. 공장에서 나사를 돌리는 일을 하는 채플린이 버스 안에서 연신 나사를 돌리는 흉내를 내느라고 앞사람의 단추를 계속 돌리게 되는 몸짓에서 유쾌한 웃음이 유발되는데, 이러한 황당한 상황설정이 착오의 한 방법으로 사람들을 웃기게 만드는 것을 볼 수 있다.

언젠가 발레의 역사가운데 큰 자리를 차지하는 발레리나 안나 파블로바의 전기 속에 들어있는 사진 한 장이 떠오른다. 그것은 바로 파블로바가 미국에서의 발레순회공연 당시 채플린과 함께 찍은 사진이었는데, 파블로바의 지인으로서 채플린과의 우정을 보여주는 모습이었다.

과연 두 사람은 어떤 부분에서 교감을 가지는 우정을 쌓아왔던 것일까. 물론 당시 예술가들 사이의 교류는 장르를 떠나서 개인적으로나 사회적으로 친분을 가질 수 있는 여건이 형성되기도 했을 것이다.

오늘날도 문화예술계의 크로스오버 스타일의 합작공연이나 퓨전스타일의 실험무대를 통한 장르의 경계를 넘어서는 무대가 많이 이루어지고 있어서 전공을 넘어선 교류는 필수가 되어 연예인이나 순수예술가 그리고 스포츠 스타 등의 친분은 널리 알려지기도 한다.

당시에도 예술가들 사이의 교류는 문화 예술적으로 각기 전문분야에서의 협력이 필요했을 것이다. 특히 몸짓을 통한 사상과 감정의 전달이라는 공통적 요소를 지닌 무용과 마임이라는 장르는 파블로바와 채플린의 공감대를 형성하는 가장 큰 요인이지 않았을까하는 생각이 들었다. 다른 누구도 아닌 두 사람은 반드시 연결될 수밖에 없는 몸짓을 대표하는 각 분야의 일인자인 것이다.

표현하는 방법과 매체 그리고 관객들이 원하는 기대의 방향은 다르지만 파블로바가 추구하는 발레의 세계와 채플린이 표현하는 마임의 세계는 궁극적으로 바디 랭귀지를 통한 의미의 전달, 그리고 그 속에서 찾을 수 있는 감동이라는 공통점을 가진다고 볼 때, 시공을 초월하고 언어의 장벽을 넘어선 인류역사와 전 세계 어느 나라 어느 민족이라도 그들의 눈을 통해 보고 느끼는 공감은 하나일 것이다.

춤은 몸으로 스케치하는 그림이라고 볼 수 있다. 예술가는 선명하고 구체적인 그림을 보는 사람의 가슴에 그려주어야 한다. 환상과 같은 무대에서 날개 짓하는 파블로바의 빈사의 백조와 다른 사람의 단추를 나사 돌리듯 돌리는 엉뚱한 채플린의 버스 속 장면은 바로 우리의 의식 속에 가장 멋지고 재미있는 장면으로 스케치되어 있는 것이다.

02 동서양, 그리고 인간

1) 몸과 춤

사람의 몸처럼 우리들의 마음을 사로잡는 것은 찾기 어렵다. 우리들은 신체의 겉모양에 깊은 관심을 갖고 있으며, 열심히 대화하는 순간에도 계속 상대방의 인체를 관찰하고 있는 것이다.

우리들은 몸 읽기(body-reading)에 능숙하지만 오류도 범하는데, 때로는 그 실수들이 아주 심각하여 신체에 대한 미신으로 변하기도 하고 이런 미신들이 굳어져 민중의 의식을 지배하기도 하는 것이다.

생명체이자 표현체인 인간의 몸이 없이는 '춤'은 존재할 수 없다. 즉, 춤에서의 몸은 움직임을 만드는 가장 핵심적인 매체이며 사고를 통해 밖으로 분출되는 움직임의 근원이다. 때문에 춤에 있어서 몸이라는 매개는 타 예술의 본질과 구별할 수 있는 증거가 된다.

춤의 매체인 몸과 움직임 연구를 추구한 라반은 몸을 인간이 소유하고 있는 유일한 그리고 절대적인 실재(reality)로 보았다. 그리고 몸과 움직임 그리고 인간의 내면적 욕구를 일치시킴으로써 우리의 신념을 전달하고 표현할 수 있다고 했다. 이는 춤에 있어서 정신과 마음은 몸 없이는 아무것도 성취할 수 없다는 것을 말한다.

○ 동양의 몸과 춤

몸은 'ᄆᆞᆷ'이라는 글자에서 나왔다고 한다. 한국어 어원으로 보는 이러한 견해는 몸과 맘이 떨어질 수 없는 관련을 지님을 알려준다. 한자로 몸은 신(身)이라고 표기되는데, 신은 뱃속에 아이를 잉태한 여자의 모습을 본뜬 글자이다. 흔히 몸을 지칭하는 용어는 형(形)이며, 주로 물리적인 몸을 가리키고 있다.

우리 춤을 실시함에 있어서 상체와 하체의 조화가 중요시되며 우리 춤이 주로 체간 운동이라는 점도 동작의 고정된 선형보다 흐름을 중시하게 된 원인이 될 수 있다. 체간 운동이란 몸의 본체를 움직이고 말단의 움직임은 흘러가도록 두는 것을 말한다.

사지말단의 정확한 위치나 라인을 중시하는 서구 춤에 비해 체간 운동은 몸의 중심에서 움직임을 추동하되 그로부터 나오는 흐름과 세부적인 동작은 각자의 성정이 반영되도록 열어두는 것이다.

동양사상의 전통에서 보면 춤은 살아 있는 유기체이고 순환하는 유체로서의 몸의 기를 타고 흐르는 '마음의 춤'이라고 한다. 따라서 몸은 춤추는 사람의 존재를 드러내는 실체가 되는 것이었다. 신체 내부의 기를 타로 흐르는 마음을 표현하는 우리 춤은 시각적으로는 긴 소매의 곡선적인 흐름으로 나타난다. 그것을 드러나는 몸의 관점이 아니라 마음과의 관련 속에 읽어낼 필요가 있을 것이다.

○ 서양의 몸과 춤

서양문화에서는 소크라테스에서 헤겔에 이르기까지 대다수의 철학자들이 몸과 마음을 이원론적으로 생각해 왔다. 이것은 피타고라스학파로부터 확립된 유한과 무한, 홀수와 짝수, 오른쪽과 왼쪽, 여성적인 것과 남성적인 것, 직선과 곡선 등의 대조적인 의미로 구성되었으며, 이는 신체와 영혼, 물질과 정신간의 대비로 이어진다.

인간에 대한 서구의 이러한 이분법적 시각은 자연과 인간 그리고 몸과 마음 간에 분명한 구분을 두는 것이고 이러한 시각은 춤에도 적용된다. 대지와 공간에 대하여 공격적이고 지배적인 춤의 태도와 물질적이고 기계적인 몸의 모습은 서양 춤의 특징적인 인상이 되는 것이다.

발레의 기본자세나 포즈는 하층 계급과는 차별화되는 정중하고, 세련되고, 교양 있는 귀족사회의 신체이미지를 반영하는 이상적인 귀족적 몸의 전형이었다. 따라서 발레는 우월한 지위를 고수하기 위한 도구였으며, 훌륭한 춤 솜씨는 귀족사회에서 호의적인 이미지형성에 기여했고, 뛰어난 춤 솜씨는 실질적인 출세의 지름길이 되었다.

♪ 귀족적인 클래식발레 레퍼토리 [잠자는 숲속의 미녀]

이러한 이분법적 시각과 깊이 연관된 또 하나의 사상은 나를 중심으로 생각하는 개인주의 정신이다. 서양 춤은 근본적으로 개인적인 춤이다. 발레는 귀족사회의 사교춤에서 출발하였는데, 귀족들이 사교춤을 추는 목적은 우선적으로 '나'를 과시하기 위한 것으로 나의 춤 솜씨와 춤을 추는 순서, 의상 그리고 매너 등이 한 개인의 시각적 정체성을 구성하는 것들이었다.

서구 춤에서 훌륭한 무용수란 고난도의 기교를 예술적으로 구사할 수 있는 자였으며, 현대발레를 완성한 발란신(George Balanchine)에 이르면 발레리나의 몸은 테크닉적으로 어려운 기교 즉, 추상적인 동작을 마치 기름이 잘 쳐진 기계처럼 완벽하게 실시하는 몸을 이상으로 갖게 된다.

발레의 낭만적인 상징으로 극중에서 완벽한 여성을 상징하며 결코 손에 잡히지 않고 날아다니는 환상적인 요정 발레리나는 부유한 후원자들의 소유였고, 발레무대에서 여성성을 향한 관객의 욕구는 남성 무용수들을 향한 혐오로 이어지기도 했다. 현대 춤에 있어서 여성의 몸 상품화와 발레의 정신성이 배제된 무의미함과 기계적인 신체단련에 낙담하여 자신의 고유한 춤의 이상을 전개한 이사도라 던컨(Isadora Duncan)은 자신의 춤을 미래의 정신적이고도 이상적인 여성의 춤으로 만들고자 하였다. 이사도라는 자신의 몸을 성적인 대상이 아닌 표현의 주체로서 시적 상징체로 초월시키게 된다.

이처럼 현대 춤의 두드러진 특성은 바로 자신의 몸을 있는 그대로 드러내고 남성 발레 마스터에 의해 조절되고 요구된 포즈와 몸이 아니라 여성 자신이 표현의 주체가 되어 주관적이고 능동적으로 움직이는 여성의 이미지를 보여주었다는 점이다.

문/화/칼/럼/

신체이미지(Body Image)와 심미안

미적 표현 예술운동에 관련된 전공자들, 특히 무용전공자들에게 본인의 신체상이나 타인에 비춰지는 신체이미지(Body Image)는 각자가 추구하는 작품에 있어서 미적인 개념의 완성에 영향을 주는 매우 중요한 요인으로 인식되고 있다.

무용수들이 가지는 신체상에 대해 질적으로 분석한 연구결과들을 보면 무용전공자들은 동양인의 신체조건과 달리 서양적인 특성으로 구성된 신체를 이상적인 신체이미지로 묘사하고 있으며, 많은 무용수들이 마른 체형을 가지고 있음에도 불구하고 자신의 신체에 만족하지 못하는 경향을 보인다고 한다.

이와 더불어 오늘날 사회적 현상도 같은 맥락임을 인지하게 되는데, 성장기 여학생들의 이상적 체형상의 기준을 이루는 일부 연예인이나 슈퍼모델 등의 모습은 일반적인 신체의 균형과 체중비율과는 상당히 거리가 있음에도 불구하고 무분별한 미적기준이 되고 있음을 알 수 있다. 전 연령층에 걸친 여성들의 다이어트 열풍 또한 사회적 기준과 통념에 따른 인식에서 출발하는 경우도 적지 않다.

이처럼 일반인들의 관념과 더불어 신체가 중요한 표현의 도구가 되는 전문 무용수들에게 평상시의 체력 및 체격관리의 중요성은 두말할 필요가 없을 것이다. 이는 미적으로 드러나는 기준 뿐만 아니라 기능과 기술을 충분히 표현할 수 있는 적합한 심신을 유지 향상시켜야만 하는 복합적인 의미의 신체일 것이다.

그러나 이 모든 경우의 필요성 가운데서도 현실적으로 나타나는 바디이미지는 무대를 가로지르는 멋진 인체가 만드는 그림이기에 무용수들이 갈구하는 이상적인 신체상에 대한 미학적 견해는 일반 대중들이 추구하며 또한 관객의 입장에서 무용수들에게 기대하는 아름다운 인체의 기준과 밀접하게 관련될 수밖에 없다.

그러나 무용 전공자의 이상적인 체형은 단순하게 체중이 적게 나가는 마른 몸매가 결코 아니다. 무용은 오래할수록 평소 생활하면서 느끼지 못하는 신체의 각 부분까지 섬세하게 지각할 수 있는데, 무용 전공자가 신체의 각 부위를 자유자재로 이용하고 관절의 가동 범위를 확장시키기 위해서는 근육의 발달이 필수적이다.

무용 전공자들은 외적으로는 아름답고 기능적으로는 우수한 능력을 겸비한 체형을 가꾸기 위해 많은 사항을 고려하고 있다. 근육이 단련될수록 기술적으로는 어려운 동작을 가능하게 하지만, 여성 무용수의 경우 오랜 시간 인체를 통한 훈련으로 인해 외형적으로 남성다운 느낌을 간혹 나타내기도 하여 부정적인 기능으로 작용하기도 한다. 즉, 과도한 근력의 형성을 통해 남성화된 신체 이미지로 바뀌는 것에 대해 우려를 가지기도 하는 것이다.

이와 비교하여 볼 때, 장르의 특성상 댄스스포츠 여성 라틴선수의 경우에는 오히려 근육의 미세한 움직임의 향상이 곧 신체기능과 직결되어 미를 창출하기 때문에 근력 및 근육의 향상은 여성선수에게도 선호되고 있으며, 이를 위해 따로 웨이트 트레이닝을 겸한 훈련 프로그램을 겸하고 있는 선수들도 있다. 시합장에서 보다 잘 훈련된 근육을 과시하기 위해 노출이 많은 의상을 착용하거나, 보다 탄탄하고 파워풀한 표현에 도움이 되고자 피부를 구릿빛으로 보이게 하는 준비를 하는 것도 댄스스포츠가 가지는 특수성이라 볼 수 있다.

이처럼 각 장르의 무용 활동에서 이상적으로 요구하는 신체이미지는 획일적으로 나타나지 않는 것처럼 여성 전공자들이 추구하며 또한 개인의 기능을 더욱 돋보이게 만드는 신체관리의 관점 또한 다르기에, 그에 따른 이미지를 먼저 인지하고 무용장르를 접하는 것도 여러분의 심미안을 높이는 방법이 될 것이다.

2) 종교와 춤

태초부터 인간은 종교적이고 영적인 힘에 이끌려 춤을 추었고, 부족의 존속과 안녕을 위해 춤을 추었다. 제사장이었던 단군도 춤을 추었고, 디오니소스신을 따르던 마이네드도 춤을 추었다. 아프리카의 피그미족도, 인도네시아의 가요족도 그들의 종교적 신념을 표현하려고 춤을 추었다. 영적인 힘에 강하게 이끌려 미친 듯이 열광하고 방방 뛰며 춤을 추던 무당들은 접신을 통해 하늘과 땅을 연결했고, 그렇게 추어지던 춤은 신과 인간을 이어주는 매개가 되었다.

춤이 억압받던 중세시대에도 면죄부의 하나로 춤을 추었으며, 교회의 엄격한 종교의식에서도 인간은 춤을 추었다. 불교가 전파된 다양한 지역에서 이루어지는 의식이나 기독교의 예배의식에서도 춤은 존재했으며, 이를 통해 천상으로 가고픈 인간의 마음을 담아냈다.

이처럼 신화 속에서도 역사 속에서도 춤은 인간의 중심에 있었으며, 인간에 의해 부흥했고 인간에 의해 제한됐다. 다른 어떤 표현 행위로도 대체할 수 없는 춤의 독특함으로 예배를 드리고 제의를 행하며 인간은 살아온 것이다.

○ 고대의 종교와 춤

원시시대부터 인간은 자신의 힘으로 할 수 없는 것을 '신의 힘'에 의지하게 된다.

♪ 그리스 신전 여사제 '파티아'

여기에서 생긴 것이 바로 '기도무용'이며, 이러한 기도무용의 형식적인 특징은 연극적인 요소가 포함되고, 이념적으로도 종교적인 것이었다. 그러나 원시시대의 무용의 일면이 종교적인 요소를 가졌다고는 하나 종교무용은 아니었으며, 종교무용은 고대 문명국에서 시작되고 번창하게 된다. 무용이 신성시(神聖視)되어 그것이 일종의 예배의식화(禮拜意識化)가 되면서 여기에 참가하여 춤추는 사람도 같이 신성하게 보이게 된 것이다.

고대의 정치는 제정일치(祭政一致)로 군주는 신관을 겸하는 일이 많았기에 고대의 종교의식은 곧 정치적 의식이었다. 이처럼 무용이 신성시되던 시대에는 의식을 행하는 무용가의 지위가 높았으며, 무용가는 곧 신과 민중과의 사이를 중개하는 존재로 민중을 대표하여 신에게 기도하고 신탁을 민중에게 전해주는 역할을 하는 매개자로서, '존경받는 자'로 존재하였다.

○ 기독교와 춤

기독교와 춤 그리고 문화

기독교 정신에 있어서 스포츠와 예술문화는 하나님께로부터 시작되었고 인간이 문화를 형성해야 하는 하나님의 과제를 이행하는 것으로써 인간이 하나님의 형상을 지각하고 그 형상에 맞는 스포츠 예술 문화를 형성하는 것이었다.

역사적으로 과거 중세기는 동서양을 막론하고 문화와 예술에 관한 소극적인 시대, 특히 중세유럽에서는 암흑기를 이룬다. 유럽 중세의 정신생활의 중심은 그리스도교 신앙이었으며, 초기 그리스도교의 신성한 무용은 교회의 종교적 의식(예배무용, 그리스도 수난무용극 등)으로 장려되었지만, 신학이 발전함에 따라 인간의 영육(靈肉)을 분화해서 육체의 가치를 인정하지 않게 되고, 이로부터 육체적 쾌락에 이르는 춤추는 행위를 금지하게 되었다.

그러나 '춤을 춘다'는 것은 인간의 본능이다. 교회내의 예배무용 뿐 아니라 교회 밖의 무용까지도 금지시키는 것은 무리한 일이었고, 유럽중세 서민들의 유일한 오락거리였던 춤을 금지하는 것은 더욱 불가능한 일이었기에, 오늘날까지 이어져 내려오는 '포크댄스(Folk Dance)'의 발생과 발전을 이루는 결과를 가져오게 된 것이다. 이러한 현상은 무용을 비롯하여 모든 예술문화 분야에서 공통적으로 나타난 역사적 사실이다.

오늘날 살아가고 있는 이 시대의 스포츠와 예술문화에 있어서 그 배경을 보면 과거의 세계관이나 가치관의 시각으로 접목시켜 해석하거나 제어하는 흐름이 아직 존재하고 있다.

그러나 모든 영역의 문화의 틀 속에서 신체활동을 통한 예술분야가 기독교 정신을 개별화된 하위영역으로 구별해 놓고 세속적인 문화와 구분하는 행위들은 기독교의 정신적 문화예술을 더욱 축소시키는 결과가 될 것이다.

예술에 대한 기독교적 해석에 있어서 프랑키 쉐퍼는 "예술 창조적인 인간의 표현 그리고 아름다움을 즐기는 것, 이 모든 것들이 어떤 변명을 할 필요는 없다. 이들이 하나님에게서 오는 선하고 자비로운 선물이라는 것만으로도 그 정당성은 충분히 입증되고도 남기 때문이다"라고 말한다. 또한 예술의 모든 영역에서 기독교적인 가치관이 구현되어야 한다고 주장한 비이스는 다음과 같이 말하고 있다. 첫째, 예술은 하나님의 뜻 안에 있으며, 둘째, 예술을 할 수 있는 능력은 하나님의 은사이고, 셋째, 예술은 하나님께서 주신 직업이라고 표현하면서 '예술이 값을 따질 수 없는 하나님의 선물임을 인정하고 그리스도인들이 그 선물을 향유하고 창조할 수 있게 함을 의미하는 것은 사실이지만, 그와 동시에 성경적인 예술관에는 예술에 대한 비판적인 태도에 있어 지나치게 신비적인 것에 대해서는 기꺼이 의문을 품을 수 있고 거부할 수 있는 태도가 포함되어야 한다'라고 주장하였다.

이러한 비이스의 주장은 어떤 의미를 가지는 것인가? 이는 기독교 예술이 우상시 되는 것을 염려하는 언급이지만 지나치게 일방적으로 그 나라의 전통적인 세속예술을 터부시 함으로써 오히려 하나님의 역사와 섭리를 왜곡하고 축소하는 결과에 대한 우려인 것이다.

이처럼 기독교인들에게 있어서 스포츠 예술에 대한 관념은 조금은 이질적인 색체로 표출되어지고 기독교 예술에 대한 현대 교회의 무관심과 시선은 발생의 기원부터 분명 문제가 있음을 알 수 있다. 또한 이것은 세계의 역사를 대변하는 기독교 역사의 현장에서 부터 인류의 삶의 현장과 문화의 현장에 이르기까지 어느 곳이든지 드러나고 있는 현상이다. 그러나 이러한 문화적 정신세계의 열등감과 무지를 대변하는 사람들의 협의적인 발상은 현대인에게 개선해 나가야 할 사항이라 할 수 있다.

기독교의 우월주의 성향과 타종교에 대한 지나치게 배타적인 견해 때문에 비서구적인 문화나 예술까지도 모두 악마적인 성향으로 터부시하는 관습은 아직도 기독교 문화에 뿌리내려진 부분이 있다. 그러나 우리가 현존하는 지구상의 많은 곳에서는 여러 가지 모양과 형태로 분출되는 문화적 욕구들이 있고, 이러한 시대적 소리를 잘 인지하고 다양한 분야의 예술문화에 대한 감흥과 사상을 기독교 문화와 조화롭게 접목할 수 있는 자세가 필요할 것이다. 또한 인간의 삶의 모든 영역에서 많은 사람이 공감하고 누릴 수 있는 수용과 창조적인 발전을 이루는 것이야말로 진정한 기독교 정신의 스포츠 예술 활동이 아닐까 한다.

기독교와 현대무용(수퍼스타 예수 그리스도)

[수퍼스타 예수 그리스도]는 전 이화여대 교수이자 현대무용진흥회 이사장인 육완순이 기독교 정신을 고취시키기 위해 창작한 무용 예배 공연이다. 예수가 고난당했던 마지막 7일간의 사건을 전3막으로 나누어 예수의 일대기를 무용으로 안무했으며, 이화여대 대강당에서 부활절 예배무용으로 1997년 초연되었다.

♪ 육완순 [수퍼스타 예수그리스도]

작품순서는 서막, 1.서곡 2.천당을 꿈꾸다 3.무슨 소란으로 출발한다.

제1장에서는 '호산나'라는 주제로 1.알 수 없는 일 2.염려할 것 없어 3.예수는 죽어야 해 4.호산나 5.열성당원 시몬 6.불쌍한 예루살렘아 7.빌라도의 꿈 8.성전 모리배의 소탕 9.염려할 것 없어 10.어떻게 그를 사랑해 11.영원히 저주받다 12.피 값의 순서로 진행된다.

제2장은 '잡히시던 날 밤에'라는 주제로 1.최후의 만찬 2.겟세마네 동산의 예수 3.체포 4.베드로의 거부 순서로 진행되며, 제3장은 '어둠이 땅을 덮던 날'을 주제로 하여, 1.빌라도의 심문 2.헤롯왕과 예수 3.유다의 죽음 4.빌라도의 법정(매39대) 5.수퍼스타 6.십자가의 죽음 7.부활(요한복음 19장 41절)의 순서로 막을 내린다.

당시 주요언론 평을 통해 이 작품을 이해해 보도록 하자.

경향신문에서는 "신자가 아닌 사람에게도 뜨거운 종교적 감동을..."이라는 표현을 하며, 이 작품이 예수를 인간세계로 끌어내려 친근감을 주면서도 신자가 아닌 사람에게까지도 뜨거운 종교적 감동을 느끼게 하는 점에 매혹되어 오늘날까지 <수퍼스타>에 몰두하게 되었다라고 기록하였고, 무용평론가 김영태는 "만인의 춤 수퍼스타" 지구촌의 왕래가 일일권이 듯 늙지 않는 춤이 있다면 색동으로 점점 젊어져서 만인에게 춤으로 부활하는 수퍼스타! 라고 평을 하였다.

무용평론가 김태원은 "우리 현대춤 전파의 사도", <수퍼스타 예수>는 우리 현대춤 전파의 사도이며, 우리 춤 문화의 미래를 향한 예언자적 기능까지도 지닌다 하겠다고 표현하였다.

또한 "다이내믹한 움직임의 향연" '최다최장 기록을 세운 이 공연은 그 내용면에서도 앞으로도 수없이 계속될 충분한 저력이 있다. 다이내믹한 움직임의 향연으로 시대에 따르는 변형 폭은 무궁무진하기 때문이다. 그래서 또 다른 20년 후의 <수퍼스타>를 기대하게 된다'라고 무용가 문애령은 평하였다.

지난 2013년도에는 무용가 육완순의 50주년 무용기념 행사의 일환으로, 그리고 위의 작품 수퍼스타 예수그리스도 작품으로는 40주년 기념공연이 이루어지기도 하여, 시대와 역사를 아우르는 현대의 무용 레퍼토리로 종교인과 무용 애호가들의 관심이 집중되기도 하였다.

한편, 우리나라의 [수퍼스타 예수그리스도]에 앞서 록 뮤지컬 [지저스 크라이스트 수퍼스타]는 미국 브로드웨이 마크 헬링어(Mark Helinger) 극장에서 1971년 10월 22일 초연되었는데, 성서에 등장하는 인물의 특성을 패러디하여 죽음 앞에 놓인 예수의 인간적인 모습과 유다의 애국심을 강조한 작품이었다. 이렇게 성서의 의미를 퇴색시킨 이 공연은 보수파 기독교인들의 저항과 함께 논란과 혹평을 불러일으킨 작품이기도 했다.

성경속의 무용

♪ 언약궤 운반과 춤추는 다윗 [사무엘하 6장 14~15절]

성경 속에 기록된 무용
모세와 이스라엘 백성들이 홍해를 건넌 후 유대민족 대제사장인 아론의 누이, 미리암이 소고를 잡고 앞서 무용을 인도하고 그 뒤를 여인들이 따라가며 그들에게 구원의 손길을 주신 하나님께 춤으로 감사했다. ➥ 출애굽기 15장 20절
입다가 암몬 자손과의 싸움에서 승리하여 집으로 돌아올 때 입다의 딸이 탬버린을 흔들고 춤을 추면서 승리를 축하했다. ➥ 사사기 11장 34절

블레셋에 대한 다윗의 승전보를 전해들은 여인들이 소고와 경쇠를 들고서 노래하고 춤추며 승리의 귀향을 맞이하고 하나님께 감사의 춤을 추었다.

➥ 사무엘상 18장 6절, 29장 5절

다윗이 전쟁에서 승리한 후 그와 이스라엘 족속이 여호와의 궤를 가지고 예루살렘으로 행렬하여 돌아올 때 나팔을 불며 즐거이 찬양하고 힘을 다하여 춤을 추었다.

➥ 사무엘하 6장 14~15절

이스라엘은 자기의 지으신 자로 인하여 즐거워하며…춤추며 그의 이름을 찬양하며 소고와 수금으로 그를 찬양할지어다.

➥ 시편 148편 2~3절

소고 치며 춤추고 찬양하며 현악과 퉁소로 찬양할지어다.

➥ 시편 150편 4절

그 후에 네가 하나님의 산에 이르리니 그 곳에는 블레셋 사람의 영문이 있느니라. 네가 그리로 가서 그 성읍으로 들어갈 때에 선지자의 무리가 산당에서부터 비파와 소고와 저와 수금을 앞세우고 예언하며 내려오는 것을 만날 것이요 네게는 여호와의 신이 임하리니 너도 그들과 함께 예언을 하고 변하여 새사람이 되리라.

➥ 사무엘상 10장 5~6절

['예언'은 영어성경에서 'dancing'이라고 표기하고 있으며, 'dancing'의 히브리어인 'noba'라는 뜻은 '감흥에 의하여', '영감에 의하여' 등으로 해석된다. 당시의 예언은 북을 치고 춤을 추면서 이루어졌는데, 그때의 춤은 즉흥적으로 하나님께로 영감을 받아 추었던 것이다. 영감을 받아 열광적으로 추었던 춤은 사울의 병을 낫게 하여 치유의 효과도 있었다.]

마침 헤롯의 생일이 되어 헤로디아의 딸이 연석 가운데서 춤을 추어 헤롯을 기쁘게 하니 ...

➥ 마태복음 14장 6절

[연회에서 살로메가 춤을 추자 그녀에게 원하는 것은 무엇이든지 주겠다고 헤롯왕은 약속했고, 세례자 요한이 자신의 결혼을 비난한 것에 몹시 분개해 있던 헤로디아는 딸 살로메를 부추겨 세례자 요한의 목을 쟁반에 받쳐달라는 부탁을 하라고 한다. 실제 성경내용에서 살로메라는 이름의 언급은 없으나 그녀의 춤과 악명은 오늘날까지 많은 장르의 예술작품의 주제로 사용되고 있다.]

♪ 구스타프 모로
[살로메 요한의 환영]

○ 불교와 춤

불교 의식무(영산재)

재(齋)는 가장 깨끗하고 큰 불공이라는 의미를 지닌 말로 '삼가다, 부정을 피하다'의 뜻을 가지고 있다. [영산재]는 신령스러운 산에서 불교 의식의 재를 지내는 것으로 영산회상을 줄인 말이다. [영산재]는 석가모니 부처가 영취산에서 설법하던 때에 모인 사람들이 설법을 듣고 환희하는 모습과 하늘에서 만다라 꽃이 날리고 묘음보살이 묘한 음악으로 중생을 구제하는 설법을 하고 있는 모습 그리고 하늘의 아이와 여자가 내려와 꽃과 향, 기악과 가무로 공양했던 당시의 광경을 상징화한 불교의식이다.

여기서 재를 지내는 목적을 보면, 죽은 자에게는 해탈과 극락왕생을 기원하고, 살아 있는 자에게는 불심을 고취시켜 불법과 인연을 맺고 말과 동작 그리고 마음으로 지은 죄를 깨우치도록 유도하기 위함이었다.

♪ 불교 의식무 영산재

[영산재]의 작법무는 한국의 전통 민속 음악과 춤으로 그 맥을 이어가고 있으며, 특히 민속춤 형성에 큰 영향을 주었다. 현재 [영산재]는 봉원사, 청계사, 적석사 등의 사찰에서 행해지며, 극장에서는 불교 의식무로서 전통춤을 공연할 때 추고 있다.

또한 [영산재]는 한국의 중요무형문화재로서, 유네스코 세계인류무형문화재로 등재되어 있어 한국 불교문화의 전형적인 문화코드를 살펴볼 수 있는 춤이다.

불교적 영향을 받은 예술춤

춤의 종류	특 징
승무	 ♪ 승무 * 승무는 불교에서 출발하여 민속무로 성장(불교기원설) * 승무 발생 시기를 정확히 확인할 수 없지만 민족의 역사적 삶이 몸짓으로부터 출발하여 그 골격이 세워지고 오랜 세월의 형성과정을 거쳐 조선 말기에 독립적으로 정립된 춤 * 민중의 몸짓을 토대로 예인들에 의해 갈고 다듬어져온 한국 전통춤 * 긴 장삼을 활용하여 무대공간을 조화롭게 꾸며감과 팔 동작에 의한 곡선의 다양함을 몸동작과 어울러 동시에 행해짐 * 춤사위는 정적인 분위기로 동적인 움직임을 동반한 깊은 계곡의 물의 흐름과 같이 유연함을 보여줌 * 무용수의 얼굴표정이 가미되지 않는 숭고한 불교도인의 미를 표현
탈춤	 ♪ 탈춤 * 탈춤은 민중에 의하여 독창적인 형태로 발전 * 탈춤의 토대는 민중의 삶 자체이며 해학과 풍자는 민중의 삶을 보편적 지향점을 향하여 전진시킴 * 기원은 농경의례설, 기악설, 산대희설의 세 가지로 논의 * 탈춤은 음력 대보름, 시월 초파일, 오월 단오, 팔월 추석, 나라의 경사, 기우제 행사로 연희 * 대사, 노래 등 음악 반주에 춤과 노래가 따르는 가무적 부분과 몸짓과 덕담, 재담이라고 하는 사설, 연극적인 부분으로 구성 * 연희내용은 현실을 풍자하는 내용으로 파계승, 노승 등이 등장하여 불교문화를 희화함

보살춤	* 신무용가 최승희가 추었다는 보살춤은 보현보살의 행원을 무용으로 표현 * 보살춤은 화려한 반라의 의상과 고혹적인 자태로 인해 더욱 주목받는 작품 * 관음보살의 자비행을 표현하고 있는 듯 하지만 보현보살의 행원을 형상화 * 움직임이 없는 가운데 움직이는 이른바 정중동의 기예가 돋보이는 춤으로 작품시간은 5~6분 정도  ♪ 보살춤

3) 소통과 춤

언어라는 단어는 이미 그 안에 의사소통(意思疏通, Communication)의 한 수단이라는 의미를 담고 있다. 그러나 힐끗 쳐다보거나, 자세를 한번 바꾼다거나, 툭 치며 건드리는 것과 같은 몸짓이나 날카로운 시선으로 고개를 획 돌리는 것이 말보다 더 강한 힘을 발휘하기도 한다. 경우에 따라서는 말을 하면서 의사소통이 왜곡되는 현상도 일어날 수 있다.

이렇게 몸짓을 통한 비언어적 의사소통은 공간과 시간 안에서 언어 없이 얼굴 표현, 제스처와 포스처로 메시지를 주고받는 과정이라 할 수 있다.

♪ 언어소통

♪ 몸짓의 소통

프랑수아 델사르트는 "인간의 모든 사고와 느낌은 그 사람의 동작, 태도, 겉모양에 의해 나타난다"라고 주장하면서, 인류는 범 우주적인 진리 하에 움직이며, 제스처야말로 범 우주적인 언어이고 이 언어를 사용함으로써 상대방과 명백한 진리가 즉각적으로 교환되며 그러한 곳에는 인종, 국적, 언어와 종교나 정책적인 교리의 장벽이 무너지고 원활한 전달의 힘이 솟아난다고 하였다.

마틴의 견해는 나의 마음에서 그려내는 몸짓이 타자의 마음을 움직이고 정신을 흔들게 한다는 것인데, 이는 몸짓으로 인간의 상상과 감정을 표출하는 춤이 항상 타자와 상호소통하는 것을 가장 큰 가치로 삼고 있다는 것이다.

춤의 예를 보면, 니진스키의 [목신의 오후]에서 나타난 외설적이고 섹슈얼리티를 강조한 몸짓은 일종의 의사소통의 한 형태였으며, 쿠르트 요스(Kurt Jooss)가 안무한 [녹색탁자]는 외교관들 간의 만남의 과정을 단순하게 그리면서도 사람들이 어떤 의제를 가지고 만나서 결론에 도달하는지를 표현했다. 거기에는 몸짓으로 갈등, 호소, 묵인, 애착, 항복, 기만, 저항 등과 같은 일종의 이야기를 전달하는 의사소통이 존재했고, 보는 사람들로 하여금 반전과 평화를 위한 논쟁을 보도록 했다.

♪ 니진스키 [목신의 오후]

♪ 쿠르트 요스 [녹색탁자]

또한 우리나라와 중국의 민속춤 중에서 [봉산탈춤]과 [대두화상]은 사람이 사는 곳에서 펼쳐지는 희로애락의 인간사를 해학적인 춤으로 풀어내는데, 이를 통해 서민들의 가난한 삶과 양반에 대한 풍자, 파계승에 대한 풍자, 일부다처제에서 일어나는 남성의 여성에 대한 횡포 등과 같은 인간이 만들어낸 일상의 문화를 희화시키며, 해학과 춤으로 승화시키는 것으로 대중과 소통하고자 했다.

4) 문화와 춤

'문화가 춤이며, 춤이 문화'라는 메리엄(Alan Merrim)의 말은 춤을 문화의 한 요소로 보는 견해이다.

과거 인간의 춤을 문화의 한 요소로 보았던 기록은 플라톤(Plato)의 [법률]에서 찾을 수 있는데, 춤은 외적으로 보이는 신체 움직임보다 그 이면에 있는 메타가 중요하기 때문에 춤이 문화에서 중요한 위치에 있다고 하였다.

라반은 각 사회나 문화마다 각각의 고유한 움직임 스타일이 있으며 '지역 사회들은 그 지역 사회의 정신을 지키는 데 문화적으로 학습된 움직임의 어떤 일률성이 있다'라고 했다. 특히 인간이 행하는 문화적 움직임은 속이거나 감추기가 어렵기 때문에 그 움직임을 행하는 사람의 태도에 따라 그가 가지고 있는 문화의 특성을 알 수 있게 되며, 그 사람의 움직임은 지역 밖의 낯선 사람이 그를 알아볼 수 있는 척도가 될 수도 있다고 언급했다.

역사적으로 많은 춤 인류학자와 민족 안무학자 등의 견해와 활동을 통해 춤의 본질을 이해한다면, 이 세상에 존재하는 인간의 춤들은 몸, 마음, 정신이 삼위일체가 되어 행해지며, 개인이나 집단의 문화적 정서에서 비롯된 의도적인 움직임을 통해 상징적인 코드를 창조함을 알 수 있다. 춤에서의 몸은 사회적 구성이 담긴 문화가 된 몸이며, 문화가 된 몸의 움직임은 구체적이고 상징적인 춤이 되어 나를 포함한 모든 공동체가 함께 사회에서 소통하게 만든다. 그래서 이 춤들은 인간이 창조한 문화의 단면을 보여주기도 하고 한 시대의 예술적 표현이 되기도 하며 인간 스스로가 행하는 몸짓으로 사회적인 삶을 표현하기도 한다. 즉, 몸과 몸의 움직임은 자신이 살고 있는 세계의 문화를 품고 있다고 할 수 있는 것이다.

♪ 대한민국의 집단문화로 자리 잡은 [붉은 악마]

문/화/칼/럼/

예술, 대중과 순수의 이중주

예술가들은 말한다.

'나는 좀 달라요. 대중 안에서 표현되고, 대중으로부터 갈채를 받지만, 그들이 느끼는 공감을 뛰어넘어 내 속에서 솟아나는 순수한 희열은 나를 채찍질하는 유일한 스승이며 후원자가 되지요. 대중이 필요하지만, 그들이 전부가 될 순 없습니다.'

이는 자신이 표현하는 예술이 대중의 공감을 먹고 자라지만 예술가 자신의 정체성이 대중의 요구에 흔들리는 순간 순수예술이 더 이상 될 수 없음을 인지하는 것이다.

그러나 오늘날 다양한 예술장르의 생존은 대중에 다가가는 노력 없이 순수의 장르에만 머물기에는 너무나 외로운 작업이다. 또한 자신이 예술가는 아니지만 예술에 대한 호기심과 감동을 공감하기 원하는 대중의 욕망은 고고한 예술의 장르를 그들만의 영역 가운데 그대로 두지 않는다.

실용문화의 형성은 대중의 요구와 예술가의 합작품이다. 보는 것에서 직접 해보는 행위로의 전환은 일반인들에게 예술문화의 목마름에 대한 산물인데, 이들의 열정은 간혹 전문예술가들의 발상과 표현력을 뛰어넘기도 한다.

순수예술무용의 영역은 한국무용, 현대무용, 발레를 근간으로 한다. 그러나 이러한 장르가 대중의 목마름에 직접적인 해소를 주기는 아직도 적잖은 한계를 가진다. 다가가기엔 너무 먼 예술인 것이다.

여기에서 우리는 댄스스포츠, 스트릿댄스, 재즈댄스, 힙합댄스, 탭댄스 등과 같은 실용댄스라는 장르의 대중화를 접하게 되는데, 이러한 실용댄스가 발전하게 되면서 비례적으로 인지되는 점 또한 간과할 수 없다. 예술무용과 같은 정통성과 더불어 체계화된 교육방법의 필요성이 큰 과제로 떠오르는 것이다. 단순히 몸동작의 복사가 아닌 제대로 된 교육을 통한 지도자 양성과 인재를 발굴하는 과정은 장기적으로 성장 발전할 수 있는 실용댄스문화가 갖는 숙제가 되고 있다.

이는 댄스의 정통성만을 고집하는 것도 사업가로서 비즈니스를 하는 것도 아닌 춤꾼들이 기본적인 정신과 소양을 갖추고 이를 바탕으로 대중화와 상품화, 보편화를 실현함으로서 교육성과 사업성이 공존하는 새로운 문화를 만들어 가는 것이며, 이는 장기적인 실용댄스 문화의 위상정립에도 도움이 될 것이다.

춤은 자신의 미래와 인생을 폭넓고 가치 있게 만들어 주는 '제3의 문'인 교육법이라고 말한다. 춤을 가르치는 교육자는 동작을 가르치는 것에 우선하여 의식의 흐름을 읽어서 배우는 사람들로 하여금 자신의 몸을 느끼게 하고 내면의 변화를 이끌어 내야하며 정신까지도 교화할 수 있어야 함을 다시 한 번 생각해 보자.

03 동서양, 춤과 카타르시스

1) 본능과 카타르시스

본능은 인간의 고유한 행동으로 번식과 개체의 유지를 위해 적응하려는 행동이자 유전적으로 확립된 행동이다. 심리학자 프로이드는 본능을 충동으로 해석하면서, 내적인 충동이 관여하는 행동이자 연습이나 모방 없이 할 수 있는 행동이라고 정의했다.

인간은 내면 깊이 숨겨져 있는 본능, 즉 충동을 '춤'을 통해 나타낸다. 인간은 언어가 존재하기 전부터 본능을 표출하는 구애와 구혼의 수단으로 춤을 추었는데, 이 춤들은 원시사회에서는 혼인을 위한 필수조건이었으며, 문명화된 사회에서도 성적 본능을 표출하는 유혹의 수단이자 탄생과 할례의 수단이었다.

클럽에서 매혹적으로 춤을 추는 젊은 남녀의 춤들은 이성에게 성적 본능을 자극하려는 매력을 발산하며 구애하는 행위를 내포한다. 이와 같이 인간에게 있어서 본능적으로 춤을 추는 것은 가장 자연스러운 행위이자 원초적인 행위이며 인간이 춤을 추는 이유일 것이다.

언어예술은 인간이 가지고 있는 여러 가지 심상들을 전부 표현해 내지 못한다. 그렇기에 과장되고 한정된 언어의 의미만 가지고는 '내적 경험을 온전히 표현할 수 있는 도구'로서의 춤이 실제로 얼마나 풍부한 것인지 충분하게 설명하지 못하는 것이다. 사람들이 묘사하고자 하는 감정의 농도가 진할수록 그것을 나타낼만한 언어의 범위는 좁아지기 마련이다. 인간의 감정의 최고조 또는 최종적인 상황에서의 언어라 할 수 있는 감탄사조차도 부족할 때가 있다. 이러한 한계상황에서 우리는 몸짓으로 부족한 감탄의 마음을 표현할 수밖에 없다.

춤은 육체와 영혼, 자유분방한 감정표현과 절제된 행동, 사회생활과 개인 생활, 오락, 종교, 전쟁, 연극 등 보다 진보된 문명이 만들어 낸 모든 구분을 허물어 버린다. 춤을 통해 황홀경에 빠지게 되는 육체는 무아의 경지에서 초인적인 영혼의 힘이 머무르는 그릇에 지나지 않는 것이다. 따라서 영혼은 자신의 몸무게마저 잊어버린 육체의 점점 빨라지는 동작 가운데서 행복감과 희열을 동시에 느끼게 된다.

이와 같이 생명에 대한 고조된 열정이 인간의 팔과 다리를 가만히 두지 않는다는 점에서 춤이 필요한 이유를 설명할 수 있다. 춤을 갈망하는 까닭은 춤을 추는 사람이 마력(magic power)을 얻게 되고 그 마력은 그에게 승리와 건강과 생명력을 베풀어주기 때문이다. 즉 움직이는 것에서의 더 없는 기쁨, 화사한 기분 속에 자신을 맡길 때, 생활의 단조로움으로부터 벗어나 현실 그대로의 현상에서 자신을 떠나게 할 수 있는 힘이 바로 마력이다.

마력은 전염성을 가지고 있다. 서로 손을 잡거나 그 속에 일원으로 포함되어 춤을 추고 있으면 신비로운 친화력으로 서로를 단결시켜주고, 나아가서 자기 자신에게 완전히 몰두할 수 있게 해준다. 모든 춤은 어떤 사람이 그 무언가를 움직임의 용어로 표현해야 하는 필요성을 느꼈기 때문에 생겨났다.

남성의 춤이 표현하는 절대적인 황홀경을 상징하는 작품이 있다. 바로 [볼레로]라는 작품이다. 이 작품을 보는 관객으로써, 남녀를 불문하고 느껴지는 감각이 바로 흥분과 황홀경일 것이다.

♪ 모리스 베자르 작품 [볼레로]–무용수 조르주 동

[볼레로](1961)는 남성무용수인 조르주 동(Jorge Donn)의 에로틱한 독무 연기가 깊은 인상을 남긴 베자르(Moris Bejart)의 안무 중 가장 대중적인 수작이다. 원형으로 꾸며진 무대 중앙에서 작품에 사용된 라벨의 '볼레로'의 선율이 점차 고조됨과 동시에 점진적으로 극

대화되는 호흡과 움직임을 통해 무용수는 절정을 향해 나아가게 된다. 점차 고도로 치닫는 음률과 함께 무용수의 땀과 거칠어진 호흡과 격렬해지는 움직임을 따라 관객도 함께 절정을 향해 가파른 시간을 달리게 되고, 최후 분출되며 폭발하는 움직임과 더불어 무대 위로 쓰러지는 무용수를 보면서 관객 또한 숨을 멈추게 된다. 이때 바로 관객은 '카타르시스'를 경험하게 되는 것이다. 이 작품은 몸의 열기와 욕망을 특히 발레의 감각으로 풀어내어 최고의 몰입과 카타르시스를 무용수와 관객 모두에게 주는 대표적인 작품으로 손꼽히고 있다.

'카타르시스'는 종교적 의미에서 '정화'를 의미한다.

아리스토텔레스는 비참한 인간의 운명과 비극을 보는 사람들에게 두려움과 연민의 감정을 유발시켜 어떠한 형태로든 이것이 순화되는 것을 카타르시스라 정의하였다.

춤을 추면서 또는 춤을 보면서 절정에 이르게 되면 내면에 쌓여 있던 욕구불만이나 심리적 갈등 그리고 억압된 자신의 불안을 경감하거나 해소시키게 되고 고통으로부터 해방이 되게 하는 카타르시스를 경험하게 된다. 즉 마음을 정화하는 치유의 과정에 들어가는 것이다.

따라서 인간은 종교적이고 영적인 힘에 이끌려 생사화복을 위한 의식에서 춤을 추었으며, 그곳에서 이루어진 춤은 신과 인간을 이어주는 매개였고, 인간과 자연의 합일을 염원하면서 신성성에 접근하는 엑스터시였다. 인간은 이러한 춤을 추면서 본능적으로 느끼는 감정을 표현했고 춤을 통해 자신의 의지와 희로애락의 감정을 효과적으로 표출하며 카타르시스를 경험했다. 인간은 스스로 춤추기에 참여했고, 그 속에서 즐거움을 찾았으며, 서로간의 정을 싹틔웠다. 이러한 춤들은 숨이 차게 하는 춤, 진을 빼는 춤, 소용돌이 치는 춤, 제자리에서 맴도는 춤, 원을 그리며 추는 춤, 몸을 틀어 회전하는 춤과 같이 평정과 균형 감각이 흔들리는 춤이 대부분이었으며 탈혼 상태에 이르는 쾌락적인 춤도 이에 해당되게 된다.

2) 동양무당 서양마녀

무(巫)는 동양의 샤머니즘에서는 무당(巫堂)으로 통한다. 그리고 서양의 샤머니즘이라

볼 수 있는 마법(魔法, witchcraft)에서는 마귀나 악귀 혹은 마술이나 요술을 부리는 마녀(魔女, witch)로 표현된다.

그러나 무당과 마녀는 동서양의 원형적 사고 구조의 차이를 드러내는 용어로 그 의미에 차이가 있다. 무당과 마녀는 입신 상태, 즉 황홀경이나 신명에 들어가는 점에서는 유사하지만, 무당은 자의적으로 입신을 하고 마녀는 약초로 만든 주약을 사용해서 신명에 들어가는 차이점이 있다. 또한 의식 행위로서 동양의 굿은 축제적인 성격을 띠고 한 무당이 공개적으로 개인의 문제 해결을 위한 의식을 행하는 반면, 마녀는 비공개적으로 은밀하게 집단으로 제의 행위를 하며 이러한 차이는 동서양 제의행사에서 분명하게 보여 진다.

○ 무당의 춤

♪ 신윤복 [무녀신무도]

동양에서는 무(巫)라는 한자의 뜻에서 그 의미를 찾아볼 수 있다. 무(巫)의 글자에서 가운데 들어 있는 위와 아래를 연결하는 공(工)자가 하늘과 땅을 연결하는 기둥으로 신목이나 우주목을 뜻한다. 그리고 그 양쪽에 있는 두 개의 인(人)자는 신목이나 우주목의 양쪽 옆에서 춤추고 있는 사람을 의미한다. 이것을 볼 때, 무는 하늘·땅·인간이 하나의 근본을 이루어 서로 소통할 수 있도록 춤으로 신을 섬기고 신과 사람이 하나가 되게 하는 중개자로서 무당이 주도하는 포괄적인 종교 현상이라 할 수 있다.

무(舞)는 무(巫)에서 유래되었으며, 무(巫)는 천지사이에서 인간이 행하는 무속적인 행위를 의미하는 상형문자이다. 시대를 거슬러 올라가 유추해보면 춤의 형태와 그 뜻이 옛날 우리 조상들이 삶에 대한 애환과 고통을 없애고자 영적인 존재를 숭배하는데 그 동기가 있었다고 볼 수 있다.

우리나라는 전 세계적으로 볼 때 많은 수의 고인돌(dolmen)을 보유하고 있고 지금까지도 계속 발견되어지고 있다. 고인돌은 죽은 자의 무덤이기도 했지만 태양숭배와 관련된 제례의 장소로서 하늘과 땅이 맞닿는 제단이었으며, 그 아래서 모두 한데 어울려 노래 부르고 춤을 추던 장소였다. 또한 우리나라 전통제의 중 하나인 [서낭굿]에서 무당인 사제는 굿을 통하여 하늘과 인간을 연결지어주는 역할을 하였다. 공동체를 대표하여 굿을 주제하는 무당은 신을 내리게 하고, 신을 맞이하고, 신을 대접하고, 신을 즐겁게 하고, 신에게 기원하고, 신의 말씀을 인간에게 전하며, 신을 본래의 자리로 봉송하는 일체의 과정을 직접 연출한다.

♪ 조선무당

무당은 양팔을 벌리고 거의 제자리에서 바람에 날리는 듯 몸을 돌리며 회신무(廻身舞)를 추고 반복해서 수직으로 굽히고 펴는 오금질을 하며 위로 치솟았다 내려오는 뛰기 동작을 반복한다. 이는 신과 즐겁고 신명나게 놀며 무아지경에 빠져 발을 빠르게 구르고 어깨를 들썩이는 춤이 된다. 여기에서 무당 스스로 자기 도취에 빠져 만들어내는 호흡 흐름을 유지하면서 몸 전체를 한꺼번에 움직이고 양팔을 벌려 뛰고 도는 춤을 춘다.

이 단계에서의 무당은 자유롭지만 때로는 탄력적으로 움직이면서 주위를 의식하지 못하고 혼미한 상태가 되는데, 이로 인해 무당은 자신의 공간을 초월하는 역동 공간, 즉 육감의 세계로 진입하며 몸의 내부에서 발생되는 도취 형태로 드러나게 된다. 또한 무는 빙의 상태에 들어가 자신이 신령 그 자체가 되어 춤과 동작을 크게 하며 신명에 드는 상태가 되기도 한다.

○ 마녀의 춤

동양의 무와 유사한 것으로 해석되는 서양의 마법은 일반적으로 사악한 목적으로 불가사의한 현상이나 일을 일으키는 힘 또는 방법으로 정의되며 마술, 주술, 신기, 묘기 등으로 나타내기도 한다. 마법사나 마녀가 의식을 행할 때에는 동양에서와 같이 무당이 주술, 도술, 신내림을 한다고 표현하기보다 마법사나 마녀가 주문을 외우고 불가사의한 일을 행하는 마법, 요술, 점성술, 악마숭배를 한다고 표현하는 경우가 많다.

♪ 땅속 헬륨가스를 통한 환각

또한 무당이 자의적으로 입신의 경지에 오르는 것과는 달리 마법사나 마녀는 약초를 이용해서 환각 상태에 빠지고 이러한 힘을 이용해서 의식을 행한다. 그리스의 델포이 신전 무녀 파티아가 땅속 헬륨가스를 마시며 환각을 유도하거나 그리스 신화에 등장하는 디오니소스 신전에서 포도주를 마시고 의식을 행하는 점, 그리고 아프리카나 인디언 부족의 족장이 약초를 흡입하고 환각 상태에 빠져 주문을 외우고 춤을 추는 것도 무당과 마녀의 차이를 보여주는 것이다.

[디오니소스 축제]의 경우 사제들은 신전에 산 짐승을 제물로 바치고 제사를 지낸 후 술을 마시고 광란에 빠진 상태에서 춤을 추었다.

여기에서의 무녀들이 행하는 술의 신 디오니소스(바쿠스)를 위한 춤은 즉흥적이고 신명이 드러나는 춤이지만 술에 의해 나타나는 환각의 상태에서 광란적으로 온몸을 떨면서 열광하는 춤이기도 했다. 그들은 자신이 행한 동작에 대해서도 자신의 말에 대해서도 명확하게 알지 못하며 의지적인 상태에서 완전히 벗어나 행동하고 주문을 반복하여 암송하면서 점점 더 빠르게 격정적으로 춤을 춘다고 한다.

♪ 베른하르트 로데 [바쿠스의 무녀]

현재에도 아프리카 가봉의 어느 한 민족에서 이루어지는 [비위티]라는 춤에서는 이보가(Iboga)라는 식물의 환각작용을 빌려서 춤이 이루어지는데, 이 춤은 발로 바닥을 구르면서 엉덩이와 상체 모두를 발작적으로 흔드는 형태를 취한다. 이들의 춤은 모두 엑스터시를 가져오는데, 춤추는 사람 자신의 힘으로 이끌어나가는 규칙적인 동작을 위한 주술로서의 효과를 발휘하며 자신의 육체를 망각하고 정령으로 화하게 된다고 믿는다.

3) 대중문화 가운데 꽃피운 '우리 춤'

한국의 춤 문화는 주술적인 제례에서 시작되었다는 점에서 서양의 춤과 유사하지만, 문화시대에 접어들면서 그 가치나 중요성이 단절되지 않고 국교로 권장되는 종교와 밀접한 관련을 이루며 더욱 강화되고 서민사회 일반에 널리 파고들었다는 점에서는 차이가 있다.

우리나라 춤은 종교적 제의에서 이루어지는 춤도 집단적 노래와 춤이 따르는 형태로 활발한 대중 참여적 움직임으로 이루어진 특징이 있다. 그리고 왕정체제가 확립되면서 궁정과 서민사회가 분리되어 각기 다른 성격의 춤이 행해졌는데, 궁중에서는 연희 형태로, 서민사회에서는 주술적 제의나 축제 형식의 춤의 형태로 전승되게 된다.

무속의 축제 형식이 결합된 놀이성격을 지닌 제의에서 이루어진 서민사회의 춤은 공연장소나 형식 그리고 구성원에 있어서 대중 참여적이었으며, 서민의 활동 또한 두드러졌다.

조선조 이전에는 궁중 연희나 양반들의 연희에서 왕이나 양반이 춤을 추는 경우도 있었으나, 조선조 유교 사회가 정착되면서 양반들이 직접 몸을 움직여 춤을 즐기는 일이 없게 되자 문화적으로 풍부한 춤의 유산은 천민과 기녀의 전문 활동으로 인식되어 그 예술적 가치를 정당하게 인정받지 못하였다.

이후 일제하에서 서구식 예술 춤이 처음 소개되어 전통춤 종목들이 무대 위에 올라감으로서 비로소 예술 양식화가 이루어지게 된다.

이렇듯 춤을 천민이나 기녀의 천한 활동으로 인식하였던 문화적 환경으로 인해 서양의 춤이 일찍이 예술가의 지적 활동으로 높이 평가되고 발전되어 왔던 반면, 한국의 춤은 예술적 성격으로의 발전이 상대적으로 늦어진 것이다.

우리 한국의 대표적인 전통춤인 [살풀이춤]과 [승무]는 1900년대 춤의 무대화가 이루어지면서 예술적으로 발전하였으며, 민간에서 꾸준히 명맥을 유지해왔던 [탈춤]은 그전부터 지속적으로 대중 속에 뿌리내리면서 발전을 해 온 춤이라 할 수 있다.

여기서 대표적으로 살풀이춤과 승무에 대해 살펴보면서 문화적으로 창발 된 우리 고유의 춤 문화와 그 배경을 이해하고자 한다.

○ 수건을 뿌리며 한을 승화시킨 '살풀이춤'

살풀이춤은 그 기원에 따라 민속춤으로 분류하기도 하고 교방춤(기방춤)으로 분류하기도 한다.

첫 번째 기원설은 '살풀이'가 액을 제거한다는 뜻의 우리말로, 살풀이춤을 액과 재난을 소멸시켜 안심입명하고 더 나아가 행복을 맞이한다는 내용의 종교적 기원인 굿에서 파생된 민속춤으로 보는 입장이다. 우리나라 춤을 말할 때 어깨와 손짓으로 추는 '허튼춤'의 원류로 보는 것이 상례로 되어 있다. 그런데 이러한 춤은 주로 무당들의 굿판에서 베풀어졌으며, 이때의 무당들은 종교의식으로서의 춤 이외에도 여흥으로 구경꾼들에게 보여주기 위해 추기도 하였고 구경꾼들과 합세하여 춤을 추기도 하였다. 이렇게 보았을 때 살풀이춤은 원초적으로 굿판에서 즉흥적으로 추어진 '허튼춤'이라 할 수 있다. 무당의례에서 무당이 '살풀이' 가락에 맞추어 춘 춤은 고풀이 할 때, 액이나 살을 풀 때, 또는 잡귀나 잡신을 몰아낼 때, 무섭고 거칠게 행동하는 전투적인 주술 춤의 형식이었다.

♪ 서울시 무형문화재 97호 [살풀이 춤]

두 번째 기원설은 교방 혹은 기방춤에서 유래한 입장인데, 왜냐하면 현재 추어지는 살풀이춤이 직업적인 춤꾼이라 할 수 있는 창우와 기녀들이 미화시킨 이른바, 여성미가 돋보이는 교방춤의 형식을 지닌 '수건춤'이라고 할 수 있기 때문이다. 기녀들이 춘 살풀이춤은 종교적 의례성이라든가 전투적 주술성이 전혀 없고, 예술성이 돋보이는 춤이었다. 현존하는 살풀이춤 또한 주술적 의미 없이 단지 살풀이하는 시나위 곡에 맞추어 추어지므로, 이 춤은 음악적인 관계를 지어 '살풀이춤'이라 명명된 것이라 하겠다. 따라서 살풀이춤은 살풀이라는 무속음악에 맞추어 기녀들에 의해 창조된 교방(기방)계의 춤이라고 볼 수 있다.

현재 추어지고 있는 '수건춤'의 핵심적인 형식은 손에 수건을 들고 무악인 '살풀이'에 맞추어 추는 형식인데, 이때 수건을 들고 추는 까닭은 춤을 만들어 낸 창우들이 판소리를 할 때 땀을 닦거나 멋(발림)으로 사용한데서 기인한 것이거나, 아니면 춤꾼이 자기의 감정을 극대화하기 위한 수단으로 사용한 것이라 추측된다. 또한 '살풀이' 곡을 사용한 이유는 창우들이 무격출신이고 인간적으로 어두운 생활 이면을 가지고 있었기 때문에 슬픈 곡을 선택한 것이라 보여지며, 이러한 인간적인 삶의 대부분이 일반적인 서민들의 삶이었기에 오늘날까지 한국인의 정서와 깊은 한을 대변하는 춤 문화로서 공감을 이끌어내었다고 볼 수 있다.

○ 신명을 발산하는 대동놀이 '탈춤'

탈춤은 우리의 대표적인 민속춤의 하나이다. 민속춤은 춤의 편성에 있어서 집단 개념을 갖는데, 여기서 집단 개념에는 '다수'라는 개념과 '협동'이라는 개념을 포함한다. 그래서 민속춤은 개인적 사고보다는 온 겨레가 오랫동안 생각해서 창조한 춤이라 볼 수 있으며, 춤은 개인이 아니라 다수이며, 그들의 미의식에서 나온 공동 창작춤이라 할 수 있었다.

이렇듯 자연발생적으로 탄생하여 민중에게 공감을 주고 민중이 스스로 참여하면서 추었던 민속춤의 대표적인 형식인 '탈놀이'는 재담과 노래 그리고 몸짓을 포함한 가무적인 총체성을 띈 춤이다. 여기서 춤이 재담이나 노래에 비해 거의 50%이상을 차지했기에, 실제의 가면극은 춤을 위주로 한 춤이었다고 볼 수 있다.

탈춤이 생겨난 기원설에는 산대극 기원설, 무굿 기원설, 나례 기원설 등의 여러 갈래가 있는데, 최근에 와서는 궁중 연회에서 추어진 산대도감 계통과 서민 계층에서 추어진 서낭굿 계통으로 이원화하여 탈춤의 기원을 정립하고 있다.

탈춤에 나타난 정신과 우리 문화

- 탈춤은 '열린 문화의 장'으로서 마당, 곧 생활의 현장에서 이루어진다는 의미로 생활의 권태와 괴로움을 표출하여 마음의 안정을 초래한다.
- 놀이꾼과 구경꾼이 일치함으로 배우는 자와 가르치는 자의 일치가 이루어지는 상호작용을 통한 소통을 이룬다.
- 탈춤이 지닌 갈등과 번민은 우리 삶의 정치성을 의미하며, 우리 사회의 현실적 부조리와 현상을 재인식하고 이에 현명한 대처방안을 모색하게 한다.
- 탈춤의 소도구인 '탈'은 민중의 언어적 상황이며, 자연스럽게 여러 대화들을 유도하여 심리적 상태와 의식을 정화시키는 도구이다.
- 탈춤의 '축제'적인 성격은 힘들게 노동하고 한 판 멋지게 놀면서 새로운 미래에 대한 계획과 결의를 다지는 의미이다.

희극적 탈놀이의 진가는 정상과 비정상의 갈등으로 전개되는 놀이와 춤이라고 할 수 있는데, 관중과 서민의 역할이 정상이 되고 양반의 역할이 비정상이 되어 이들 사이의 갈등을 춤으로 표현함으로써 결국 양반들을 우스꽝스러운 바보로 만들어 계층 간의 갈등을 웃음과 해학으로 승화시키는 내용으로 구성된다. '탈춤'의 내용을 보면 종교적인 면에서 '청신부정풀이', '오신풀이', '송신풀이', '축귀놀이'와 인간의 생사문제 등을 다루고 있으며, 사회적인 주제로는 파계승과 몰락한 양반들의 호색과 비리를 폭로하여 풍자와 웃음을 보여준다. 또한 양반에 대한 모욕, 남녀 간의 갈등, 서민생활의 고충, 일부다처제의 풍자, 양반에 대한 불만을 토로하는 재판놀이 등의 내용이었으며, 오락적인 주제로는 성적 풍자, 못난이 양반들의 풍자, 서민들의 건강성이 표현되는 것이 특징이었다.

♪ 봉산탈춤 보존회 [봉산탈춤 공연]

이처럼 서민들의 연회는 소박하고 자생적인 집단 연희적 성격을 띠면서 지배층에 대한 풍자가 강했다. 민중의식의 성장과 상인들을 중심으로 한 서민경제의 발달에 힘입어 훌륭한 예능인이 배출됨으로써 소박한 향촌형의 가면춤은 내용적으로는 민중의식이 반영되고, 형식적으로는 오락적이고 예술적인 도시형의 가면춤으로 오늘날까지 오랜 시간 그 명맥을 유지하며 민간에서 꾸준히 전승되고 발전되어 '예술적 탈춤'으로 자리하게 된다.

탈춤은 한 개인이 춤을 구경꾼으로서 보고 감상하는 것이 아닌 참가자 모두가 함께 어울리어 공동으로 진행하는 대동놀음으로서의 축제 판이며, 축제로서의 탈춤은 민중의 대동놀이적 삶에서 깊이 연유되어 있음을 알 수 있다. 특히, 조직사회에서 새로운 질서를 추구하려는 민중의식과 생활의식을 집단적으로 공유할 때 축제 판은 벌어지는데, 이러한 축제는 공동체적 삶을 주장하고 공동의 적을 퇴치하고자 하는 공감대 형성을 일상생활에서 찾고자 하는 민중의 의지를 담고 있는 것이다.

이렇듯 공동의 놀이판에서 공동으로 푸는 신명으로서, '놀이정신으로서의 신명', '집단적 한 풀이로서의 신명'이 바로 탈춤이 가지는 우리 삶의 [마당정신]인 것이다.

탈춤이 가지는 큰 의미를 보면, 바로 개인의 문제가 공동의 문제로, 개인적 신명이 집단적 신명으로 공유되어 가는 과정의 반복이며, 생활체험을 예술적인 체험과 공동시선으로 공유화하는 전형적인 소통의 통로로 작용하는데 있다.

○ 한국 전통춤에 녹아있는 '정중동'의 미(美)

흔히 한국 전통춤을 동(動) 속에 정(靜)이 있고, 정속에 동이 있는 '정중동의 춤'이라고 한다. 이는 춤의 구조적인 측면에서 볼 때, '정'은 운동량과 춤의 폭이 작고 변화가 적으며, '동'은 운동량과 춤 폭이 크고 변화가 많은 것을 의미하는 것이다.

♪ 살풀이춤과 정중동의 미

발레와 같이 첫 박이 부드럽고 끝 박에 순간적으로 강한 동작을 하여 어떤 자세를 취하고 정지하는 춤과는 달리, 우리의 전통춤은 첫 박이 강하고 끝 박이 약하다는 특징이 있다.

첫 박에 움직임을 축소하여 정지한 상태로 호흡을 맺는 동작은 매우 강한 동작이지만 '정적으로 보여 지는 동작'이다. 즉 겉으로는 동작이 거의 없는듯하면서도 그 속에 담겨 흐르는 미묘한 움직임 속에 수많은 움직임을 압축하고 있는 경우인 것이다. 이것은 수많은 움직임을 하나의 움직임으로 집중하여 완결시킨 경지로서, 이를 '정중동' 혹은 '동중정'의 미라고 표현하게 된다. 따라서 '전통춤'이란, 내면적 감정을 맺고 얼렀다 푸는 가운데 그 에너지의 경중이 정중동 혹은 동중정으로 나타나 춤사위의 형식과 선으로 표출되는 춤, 즉 춤꾼의 신체적 움직임으로 구현되는 정중동의 미를 표출하는 춤이라 할 것이다.

이러한 속성은 하나의 어떤 작품에만 표현되는 것이 아니라, 전반적인 한국 전통춤 모두에 속하는 요소인데, '살풀이춤'과 같은 정적인 춤에서 뿐만 아니라, 탈춤과 같은 동적인 춤에서도 동일하게 나타난다.

○ 한국 전통춤의 '한'과 '신명'

살풀이춤의 명인 '한명숙'은 살풀이춤을 "여인의 심정, 즉 한(恨)과 애(哀)를 읊은 것"이라고 하였다. 이 춤은 누구에 의해 어떻게 연행되어지든 연행자에 따른 기교의 변화는 있지만 춤의 본성은 분명이 '한'인 것이다.

일반적으로 인간은 자신의 한스러움을 표현하는 방법으로 서럽게 눈물을 흘리는 행위를 하게 되는데, 춤으로 이를 표현하는 것은 한을 '초월'하고자 하는 인간의 욕구로 보아진다. 따라서 '살풀이춤'은 단순한 슬픔을 표현하는 춤이라기보다 그 슬픔을 바탕으로 그 한계를 넘어 '승화'시키려는 인간의 감정을 표현한 춤이라고 할 수 있다.

'탈춤'의 경우를 보면, '탈난 것'이라는 살아가면서 경험하는 인간들의 온갖 궂은일이나 변고, 액, 재앙 등을 일컫는 말에서 유래했듯이, 탈잡는다는 것은 안 좋은 것, 잘못된 것, 부정적인 것을 밝혀 비평한다는 뜻이다. 따라서 이러한 '탈춤' 또한 막혀있는 응어리를 풀어내고 안 되는 일을 되게 하는 적극적인 의미의 '액땜' 또는 '살풀이'라고 볼 수 있다. 우리나라 사람은 부당하게 삶을 저해하는 요소가 침입했을 때 '살이 끼었다'라고 하며, 이러한 것을 풀기 위한 '살풀이' 과정을 하게 되고, 그 과정에서 절정에 오를 때 초인적 능력이 부여되는 '신인융합'의 경험을 하게 된다. 민중들 또한 그 과정의 놀이체험에서 절정에 오르게 되는데, 이러한 과정을 통한 체험이 바로 '신명'인 것이다.

우리는 "신명나게 춤춘다"라고 표현한다. '신명'이란 바로 굴절되고 억압된 생명을 한꺼번에 풀어헤쳐 활기를 돋우는 새로운 창조적인 체험인 것이다. 즉 신명은 억압되어 있다가 계기가 마련되면 풀려나오는 해방의 과정 속에 존재하는 일종의 힘을 말한다.

민중들은 탈춤을 통해 자신을 억압하는 지배계층을 풍자하고, 현실의 상황과는 반대의 입장에서 양반을 모욕하고 재판함으로써 자신들의 맺힌 응어리를 풀어가는 과정을 보여주는데, 이러한 춤사위들 속에서 춤꾼들 자신 뿐 아니라 관객까지도 '신명'을 느끼게 하는 춤이 바로 탈춤인 것이다.

♪ 봉산탈춤

탈춤에는 민중의 '한'이 기저에 깔려 있다. 그러나 우리는 탈춤을 통해 '한'이 아닌 '신명'을 느낀다.

사회적 문화적으로 천시 받은 서민 계층의 사람들이 추어왔고 발전시킨 춤임에도 불구하고 살풀이춤과 탈춤은 대조적인 양상으로 발전해 왔다. 이는 춤이 '문화적인 존재자'로서 춤을 향유하는 계층의 문화적 차이 때문에 발생한 현상이다.

살풀이춤은 지배계층이 향유하는 상층문화로 발전되어 왔고, 탈춤은 피지배계층인 민중들이 향유하는 서민문화로 발전되어왔기 때문이다. 또한 살풀이춤은 '보여주는 춤'이고, 탈춤은 '스스로 추는 춤'이라는 차이 때문이기도 하다. 두 춤이 모두 응어리진 한이라는 공통적 요소에서 출발했으나, 살풀이춤에서 지배적으로 표출되는 속성은 '한'이고, 탈춤의 속성은 '신명'이다.

'살풀이춤'은 예와 권위를 중시하는 양반 계층에게 보여주기 위한 춤이었기 때문에 '탈춤'과 같은 동적인 춤사위를 구사할 수 없었을 것이고, 해학적인 요소나 신랄한 풍자를 통해 지배계층을 비난하는 등의 춤을 출 수는 없었을 것이다. 음악과 춤, 혹은 연극 등을 지배계층 자신들이 하지 않고 미천한 직업인을 시켜서 행하게 한 춤이었으며, 이들 춤에 높은 품격을 살리도록 하였을 것이다. 반면 서민들은 스스로 춤을 추는 과정에서 자유로이 '한'을 푸는 경험을 하였고 '신명'에 다다를 수 있었다. 이것이 춤에도 자연스럽게 표현되면서 관객에게까지 그 신명이 전달되는 춤으로 표현되었다.

문/화/칼/럼/

드라마 속에 표현되는 예인(藝人)

요즘 TV나 영화 속의 다양한 소재는 대중의 다각적인 욕구를 충족시키는데 우열을 가리기 힘들다. 대중이 원하는 소재를 잘 포착하여 표현하기도 하며, 한편으로는 생각지도 못한 소재가 대중의 맘속 깊은 본능을 끄집어내어 휘어잡기도 한다.

우리는 재능 있고 매력적인 연기자의 연기를 통해 직접 하지는 못하지만 가슴 깊은 곳에 잠재된 본능과 끼를 발산하는 그들의 멋진 캐릭터에 동화되므로, 또 하나의 개성 있는 인생을 공감하며 감추어진 희열을 발산하기도 한다.

과거에 비해 오늘날 스크린 속에 비춰지는 예인(藝人)의 모습은 과히 일취월장함을 느낄 수 있다. 전문인이 아닌 연기자가 극중 예인의 모습을 그럴듯하게 표현하기란 쉬운 일이 아님을 짐작하기에 충분히 감안하고 보더라도, 지금까지 많은 작품에서 보여주었던 예술가 캐릭터를 연기하는 연기자들의 미흡한 기술의 재연은 어색함과 함께 작품에 온전히 몰입하고자 하는 관객의 정서에까지 방해가 됨은 어쩔 수 없는 현실이었다. 특히 그 분야에 정진하는 전문가들의 눈에 비춰진 그들의 표현은 많은 아쉬움을 남길 수밖에 없었다.

어차피 선택된 예술장르의 소재라면 좀 더 사실에 가깝게, 그리고 전문성을 가미한 표현이 이루어져 대중들에게 그 분야의 예술성과 미적이며 정서적인 흐름을 정확하게 느낄 수 있게 해주는 것이 직접 그 분야를 접하기 힘든 대중들의 인식에 올바른 접근이 되리라는 것이 예술가들의 생각이며 바람이었다.

그러나 요즘 다각적인 엔터테인먼트의 발전과 다재다능한 차세대 연기자들의 노력은 그나마 이러한 전문성의 부재에 조금은 갈증을 해소시켜 주는듯하여 조용히 박수를 보내고 싶다.

극중 예인의 캐릭터에 대한 최대한의 노력의 흔적들은 어떤 순간에는 환호와 격려를 아낌없이 보내기에 충분할 만큼의 액션으로 나타나 그들이 흘린 땀방울들이 촉촉이 느껴지는 듯하다.

또한 전문가의 눈으로 보기에도 잘되어진 표현을 볼 때에는 한편으로 어설픈 몸짓과 마음가짐만으로 예술가의 길을 걷고자 하는 수많은 이들에게 귀감이 될 수도 있을 것이라는 생각을 감히 해본다. 노력과 인내, 이를 통한 살을 에는 고통과 흐르는 땀방울은 예술인의 경계를 무너뜨릴 수도 있다.

예술가와 일반인의 경계는 어디인가. 누구에게든 한 걸음 한 걸음 끊임없이 정진하는 노력이 쌓인다면 그 결과는 예측하기 힘들 것이다.

♪ 영화 [댄서의 순정]

04
성(性)과 춤

현대의 우리들은 무용을 예술로서 취급하고 있다. 그러나 무용이 처음부터 예술로 출발한 것은 아니다.

율동적으로 움직이면 쾌감(快感)을 느끼게 된다. 이런 신체적 쾌감이 예술에 있어서 고도의 형이상학적(形而上學的) 쾌감으로 통한다는 것은 부정할 수 없으며, 이러한 쾌감이야말로 무용의 발생을 설명하는 중요한 조건이 되고 있다. 그리고 신이 빚은 아름다운 인간의 '몸' 또한 부정할 수 없는 움직임예술로써의 무용을 이루는 중요한 핵심이다.

♪ 인간의 몸으로 만든 사막

1) 원시시대의 성과 춤

원시시대 무용의 주된 목적은 생활의 직접적인 필요성 때문이었기에, 원시무용은 생활무용이기도 했다. 이러한 원시시대 무용의 구조 가운데 빠지지 않는 것이 바로 성무용(性舞踊)이다. 종족의 보존과 증가는 그 부족의 힘이었으며, 다산을 위한 노력은 생식기 숭배를 위한 의식으로까지 진행된다. 즉 성의 무용은 생식기 숭배의 무용인 것이다.

또한 성무용은 원시인에게 유일한 연애의 표현이기도 했으며, 종족의 번식과는 별개로 사교목적의 일부로서 일정의 성무용이 의연하게 행해지기도 하였다. 필리핀이나 아프리카 향토무용에서 구애의 표현인 춤의 형태가 현대에 이르기까지 존재하는 것을 확인할 수 있다.

♪ 벌거벗은 원시시대 남녀의 성과 사랑을 묘사한 연극 [논쟁 B.C.]

2) 쌍쌍춤과 성

남성과 여성이 짝을 이루는 커플 댄스(쌍쌍춤)는 오늘날에 이르기까지 유럽에서는 가장 중요한 춤의 형식으로 유지되어 왔다. 초기 석기시대의 꽁바렐(combarelles) 동굴에서 발견된 벽화에도 남근숭배적인 탈을 쓴 남자 뒤를 여성이 춤을 추면서 뒤따르는 모습이 그려져 있으며, 북부 아일랜드의 집단 열춤을 추는 사람들은 가운데에 두 명씩 짝을 지어

♪ 쌍쌍춤 이미지

서로를 향해 돌면서 춤을 추기도 하였다.

부족의 번영과 자연의 성장을 촉진하는 양성(兩性)의 짝짓기는 더욱 중요했고 널리 펴졌으며, 춤을 추는 사람들이 커플의 형식을 이용할 때, 그들은 성 행위의 뚜렷한 장면을 표현하고자 하는 다른 의도가 있는 것이 아니라 순수하고 단순하게 짝을 짓는 것이었다.

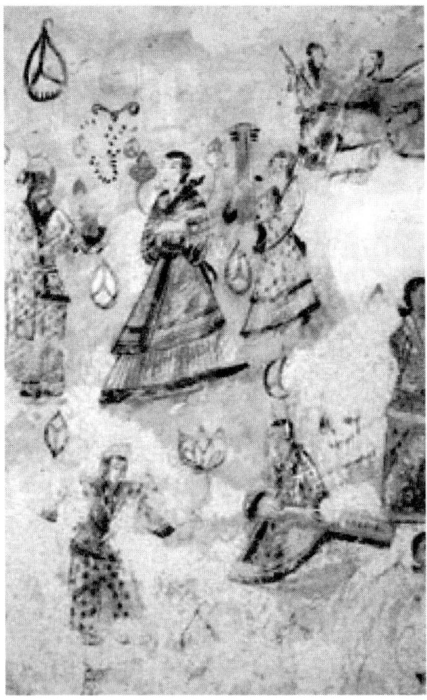

♪ 중국 지린성 지안의 장천 1호분 벽화 (남녀의 만남)

고구려 사람들은 노래와 춤, 즉 가무를 즐겼다. 5세기 무용총, 장천 1호분, 마선구 1호분, 통구 12호분 등 특히 중국 지린성 지안의 고분벽화에는 어김없이 춤 그림이 등장한다. 또 악가무(樂歌舞)가 크게 발달했음이 여러 문헌에 전해진다. 당시 중국인은 고구려의 음악과 춤에 대한 인상이 각별했기에, 당(唐)나라는 고구려 무악의 예술성을 인정해 궁중음악으로 받아들이기도 했다.

그 백성은 가무를 좋아한다. 나라의 마을마다 밤이면 남녀가 서로 무리지어 서로 쫓아 노래하며 희롱한다.(其民喜歌舞 國中邑落 幕夜男女相聚相就歌戲)

‘삼국지(三國志)’ 동이전 고구려조의 10월 대축제인 ‘동맹’에 관한 내용이다. 이처럼 가무는 사냥과 함께 축제의 양대 행사이자 놀이문화였다.

3) 성(The Sexes)과 춤

커플 댄스는 남녀가 동등하게 위치를 정함으로서 끝나는데 반해, 보편적으로 춤에 있어 성(The Sexes)의 역할은 수에 있어서 남성의 역할이 여성들의 춤보다 훨씬 능가했다. 남자들만이 사냥을 하고 전쟁을 하고 태양숭배춤을 추며 거의 항상 동물춤, 정령춤, 샤머니즘적 문화로 인한 기우춤, 의료춤을 추었다. 여자들은 사냥, 전쟁, 태양숭배춤에 거의 혹은 전혀 참가하지 않았으며, 동물춤과 탈춤에서 간혹 참여하는 것만이 허용되었다. 성행위 그리고 흔히는 음경삽입까지도 춤으로 표현하는, ‘풍요주술’이라고 시사되는 많은 유용한 기록들도 남아 있다. 오늘날에도 중국 구이저우성 구이양의 소수민족 축제 중 임신을 주제로 한 춤이 전승되고 있는데, 이 춤에는 춤과 노래가 조화된 소수민족 고유의 꾸밈없는 품성과 생명의 원천인 태양과 달, 물과 대지를 향한 애정을 담고 있다.

♪ 중국 소수민족 [임신의 춤]

한편, 빅토리아 사상의 정점을 이루는 19세기 중엽 이후 유럽 사회에서는 점차 육체를 진지하게 감상하기 시작하고 육체적 즐거움을 받아들이기 시작하였다.

빅토리아 시대 여성의 몸은 겹겹의 의상으로 졸라매어지고 그 위에 엄격한 성적 규범으로 속박당해 자율적인 움직임을 상실한 상태였다. 당시 유행한 코르셋은 여성에게 강요된 복종과 남성 의존성을 물리적으로 표현하는 것이었는데, 단단히 조여지지 않은 여성의 몸은 도덕적 방종을 상징하는 것이었으며 이러한 여성의 몸에 대한 통제와 규제는 오늘날까지도 다른 형태로 이어져 오고 있다.

이러한 시대에 낭만발레가 유럽에서 열광적인 인기를 얻게 된 것은 기이한 현상이었는데, 낭만발레란 다름 아닌 공공의 눈앞에 드러난 여성 발레리나가 자유롭게 움직이면서 시각적으로 몸을 통해 아이디어를 표현하는 형식이기 때문이다.

여기서 여성이 자유롭게 움직인다는 것은 성적으로 자유롭다는 암시를 내포하고 있는 것으로 발레 속에서 남성을 유혹하는 요부와 같은 여성은 여성의 성충동 자체를 부정하던 빅토리아 시대의 도덕적 기준에 비추어 보면 대단히 파격적인 것이었다.

♪ 영화 [바람과 함께 사라지다]의 코르셋 장면

이렇듯 성적인 여성상을 당당히 내보이고도 사회적 검열을 받지 않은 것은 요부로서의 발레리나들이 성적으로 거세된 요정이나 꽃 혹은 시적인 상징으로 설명되었기 때문이었을 것이다. 그들은 여성성을 근본으로 하고 있지만 마지막에 죽을 수밖에 없는 운명으로 그려져 현실의 여성이 아님을 알려줌으로써 당시의 엄격한 도덕적, 성적 검열을 피해갈 수 있었다.

이처럼 낭만발레는 '여성 발레'라는 별칭에서도 짐작할 수 있듯이 발레 움직임과 이미지를 통해 당대의 이상적인 여성성을 몸을 통해 보여 주었다.

♪ 낭만발레시대 요정의 역할을 하는 발레리나

4) 신여성과 춤

아름다운 발레리나의 우아한 몸과 환상적인 기교로 요정의 의미를 부각시키며 발전된 발레는 처음부터 여성무용수가 무대에 오른 것이 아니었다. 15세기 유럽 귀족의 탐미주의적인 문화로 자리매김한 궁정발레는 남성들의 전유물로 귀족들의 오락이었으며, 귀족

문화의 중요한 자리를 차지하였다. 이처럼 놀이로서 탄생한 발레가 무대예술로 발전하면서 점차 여성이 주역을 맡게 되고 여성 발레리나를 아름답게 보이기 위한 테크닉의 연구와 토슈즈의 탄생을 가져오게 된다. 그러나 코르셋으로 여성의 허리를 가늘게 묶어 허리선을 더욱 가늘어 보이게 하고 발끝으로 춤을 추는 모습은 가련한 아름다움이었으며, 인형과 같은 여성의 미가 당시 귀족의 탐미주의를 충분히 만족시키게 하였다. 이러한 발레의 춤은 모든 합리성과 자연주의를 짓밟고 귀족의 탐미취미를 만족시키는 도구로 발전되었던 것이다.

남성의 지배를 받았던 빅토리아시대의 가부장적 문화를 뒤로 하고 새로운 여성상이 대두되는데, 바로 신교육을 받은 지식여성을 일컫는 '신여성'의 탄생이었다.

영국에서는 남성성에 도전하는 New Woman이 사회정치적 지위를 확보하려는 현상이 생겨났고, 여성 해방을 궁극적 목적으로 하는 페미니즘의 대중화를 이끌었으며, 미국에서는 여성의 참정권 운동이 일어남과 동시에 모더니즘의 문화 현상에 따라 자신의 개성을 맘껏 드러내는 표현주의의 예술 운동이 전개되었다. 일본에서는 여성의 교육 열풍과 글로벌한 모더니티를 확보했으며, 인도에서는 여성이 민족의 문화적 진정성을 담아내는 아이콘으로, 중국에서는 반유교주의나 반전통주의를 실천하는 팜므파탈로 그 모습을 드러냈다.

한국의 신여성들은 일본의 식민지 치하에서 근대 사회로 발전하는 과정에서 구국을 위한 애국운동과 계몽이라는 신문화 운동에 참여했고, 사회적, 정치적, 종교적, 교육적 차원에서 새로운 여성의 모습을 드러내었다.

이와 같은 신문화 운동과 신여성의 탄생은 가정에서부터 국가는 물론 전 세계 여성들의 잠재의식을 일깨우며 여성들이 다양한 분야에서 능력을 발휘하는 계기를 만들었다. 억압된 성에서 해방되어 성으로 자유를 추구하는 모습은 당시 이들의 중심에서 춤을 추던 신여성들의 사상과 무언의 감정의 표출로 이어지게 된다. 당시 무용계에서는 남성 위주의 안무가 지배적이었고 여성은 허리는 가늘고 목이 긴 가냘픈 몸매의 무용수의 활동이 전부였는데, 전 세계를 강타한 모더니즘의 물결은 개성적이고 절제된 자유를 추구하여 '생각하는 몸(Thinking Body)'을 강조하는 여성 안무가의 등장을 촉진시켰다. 그것은 '형(型)'을 중시하던 발레에 반기를 든 자연주의적인 춤, 즉 '신무용(New Dance)'으로 무용 혁명을 일으키게 된 것이다.

20세기 가장 위대한 무용가 중 한 사람으로 꼽히는 독일의 세계적인 무용가인 피나 바우쉬는 무용과 연극의 경계를 허문 '탄츠테아터(Tanztheater 극무용)' 라는 새 장르를 만들어 낸 현대무용계의 혁신적인 무용가로 평을 받는다. 그녀는 무용작품에서 연극적인 대사를 구사하고 무대장치도 추상성을 벗어나 일상용품들로 구성하는 '무용과 연극의 조화'를 이루어내었는데, 이러한 특징이 피나 바우쉬 안무가를 상징하게 된다. 피나 바우쉬의 작품의 주제는 일관되게 현대도시에서 살아가는 사람들 간에 접촉의 어려움과 그 어려움에도 불구하고 끊임없이 만남을 갈구하는 인간의 모습을 그리는데, 이를 통해 관객은 현실과의 공감 그리고 새로운 느낌의 무용을 통해 다양한 감각과 생각을 공유하게 된다. 그녀의 춤연극이 중요한 이유는 그녀의 작품세계를 통해 오늘날 현대무용이 한 차례 정신적 진화를 경험했기 때문이다. 이는 움직임과 음악을 연결시키는 안무된 춤이라는 예전 무용들의 절대논리를 부수고 오히려 다양한 형식을 통해 무대에 등장하는 타인들과의 소통과 교류를 중요시 여겼다는 점이다.

고전적 모던댄스의 개념을 탄츠테아터로 넘어가게 하는 역할을 한 작품인 [카페 뮐러]는 무용수의 개성을 도출 시키고 연극적인 장면을 결부한 개념으로서의 최초 작품이며 그녀의 대표적인 작품이다. [카페 뮐러]에 나오는 사람들은 대부분 중년 이상의 나이이고, 아름답기보다는 병약해 보이며, 굉장히 우울해 보인다. 당시 독일 무용은 1,2차 세계대전, 분단 등 그 암울하고 폭력적이며 외로움과 고뇌가 가득하던 시절을 표현하고자 발전해왔다. 이 공연도 그러한 작품의 하나라고 볼 수 있다.

[카페 뮐러]에 등장하는 여자는 몽유병자와 강박신경증자이다. 한 쪽은 잠든 채로 걸어다니며, 다른 한 쪽은 받쳐주지 않는 상대의 품에 몸을 날리고는 쓰러지기를 반복한다. 한 쪽은 자신의 일을 모르고 있고, 한 쪽은 타인의 일을 모르고 있다. 인간의 절망적인 고독을 표현한 것으로 인간 내면의 반복적인 강박을 보여주는 작품이다.

어떠한 보잘 것 없는 행위라도 반복하면 무용이 된다. 그리고 많은 사람이 일제히 행하면, 무용이 된다. 현대인 가운데 나타나는 몇 번이나 손을 씻고도 또 다시 씻고 싶어지는 반복강박 증상처럼, 무용도 그 반복강박과 비슷하다. 40번, 50번 그 이상 반복하는 움직임을 보면서 관객은 기분이 나빠지기도 하고 공포를 느끼기도 한다. 사람은 왜 어떠한 몸짓에는 아름다움을 느끼고, 어떠한 몸짓에는 불쾌감을 느끼는 것일까. 피나 바우쉬는 그러한 근원적인 의문을 가지고 작품을 시도한다. 때로는 마치 비인간적인 그녀의 작품을 보며 관객들도 참가하고 있는 듯 느낌이 들어 결국에는 자리를 뜨는 사람도 있다. 휴식

시간도 표현의 연장이다. 공연 중 휴식 시간에 한 명의 댄서가 비애로 가득 찬 표정으로 무대 중앙에 계속 서 있기도 한다. 마치 그녀의 희생에 의해 휴식시간이 나온 것처럼 느껴져, 보는 이로서는 기묘한 양심의 가책을 느끼게 만든다. 그러나 그 양심의 가책은 인생에서 반복하여 느끼지 않으면 안 되는 인간의 자화상일 것이다. 많은 연출가들이 관객을 피해자로 보이게 시도하기도 하지만, 피나 바우쉬는 관객을 가해자로 만든다.

2009년에 타계한 피나 바우쉬, 타계하기 1년 전인 2008년에 촬영하고 2009년에 개봉된 다큐 영화 [피나 바우쉬의 댄싱 드림즈]는 세상에 처음 눈을 뜨기 시작하는 춤을 배워보지 않은 부퍼탈 출신 이주민 가정 10대 아이들과 함께 그녀의 대표작인 <콘탁트호프> 공연을 준비하는 과정을 찍은 다큐멘터리이다. 이 영상을 통해 피나 바우쉬는 “나는 인간이 어떻게 움직이는가보다 무엇이 인간을 움직이게 하는가에 더 관심이 있다.”라고 말하며, 그녀가 세상을 바라본 시각을 명확히 제시해주었다.

♪ 다큐영화 [피나 바우쉬의 댄싱 드림즈]

문/화/칼/럼/

다양한 재능은 여성, 최고의 자리는 남성

왜 유명한 음악가와 작가 그리고 수많은 예술가들은 대부분 남자들일까.

한 분야에서 뛰어난 업적을 가진 사람들은 여성들의 섬세함이 요구되는 전문분야인 요리나 패션에 이르기까지 거의 다 남성들이 차지하고 있음에 의문을 가져보게 된다. 이러한 현상은 물론 사회적으로 볼 때 남성들이 어릴 때부터 명성과 능력을 얻을 수밖에 없는 분위기 때문이라고도 하지만 그러한 사회문화적인 요소만으로 남성들의 두각을 설명하기는 힘들 것이다.

거의 대부분의 여성이 생활 속에서 주방의 주인임을 감안하고 볼 때 각 외식분야의 최고 주방장 또한 여성이 차지함이 마땅하다고 여겨지지만, 그렇지 못한 현실은 우리의 의식에 항상 의문점을 남기고 있다. 몇 년 전 케이블 방송에서 최고의 요리사를 꿈꾸는 이들을 훈련시키고 서바이벌 게임과 같은 흐름을 통한 리얼리티 방송들이 붐을 이루었다. 거기서도 지휘봉을 잡은 우리의 히어로는 카리스마 넘치는 당대 최고의 남성 요리사였다. 물론 도전하는 요리사들도 대부분 남성의 수가 많은 것만 보아도 최고 자리를 향한 남성들의 불타는 집념이 엿보여지는 듯하다.

그러나 사람들은 남성에 비해 여성들이 비교적 다양한 재능을 가지고 있다고 믿는다. 특히 우뇌의 발달을 요구하는 글쓰기, 음악 등 감성적 능력이 요구되는 일이라든지 특별히 꼼꼼함을 필요로 하는 수공예와 같은 분야는 남성보다 여성의 섬세함을 통해 더 뛰어난 재능이 표현되어진다.

일부 학자들의 실험에 의하면 남성들은 한 가지 일에 집중하면 두뇌가 생물학적으로 다른 외부의 소리나 느낌, 냄새 등에 거의 반응을 하지 않는다고 하며, 이에 비해 여성들은 아무리 집중을 해도 외부자극에 대한 반응이 살아있는 특징을 보인다고 한다. 한 가지 일에 깊이 몰입하고 집중할 수 있는 요건으로 볼 때는 그 분야의 최고 전문가가 되는 것이 남성들의 몫인 듯도 하지만, 여러 가지 일을 한꺼번에 처리하는 능력이 절실히 요구되는 현대사회에서 여성이 가진 융통성 있는 집중력이 필요한 분야 또한 분명히 있다.

위대한 음악가와 작곡가, 화가, 건축가 등 각 예술분야에서의 두각도 역사적으로 볼 때 남성이 우세한 것을 알 수 있지만, 이에 비해 무용예술분야 만큼은 그래도 우먼파워를 느끼게 한다.

물론 음양의 조화가 존재하듯 무용도 남녀가 가지는 역할의 의미는 두말할 필요가 없지만, 현재 활동하는 무용가들과 각 대학 이상에서 교육받고 매진하는 예비 무용가들의 비율은 여성이 월등히 높음을 알 수 있다.

수적인 월등함이 높은 수준의 예술성을 의미하는 것은 아니다. 그러나 타 예술장르에 비해 여성들이 이끌어나가는 무용예술계의 저력은 여성만이 가진 섬세함과 잔잔함 속에 내재된 보이지 않는 힘의 결정체이리라.

05
삶과 춤

사람이 춤을 추는 이유는 무엇인가.

태초부터 인간은 춤을 추었다. 자신의 솔직한 감정을 드러내고 삶을 표현하며 춤을 추었다.

기쁠 때, 슬플 때, 외로울 때, 괴로울 때, 희망에 차 있을 때, 절망할 때, 우울할 때, 즐거울 때, 기도할 때, 두려울 때, 힘들 때, 사랑할 때, 행복할 때, 싸울 때, 만날 때와 헤어질 때 등 인간의 모든 감정과 심정들을 표현하고 소통하며 춤을 추었다.

몸과 마음 그리고 정신이 하나가 되지 못한 춤은 죽어 있는 춤이었으며, 상징이 없는 춤은 동물의 춤과 같았다. 그리고 문화적인 춤이 되지 않고는 소통을 할 수 없었으며, 개인과 사회의 정체성도 드러낼 수 없었다. 즉 인간의 춤은 리드미컬한 동작의 형태, 조형적 공간 감각, 환상과 상상으로 생생하게 재현되었으며, 인간의 몸과 몸짓이 만드는 상징과 문화적 특성이 합쳐져 문화가 된 '춤'으로 완성되었다.

그러나 사람이 춤을 추는 이유가운데는 '생존을 위한 춤'도 존재한다.

한국의 기생, 중국의 기녀, 일본의 게이샤 등은 생계를 위해 춤을 추었다. 플라멩코를 추었던 집시나 상모나 버나를 돌렸던 남사당패도 살기 위해 춤을 추었고, 스트립 걸도 고픈 배를 채우기 위해 춤을 추었다. 이들이 춘 춤이 바로 자신의 삶을 위해 생존을 위해 춘 춤이다.

노예제도가 성립된 이후 전쟁의 패배와 죄인의 속죄 방법으로 남녀 노비가 된 사람들 중 색과 예에 능한 사람들이 전문적인 교육을 받아 남녀 기생이 되었다는 '기생 기원설'

에 의하면, 이 중 여자 기생이 당대의 전문 여악과 같은 춤과 노래, 웃음과 성(性)으로 특정 지배 계층의 남성들을 즐겁게 하는 기생으로 그 모습이 변화되었다고 한다. 이는 중국, 한국, 일본의 전통 사회제도 속에서 여성의 특수한 직업을 창출하였고, 교방, 기방, 화류계, 권번 등 기생 전문교육기관의 창설을 이끌었다.

1) 한국 기생의 삶과 춤

우리나라에서는 삼국시대에서 조선시대에 이르기까지 궁기와 관기는 절개가 있고 기예가 출중한 예술인으로 격조 높은 시를 지으며 춤추고 노래하는 '예인'이었다.

우리나라 기생은 고대 제정일치 사회에서 사제로 군림하던 무녀가 정치적 권력과 종교적 권력이 분화되는 과정에서 기생으로 전락한 것에서 그 기원을 찾을 수 있으며, 신라 진흥왕 37년에 젊은 인재의 등용을 목적으로 구성된 단체인 원화(源花: 신라 화랑의 전신)에서 기생이 시작된 것으로 본다. '원화'는 초기에 귀족 출신의 미인인 남모와 준정이 300명의 젊은이를 거느리고 있었는데, 두 사람이 서로 투기하여 준정이 남모를 죽이게 되고 사형을 당하면서 그 우두머리를 용모가 아름다운 남성으로 교체하여 화랑이 맡게 되었다고 한다.

♪ 조선기생들

김부식의 [삼국사기]와 [악지]에 의하면 신라시대의 기생은 평민과 다른 신분을 가진 궁중의 예인들로서 엄격한 규율 아래 가야금과 노래 그리고 춤을 종합한 예악을 전수하고 계승한 것으로 기록되어 있다. 또한 고려조에서는 고려 여악이 제정되어 연등회와 팔관회 등에 필요한 가무와 예악에 뛰어난 여자를 뽑아 국가가 직접 관리했다. 일반적으로 여자기생은 중국으로부터 전해져온 '교방'이라는 곳에서 교육을 받았는데, 교방은 기생들이 머물던 거처로 주로 무인관청 옆에 있었으며 기생들이 글쓰기와 음악을 배우고 춤을 전수받던 곳이었다.

조선시대에는 고려의 교방 전통을 이어받아 '치국의 도'로서 예와 악으로 정치를 행하는 유교이념 아래 악무를 중시했고, 여악인 기생이 주체가 되었다. 이 시기에 기생은 왕을 모시는 첩이 되거나 옹주가 되기도 했는데, 태조 이성계는 태상왕이 되면서 김해 출신의 '칠점선'이라는 기생을 총애하여 태상궁인(太上宮人)이라 칭하고 화의옹주로 책봉하기도 했다.

조선시대 사대부를 상대했던 기생인 황진이는 30년 동안 벽만 쳐다보고 앉아서 공부했던 지족 노선(老禪)을 유혹하려고 장삼, 고깔, 붉은 가사를 매고 요염한 자태로 춤을 추었다. 이러한 '황진이초연설(黃眞伊初演說)'로 짐작해 보면, 황진이가 당시에 '승무'를 추었을 것으로 보이며, 노선이 그 유혹에 넘어갔다는 것에서 그녀의 춤 실력과 더불어 성적 매력 또한 뛰어났음을 추측할 수 있다. 또한 의암 바위에서 왜군의 장수를 껴안고 남강으로 뛰어든 진주지방의 의기인 '논개'가 당시 관기로서 춤을 추었을 것으로 유추해 볼 때, 궁중과 지방을 오가던 '관기'가 궁중에서 연향되는 정제를 지방으로 전파하여 진주 교방무와 같은 각 지방의 전통춤을 발전시킨 것으로도 볼 수 있다.

♪ 드라마 [황진이]

기생들이 주로 담당했던 정재는 궁중의 관아를 중심으로 행해졌으며, 후에는 양반들의 잔치나 중인들의 행사에 불려가 가무를 담당하기도 했다. 기생들은 중인계층인 '기부(妓夫)'들에 의해서 생활에 많은 제약을 받았으며, 공식적인 행사가 없는 날에는 이들 기부에 의한 공연을 감당해야 했다.

구한말(1897~1907) 즈음에 이르러 기생을 일패, 이패, 삼패로 구분하였는데, 일패기생은 왕의 어전에서 가무를 하거나 전통가무를 보존하고 전승하는 기생으로 예의 바르고 대개 남편이 있는 경우가 많았고, 이패기생은 관기나 재상의 집에 출입하면서 요조숙녀의 품행을 가진 기생이었으며, 이들은 몸을 파는 등의 이중생활을 하는 경우도 암암리에 있었다. 또한 삼패기생은 '창기'를 가리키는 것으로 몸을 파는 매춘부였으며 능숙한 가무보다 잡가로 접객하며 화대를 받았다. 그러나 이러한 기생의 구분은 관기제도가 폐지(1909)되고 기생조합이 생기게 되면서부터 통칭 '기생'으로 통합된다.

후기 조선에서는 1907년 순종이 왕위에 오른 후 국운이 점차 기울게 되고 일제 식민치하에서 문화말살정책의 일환으로 모든 관청이 폐지되면서 관기제도도 폐지되었다. 이에 갈 곳을 잃은 궁기와 관기는 궁 밖으로 나와 그들의 활동기반이 된 기생조합에 몸담게 되는데, 이것이 '한성조합', '다동기생조합'이다. 한성조합은 남편이 있는 유부기가 모인 곳이며, 다동기생조합은 남편이 없는 평양기생 무부기를 모아 서울 다동에 차린 기생조합이었다. 1920년대에 이르러 민족 항일기에는 기생조합이 '권번'으로 바뀌었으며, 이곳에서 기생들은 교양, 예술, 일본어를 학습하였고, 애국심에 불탄 기생들 중에는 명기로서 능력을 과시하면서 우국지사들의 울분을 달래는 데에도 동참했으며, 기생의 신분으로 명사의 부인이 된 경우도 있었다.

♪ 조선 권번기생

궁중정재를 기본으로 했던 기생들의 춤은 다양한 춤으로 변모하는데, 이러한 춤들은 궁중무와 민속무 전반에 걸친 전통춤으로서 일제시대의 대표적인 무용가인 한성준, 조택원, 최승희 춤의 토대가 되어 오늘날의 이매방, 한진옥, 두한수, 김덕명, 김수악, 안채봉 선생 등으로 계승되어 현대의 한국춤으로 발전되어 오게 된다.

전통적으로 기생춤은 낮은 신분의 사람들이 추었으며 주로 여흥을 위한 자리에서 추었기 때문에 사회적으로 춤을 추는 사람에 대한 시선이 비하됨에 따라 기생은 더욱 음성적으로 활동하게 된다. 그러나 기생의 춤은 한국 전통춤의 기본 틀을 바탕으로 당대의 정치 이념과 춤 정신 그리고 기생의 예술성이 조화되어 한국 춤 역사의 한 맥을 차지하고 있는 것이다.

♪ 명월관에서 춤추는 기생들

2) 일본 게이샤의 삶과 춤

'게이샤'는 예술을 뜻하는 '게이'와 사람을 뜻하는 '샤'가 합쳐진 말로서 '예술에 능한 사람'의 의미이며, 게이샤 자신은 '예술을 하는 여성'이라는 뜻의 게이코(藝子)로 칭한다.

게이코는 10대 초반 마이코로 데뷔해 아름다운 몸으로 춤을 추면서 퉁소나 장구 같은 악기를 연주할 수 있게 교육받는다. 그들은 심미적 쾌락을 향유할 수 있는 '화류계'라는 지역에서 전문교육을 받으며 공동체로 삶을 살아가는 여성 예술가들이다.

일본 게이샤의 기원은 신의 대변자의 역할을 한 무녀로부터 출발했다고 보는 것이 일반적이다. 당시 무녀들은 신성한 신격으로서 몸과 영혼이 하나가 되려고 땅을 밟고 뛰어

올라 춤을 추었다. 이후 고대 남성 중심사회의 출현으로 가무와 매춘을 일삼는 유녀(遊女)가 되었고, 호색의 세계를 열게 된다. 나라 시대에서는 무녀의 신분을 가진 유녀가 몸을 파는 것이 몸과 마음을 깨끗하게 해주는 작용을 한다는 믿음을 가지기도 했다.

♪ 일본 게이샤

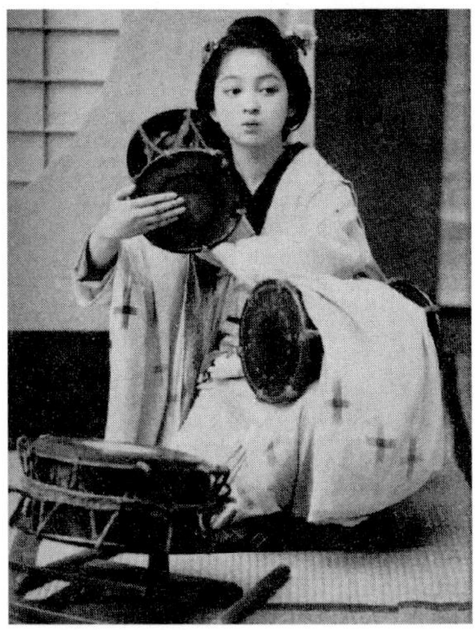

♪ 게이샤 교육

이러한 유녀 중에서도 여성적으로 몸가짐이 바르고 화류계의 예절 교육을 받은 게이샤는 에도 시대에 대표적으로 생겨났으며, 유곽 지대인 길원(요시와라)에서 높은 지위에 있는 화괴(오이란)로서 엘리트 중 엘리트였다. 이들은 정치, 예술, 사상을 논할 수 있을 정도로 유식하고 교양과 재치로 남성들과 정신적으로 교감하는 친구였으며, 일본 고유의 전통과 미적 감각을 고수하고 전승하는데 기여하였다. 이들에게 예능을 가르치는 강사진은 이에모토 제도를 통해서 예술유파를 계승하는 인간문화재나 인간국보였다. 에도 시대에 존재했던 남성 게이샤는 여성 게이샤가 압도적인 수로 늘어나는 1800년대에 모두 여성으로 대체된다. 또한 당시 시작되었던 '가부키'의 배우가 되어 춤과 노래를 부르면서 게이샤의 전성기를 이루게 된다. 특히 메이지 시대의 게이샤는 '메이지 게이샤'라고 불릴 만큼 첨단 패션을 주도했으며, 정도를 지키고 정치적 탄압에 굴복하지 않고 목숨을 내던지는 등 로맨틱한 이미지를 창조해낸 게이샤이기도 했다.

이러한 게이샤의 활동은 메이지 시대 이후 게이샤의 연회 기업문화를 크게 유행시켰고, 정기공연과 특별 기획공연을 통해서 그들의 화려한 예능을 보여 주었다.

현재 게이샤의 활동은 일본 고유문화의 상징이 되어 세계적인 명성을 가지고 있으며, 서양인 게이샤의 등장도 있게 된다. 그러나 성매매 금지, 미성년 보호 정책 등 여러 가지 사회적 규제와 여성의 사회 참여의 폭이 넓어지는 문화의 변동 속에서 게이샤의 수는 점점 줄어들고 있다.

게이샤는 전통춤 유파가 보유하고 있는 수백 가지의 레퍼토리를 시연하는데, 이를 통해 그들이 보여주는 전통의상과 헤어스타일 등은 예술적 가치를 지니고 있는 일본 고유의 문화와 사회적 가치관을 표현하는 문화적 상징이자 소중한 유산이 되고 있다.

♪ 영화 [게이샤의 추억]

3) 중국 기녀의 삶과 춤

중국은 당대에 들어와 국력이 강해지고 정치적으로 안정되어 문화와 예술방면까지도 크게 융성하게 되는데, 특히 춤이 발전하면서 무악기구가 설치된다. 관인으로서 황제 앞에서 기예를 보이는 최고의 예인들이 모여 있는 '교방'과 당대 춤을 추었던 현종 자신이 직접 교습도 하며 가무 예술인을 양성했던 '이원', 고대 이후 의례와 제사의 예악을 관장했던 '태상사' 등에서 교습과 관리가 이루어졌다. 교방에서는 관기, 영기 등 가무에 능한 예술인들이 많았으며, 노예의 신분인 가무 예술인들은 차별과 학대에도 불구하고 예술 창작의 꿈을 실현하기 위해 문전성시를 이루었다. '이원'은 궁중, 장안, 태상사 등에 3개가 있었는데, 그곳에서 예인들을 교습했으며, 이들은 궁중에서 제왕이나 관리의 향락에 봉사하기 위해 가무나 잡기 등을 공연하는 '궁기'와 '관기', 귀족이 거느리는 민간의 기생인 '민기', 집안의 기생인 '가기'가 있었다.

♪ 중국 기녀

♪ 그림 속 중국기녀

이렇게 다양화된 기녀들은 최하층의 신분으로 가무와 여색을 제공하는 여악창우였지만, 사대부의 의식과 사고를 반영하는 시문과 같은 사대부 문화가 성했던 시기에는 상류 문화 속에서 함께 즐기며 당대의 문화를 창조한 매개자였다.

시대의 흐름에 따라 중국 기녀의 역할도 다양하지만, 기녀는 궁이나 관가의 관리가 문인과 함께 외유하는 자리에서 주흥을 담당하는 역할을 했을 뿐만 아니라 기녀들이 기거했던 사설 기관에 자주 출입했던 사대문 문인과의 돈독한 관계 속에서 예기로서, 문인으로서 그리고 엘리트 여성으로서 문인들 세계에 없어서는 안 되는 존재였다. 또한 황실에 속한 예기는 하례식이나 황제의 등극과 귀비 책봉 등과 같은 특별한 행사에 동원되어 각종 가무를 공연하는 축하연을 도맡아 했으며, 이는 당나라 현종 때 그가 총애하던 양귀비가 가장 훌륭하게 추었다고 전해지는 [예상우의무]라는 춤에서도 잘 나타난다.

♪ 당화청궁에 걸린 실제 양귀비 초상화

역사적으로 한국, 일본, 중국의 기생은 시대와 환경에 따라 그 역할의 폭이 다양했는데, 첫째, 노예 창기로서 타의에 의해 가무와 여색을 제공했으며, 둘째, 사회 계급으로는 천민에 속하지만 시와 글에 능한 지식인으로서 대접받는 존재였고, 셋째, 자의로 기방이나 연회에서 가무와 술을 접대하는 게이샤와 같이 현대로 말하면 여성 전문 직업인이었다.

춤추는 여성, 노래를 부르는 여성, 악기를 다루는 여성, 그림을 그리는 여성, 시를 쓰는 여성, 색을 파는 여성 등과 같이 역사 속에서 이들 기생의 역할은 남성과 여성의 사회적 지위와 삶의 유형 및 춤의 특성을 보여주며 한 시대의 문화 코드를 읽을 수 있는 척도가 되는 것이다.

문/화/칼/럼/

시대의 고전무용 기법과 스타일

우리는 대부분의 장르에서 동양과 서양의 형태로 특징을 구분하는데 익숙하다. 시대별 장르별 각 분야별로 스타일을 비교하고 장단점을 분석하는 경우도 마찬가지이다.

국제화 시대가 될수록 각 나라간 상호교류가 빈번할수록 나라별 인종별로 그 역사들 가운데 면면히 내려오는 전통의 바탕은 더욱 소중한 유산으로 자리매김하며, 이 시대의 창조적 발전에 후광을 이루고 있다.

흔히 고전무용하면 우리는 한국인이기에 우리의 전통 한국무용을 떠올리게 된다.

그렇다면, 서양인들이 보기에 고전무용은 무엇일까.

아마 클래식 발레라고 생각할 것이다. 물론 각 나라마다 고유의 전통을 이은 고전무용이 존재하지만 대표적인 서양의 고전무용은 클래식 발레라 할 수 있다.

스타일 혹은 기법은 무의식적인 과정에서 형성되는데, 개인이나 예술에 있어서 스타일은 시대 반영의 한 수준으로 이해된다. 그러나 무용에서의 스타일이란 예술로서 형태를 잡은 전통과 기법이 꽃을 피웠던 시대의 문화적 환경 그리고 당시의 흐름을 설명한 대가와 연출가의 신체적인 분장에 의해 직접적인 영향을 받는다.

우리가 서양의 고전무용의 기본적인 단계와 근원을 찾기 위해 16세기 궁중무용까지 거슬러 올라가고, 무언극이나 가면무도회 그리고 궁중무대에서 대중극장으로 옮긴 루이14세의 활약을 되돌아보는 것도 바로 고전에 대한 이해를 바탕으로 현재의 거울을 삼기 위함일 것이다.

오늘날 우리의 대중문화 속에서도 고전무용과 그 예술성에 대한 접근은 가능하다. 몇 년 전 우리나라 전통무용 기법과 수련과정 그리고 소품과 의상 등 우리 춤의 고유한 스타일을 엿볼 수 있었던 드라마 '황진이'를 기억할 것이다. 물론 현대적 해석이 가미되어 각색되어진 면을 감안하고서라도 우리 것에 대한 아름다움과 시대를 넘어선 예인들의 삶과 그들의 끼, 그리고 인내와 열정을 이루는 고전 스타일 또한 고스란히 느낄 수 있는 시간이었다.

가까운 나라 일본의 경우도 대표적인 예인으로는 '게이샤'를 꼽는다. 물론 예능적인 부분을 떠나서 또 다른 게이샤만의 역할도 존재하지만, 춤과 예술에 대한 안목 그리고 수련과정에 임하는 자세 등 끼와 열정으로 매진하는 광기와 같은 인내는 동서고금을 막론하고 오늘날과 미래에 까지 변함없이 근간을 이루는 예인의 기본조건이 될 것이다.

예술을 이해하고 예술무용을 느끼고 무용수들의 삶을 맛보고 싶을 때 각각의 특징으로 대변되는 시대예술 영화를 통하는 것도 괜찮은 방법이다. 한번쯤, 영화 '백야', '지젤' 등으로 클래식 발레를 느낄 수 있으며, 드라마나 영화 속 '황진이'를 통해 우리 고전예술의 미를 맛보고, 영화 '게이샤의 추억'을 통해 일본의 전통과 더불어 각각의 특색을 지닌 인간을 들여다봄으로써, 시대별 나라별 장르별 문화를 느껴 보는 것도 색다른 경험이 되리라고 본다.

Ⅲ

대중과 춤

01 대중문화와 춤

1) 대중문화란?

현대의 대중문화 속에서는 수익을 얻기 위해서 혹은 정신과 신체의 건강을 유지하기 위해서 다양한 형태의 춤이 창조되고 있다. 특히 초고속 인터넷망과 첨단 미디어의 발달로 인해 세계가 1일 생활권에 들어오고 전 세계의 서로 다른 문화들이 상호 교류하는 속도 또한 매우 빨라졌다. 이에 따라 대중문화의 흐름은 눈에 띌 정도로 빠르게 전개되고 있으며, 개인별로 새로운 즐거움을 만끽하고 개성적으로 독특한 문화가 창조될 수 있는 시스템이 널리 확산되고 있다.

대중(the public)은 '큰 무리'를 지칭하는 말로 대량 생산과 대량 소비를 전제로 현대 사회를 구성하는 불특정 다수의 사람들을 지칭한다. 이러한 대중의 개념은 19세기 후반 프랑스 시민혁명과 산업혁명으로 군주 세력이 몰락하고 정치적인 권리와 경제력을 갖게 된 평민의 지위 상승에 따라 신흥 중산층이 등장하면서 형성된 개념이다.

대중문화의 개념은 많은 사람들이 폭넓게 선호하거나 좋아하는 문화, 고급문화에 반대되는 개념으로서의 문화, 대량 문화, 민중으로부터 발생하는 문화 등의 개념으로 구분되었다. 또한 19세기 말에서 20세기 초까지 중립적, 긍정적, 민주적, 개혁적인 입장에서 서로 다른 의미를 지닌 대중의 기호와 취향을 통해 생겨난 문화 현상이자 공동체로만 인식되던 시민 사회가 대중이라는 집단 형태로 등장하면서 나타난 문화현상이라고 볼 수 있을 것이다.

이에 따라, 대중문화로서의 '춤' 또한 인류의 삶과 밀접하게 영향을 주고받으며 다양한 모습으로 변모해 왔다.

2) 대중과 댄스코드

문자와 문명을 갖추지 못한 선사시대부터 고대, 중세, 근대 그리고 현대에 이르기까지 인간 육체의 움직임으로서의 춤이 인류사 한 가운데서 울고 웃는 인간의 희로애락의 절정으로서 자리해 왔다는 것은 누구나 이미 잘 알고 있다. 결국 생활 속에서 태동한 육체의 움직임, 즉 춤은 생활 속에 위치함으로써 더욱 그 의미를 더하게 되는 것이다.

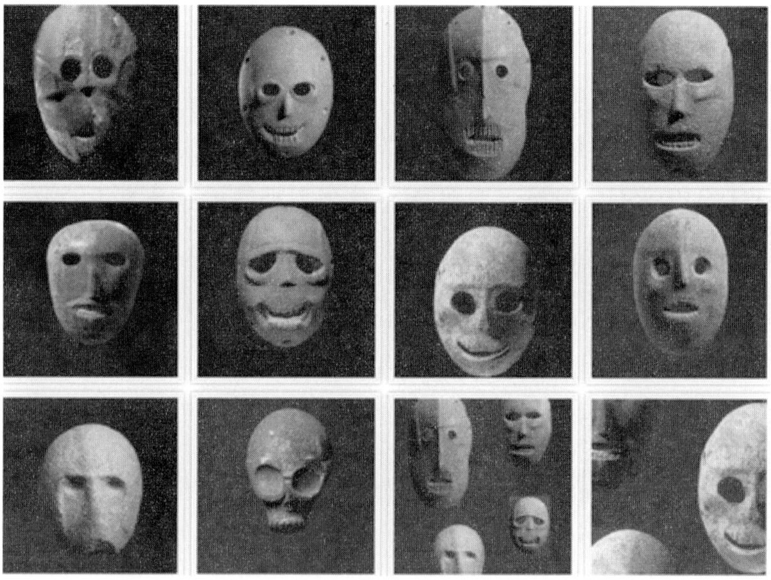

♪ 인간의 희로애락이 담긴 9000년 전 가면들

역사적으로 서구에서는 자유로운 신체 표현이 부정한 것으로 치부되었던 중세부터 현대에 이르기까지 춤에 대한 억압적 인식으로 사람들의 일상으로부터 춤을 분리시켰다. 이는 정치적으로 기득권을 가진 왕족과 귀족과 같은 특수 계층에 의해 향유되는 궁정 춤이 무대화된 극장 춤일 경우에도 그랬고, 만민의 평등을 주장한 시민혁명 후 자본주의의 부르주아 계급들과 또 다른 차원의 특수 계층이 향유하는 문화일 경우에도 예외는 아니었다. 즉, 극장 춤을 향유하는 관객은 변화했지만, 극장은 여전히 모든 사람들이 아닌 특정 계층의 사람들이 배타적으로 누리는 문화로 이어진 것이다.

이러한 현상은 결국 상류 계층이나 부르주아를 비판하는 불특정 다수의 계층들에게 편안하게 자신을 표현할 수 있고 즐길 수 있는 대중적인 춤을 만들도록 유도하게 된다.

고급문화에 길들여져 있지 않은 대중들은 삶의 저변에 깔려있는 행위의 근원적 형태를 끌어내는 동시에 인류의 문화와 밀접하게 영향을 주고받으면서 대중문화로서의 춤을 즐기게 된 것이다. 그러나 이러한 춤은 상류사회의 고급문화를 위협하고 몰락시킨다는 이유로 비판받게 되고, 예술의 질을 떨어뜨리고 전통예술가의 정신과 품위를 변질시켜 저급문화로 전락시킨다고 비판받게 된다. 이처럼 춤에 대한 대중들의 이중적인 가치판단으로 인해 극장에 올리는 발레나, 표현주의 현대무용 그리고 궁정춤과 전통춤 공연은 접근하기 쉽지 않은 고급예술로 인식하도록 유도하게 되었고, 결국은 '대중문화로서의 춤'이 타 장르에 비해 저급 예술이라는 인식이 팽배해지게 된다.

한편 우리나라에서는 식민 지배와 전쟁의 근대사 속에서 우리의 전통문화가 대중에게 자연스럽게 편입되지는 못했다. 왜곡된 서구의 춤 문화는 식민치하로 생겨난 기생 문화와 교합되면서 우리의 성리학적 유교의 전통적 가치관과 충돌을 일으켰고, 그 과정에서 춤은 떳떳하지 못하고 저속한 것으로까지 인식되기에 이른다.

그러나 동서양을 막론하고 시대의 변화에 따라 편견과 인식의 차이에 대한 대중의 의지는 자신의 취향과 심미적인 기준을 통해 적극적인 표출과 자유자재로 선택할 수 있는 다양한 춤을 수용하는 능동적인 주체자로 살아가는 '대중'이었다.

그래서 대중의 춤은 폭넓은 계층의 일반 대중들이 직접 춤추기에 참여하여 생활의 즐거움을 찾고 서로간의 정에 넘치는 생활을 공유하는 것으로 변화되었으며, 정서의 안정과 순수한 의사소통을 할 수 있는 '참여하는 춤'이 되게 된다.

♪ 볼룸에서 춤추는 다이애너 황태자비

이러한 춤들은 오늘날 대중 속에서 교육무용, 사교댄스, 재즈댄스, 탭댄스, 볼룸댄스, 댄스스포츠, 고고, 디스코, 테크노댄스, 힙합댄스, 브레이크댄스, 라인댄스 그리고 미디어를 통해 상업적인 면으로 이동하는 방송댄스, 광고댄스 등의 새로운 형태로까지 발전되고 창조되게 된 것이다.

무용평론가 김태원은 춤 대중화를 위한 발전적 전략을 네 가지로 나누었다.

첫째, 춤 교육 제도를 포함한 사회 춤의 영역이라 볼 수 있는 부분

둘째, 공연제도나 춤의 형식들에 관한 부분

셋째, 대중매체의 활용과 평론의 기능에 관한 부분

넷째, 공동체 문화의 한 요소인 민속제나 축제의 부활을 통한 춤의 확산

흔히 인간의 신체적 표현은 체육활동으로 여겨진다. 또한 체육활동의 모든 것은 '스포츠'로 집약되는데, 20세기 들어 발달된 스포츠는 보는 이들로 하여금 신체 표현의 극치를 느끼게 하는 것도 사실이지만 뛰고, 달리고, 치고 등 몸을 통해 최고를 가리는 경쟁은 비단 건강과 흥분, 신체적 능력의 탁월성만을 요구하지는 않는다. 인간 본연의 유희성과 창조성, 그리고 희로애락의 감정표현은 스포츠 외적인 것을 요구하고 있는 것이다. 즉 춤이라는 신체표현의 형태가 있는 한 춤 교육은 생활에서의 춤(사회 춤)으로 그 방향성을 정하고 보다 일반 대중들을 향한 교육이 되어야 한다.

생활에서의 춤은 남녀노소를 망라한 자발적 참여의 평생활동이다. 이는 인간 개개인의 삶 속에서 춤을 통해 삶의 질적인 모습을 한 단계 끌어올리는데 목적이 있으며, 춤을 춤으로써 즐겁고 활기찬 생활이 되게 하는데 그 의의가 있다고 볼 수 있다. 이는 결국 춤의 문화화이며 생활 현장 속에서의 직접적인 인간 신체의 표현이라 할 수 있다.

오늘날 우리는 다양한 문화를 경험하며 살고 있고 보다 넓어진 대중문화의 폭 가운데 모든 문화가 내재해 있음을 인지하고 있다. 이제 단순히 예술적인 감동과 단순한 흥미위주의 교육은 더 이상 그 의미를 지니지 못한다. 보다 윤택한 환경과 더 나은 삶으로의 인간 여정에 보탬이 되기 위한 대중과 무용문화 코드의 일치성이 존재해야 하는 것이다.

대중과 소통할 수 있는 예술, 대중이 이해할 수 있는 예술, 대중이 참여할 수 있고, 대중이 몸으로 체득할 수 있는 예술이 되어야 비로소 인간의 삶 속에서 공존하는 살아있는 문화로서 의 '춤'이 가치를 지니게 된다.

3) 21세기 예술과 춤

21세기에 있어서 춤의 의미는 어떠한가?

20세기에 이어서 21세기 또한 춤은 새로운 장르, 새로운 양식이 계속 출현하게 될 것이다. 소리 없는 전달자인 춤의 역할은 더욱 더 순발력 있게 전 지구적으로 예술과 문화의 대표코드로 굳혀지게 될 것이다. 지금 이 순간도 교육과 치유, 건강과 웰빙(well-being)을 위한 춤의 효과는 점점 더 발현되고 있으며, 그 효과를 키우는 다양한 방법들이 개발되고 있다. 일반인들은 예술 춤에 대해 안목을 키우고 예술 춤은 시대의식과 일반인들의 취향을 수렴하는 관계 속에서 일반인들의 예술에의 참여 역시 현저하게 늘어나고 있음을 알 수 있다.

♪ TV 예능프로그램, 댄스스포츠 경기장면

예술과 오락, 사교, 레저 등 어느 영역을 막론하고 춤은 더욱 비중 있게 다뤄지는 동시에 중요하고 만족스러운 요소로 인식되고 있다.

아동과 청소년들이 꿈을 펼칠 수 있는 다양한 춤 활동 또한 학교와 지역을 넘어 국제행사로서 각광 받고 있으며, 이들을 위한 각종 교육프로그램과 체계적인 교육과정이 예술교육과 스포츠클럽을 통해 학교교육 현장에서 이미 이루어지고 있다. 뿐만 아니라 몸과 행동을 자아정체감과 동일시하는 시대적 추세는 움직임으로 몸을 창조하고 표현하는 춤을 자아와 정체감의 통로로 재발견하고 있기도 하다.

이는 전문인 뿐 아니라 일반 대중들의 참여도에도 크게 작용하고 있으며, 그 인기가 무섭게 상승하고 있는 비보잉과 댄스스포츠, 각종 건강댄스인 라인댄스, 벨리댄스 등의 발전과 확산을 통해 '보는 춤'보다 '추는 춤'으로의 문화가 이미 도래했음을 알 수 있다.

춤의 일상화와 보편화, 이는 21세기를 춤의 시대로 내세우도록 하는 핵심어이다. 20세기의 춤이 일상화와 보편화로 가는 준비기였다면, 21세기는 일상화와 보편화가 실질적으로 자리 잡는 춤의 시대를 이루는 것이다.

4) 예술 춤과 대중문화

오늘날 대중들의 예술문화로서의 춤에 대한 인식과 참여도에 대해 무용비평가 김태원은 말한다. 그가 표현한 춤에 대한 변화양상을 정리해 보자.

첫째, 공연예술을 통한 시장에서 춤의 경쟁력이 떨어지고 있다. 그것도 예상외의 급격한 하락을 보이고 있다. 연간 티켓 링크 춤 입장권 판매액이 해가 지날수록 급격히 하락하고 있는 것을 통해서도 알 수 있듯이 무용공연을 관람하는 관객의 수는 매년 급격히 감소되고 있기에, 감상을 통한 무용예술에의 참여는 대중의 관심에서 점차 멀어지고 있음을 느낄 수 있다.

둘째, 사회가 다원화됨에 따라 오락으로 분류되는 활동이 예술 못지않게 인정받고 있으며, 춤 또한 기존의 예술 춤과 일반 춤 사이에 내려졌던 구분이 변화되고 있다. 이러한 현상을 부정적으로 보는 시각보다는 춤의 기반이 예술 춤이라는 점을 인식하고 춤의 다각적인 발전과 분야별 경쟁력을 숙고하는 것이 필요하리라 본다.

셋째, 이전과 달리 춤에 대한 관념이 긍정적으로 바뀌면서 춤을 대할 기회가 늘어나고 있으며, 동시에 춤을 대하는 안목이 높아지는 반면에 이를 충족시키는 춤이 상대적으로 많지 않다. 국내의 여러 대형 공연장들이 국내 춤 작품보다 해외 초빙 춤 작품을 기회의 중심에 두는 사례가 훨씬 많다는 점이 이를 반증하는 것이다.

넷째, 다양한 매체 즉 이미지북, 에니메이션, DVD, 인터넷, 영화, 다수의 케이블 TV, 사교 취미활동을 통한 춤 공연관람 이벤트와 예술을 대신하는 대체문화가 대폭 늘어났으며, 이런 매체는 춤에 대한 욕구를 결국 잠식하게 된다. 이제는 일반 상품도 문화예술을 결합한 컬덕(cul-duct)개념으로 열심히 진화하는 세상이 된 것이다.

다섯째, 문화예술을 둘러싼 사회 환경이 급변하고 예술을 대하는 태도가 달라지면서, 결정적으로 춤 수용 태도가 변동되고 있는 추세이다. 일반 소비 행동에서도 감성을 중시하며 파티문화가 번창하는 한편 일부 예술은 상호 교감과 소통을 시도한다. 서로 간의 나눔이 기본정신인 인터넷, 자아정체감의 표현 및 확인을 갈구하는 욕구가 간접적으로 표현되는 웹상의 아바타 등에 대한 대중들의 폭발적인 반응도 그런 맥락에서 볼 수 있다.

이런 기류를 타고 대중들의 상호교감, 소통에 대한 기대는 춤 예술에서 더욱 높아질 수 있다. 이는 춤과 예술이 그 자체로 자아정체감의 표현이기 때문이다. 따라서 '보는 문화'에서 '스스로 하는 문화'로의 욕구 또한 이러한 대중들의 인간으로서의 본능적인 표현의 욕구로서 문화와 예술 그리고 춤을 접하는 인식이 변화되고 있음을 보여주는 것이다. 그 옛날 우리 서민문화를 구축한 민속춤의 자연적인 발현처럼 오늘날의 대중문화로서 대중 속에 춤이 자리 잡는 현상이 두드러지고 있는 것이다.

5) 예술 춤과 발상의 전환

영국의 천재 안무가 매튜 본(Matthew Bourne)의 [백조의 호수(뮤지컬)]는 독창적인 상상력과 감각적인 안무로 차이콥스키의 고전 발레를 현대의 감각에 맞게 댄스 뮤지컬로 재탄생 시킨 작품이다. 초연 이래로 웨스트엔드와 브로드웨이 역사상 가장 롱런한 무용 작품으로 자리매김하고 있다.

메튜 본이 재창조한 [백조의 호수]는 주인공 왕자를 통해 현대 사회의 성차별, 성, 계급에 관한 문제들을 제기한다. 지그프리드 왕자는 책무의 막중함을 이을 왕실 생활에 적합하지 않은 나약한 인물로 설정되고 현대사회에 존재하는 왕실의 여러 가지 문제들이 신랄하게 풍자된다. 원작이나 재안무, 재구성 되어온 지금까지의 모든 [백조의 호수]들은 항상 본질적으로 왕실의 결혼에 대한 문제들을 다루고 있다. 이처럼 머나먼 동화 속 이야기만 같던 원작의 스토리를 폐기하고 현대 영국의 왕실로 배경을 옮겨 사랑을 갈구하는 유약한 왕자와, 그가 갖지 못한 강인한 힘과 아름다움, 자유를 표상하는 환상 속의 존재인 백조 사이에 펼쳐지는 가슴 아픈 심리 드라마로 탈바꿈된 매튜 본의 [백조의 호수]는 웅장하면서도 다채로운 차이콥스키의 음악에 신비로운 호수와 화려한 왕실 무도회, 런던 뒷골목의 자유분방한 바(bar) 등 왕자의 환상과 현실 속의 공간을 오가며 마치 영화를 보듯 흥미진진하고 긴장감 넘치는 이야기를 펼쳐낸다.

♪ 볼쇼이 발레단 [백조의 호수]

♪ 매튜 본 [백조의 호수]

일반 대중이 흔히 알고 있는 클래식 발레 [백조의 호수]는 가녀리고 아름다운 백조공주 이야기이다. 여성 발레리나로서 최고의 기량과 아름다움, 그리고 가녀린 여성미를 표현하는 대표적인 작품이 [백조의 호수]였다. 그러나 매튜 본은 섬세하고 가녀린 여성 백조 대신 깃털 바지에 근육질의 상체를 드러낸 남성 백조들을 기용하였고, 남성 백조들의 군무는 지금껏 상상할 수 없었던 힘과 카리스마로 관객들을 사로잡으며 신선한 충격을 선사했다.

매튜 본은 주인공 '백조'역을 왕자가 동경하는 '힘과 아름다움, 자유'를 지닌 상징물로 새롭게 설정했고, '남성 백조'라는 컨셉과 남성 백조로부터 헌신적인 사랑을 받는 왕자의 이야기라는 점은 '동성애 논란'을 일으키기도 했다.

1995년 영국 런던의 '새들러스 웰스' 극장에서 초연된 이후, 이 [백조의 호수]는 영국, 미국, 프랑스, 독일, 일본, 한국까지 전 세계를 투어하고 있다. 특히 영국의 웨스트엔드와 미국의 브로드웨이에서 모두 돌풍을 일으키며, 가장 오랫동안 공연된 무용 공연이라는 전무후무한 기록을 남겼다.

뻔한 내용, 아름다운 기교와 표현을 보여주는 기존의 무대와 차별된 상상을 뒤엎는 파격과 기발한 아이디어, 그리고 남성 무용수만이 표현할 수 있는 투박하지만 힘 있는 백조에 대한 터치는 오히려 관객들로 하여금 더욱더 뇌리에 남는 무용예술로서 순수 예술무용의 대중화에 한 걸음 다가간 노력의 산물일 것이다.

♪ 국립발레단 [지젤]

♪ 국립무용단 [춤, 춘향]

2013년 국립극장에서 선보였던 국립발레단과 국립무용단의 교차 공연 형식은 관객들의 흥미와 요구 그리고 서구와 한국을 대표하는 춤을 비교감상하기에 충분한 매력을 주었던 색다른 이벤트였다. 교차 공연은 동일한 시간대에 매일 다른 공연을 올리거나, 격일 또는 주간 단위로 같은 공연을 올리는 방식을 말하는데, '지젤'과 '춘향', 동서양을 대표하는 여인들의 이야기가 번갈아 가며 무대 위에 펼쳐진 것이다. 이러한 시도 덕분에 관객의 흥미와 애호가들의 관심을 극대화시키는 기획으로서, 관객의 발길을 끌었던 공연이었다.

발레와 한국무용은 그 태생만큼이나 다른 매력을 가지고 있다. 발레를 대표하는 의상이 '토슈즈'와 '튀튀'라면 한국무용을 대표하는 의상은 '코슈즈'와 '한복'이다. 교차 공연되는 두 작품을 모두 관람하면 댄스화의 생김새와 의상에 따른 무용의 장르적 특징을 한눈에 볼 수 있으며, 장르를 가리지 않고 '춤' 그 자체의 매력에 쏙 빠질 수 있는 보다 관객과 가깝게 소통한 기획이었다.

소통으로서의 예술 춤이 발전할 수 있기 위한 노력은 반드시 필요하다. 대중이 다가오기 힘들다면 대중에게 다가가는 것은 어떨까.

순수 예술이 대중과 만나는 현장이 있다. 대표적으로 '찾아가는 발레'이다. 자라나는 감성이 풍부한 어린 청소년들이 극장과 순수예술 무대를 찾는 것은 매우 힘든 일이다. 그러나 어느 한 쪽으로만 치우친 교육의 결과는 절름발이 인격을 양성하기도 한다. 누구나 감동하고 즐길 수 있는 '영혼의 양식'인 예술이기에, 예술가들은 직접 대중과 현장 속에 뛰어들고 있다.

필자가 부산에서 활동하던 시절, [그랑발레]라는 발레단체에서는 일찍이 '찾아가는 발레'를 기획하였다. 초, 중, 고등학교의 체육관에 전교생을 동원하여 그들에게 예술로서의 발레와 대중적인 발레의 다양한 모습을 보여주며 학생들이 쉽게 무용문화에 접근하고 사고와 감동을 느끼는 경험을 하게 하는 등의 작업을 한 것이다. 또한 거리의 문화에 편승하여 지하철에도 직접 올라서 '지하철 발레' 퍼포먼스를 보여주었는데, 이는 관객과 무용수의 공간이 한데 어우러진 말 그대로 관객과 함께하는 발레를 지하철 승객들에게 선사한 것이었다. 관객들이 다가오기 힘들다면, 이렇게 관객 속으로 들어가서 환상 속의 발레를 거리의 발레로 보여주는 장면 또한 관객들로 하여금 발레에 대한 친숙함을 주게 되고, 나아가 극장으로의 발걸음까지 유도하게 되는 기발한 아이디어가 아닐까 한다.

♪ 지하철 발레 [그랑발레]

순수 예술가와 무용가들의 노력이 필요한 현실이다. 멋진 감동의 세계를 보다 많은 대중들과 함께 누릴 수 있도록 연구해야 할 것이다.

문/화/칼/럼/

지하철 발레

실험과 파격을 모색하고 퓨전의 옷을 입은 공연이 '대중 속으로', 지하철에서, 또 거리에서 꾸려진다. 과연 대중의 반응은 어떠할까.

과거에 관객들은 예술인들을 보기위해 극장으로 무대로 찾아 나서야만 했다. 그러나 오늘날 예술인들은 대중과의 호흡을 위해 좀 더 관객에 가까이 다가가고자 기꺼이 노력하고 있다.

어떤 이는 작품의 대중성을 꾀하며 관객을 유도하기 위해 새롭고 다양한 흥미를 제공하면서 대중의 입맛을 사로잡고자 노력한다. 그러나 대중의 기호는 너무 다양하고, 또 너무도 빠르게 급변하기에 어떨 때는 작품성의 추구와는 별개로 대중들을 쫓아가기에만도 급급하다. 대중들도 어지러울 정도로 급변하는 사회에서 느긋하게 자연과 사람과 예술을 느끼고 감상하는 것 자체가 큰맘 먹지 않고는 실천하기 힘들다는 생각도 든다.

이러한 대중의 상황에 발맞추어 일찍이 찾아가는 예술, 즉 관객을 유도하기보다 삶에 찌들어 시간과 열정이 궁핍해진 일반 대중들을 향해 거꾸로 찾아가는 발레를 구현하고 있는 이들이 있다. 언제까지나 특정인만의 전유물로 인식되어 왔던 고고한 예술의 문을 직접 열어줄 뿐만 아니라 그 문을 통과하여 새로운 예술세계를 쉽게 접할 수 있도록 이동식 문을 들고 대중에 직접 찾아가는 것이다.

거의 20년 전쯤부터 부산의 발레단체인 '그랑발레'는 자라나는 청소년들의 감성과 예술문화에 대한 인지를 돕고자 각 학교에 직접 방문하여 강당에 모인 전교생들의 눈앞에서 함께 호흡하며, 말로만 듣던 발레예술을 직접 보고 느끼게 하는 공연문화를 새롭게 선보였다. 그때부터 시작된 '찾아가는 발레'의 역사는 지금까지 면면이 맥을 이어 매년 5월이면 청소년들을 위한 '숲속 발레'를 통해 보다 친근하게 청소년들과 호흡하는 발레문화를 이루고 있다.

이에 힘입어 보다 색다른 이색공연이 더욱 활발히 진행되었는데, 흔들리는 지하철에서 대중들은 느닷없이 친근하게 다가오는 발레 무용수들을 발견하게 된 것이다. 잠시 졸리던 눈이 어리둥절했을 것이고, 광고판에 고정된 의미 없는 시선들 또한 순간 초점을 되찾는 시간이었을 것이다. 특유의 지하철소음과 흔들림 속의 적막한 지하철 내 시민들은 처음엔 개인시간이 방해받는 느낌이 들었을 수도 있다. 그러나 곧 이들의 반응은 호기심과 입가의 순수한 미소를 통해 일상의 피곤함을 던져버린 동화 속 환상과 동심의 세계로 돌아가 어디선가 홀연히 나타난 무용수들의 익살에 폭소를 터뜨리게 된다. 숲속발레에서부터 지하철발레에 이르기까지 무용가 김옥련의 끊임없는 발레사랑과 노력의 결실이 피부로 느껴지는 순간이었다.

"일상에 지친 사람들이 '어! 뭐하는 거지?'하는 호기심으로 시작해서 서로 경계를 허물고 미소 한 번 짓게 되면 좋겠다"라고 소박한 마음을 말하는 그녀의 바램대로 예술가들은 대중의 관심과 그들의 순수한 격려에 비로소 용기를 얻게 된다. 아울러 이를 통해 대중들이 얻는 순간의 미소가 예술가들을 좀 더 땀 흘리게 하는 작은 원동력이 되는 것이다. 내가 호흡하는 바로 앞 공간에서 땀 흘리는 예술가들의 노고가 눈에 띄는 순간 작은 박수라도 보내주는 마음이면 충분하리라.

02 대중속의 춤

1) 실용 춤과 대중문화

혹 예술가들은 이렇게 말할지도 모른다.

“대중 안에서 표현되고 대중으로부터 갈채를 받지만, 그들이 느끼는 공감을 벗어나 내 속에서 솟아나는 순수한 희열만이 나를 채찍질하는 유일한 스승이며 버팀목이 되지요. 대중이 필요하지만 그들이 전부가 될 순 없습니다.”

이는 자신이 표현하는 예술이 대중의 공감을 먹고 자라지만 예술가 자신의 정체성이 대중의 요구에 흔들리는 순간 순수예술이 더 이상 될 수 없음을 우려하는 것이다. 그러나 오늘날 다양한 예술장르의 생존은 대중에 다가가는 노력 없이 순수의 장르에만 머물기는 너무나 외로운 작업이다. 또한 자신이 예술가는 아니지만 예술에 대한 호기심과 감동을 공감하기 원하는 대중의 욕망은 고고한 예술의 장르를 그들의 영역 속에 그대로 두지만은 않는다.

실용문화의 형성은 대중의 요구와 예술가의 합작품이다. 보는 것에서 직접 하는 행위로의 전환은 일반인들에게 있어 예술문화의 목마름에 대한 산물이며, 이들의 열정은 간혹 전문 예술가들의 발상과 표현력을 뛰어넘기도 한다.

순수 예술무용의 영역은 한국무용, 현대무용, 발레를 근간으로 하지만, 이러한 장르가 대중의 목마름에 직접적인 해갈이 되기는 아직도 적잖은 한계를 지닌다. ‘다가가기엔 너무 먼 예술’인 것이다.

여기에서 우리는 댄스스포츠, 재즈댄스, 힙합댄스, 탭댄스, 벨리댄스, 라인댄스 등과 같은 실용무용이라는 장르의 대중화를 접하게 되는데, 이러한 실용무용이 발전하게 되면서 비례적으로 인지되는 점 또한 간과할 수 없다. 예술무용과 같은 정통적이며 체계화된 교육방법의 필요성이 큰 과제로 떠오르는 것이다. 신체를 매개로 하는 신체활동 분야는 무용이나 스포츠를 막론하고 정확하고 인체공학적인 이론배경 하에 교육에 임할 필요가 있다. 남녀노소 각 연령과 상태, 대상의 상황에 맞는 적절한 교육방법에 대한 인식이 선행되는 지도와 훈련이 필요한 것인데, 특히 어린 청소년들과 더불어 노년층을 대상으로 하는 교육의 현장에 있어서는 무엇보다 중요한 지도자의 요건일 수 있다.

단순히 몸동작의 복사가 아닌 제대로 된 교육을 통한 지도자 양성과 인재를 발굴하는 과정은 장기적으로 올바르게 성장할 수 있는 실용댄스문화가 갖는 숙제이기도 하다. 이는 댄스의 정통성만을 고집하는 것도 사업가로서 비즈니스를 하는 것도 아닌 춤꾼들이 기본적인 능력과 소양을 갖추고 이를 바탕으로 대중화와 상품화, 보편화를 꾀하는 것을 말한다. 단순히 흥미위주의 상업성보다 교육성과 사업성이 공존하는 새로운 문화를 만드는 것이 장기적인 실용댄스 문화의 위상정립에 필요할 것이다.

춤은 자신의 미래와 인생을 폭넓고 가치 있게 만들어주는 '제3의 문'인 교육법이라고 하였다. 춤을 가르치는 교육자는 동작을 전달하는 것에 우선하여 의식의 흐름을 읽어서 배우는 사람들로 하여금 자신의 몸을 느끼게 하고 내면의 변화를 이끌어 내야하며 정신까지도 교화할 수 있어야함을 유의해야 한다.

♪ 한국컨트리댄스협회 라인댄스지도자 강습

2) 비디오댄스와 댄스필름

비디오댄스는 말 그대로 '영상무용'이다. 모든 예술은 환경의 영향을 받으며 그 시대와 장소가 예술의 형식, 테크닉, 조형적 창작품을 가능케 하는 재료가 된다.

21세기 세계적 문화현상은 인류 역사상 가장 급격한 대변혁을 이루고 있다. 이에 따라 무용현상에 있어서 비디오댄스는 문명의 테크놀로지를 활용하여 낳은 새로운 예술 형식이다. 오늘날은 다변하는 국제사회를 더욱더 좁혀주는 TV 전파 망과 인터넷 등을 통해 세계 각처의 비디오댄스와 영상 무용을 볼 수 있는 시대인 것이다.

춤은 순간의 예술이기에 더욱 아름답고, 또 안타깝다. 한 번의 춤이 끝나면, 또다시 그 춤은 똑같이 반복될 수 없다. 같은 무용수에 의한 같은 작품의 춤이라도 공연되고 추어질 때마다 춤은 매번 달라진다.

그러나 이제는 원한다면 비디오 촬영을 통해 그 시간 그 무용수의 작품을 언제든지 감상할 수 있으며, 나아가서 영화처럼 안무가, 비디오 작가, 감독, 안무 컨셉, 콘티구성, 촬영, 편집을 통해 무용수의 최상의 퍼포먼스와 최고의 작품을 감상할 수 있는 시대인 것이다.

그렇다면 비디오댄스란 무엇인가? 비디오댄스는 다양한 예술 영역이 충돌하고 융합하며 함께 작업하는 공동의 장으로서 영화와 같이 완벽한 촬영과 편집을 통하여 영상제품으로 완성되어 상영을 통하여 소개 되어지는 예술 매체라 할 수 있다. 순간 속에 존재하는 무용예술을 영원한 예술의 영역으로 환원시키려는 노력은 현대 테크놀로지라는 매체를 통해 실현 가능해졌다. 비디오댄스는 아이디어와 에너지를 더욱 빠르게, 더욱 많은 사람에게 소통시킨다.

♪ 이동현의 비디오댄스 작품 [시간 밖의 時間]

영화와 무용은 결정적인 차이점이 있다. 무용에서 무용수는 자신의 신체만을 움직이며 통제하고 자신을 둘러싼 공간은 통제하지 않는다. 그러나 영화는 무용수와 주위 공간을 함께 살펴야하는 것이다. 그러므로 감독은 화가와 안무가의 기술을 함께 갖추어야 한다.

또한 무용수의 개성과 운동감각은 영상에서는 부족하다. 무대에서의 무용수는 관객과 직접 소통하며 에너지를 주고받지만, 이차원적인 화면에서는 관객의 반응을 알 수 없는 것이다.

오래전 백남준은 '미래에 비디오댄스가 활성화될 것'이라고 예견하였다. 그의 예견대로 비디오댄스는 그 속에서 다양한 문화가 서로 접촉하고 소통하여 새로운 문화적 양상을 나타내며 해가 갈수록 전 세계적으로 확산되고 있다.

♪ 김현옥의 비디오댄스 작품 [피나클의 혼(Spirit of the Pinnacles)]

한국 최초의 비디오댄스 시도는 현대무용가 이정희의 「살푸리 하나」(1980)였다. 이어 등장한 비디오댄스의 완벽한 특성을 지닌 작품으로는 이정희의 「19860130」(1986) 그리고 이정희와 남편이자 영상 예술가인 이동현의 「필름·비디오·춤」(1991), 「시간 밖의 時間」(2010)이 있다. 「19860130」에서는 신생아실에서 탄생하는 아기, 무대 공연 실황, 거리 풍경 등이 일곱 대의 TV 화면에 재생되었고, 「필름·비디오·춤」에서는 현대성이 강하고 서구 지향적인 모습 속에 윤회사상과 자연회귀를 위한 과정이 흑백 영상으로 투영되었다.

민주화의 열풍을 담고 핵과 공해, 물질문명에 맞선 인간의 모습을 그려낸 한국무용가 한상근의 「적색경보」(1987)에서는 텔레비전 화면에서 보이는 기괴한 형체와 괴성이 무대를 장악하면서 마치 낙원을 흔들어놓으며 경보를 보내는 듯했다. 이들 작품에서 텔레비

전 화면과 비디오 영상이라는 표현매체를 통해 무용과 상호작용을 통한 표현의 다양성을 추구한 것이다.

1990년대 후반에 이르러 디지털화된 복합매체의 발달에 따라 비디오댄스는 새로운 형태의 춤으로 진화했다. 즉 좁은 의미의 영상 문화였던 아날로그의 비디오 대신 디지털 매체인 컴퓨터를 사용해 만들어진 화상을 포함한 넓은 의미의 영상인 멀티미디어 댄스(Multimedia dance)로 한 단계 더 도약하고 있다.

최근 국내에서 계명대학교 김현옥 교수는 '장독의 노래'로 2013년 네덜란드 암스테르담에서 열린 씨네댄스(Cine Dans) 페스티벌과 캐나다 몬트리올에서 개최되는 국제예술영화제 페스티벌의 공식 선정작에 올랐으며, 2012년에는 미국 뉴욕 브루클린 영화제에서 2천여 작품 중 공식 선정작에 올랐고, 홍콩에서 열린 점핑프레임 국제 댄스비디오 페스티벌에서도 선정작으로의 영예를 안았다.

'장독의 노래'는 한국의 문화적 상징인 장독을 매개체로 대륙을 횡단하며, 이상화 시인의 '빼앗긴 들에도 봄은 오는가' 시구에서 영감을 받아 '봄은 오는가'를 한국어로 외치는 사운드를 삽입하여 무용과 조화를 이루고 소통을 통한 희망을 노래하고 있는 작품이다.

♪ 김현옥 [장독의 노래]

댄스필름은 대사가 아닌 몸의 움직임으로 이야기를 전달하는 대표적인 혼성 영화 장르이다. 카메라는 단순히 무용을 담는데 그치지 않고 느낌을 배가시키는 적극적인 역할을 하여 무용과 영화라는 두 분야의 예술이 어우러져 또 다른 재미와 감동을 선사한다.

마야 데렌은 무용, 영화, 영화이론 등의 예술영역을 넘나들며 자신만의 독창적인 기량을 선보인 1940년대 미국의 전방위 여성 예술인이다. 그녀가 댄스필름을 창시하게 된 데는 그녀만의 독창적인 스타일과 기존의 남성적 초현실주의에 대한 비판적 시선이 한 몫을 했다. 실험영화의 고전으로 칸느영화제의 독립영화 대상(Grand Prix for Amateur Film, 1947)을 수상한 데뷔작 '오후의 올가미'(1943)는 여성의 억압된 세계를 몽환적이고 여성적인 화법으로 그려냈다는 평을 받았다. 이 작품은 마야 데렌의 공식적인 첫 데뷔 작품으로서, 이 작품을 계기로 전 세계적으로 실험영화 감독으로 인정받게 된다.

♪ 댄스필름, 마야 데렌 [오후의 올가미]

그녀는 영화의 영역에만 머물러있기를 거부하고 춤을 무대로부터 해방시키고 영화적인 그릇에 담아내려는 작업으로 [카메라를 위한 안무연구](1945), [밤의 눈](1952-55)등의 댄스필름 작업을 시도해 댄스필름의 창시자이자 실험적 독립영화의 거장으로 남게 된다.

댄스필름은 기존 영화의 필름의 형식과 무용의 형식을 함께 선보이는 장르이기에, 이후 무용가이자 인류학자인 캐서린 던햄과의 교류는 그녀의 작품에 큰 영향을 미치게 된다. 흑인무용의 창시자이자 여성무용의 대가였던 캐서린 던햄은 당시 아프리카 민속춤과 부두교 춤에 매료되었는데, 마야 데렌은 이에 영향을 받아 댄스필름이라는 새로운 장르를 창안하게 된다. 그녀의 작품 중 댄스필름 장르의 최고봉인 [밤의 눈](The Eye of Night)은 무용수와 밤의 별들이 함께 어울리며 하늘을 나는 신비주의가 가미된 작품이다.

마야 데렌은 [밤의 눈]을 마지막으로 44세에 요절한다. 그녀의 삶은 짧았지만, 그녀가 남긴 대안영화로서의 댄스필름은 후세의 많은 여성들과 새로운 예술을 시도하려는 사람들에게 영감으로 주고 있다. 우리나라에서는 지난 2010년 3월 국내최초로 댄스필름의 창시자인 마야 데렌의 회고전이 열린 바 있다.

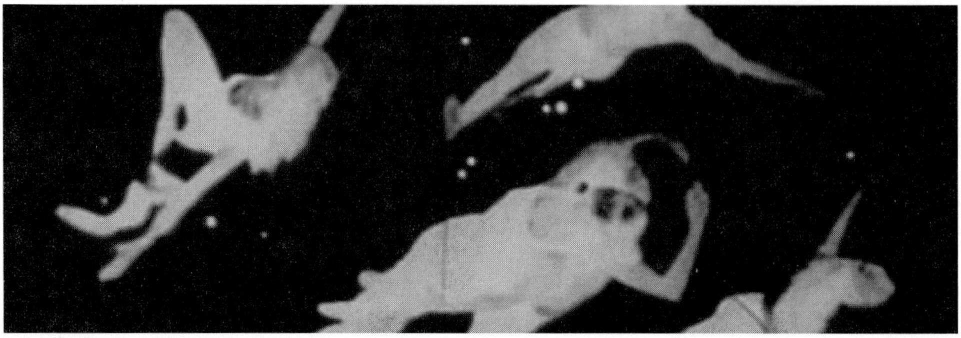

♪ 댄스필름, 마야 데렌 [밤의 눈]

문/화/칼/럼/

찰나의 움직임인가, 영원한 영상인가

'안무란 공상적인 것, 감동적인 것, 역동적인 것을 제시해 주는 것이다'라고 피력한 위대한 안무가 베자르의 말처럼 감정적 표현에 역점을 두는 무용예술에 대한 추구는 오늘날까지도 무용가들이 추구하는 주요관점이 되고 있다.

무용의 소재는 문학이나 음악작품과 같은 기존의 창작품에서부터 인간의 내면세계인 감정 상태까지를 모두 포함하게 된다. 또한 신체 자체를 무엇보다도 중요시하여 작품의 주제가 곧 신체의 움직임이 되는 경향도 알 수 있다.

다른 예술에 비해 무용의 학문적 연구가 미약했던 과거 역사를 되돌아보면 그 이유 중 하나는 건축, 회화, 조각이나 사진예술처럼 무용은 시각적 공간적으로 그 작품이 보존될 수 없으며, 연극이나 오페라 그리고 영화처럼 필름으로 기록을 남길 수도 없었다는 점이 큰 영향으로 자리한다. 표현이 공간속에 존재하는 것은 순간이며, 이러한 찰나적 영상은 무용수의 흐르는 움직임과 함께 곧 사라진다. 남은 것은 관객의 머리와 맘속에 기억된 몽환적인 영상뿐인 것이다.

이에 대해 모든 무용을 수용할 수 있는 창작 모체로서 대본형태의 작업이 이루어지게 되었으며, 작품의 줄거리나 움직임과 같은 동선에 대한 정보뿐만 아니라 다양한 문장이나, 기호, 그림 등을 통한 기법을 동원하여 그 작품의 생생한 현장을 담아내고자 많은 무용예술가나 연출가들의 작업이 이루어지게 되었다. 그 유명한 라바노테이션이나 우리나라의 전통무보 등을 통해 알려진 최소한의 노력의 결정체들을 통해서도 알 수 있듯이 한계를 가질 수밖에 없는, 그래서 더욱 순간적인 작품의 희귀성이 곧 무용예술의 특징으로 자리매김했던 이유인 것이다.

흔히 20세기에 접어들면서 무용의 세기라고도 표현하였다. 그 의미는 곧 기술의 발달과 예술 변화의 측면에서 이해할 수 있는데, 녹음과 녹취기술의 발달로 무용작품의 재생이 가능해졌다는 것이다. 비디오테이프에 의한 무용 작품의 보존은 무용공연을 활성화했고, 무용 작품의 예술학적 분석을 가능하게 하였다. 결국 20세기 문명은 모든 예술들 중 특히 무용에 가장 큰 축복을 가져다 준 셈이다. 한 걸음 더 나아가 21세기에 들면서 예측할 수 있는 무용예술의 비전 또한 상상해보는 희열을 가져볼 수도 있다. 컴퓨터 그래픽을 통한 절대적인 인체의 미학적 움직임을 모델링으로 활용할 수도 있으며, 다각적인 장면과 공간에서 무용수의 움직임을 잡을 수도 있다. 즉, 비디오 댄스와 같은 장르의 혁명을 가져오기도 한 것이다.

그러나 예술은 특히 신체움직임을 통해 정신을 나타내는 무용예술은 문명의 발달과 더불어 상승될 수 있는 혜택도 있지만, 반비례적으로 간과할 수 없는 면도 있다.

순간으로 이루어지는 표현은 매번 다를 수 있다. 같은 작품도 표현되어지는 순간마다 다른 감각으로 우리에게 다가올 수 있는 것이다. 기계문명의 발달과 그 혜택으로 누릴 수 있는 장면에서는 결코 느낄 수 없는 실제적인 감동이 바로 극장과 무대라는 현장에서만 존재한다. 이것은 찰나적으로 공기 중에 흘러가는 움직임을 쫓을 때 비로소 피부로 와 닿는 감동의 물결일 것이며, 내 오감의 통로를 통해 그 순간에만 부딪혀 오는 희열일 것이다.

무용예술이 주는 감동은 그 때, 그 순간, 그 감각만이 주는 자극이기에 더욱 소중하지 않을까 한다.

3) 장애인과 춤 문화

복지국가에서 장애인을 개인과 이념, 믿음의 차원과는 무관하게 국가가 책임져야 할 계층으로 인식하듯이 소수자 가운데 사회적으로 보편적 공감을 사는 집단이 장애인이다. 이에 장애인을 위한 다방면의 교육이 실행되고, 아울러 1960년 장애인올림픽이 시작된 것은 그런 공감의 소산일 것이다.

장애는 당사자와 가족 모두에게 비할 수 없는 역경으로 다가온다. 한국의 장애 비율은 5%, 미국은 8%라는 통계치도 있다. 장애인의 범위를 어떻게 정하느냐에 따라 그 비율은 달라지는데, 전 세계인구 가운데 장애인의 비율은 심지어 10% 이상으로 추정되고 있다. 20세기 후반에 이르러 자폐증이 조금씩 연구되면서 흔히들 천재라고 불리는 아인슈타인, 뉴턴을 고기능 자폐증 환자로 추측하는 연구도 있다.

오늘날 현대사회에서는 또한 신체적인 장애보다 정신적인 장애 현상이 훨씬 더 부각되고 있다. 급변하는 현상과 사회속의 불합리를 극복하지 못한 현대인들은 보이지 않는 공포와 불안, 근심과 걱정 속에 하루하루를 살아가면서, 때로는 얘기치 못한 행동들을 보이며 본인과 사회 모두에게 영향을 미친다.

심신의 장애는 삶의 질을 저해하는 근본 요소가 될 수 있다. 그러나 사회의 관심과 본인의 적극적인 참여와 열정이 어우러져 정상인 못지않은 실력과 힘을 과시하는 현장이 우리 삶의 곳곳에 존재한다. 일찍이 스포츠 분야에서 장애인의 활약은 장애인 올림픽과 같은 현장에서 익히 보아왔다. 그러나 예술부문 특히 인체가 중요한 매개체의 역할을 하며 섬세하고 복잡한 기능과 표현을 요구하는 무용예술 분야에 있어서 장애인들의 활동은 매우 힘든 도전이며, 극히 어려운 작업일 수밖에 없었다.

♪ 휠체어 댄스스포츠의 아름다운 커플

최근 국내에서 휠체어 댄스스포츠가 활발한 활동을 보이는 것은 장애에 대한 포용력의 증대, 복지사회로 가는 추세, 일반 댄스스포츠 활동의 정착이라는 다각적인 변화로 해석된다.

또한 세계 컨트리 라인댄스의 대표적인 연맹인 WCDF(World Country Dance Federation)에서 개최되는 각국의 라인댄스 세계챔피언십 프로그램에서도 2012년도 이후 휠체어 라인댄스 부문이 공식적으로 채택되어 진행되고 있는 바, 세계적으로도 댄스문화에 있어서 장애인들의 활동을 적극적으로 활성화하고 있다.

2007년 7월 유네스코는 '중국장애인공연단'에 평화예술가 칭호를 수여한 바 있다. 중국장애인연맹 산하의 이 공연단은 1987년 창단 이후 40여 곳 이상의 나라를 순회했으며, 지난 2004년에는 한국을 방문하였다. 단원들은 학생, 노동자, 농부 출신이며, 청각장애인을 중심으로 정신 지체 및 언어 장애인까지 모두 60여명이 단원이다. 장애인들에게 희망을 키우고 일반인들에게는 즐거움과 감동 그리고 사랑을 고취시키는 이들의 매력은 조직적인 수련에 바탕을 두고 있는데, 그래서인지 이 단체의 자랑거리라는 청각장애인이 진동을 느끼며 가락에 호흡을 맞추는 일마저 가능한 것이다.

2007년 <스타킹>이라는 TV프로그램에 우리나라 역도 국가대표 출신 이영호 씨가 출연한 적이 있다. 한국 최고기록을 보유했을 정도로 뛰어난 선수였던 사람이다. 무대에 등장한 그는 우리가 예상했던 역도복 대신 휠체어를 탄 채 화려한 무대의상 차림이었다. 그는 불의의 사고로 하반신을 쓸 수 없게 되었지만, 그 고통과 한계를 훌쩍 뛰어넘어 멋진 라틴댄스 공연을 보여주었다.

♪ [Fun & Art Company] 국내최초 전문 장애인무용단

감동의 물결은 계속 이어진다. [Fun & Art Company]는 지난 2010년 11월 한국예술종합학교 KNUA홀에서 있었던 <무용과 음악 휠체어를 타고 날다>에서 수준 높은 무용 실력을 선보였던 국내 최초의 전문장애인무용공연단이다. 그들은 신체적 불편함이 있지만 춤에 대한 열정은 누구 못지않았으며, 공연을 통해 장애인에 동정하는 사회적 인식을 바꾸고 세상과 소통하려고 하였다.

춤이 장애인과 맺는 관계는 크게 둘로 나눠진다. 먼저 장애인의 심신능력 향상을 위한 치유과정으로서의 춤이 그 하나이며, 또 장애인이 춤에 예술인으로 참여하는 경우가 그 두 번째이다. 예술 차원에서 장애인이 춤에 참여하는 경로는 첫째, 장애인의 창작, 둘째, 장애인과의 공동 창작, 셋째, 장애인을 위한 창작의 세 가지로 구분된다.

여기서 공통적으로 고려되어야 할 점은 그러한 춤이 예술로 성립되어야 한다는 점이다. 만약 장애인의 춤에서 예술 양식이 미약하다면 치유나 단지 오락의 춤에 그칠 수도 있다. 치유로서의 춤이 장애인들에게 소중하다는 점, 그리고 사회적으로 적극 개발되고 권장되어야 한다는 점 또한 두말할 나위 없다. 나아가 장애인의 춤을 예술의 장으로 끌어들이는 작업은 장애가 '차이'일 뿐 '장애'가 아니라는 점, 그리고 장애인도 일반인과 대등한 능력을 가지고 있다는 점을 주지시키는 매우 중요한 역할인 것이다.

단 한사람의 삶도 소중한데, 인구의 10%인 삶은 더욱 소중할 것이다. 예술은 희망을 부추기는 신비한 힘이 있다. 숭고한 몸을 통한 예술은 몸이 불편한 사람과 마음이 불편한 사람 모두에게 진솔한 희망의 빛이 될 것이다.

4) 무용공연 감상과 공연장 에티켓

춤은 매우 다양하다. 우리의 경우 흔히 춤은 한국무용, 발레, 현대무용과 같이 크게 세 가지 장르로 구분하지만, 내국과 외국, 동양과 서양, 전통과 창작, 고전과 현대 등의 틀에 의한 각양각색의 춤이 존재함을 알 수 있다. 보다 사실적으로 말하면 춤은 춤을 추는 사람의 수만큼이나 많다. 몇 가지의 장르로 구분하고 있지만 그것은 각양각색의 춤에서 발견할 수 있는 몇 가지의 공통점을 근거로 한 결과일 뿐이다.

사람마다 생각하고 느끼는 바가 다르기 때문에 소통과 이해가 필요하며, 이를 통해 인간과 세계를 보는 안목이 확장될 수 있다. 우리는 춤 감상을 통해 보고, 느끼고, 생각하는 기술을 상승시키고, 아름다움에 대한 감각이 원동력이 되어 삶을 살아가는데 영감과 도전을 얻게 된다.

인간의 감정과 생각이 다양한 만큼 춤을 감상하는 태도나 방식 그리고 느끼는 감동은 다양할 수 있다. 따라서 수학공식처럼 모든 사람에게 적용할 수 있는 동일한 춤의 감상요령은 있을 수 없으며, 나름의 방식으로 춤을 감상하고 감흥을 느끼면 된다. 또한 공공의 장소에서 무용 작품을 감상하게 될 때 기본적으로 주목할 만한 예절을 알고 공연장에 간다면 춤 감상에 앞서 기본자세와 반응이 달라질 수 있으며, 무용 감상에 대한 막연한 부담감을 완화시키는 데 도움이 될 것이다.

○ 공연 전

공연이 시작되기 30분 전 도착하며, 늦어도 10분 전에 입장

늦게 와서 다른 사람의 시야를 가리고, 다른 사람에게 불편을 주는 것을 주의한다. 30분 전에 도착해서 미리 좌석을 확인하고, 공연 팜플렛을 통해 프로그램을 앞서 파악하고 공연과 친숙해지는 시간을 가진다.

티켓의 예매는 공연에 필수

티켓에는 공연의 이름과 일시가 적혀있으므로, 미리 공연일정을 숙지하고 이동한다. 또한 한국인에게 아직도 습관이 되지 않은 문화적 오류 중 하나인 예매문화를 인지하여 미리 티켓을 구매하고 공연을 즐길 준비를 하도록 하며, 부득이할 경우 현장 구매를 해서 감상하도록 한다.

음료나 화장실 사용 등의 개인적인 용무에 주의

음료나 음식은 공연장 내에 가지고 입장하지 않도록 하고, 껌을 씹거나 목소리를 높여 대화하는 것을 삼간다. 화장실은 공연 전에 미리 다녀오거나 공연 중간 휴식 시간을 이용하며, 공연 도중 자리를 이동하는 상황이 생기지 않도록 주의한다.

최소한의 예의를 갖춘 편안한 복장

공연장은 가능한 정장차림이 좋으며, 지나치게 화려하거나 불편을 주는 복장은 자제한다. 단정하고 간편한 복장으로 하고, 다른 사람의 시야를 가리는 모자는 벗도록 한다. 외투나 부피가 큰 소지품은 물품보관대에 미리 맡기도록 하며, 소지한 꽃다발 등도 지정 보관대에 맡기고 입장하도록 한다.

안내원의 티켓 확인과 안내

티켓을 좌석표로 교환한다. 안내원이 번호를 확인하고 예약된 좌석으로 안내할 것이다. 만약 안내원이 없을 경우 출입구 옆에 있는 좌석 안내도를 미리 살펴보고 좌석을 인지 한 후 입장하도록 한다.

휴대전화는 꺼서 공연과 관람에 방해가 되지 않도록

공연 전에 반드시 휴대폰을 꺼두거나 무음으로 전환하여 공연에 방해가 되는 상황이 생기지 않도록 한다. 때로는 휴대폰의 진동소리도 크게 들릴 때가 있으니 주의하도록 하며, 또한 공연 중에 휴대폰을 자주 열고 확인하거나 용무를 보는 사람이 있는데, 이 때 휴대폰의 불빛은 다른 관객의 집중을 방해하는 상황이 된다는 것을 알도록 한다. 공연 매너는 작은 습관에서부터 나올 수 있다.

○ 공연 중

집중하라

무용수의 동작 하나 하나에 집중하는 것이 중요하다. 세부적인 작품의 내용과 동작을 놓치지 않는 것이 작품의 이해에 도움이 되며 동시에 다른 관객의 관람을 방해하지 않는 것이 된다.

반응하라

공연은 살아있는 것이다. 무용수에게 여러분이 공연을 감상하고 있음을 느끼게 해 주어야 한다. 극적인 상황, 절정의 동작에 박수를 치거나 환호를 보내는 것도 좋다. 그러나 박수나 환호와 같은 반응은 정중하고 적절해야 한다는 점을 잊어서는 안 된다. 여러분의 좋은 반응은 무용수에게 큰 격려가 되며, 보다 좋은 공연을 이끈다.

침묵하라

공연 중에는 종종 관객이 없는 것처럼 보이게 할 필요가 있다. 객석을 어둡게 하는 이유가 그것이다. 이때에는 침묵을 지키고 무용수가 공연에 몰입할 수 있도록 해야 한다. 공연장 안에서는 음식을 먹지 않는다. 또한 감기에 걸렸다면 관람을 피하는 것이 좋으며, 관람할 경우에는 미리 손수건을 준비해 소리를 최소화 하도록 주의한다.

조심하라

늘 여러분의 주위를 고려해야 한다. 앞좌석을 발로 차거나 대화를 하는 것은 금물이다. 간혹 공연 도중 무용수의 사진을 찍거나 작품을 촬영하는 경우가 있는데, 이는 절대 금지이다. 카메라의 플래시는 무용수의 움직임에 치명적인 방해가 될 수 있으며, 촬영 또한 공연의 제작자와 공연하는 무용수 모두에 대한 예의에 어긋나는 행위이다. 순수하게 그 시간을 즐기고 감상하는데 집중하도록 한다.

○ 공연 후

환호하라

공연이 종료되었을 때 환호, 박수, 찬사를 통해 공연자나 무용수에게 여러분의 감동을 보여주는 것이 중요하다. 공연이 끝났을 때 열광적인 환호와 박수로 무용수의 노고에 보답한다.

커튼콜 때까지 자리를 지켜라

공연이 끝나자마자 자리를 떠나는 사람이 있다. 그러나 공연이 끝나고 있게 되는 커튼콜까지 자리를 지키고 출연자와 무용수들의 인사가 진행될 때 아낌없는 환호와 박수로 공연감상의 감동을 전하도록 한다.

브라보, 앙코르! 공연이 만족스러우면 기립하여 환호하라

일어서서 박수갈채를 보내면 무용수는 전율을 느낄 것이다. 기립하여 보내는 박수는 최고의 찬사이다. 여러분의 찬사는 약속된 감동 이외의 감동을 제공하도록 무용수를 자극할 수도 있다.

무용공연 감상과 박수 포인트	
클래식 발레 감상	발레는 줄거리나 작품의 골격과는 상관없이 춤만을 볼거리로 주는 디벨디스망(divertissement)이라는 장이 삽입된다. 그리고 솔리스트(주역 무용수)들이 빠드뒤(pas de deux: 파트너와의 2인무)등으로 줄거리와는 상관없는 고난도 기교를 보여주기도 한다. 한 장면 한 장면이 별개의 춤인데, 이것이 끝날 때마다 박수를 치도록 한다. 대개는 주인공이나 군무의 디벨디스망 장면과 무용수들의 춤이 끝날 때마다 박수를 보낸다. 때에 따라서 무용수는 각각의 디벨디스망을 끝낸 후 객석을 향하여 인사를 하게 되는데, 이때 박수를 보내면 된다. 괴성이나 휘파람 등은 금지.
한국무용과 현대무용의 감상	공연 도중에는 절대로 박수를 쳐서는 안 된다. 한국 창작무용과 현대무용은 하나의 주제에 부합하는 깊은 내면세계를 보여주는 형식이 많기 때문에 공연 중간에 박수를 치면 그 순간 춤의 흐름이 깨질 수 있으므로 주의해야 한다. 여러 막으로 구성된 작품의 경우 작품이나 막이 끝날 때마다 박수로 응답하는 것이 좋다.

클래식 발레 감상 포인트 - 마임(mime) 이해하기

모든 춤은 몸짓을 통하여 의미를 전달하기 때문에 이미 언어로서의 기능을 가지고 있다. 그런데 그 몸짓에는 수화(手話)처럼 대화를 주고받기 위하여 약속된 몸짓(mime)이 사용되기도 한다. 특히 클래식 발레에는 여러 가지 약속된 마임이 등장하는데, 이 때 발레 작품에서 사용되는 마임을 미리 알고 관람하면 내용을 이해하는데 더욱 도움이 될 뿐 아니라 감상의 깊이도 더해질 것이다.

♪ [지젤] 1막, 손가락(반지)을 가리키며 약혼을 의미하는 마임

* 화남(anger) : 주먹을 허공으로 흔든다.
* 요청/호소(ask/beg) : 가슴 앞에 두 손을 모은다.
* 아름답다(beautiful) : 엄지손가락으로 얼굴 앞에 원을 그린다.
* 미치다(crazy) : 손가락으로 위 옆에 원을 그린다.
* 슬픔(crying/sadness) : 눈물이 흘러내리듯 집게손가락으로 얼굴에 표시한다.
* 춤추자(dance) : 두 팔을 머리 위로 높이 들고 크게 원을 그린다.
* 옷을 입다(dress) : 두 손을 옷 옆으로 쓸어내린다.
* 여보세요(knock) : 주먹을 손바닥에 세 번 탁 탁 탁 친다.
* 사랑해요(love) : 가슴 앞에서 손을 겹치게 한다.
* 명령(order/command) : 강한 동작으로 바닥을 지적한다.
* 공주(princess) : 머리 위로 왕관처럼 손을 들어 올린다.
* 기억/생각하세요(remember/think) : 집게손가락을 관자놀이에 댄다.
* 보아라(see) : 한 손을 눈 근처에 지적하듯이 위치시킨다.
* 정지(stop) : 손을 손바닥으로 잡는다.

♪ 마임으로 의사를 전달하는 지젤

문/화/칼/럼/

영화 '백야'와 바리시니코프

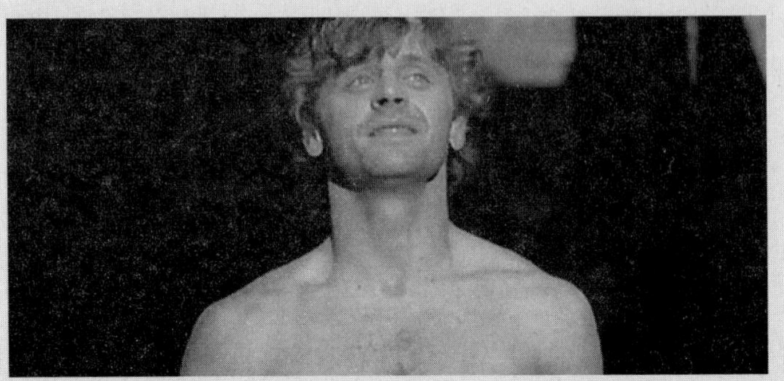

오늘날까지도 인구(人口)에 회자되는 전설의 발레리노가 있다.

대중이 처음 바리시니코프를 알게 된 계기는 오래전 상영된 영화 '백야'를 통해서였으며, 뒤이어 만들어진 '지젤'이라는 영화를 통한 그의 예술세계는 많은 감동을 관객들에게 선사하였다. 발레를 잘 모르는 사람이라도 한번쯤은 그가 출연한 영화를 감상하면서 딴 세계 사람들이 행하는 것으로만 알던 발레라는 장르를 눈여겨보게 되었고, 아름다움의 대명사인 여성발레리나가 아닌 거칠고 투박한 남성의 몸으로 과히 신의 경지에 이른 바리시니코프의 회전의 연속과 공중점프의 에너지에 등골이 오싹할 정도의 감동도 느꼈을 것이다.

당시 미하일 바리시니코프의 명성은 무용인이 아니면 잘 모르는 인물이었지만, 영화를 통해서 그가 보여준 클래식 발레의 향연은 환상 속에서만 존재하던 발레예술의 세계가 근본적으로는 인간의 땀과 고뇌 그리고, 가쁜 호흡 속에서 이루어지는 인간이 만든 예술임과 동시에 화려한 무대 뒤 그늘에 가려진 그들의 아픔과 현실을 이해하게 함으로써, 발레 예술인들을 보다 대중에 가까이 다가오게끔 하였다. 그들의 못생긴 발가락이 정겨워졌으며, 휘어진 발등이 그들에게 주는 의미와 그에 따른 고통을 통해 아름다운 발끝이 만드는 인체의 미학도 감히 가늠해 볼 수 있는 멋진 경험으로 기억에 남아있을 것이다.

러시아인으로써 예술에 대한 꿈과 드넓은 세계로의 도약을 위해 망명을 선택한 그의 젊은 시절이 과히 탄탄대로만은 아니었음을 짐작할 수도 있었으며, 그러한 시련과 삶의 터닝포인트를 통해 또 다른 예술인들의 비슷한 갈망들도 공감해 보게 되었다.

한때 지구촌 공감대를 형성하게 한 '섹스 앤 더 시티'라는 TV 외화시리즈는 30대 후반의 싱글여성들의 삶과 사고를 과감하게 표현하여 전 세계 여성들에게 많은 공감을 얻은 것으로 기억한다. 종영에 가까울 즈음에 등장한 낯익은 얼굴에서 반가움과 더불어 전 세계 발레예술사에 한 획을 이루었던 그의 일생을 다시금 회고해 볼 수 있었던 시간이었다. 바로 바리시니코프가 주인공 사라 제시카 파커(극중 캐리 브래드쇼)의 상대역으로 출연한 것이다. 세월의 무게감을 느끼게 하는 그의 외모 속에서도 과거의 영광은 고스란히 남아있었는데, 비록 발레리노가 아닌 설치예술가로서의 극중 역할이 조금 아쉬웠지만 연기 속에 내재된 예술가로서 그의 마인드는 변함없는 존재의 무게를 느끼게끔 해 주었다.

그의 망명과 일생이 예술로 승화된 성공된 삶이었는지, 후회와 고뇌의 삶이었는지, 자신이 상상하고 꿈꿔왔던 그런 삶을 이루었는지 알 수는 없지만 젊은 시절 그의 도전과 야망 그리고 필생에 걸친 그에 대한 실질적인 노력들은 전 세계에 꿈을 가지고 한걸음씩 전진하는 예술인들의 정서와 행로에 큰 영감을 준 것만은 틀림없다.

03 볼룸에서 춤을

1) 역사속의 볼룸댄스

춤을 추면 사랑의 마법에 걸릴 듯한 춤이 있다. 마치 동화속의 주인공이 된 것처럼 말이다. 실제로 왈츠는 19세기 유럽과 미국의 무도회에서 남녀가 가장 아름답게 출 수 있는 춤으로 큰 인기를 끌었다. 그러나 우리가 생각하는 우아한 왈츠의 모습이 아니라 당시에는 '남녀가 포옹하는 듯한 자세' 로 인한 은근한 친밀감 때문에 점잖은 사교계에 큰 충격을 주었다고 한다. 왈츠가 사회적으로 부상하게 된 시기는 18세기 말부터였는데, 프랑스 대혁명으로 인한 대변혁을 거친 유럽 사회는 더 이상 궁정문화의 허례허식에 큰 의미를 부여하지 않았다.

부르주아와 대중을 아우르는 시대적 요구에 따라 새로운 춤을 요구받게 되는데, 왈츠는 바로 그 시대가 찾고 있던 춤의 양식이었다. 당시에 추어지던 왈츠는 오늘날 우리가 댄스스포츠 경기에서 볼 수 있는 고상하고 격식을 차린 우아한 왈츠가 아니라 보다 대중적인 춤의 형태였는데, 마치 지금의 대중에 유행하는 춤과 같은 인기를 구가하며 서민들로부터 상류층에 이르기까지 전 계층이 추는 국민댄스로 존재하였다.

이후 19세기 초에 개최되었던 '비엔나 회의'는 유럽에 만연한 혁명 사상을 방어하고 질서를 구현하기 위한 다분히 정치적인 회의였는데, 결국 이 행사의 가장 큰 성과는 '비엔나 왈츠'의 보급이 되어버렸다. 그 당시 재상이었던 메테르니히가 "의회는 걷지 않고 춤춘다(La Congress ne pas, il danse)"라고 할 정도였으니 말이다. 당시 비엔나에는 다양한 왈츠 음악을 작곡할 멋진 음악가들이 상주했고, 시설이나 규모면에서도 발전된 댄스홀(6천명 수용규모의 아폴로 홀 등)들이 세워졌으며, 드레스와 댄스슈즈의 발달로 인해 비엔나 왈츠의 회전 속도는 말 그대로 정신을 쏙 빼놓을만한 춤의 향연을 이루었다고 한다.

이 때 모인 수많은 사람들은 자신의 몸에 비엔나 왈츠를 인식한 채 조국으로 돌아갔으며, 이후 왈츠는 유럽 전역과 미국에까지 급속히 유행을 이루기 시작했다. 흥미롭게도 이러한 춤의 유행은 19세기 중반 이후 유럽에서의 인기가 시들해진 반면, 미국에서 계속 발전하여 자국화 되어진 '보스턴 왈츠'로의 변모가 곧 유럽으로 역수출 되게 된다.

회전의 속도가 극히 빠른 비엔나 왈츠에 비해 보스턴 왈츠는 꼭 끼는 회전 없이 여유롭게 한적한 공간에서 마루를 뒤덮듯이 추어졌는데, 이후 '영국식 느린 왈츠'에 많은 영향을 미친 것으로 알려져 있다.

20세기 들어서면서 무도 협회들이 조직되기 시작하였고, 왈츠를 비롯한 몇 가지 사교무용이 표준화되기 시작했다. 이때부터 왈츠는 비교적 느린 왈츠와 우리가 비엔나 왈츠로 알고 있는 빠른 템포의 비에니즈 왈츠로 확립되게 된다.

많은 사람들이 볼룸댄스와 댄스스포츠 그리고 스포츠댄스의 구분에 대해 의아하게 생각하는데, 결론부터 말하자면 모두 같은 의미이다. 그러나 보다 정확히 말하면 무도회장(ballroom)에서 추어지는 사교무용이라는 뜻의 볼룸댄스(ballroom dance)가 1995년 국제 올림픽 위원회(IOC)에 가입하면서 정식으로 [댄스스포츠]라는 명칭으로 사용되기 시작하였고, 이후 댄스스포츠라는 명칭을 공식적으로 사용하게 되었다. 즉, 볼룸댄스는 보다 넓은 의미의 사교무용을 말하며 그 가운데 댄스스포츠가 포함된다. 또한 올림픽에 출전하는 댄스스포츠 국가대표는 무용수가 아닌 선수이기에 스포츠**댄스**의 '무용수'라는 개념이 아닌 댄스**스포츠**의 '선수'가 되는 것이다.

우리나라에서는 서구식 사교무용이 소개된 초기에는 문화적인 차이로 인해 남녀가 밀착해서 추는 춤에 대해 다소 거부감이 있었다. 그리고 주로 유흥문화에서 빠르게 변질되어 '볼룸댄스'라는 명칭 자체가 왜곡된 의미로 인식되기에 이른다.

하지만 시대가 변해감에 따라 댄스스포츠로서의 긍정적인 이미지 쇄신은 꽤 성공을 거두었다. 근래에는 댄스스포츠의 다양한 장점을 인식한 대중들의 요구로 다각적인 사회교육 프로그램에서 빠지지 않는 단골 강좌가 바로 이 커플 댄스이다.

댄스스포츠의 장점은 일반인들이 신체단련이나 여가 선용을 위해 쉽게 배울 수 있는 춤이라는 것 뿐 아니라 전문가들이 고도의 기술과 체력으로 파트너와의 조화를 훈련하는 종목으로서의 전문성이 있는 춤이라는 점이다. 초급자에서 전문가에 이르기까지 댄스스포츠의 활용도가 다양하기에 취미로 시작한 춤에서부터 시합이나 발표를 통해 멋진 퍼포먼스까지 보여줄 수 있는 도발적인 매력까지 내포하고 있으며, 이러한 춤의 매력에 많은 사람들이 오늘 이 순간도 음악에 몸을 맡기도 있는 것이다.

♪ 볼룸댄스

문/화/칼/럼/

스포츠댄스인가, 댄스스포츠인가?

1995년 IOC위원회의 승인과 함께 댄스스포츠는 그동안 불리어진 볼룸댄스, 스포츠댄싱, 스포츠댄스 등의 용어에서 '댄스스포츠'라는 국제적으로 규정되어진 용어로 정립되었다.

벌써 20여 년 전의 일이지만, 급변하는 오늘날의 세월감에 미루어 볼 때, 불과 얼마 전의 일 인양 아직도 먼저 불리어진 용어에 대한 습관이 혀끝에 남아 있는 듯하다.

볼룸댄스라는 용어는 영화에서 봄직한 서양의 큰 볼룸(Ballroom)에서 추어지던 춤에서 유래된 용어로 지금까지도 그러한 형식의 포괄적인 의미로 사용되지만, 스포츠댄싱, 스포츠댄스와 같은 용어에서 댄스스포츠로 변화된 의미는 한번쯤 인지해볼 필요가 있을 것이다.

댄스스포츠는 2개의 의미가 합성된 용어이다. 즉, 댄스와 스포츠의 두 단어가 만나서 하나의 고유명사가 된 것으로 각 단어의 위치에 따라 장르의 범주가 달라진다.

먼저 단어의 구조상 뒤에 위치하는 단어가 주된 의미를 나타내며, 앞의 단어는 주된 단어를 수식하는 의미라고 볼 때, '스포츠댄스'는 스포츠의 형식을 가미한 댄스의 분야라는 뜻이 되고, '댄스스포츠'일 때는 댄스의 형식이 내포된 스포츠라는 의미가 될 것이다. 하여 댄스스포츠는 오늘날 스포츠의 분야에 속한 것으로 올림픽종목에도 합류가 가능한 것이다.

일례로 댄스스포츠를 전문적으로 하며 경기대회를 통해 기량을 보이고 승부를 가리는 사람을 우리는 무용수가 아닌 선수라고 호칭하는데, 이에 스포츠로서의 자리매김이 이해될 수 있다.

그러나 여기에서 간과하지 말아야 할 것은 댄스스포츠는 스포츠이지만 무용의 기법과 형식 그리고 그에 따른 예술성이 대단히 중요한 위치를 차지하는 분야임을 이해하는 것이다. 단순히 경쟁과 승리, 그리고 룰이 존재하는 스포츠의 형식만 가지고는 이해될 수 없는 미적인 표현양식과 댄스스포츠만의 예술성은 보는 사람으로 하여금 예술가로서의 시선을 요구한다.

댄스스포츠에 대한 전반적인 이해에 앞서 통일된 용어의 정립이 올바른 댄스문화의 향유에 선행된다면 예술스포츠로서의 바람직한 인식의 전환에도 도움이 될 것이다.

2) 커플 댄스의 미학

'커플 댄스(couple dance)'는 남녀가 짝을 이루어 추는 춤을 말하며, 춤 관련 서적에는 '쌍쌍춤'이라고 번역하기도 하지만, 보통 커플 댄스라는 용어로 사용하는 것이 일반적이다.

춤의 역사는 지구상에 인류가 존재하면서부터 시작되었다고 볼 수 있지만, 사교와 여흥의 성격을 띠고 춤이 발전되면서 부터는 시대적인 흐름에 따라 온갖 금기와 억압이 따르기도 했다. '춤을 추는 곳에 악마가 깃든다'라며 춤을 죄악시하였던 중세의 기독교문화는 춤을 출 때 남녀 간의 신체 접촉이나 성적인 욕망을 경계한 것이었으나, 이러한 중세의 억압기를 거쳐 르네상스 시대에 이르면서 춤은 단순한 여흥의 수단이 아닌 '인간세계의 축소판'으로 인식된다.

춤이 '귀족의 품위를 드러내는 수단'이 되고, 궁중 사교계에 진출하려는 귀족 가문의 젊은이들은 춤의 달인이 되기 위해 댄스수업에 매달렸다. 영국의 군주 엘리자베스 1세 역시 이 무렵 초기 형태의 왈츠에 흠뻑 빠져 있었다. 이 시대에는 귀족계급뿐만 아니라 평민들 속에서도 춤이 자연스럽게 발전하기 시작했는데, 들판에서 일하다가 잠시 쉬는 순간이나 일을 마친 저녁에 농민들이 모여서 민속 악기나 노래에 맞추어 즐겁게 춤을 추는 것으로 하루의 피로를 풀었고, 남녀가 섞여 함께 스텝을 밟으며 커플 댄스의 싹을 틔우게 된다.

본격적인 커플 댄스의 시작은 역시 '왈츠'였다. 귀족의 춤과 서민들의 춤을 혼합해 탄생한 왈츠는 신분질서가 무너지기 시작한 프랑스 대혁명기의 상징 같은 춤이었다. 파트너끼리의 '품위유지 거리'가 사라지고 템포가 빨라지면서 사람들을 춤에 빠져들게 만든 최초의 커플 댄스였다. 무도회장에서 여러 사람과 함께 추고는 있지만 본질적으로 파트너와 자신만의 개인적인 춤을 추게 되는 이러한 '커플 댄스'의 매력은 서구 개인주의의 발전과도 밀접한 관련이 있을 것이다.

궁정무도회장에서 꽃을 피운 커플 댄스는 저 멀리 라틴아메리카 대륙에서 '라틴댄스'라는 이름으로 불붙어, 세계인들을 그 열기에 휩싸이게 만든다. 라틴아메리카의 커플 댄스들은 대체로 부둣가나 도시 빈민들의 음악과 춤에서 비롯된 것들로, 화려하고 밝은 유럽 댄스와는 분위기가 매우 달랐다. 오늘날의 살사, 메렝게, 바차타, 탱고 등의 커플 댄스는 끊임없이 세계인들 가운데 젊은 춤 문화를 이루며 커플 댄스의 다양한 감각을 표현하고 있다.

커플 댄스의 가장 큰 형식은 남녀가 이루는 홀드와 춤의 리드법에 있을 것이다. 춤이 시작되면 남성은 '리드(lead)'를 해야 하고, 여성은 '팔로우(follow)'를 해야 하는데, 이는 커플 댄스를 함에 있어서 중요한 기본 매너와 역할로 이루어지게 된다. 여성이 남성보다 우월한 실력을 가지고 있더라도 여성은 남성의 리드를 받는 팔로워(follower)로서 남성의 리드에 따르는 것이 커플 댄스의 기본인 것이다.

♪ 커플 댄스 이미지

춤은 언제나 남성이 청하고 여성은 동행한 파트너나 잘 아는 남성에게만 춤을 신청하는 것이 기본이다. 이러한 댄스 문화로 인해 생긴 '월플라워(wallflower)'라는 말이 있는데, 이는 누구의 선택도 받지 못한 여성들이 무도회장 벽을 지키고 서있는 모습을 표현한 용어이다. 그래서 이런 상황에 놓이지 않기 위해서 무도회장에 들어서는 여성들은 보다 화려하고 멋진 의상 그리고 노출과 화장으로 남성들의 시선을 사로잡기 위해 경쟁을 벌이게 된다.

커플 댄스의 주제는 '사랑'일 것이다. 인류 역사의 존재와 흐름은 남녀가 함께 이루게 되므로 남녀 간의 공통된 관심은 '사랑'일 수밖에 없다. 지구상의 수많은 춤들 중 대중적으로 직접 즐기며 추는 춤의 문화가운데 대표적인 것이 '커플 댄스'인 이유가 바로 그것이다.

대표적으로 댄스스포츠의 한 종목인 [룸바]는 일명 '사랑의 춤'이라고 불려진다. 대단히 에로틱하고 에너지가 느껴지는 춤인 룸바는 남성이 여성을 유혹하고 정복하는 과정을 춤으로 표현하는 일종의 '성적인 팬터마임'이라고 할 수 있다. 여성과 남성은 가까워지기와 멀어지기, 끌어당기기와 밀쳐내기를 춤을 추는 가운데 번갈아 연기한다. 이러한 몸짓은 인간의 본능적인 삶의 표현이며, 인류가 생존하고 번성하는 근본적인 행위에서 출발하는 가장 자연스러운 삶의 표현이기에 더욱 추는 사람과 보는 사람 모두에게 느낌을 주는 춤인 것이다. 라틴댄스의 한 종류인 [바차타] 역시 룸바와 비슷하게 느리고 유연하고 관능적인 움직임으로 감성의 밑바닥을 자극하는 춤이다.

모든 춤이 그러하듯이 춤에 있어서 음악은 필요를 떠나 필수적인 요소이다. 특히 커플댄스에 있어서 그 춤이 그 음악에서 비롯되었던 역사적 사실을 보더라도 음악이 존재하면 그 음악에 취해 음악을 타고 음악에 젖어 몸짓을 하게 되며, 그러한 감성이 또한 묘한 매력으로 인간의 움직임을 끌어내어 멋진 리듬을 귀로 듣고 또 눈으로 보게도 하는 것이다.

3) 댄스스포츠란?

댄스스포츠를 일컬어 흔히들 '스포츠댄스'라고 말한다. 그러나 이것은 잘못된 용어이다. 댄스스포츠라는 용어가 국제 표준 용어이며, 댄스스포츠를 올림픽 종목으로 추진하는 올림픽 추진위원회에서도 댄스스포츠라는 용어를 사용하고 있는 상태다.

기본적으로 댄스스포츠는 '볼룸댄스'를 의미한다. 볼룸댄스(Ballroom Dance)란 볼룸(Ballroom, 큰 방) + 댄스(Dance, 춤), 즉 충분히 넓은 장소에서 추는 춤을 말하며, 크게 사교춤(Social Dance)과 댄스스포츠(Dance Sport)로 나누고, 댄스스포츠는 다시 경기용 댄스(Competition Dance), 시범용 댄스(Demonstration Dance)로 나뉘게 된다. 사교춤은 동작이 간편하여 습득하기 쉬우나 경기용춤은 많은 운동량과 고도의 수련을 필요로 하며, 춤의 올바른 자세와 다양한 테크닉을 구사하게 되면서 예술의 경지에까지 이르게 된다. 또 이러한 기술향상과정에서 느끼는 성취감은 더욱 새로운 단계의 도약을 향한 밑거름이 되기도 한다.

4) 우리나라의 댄스스포츠

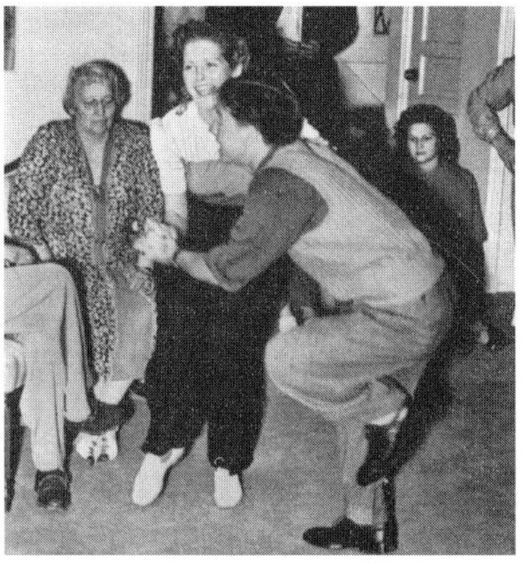
♪ 지터벅

우리나라에 볼룸댄스가 들어온 것은 구한말 고종황제 때 서울 주재 러시아 공사에 의해서였다고 전해지며, 1920년대 일본과 소련에서 돌아온 유학생들이 종로의 황성기독청년회(현 YMCA)에서 시범을 보인 것이 그 시초였다고 한다. 서양의 트로트(Trot), 지터벅(Jitterbug)은 일본에서 도롯도, 지르박 이라고 발음하는 춤으로, 일본을 통하여 해방 후 본격적으로 도입되었으며 우리나라에서도 그대로 사용되어 왔다(미국인들은 T를 R로 발음하므로 지터벅은 지러벅으로 들린다). 1930년대 일본의 조선총독부는 시국이 불안정하다는 이유로 조선에 댄스홀을 허가하지 않았다. 이에 1937년 레코드 회사 문예부장과 영화배우 오도실, 기생 박금도 등 조선 여성 8명이 총독부에 '딴스홀'을 허가해 달라는 청원을 내게 된다.

‘서울에 딴스홀을 허(許)하라’라는 제목으로 잡지 ‘삼천리’에 기고한 이 글은 아시아 문명도시에 다 있는 댄스홀을 유독 조선에만 허가하지 않는 것을 통탄하며 카페에서 추던 춤을 댄스홀에서 추게 해달라고 요청하는 것이었다. 극단 측은 “딴스홀을 되찾으려는 과정을 조선의 자유를 찾기 위한 노력의 하나로 해석한다”며 “이를 통해 애써 자유를 외치지 않는 현대인들에게 왜 더 이상 자유를 위해 저항하지 않느냐는 문제를 제기한다.” 고 설명했다.

♪ 포스터 [경성에 딴스홀을 허하라]

1960년대 이후 위정자들의 무지로 교습이 금지된 볼룸댄스는 자연히 지하로 스며들고 비정상적으로 변형되어서 다른 나라에서는 함께 어울릴 수 없는 비국제적인 춤이 되어 버렸다. 이처럼 전혀 사용할 수 없는 춤을 배워 간 당시의 우리나라 외교관들은 아마 외교와 사교생활에 큰 지장을 받았을 것이다.

댄스스포츠로서 볼룸 댄스는 사람들과의 사교를 위해서도 도움이 되며 운동량이 높아 개인의 건강에도 좋아 이웃 일본은 1860년대에 이미 서양문화의 영향을 받기 시작한 이후 이러한 서양춤도 받아들이게 된다. 즉, 일본은 왈츠와 폴카(Polka)와 같은 춤을 받아들이면서 새로운 생활 방식과 문화 방식을 도입하게 된 것이다. 일본 고유의 고전 춤만으로는 새로이 변화하는 시대에 적응하기가 어려웠던 것이 사실이다. 이후 일본은 전 일본댄스연합회와 같은 단체를 조직하여 확립된 댄스협회들을 일원화함과 동시에 댄스 교사자격을 국가검정으로 시행하고 댄스 교사 양성을 위한 교육과정도 통일하는 등 새로운 문화정책을 수립하였다.

우리나라에서는 1890년경 이하영이 미국공사 재임 당시에 보스톤 왈츠(Boston Waltz)라는 멋진 춤을 추었다는 기록이 있고, 귀국 후에도 서울 종로에 있는 손탁 호텔에서 샴페인을 들며 사교춤을 즐겼다고 전해진다. 그러나 당시 우리나라에 춤에 대한 전문 교사는 없었고 쇼단의 안무가였던 윤은석이 일본에 자주 왕래하며 춤을 배우고, 또 영국왕실무도교육협회에서 발간한 “Book Dance”라는 책으로 독학을 했다고 한다. 일본이 서양문명을 일찍 수입할 수 있었던 것과는 달리 우리나라는 볼룸댄스 수입에 있어서도 그 진도가 매우 느렸던 것이 사실이다.

해방이 되어 미국 군인들의 영향을 받아 서양춤을 다른 문화의 경우와 같이 무비판적으로 받아들이게 되었으나, 그래도 자유당시대를 거치면서 고위 장성급 모임에서는 사교댄스 파티가 건전하게 부부 동반으로 행해졌다고 한다.

전쟁의 상흔이 채 가시지 않은 어수선한 시절, 한국전쟁과 함께 불어 닥친 미국식 자유민주주의는 필연적으로 여성의 노동참여를 이끌었지만, 그것이 곧 여성의 사회적 지위향상을 의미하는 것은 아니었다. 50년대의 여성들이 생각보다 상당히 개방적이고 활동적이었다는 사실은 우리나라 최초의 베스트셀러이자 통속소설로 인정받는 정비석의 소설 '자유부인'에서 잘 드러난다. 1954년 1월부터 8월까지 서울신문에 연재됐던 '자유부인'은 대학교수의 부인이 사교모임에서 제자와 춤바람이 나는 등 일상에서의 일탈을 꿈꾸다 남편의 이해와 아량으로 결국 가정으로 돌아온다는 내용으로, 당시 엄청난 인기와 함께 사회적으로 큰 반향을 불러일으켰다.

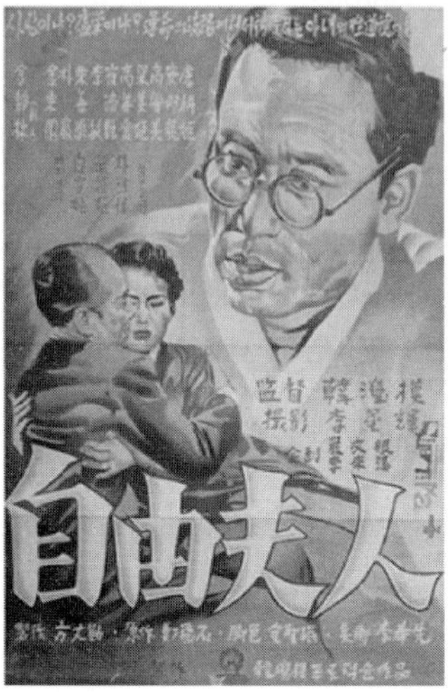

♪ 영화 [자유부인]

이른바 소설 '자유부인'과 더불어 소설보다 더 자극적인 '한국판 카사노바' 박인수 사건으로 인해 서구의 커플 댄스 문화인 소셜댄스(일명 사교춤)에 대한 온 대한민국의 인식은 점차 극단적으로 흐르기 시작했다.

♪ 영화 [자유부인] 중 댄스교습 장면

그러던 중 일부 선각자들 중에서 새로운 생활 방식을 나타내는 서양풍의 사교댄스를 문화인답게 슬기롭게 배워 하나의 여가 선용을 위한 스포츠로서 배워야 한다는 자각이 일어나기 시작했다. 즉, 서양춤에 대한 이 같은 새로운 가치와 사용법을 제대로 배우고 전파하여야 한다는 취지로 계몽적인 역할을 담당한 사람과 단체가 많이 생겨났던 것이다. 그 중에서 김종기가 체육인으로써 영국에 유학한 경력과 또 많은 국제 모임이나 세미나에 참석한 경험을 가지고 1970년에 한국무도교육협회를 설립한 것은 역사적인 일이었다.

우리나라의 첫 번째 전국 무도선수권대회는 1959년 장충체육관에서 한국일보 주최로 열렸으며, 이후로 특히 우리나라는 1988 Olympic Youth Camp의 주최국으로써 댄스스포츠의 경연대회를 개최하는 등의 업적을 갖게 되었다. 즉, 댄스스포츠가 국위를 선양하는데 큰 역할을 하게 된 것이다. 서울올림픽기념 국제댄스스포츠경기대회 직후의 무도학원 양성화 노력과 1990년 체육시설의 설치 및 이용에 관한 법률 제정을 계기로 국내 무도계는 새로운 국면을 맞이하게 되었으며, 무도인들은 무도학원과 무도장을 법적으로 체육시설에 포함시키기 위한 여러 면에서 노력을 기울였다.

그러나 그러한 노력이 실패로 끝나자 관계 당국과 그 당시 유일한 허가단체였던 사단법인 한국무도교육협회에 대한 불만이 크게 고조되게 된다. 특히, 프로 무도인들은 한국무도교육협회가 국제아마추어무도인협의회(ICAD)와 국제볼룸댄스평의회(ICBD) 모두에 가입한 사실에 대해서 큰 불만을 표출하였고, 결국 한국무도교육협회 김종기 회장은 아마추어 회원들을 중심으로 1990년 2월 한국 아마추어 댄스스포츠협회(Korea Amateur Sport Dance Committee: KASDC)를 조직하고, 유우봉 회장이 대표가 되어 ICAD에 가입하게 되었다. 반면, 프로 무도인들은 1990년 5월 한국무도평의회(Korea National Council of Ballroom Dancing)를 조직하고 천정태 회장을 대표로 ICBD에 가입하게 된다.

이러한 가운데 정부는 1991년 풍속영업규제에 관한 법률을 제정하고 범죄와의 전쟁을 선포한 다음 무도계의 지원 육성이 아닌 무도학원 및 무도장의 설립과 운영을 규제하기 시작하였다. 그럼에도 불구하고 전국의 무도인들은 프로와 아마추어 모두 댄스스포츠의 발전을 위해 꾸준히 노력해 왔다. 그 결과 한국아마추어스포츠댄스위원회(KASDC)는 1996년 국제무도연맹(IDSF) 제3회 아시아태평양지역 무도선수권대회를 성공적으로 개최하고 아시아 댄스스포츠연맹의 창설을 적극적으로 지원할 수 있게 되었다.

현재 우리나라는 댄스스포츠가 정서적 신체적 사회적 교육적 가치를 인정받아 대학에서 교양체육과 레크리에이션 교과목으로 학습되고 있으며, 1998년 제 13회 방콕 아시안 게임에서 댄스스포츠가 시범종목으로 채택되어 이후 국가대표 선발을 통한 댄스스포츠 선수들이 아시안 게임에 참가하여 좋은 성적을 거두고 있다.

우리나라는 또한 1974년에 국제댄스스포츠연맹(I.D.S.F.)에, 1976년 세계무도협의회(W.D.D.S.C.)에 가입한 이래, 각종 국제경기대회에도 선수를 파견하고 있으며, 세계의 선수들과 어깨를 나란히 하면서 댄스스포츠 기량과 실력을 향상 시키고 있다.

♪ 제16회 광저우 아시안게임 댄스스포츠 출전

문/화/칼/럼/

백발의 왈츠

댄스스포츠 국제규정종목 중 한 파트를 이루는 모던 스탠다드 댄스는 왈츠, 탱고, 슬로우폭스트롯, 퀵스텝, 비에니즈왈츠 5종목으로 구성되어 있다.

일반적으로 라틴 댄스는 댄스를 처음 접하거나, 생활스포츠 현장에서 건강과 사교를 목적으로 활용하는데 선호되는 분야이며 비교적 대중에 쉽게 알려지는 경향이 있지만, 모던 스탠다드 댄스는 특별한 선호도가 있어 선택하지 않는 이상 처음으로 댄스를 시작하는 경우에 객관적으로 라틴댄스만큼 흥미롭게 인지되지 않는 장르일 것이다.

춤의 특성상 파트너십의 중요성이 라틴과 비교할 때 좀 더 큰 비중을 차지하는 점, 즉 비교적 남녀의 홀드 포지션이 자유로운 라틴 아메리칸 댄스와는 달리 모던의 경우 남녀의 홀드자세는 처음부터 끝까지 서로의 몸의 일부가 컨택이 되어 흐트러짐 없이 유지되어야 하는 것이 기본이기 때문에 두 사람의 호흡이 기본적인 춤의 흐름을 표현하는데 익숙해지기까지의 연습과 노력은 라틴의 경우보다 더 까다로우며 보다 많은 시간을 요구하게 된다.

그러나 댄스의 각 분야는 크게 라틴과 모던, 세부적으로는 각각의 10가지 종목들 하나하나가 매력적인 그 장르만의 독특한 이미지와 기능을 가지고 있기 때문에, 댄스를 좋아하고 매진하는 많은 사람들이 라틴을 주로 먼저 시작해서 어느 정도의 단계에 이르게 되면 모던에 대한 매력과 관심을 자연스럽게 가지게 되는 것이 일반적인 흐름이라 할 수 있다.

정열적인 리듬과 대비되는 부드럽지만 그 안에 내재된 독특한 힘의 느낌을 알게 되었을 때, 모던 댄스의 매력은 중후한 댄스의 경지에 이르기 위해 그만의 깊은 춤의 흐름을 느끼고 표현하고자 하는 욕심을 가지게 하는 요건이기도 하다. 춤에 있어서 삶과 연륜의 흔적이 고스란히 묻어날 때 감동과 매력을 선사하는 장르가 바로 모던 스탠다드 댄스인 것이다.

언젠가 백발을 곱게 빗어 넘기고 턱시도를 말끔히 정장한 노신사를 경기장에서 본 일이 있다. 부부인 듯 백발을 쪽지고 우아하며 화사한 드레스를 입은 한 노부인을 에스코트하여 플로어에 자리하고는 약간은 어색한 듯 한발 한발 내딛는 왈츠의 스텝을 밟아 나가는 장면이 아직도 기억에 남아있다. 멋진 춤을 춘 것도 외모가 출중하거나 젊지도 않은 노커플의 영상이 지금도 떠오르는 것은 그들의 표정 때문이라 생각된다. 두 사람의 눈에는 경쟁도, 다른 선수도, 관객도, 심사위원도, 주위의 어느 누구도 들어있지 않고 오직 서로의 눈을 통해 서로의 믿음과 애정만이 주름 하나하나에 녹아있는 것이었다. 그 행복한 표정, 즐거운 표정으로 플로어를 가로지르는 '백발의 왈츠'가 지금도 현장에서 지도하는 순간순간마다 기억 속에 떠오르며 댄스를 통한 진정한 목적이 바로 행복이며 즐거움인 것을 잊어버리지 않게끔 한다.

5) '10(ten)' 댄스의 매력

○ 커플 댄스의 정석 '모던 스탠다드 댄스'

진정한 커플 댄스의 시작 '왈츠'

왈츠는 프랑스의 보르타(Volta)란 춤에서 기원하였다는 학설과 함께 1178년 11월 9일 파리에서 처음 추어졌다고 문헌에 남아 있으므로 상당히 오랜 역사를 갖고 있는데, 실제로 파리에서 유행하게 된 것은 16세기부터였다. 「보르타」란 원래가 「돌다」라는 뜻으로서 그 때의 춤은 원무(Round Dance)였음을 알 수가 있다. 이의 어원은 프랑스의 봐르세(Volse), 독일의 왈저(Walser), 이태리의 왈즈(Walz), 영국의 왈츠(Waltz)등으로 모두가 '빙빙 돈다'는 뜻을 갖고 있다. 또한, 독일인들은 왈츠를 자기네의 지방무용인 「랜들러 : Landler」에서 기원하였다고 한다. 이러한 왈츠가 유럽의 전 지역에서 전성기를 이루게 된 것은 슈베르트나 스트라우스 등 그 외의 많은 음악 대가들이 불멸의 왈츠 명곡들을 작곡하였기 때문이기도 하다. 실제적인 왈츠의 발전은 19세기 무렵부터였으며, 이러한 빠른 템포(1분간 60소절)의 왈츠는 라운드 턴(Round Turn : 360도의 회전)을 사용하는 로타리 왈츠(Rotary Waltz)였다.

19세기 중엽에는 요한 스트라우스 풍의 비엔나왈츠(Vienna Waltz)가 오스트리아의 수도인 빈(Wien)에서 시작하여 대중화되었고, 19세기 후반에 이르러 미국에선 보스톤 왈츠(Boston Waltz)란 것이 발생하여 많은 유행을 하게 되었다. 템포(1분간 45소절 정도)의 왈츠는 「로타리 왈츠」의 범주를 벗어난 새로운 춤이었으며, 이것이 프랑스에서 일반적으로 추게 된 것이 1874년 경이였고, 20세기 초에 영국에 건너가 유럽의 전 지역에서 가장 많이 추게 되었다.

그러나 또 다시 헤지테이션 왈츠(Hesitation Waltz : 1분간 45소절)라는 새로운 왈츠가 발생되었고, 1922년에 이르러 당시에는 '모던왈츠'라고 하는 느린 템포(1분간 33-35소절 정도)외 '슬로우 왈츠'란 새로운 왈츠가 탄생하게 된다. 이 슬로우 왈츠는 무도강사이며 음악 연주가인 빅터 실베스터(Victor Silvester)가 새로운 느린 템포의 도법을 고안하여 무도경기에서 첫선을 보여 대회심사원과 관계자 및 관중을 놀라게 하였다. 이 당시의 왈츠는 모두가 발레풍의 스타일로써 「라운드 댄스」를 하였으나, 이 대회에서 우승한 실베스터 씨는 그런 스타일을 혁신하여 3/4 회전의 대각선 회전법(Diagonally Turn)을 고안하여 사용한 관계로, 이 생소한 스타일의 춤을 처음 접한 심사원과 관객들은 이를 경이롭게 받아들였기 때문이었다.

이 느린 템포의 대각선 회전법을 1935년에 이르러 영국무도강사심의위원회에서 정식으로 「현대의 왈츠」로 공인하였고, 그 이후부터 「모던」의 5종목의 중요한 위치를 차지하게 된 '왈츠'가 이루어졌다. 오늘에 와서는 이 「슬로우 왈츠」의 Slow를 생략하고 간단히 「Waltz」로 통용되고 있다.

♪ 왈츠

1950년에 이르러 세계무도발전을 위한 국제무도기구인 영국에서 창설된 국제무도평의회(International Council of Ballroom Dancing)에서도 이 Waltz를 경기종목으로 채택하게 되고 어떠한 무도회에서도 빠질 수 없는 비중 높은 댄스의 하나가 되었다.

남미의 열정에서 출발한 모던 '탱고'

원래 탱고는 부에노스아이레스에서 발생되어 생의 비애를 담았던 '한스러운 춤'이었다. 그런데 프랑스 상류사회의 사교계로 진출하면서 원래의 아르헨티나 탱고와는 상당히 달라져 경쾌하고 화려하게 변모된다. 그래서 유럽의 탱고를 본고장인 아르헨티나 탱고와 구분하기 위해 '컨티넨탈 탱고' 또는 '유러피언 탱고'라고 부르고, 현재는 댄스스포츠의 한 종목으로 자리 잡아 '인터내셔널 탱고'라고 명명하고 있다.

이러한 인터내셔널 탱고의 대표적인 특징이 '헤드 플릭(고개를 옆으로 휙 돌리는 동작)'이며, 도도하고 힘찬 분위기로 춤을 이끌면서 빠르고 경쾌한 행진곡풍의 탱고 음악을 따라 플로어를 가로지르는 춤이 바로 인터내셔널 탱고이다.

탱고의 기원에 대해서는 댄스연구가들 사이에 약간의 다른 견해들이 있으나, 대체로 2개의 계통으로 시작되어 유럽에 전해졌다고 볼 수 있다. 그 하나는 콜럼버스 하바네라(Columbus Habanera)란 형식의 하바네라 탱고이며, 또 다른 하나는 사람들이 많이 이주한 라틴아메리카인 아르헨티나의 부에노스아이레스에서 발생한 밀롱가(Milonga)란 형식의 밀롱가 탱고이다.

1492년 콜럼버스가 서인도제도 카리브 해역인 산살바도르를 비롯한 쿠바 등을 발견한 뒤, 거기에 스페인 사람들이 많이 이주하여 정착하게 되었다.

이 지역에는 인디언이라고 하는 원주민들의 이상야릇한 야성적인 리듬이 있었고, 이러한 리듬과 스페인의 전통적 음악과 합성되어 생긴 음악이 하바네라 형식의 탱고였다. 이 지역에 이주한 사람들은 연초와 사탕수수 그 외에 농작물을 경작하는 부족한 노동력을 충당하기 위하여 아프리카에서 흑인노예들을 수입하여 노동을 시켰는데, 세월이 흐름에 따라 흑인과 스페인 계통사이에 혼혈아가 출산되어 이 두 혈통이 뭉쳐 이루어진 것이 '하바네라'였다. 이것은 쿠바의 수도인 하바나란 이름에서 유래된 것이다.

♪ 탱고

이러한 하바네라풍의 탱고가 남미대륙(멕시코 이남의 전지역)에 불꽃처럼 파급되어 아르헨티나의 부에노스아이레스에까지 전해지게 되었고, 남미의 최남단에 있는 아르헨티나도 역시 농작물의 경작을 위하여 스페인 사람들이 아프리카에서 흑인노예들을 수입하여 풀잎 하나 없는 불모지를 개척하면서 목화재배를 시켰으며, 이러한 흑인과 스페인 계통의 혼혈인 목동들과 항구의 술집들에서 뱃사람들이 모여 자연스럽게 추어지기 시작한 밀롱가풍의 탱고가 바로 '아르헨티나 탱고'이다.

목동들이 박차가 붙은 장화를 신고 스텝을 밟기 좋게 기타와 반도네온 등으로 연주하면서 자기가 좋아하는 처녀의 집 뜰에서 연정을 호소하며 노래를 부르기도 한 것이 '밀롱가풍의 탱고'라고 하며, 이런 음악들이 술집 등에 전해지면서 댄스의 곡으로 연주되기 시작하여 많은 신곡들이 나와 유행하게 되었고, 이로 인하여 많은 사람들의 사랑을 받게 되었다.

그러나 이러한 탱고는 하류사회의 하층계급이 많이 모이는 항구의 선창가나 구석진 술집 등에서 발생되었기 때문에, 이런 장소가 아닌 다른 장소에서는 아르헨티나 정부가 법률로 금지하였다. 그러나 1919년 프랑스 파리에 처음으로 아르헨티나 탱고 밴드가 밤무대에 소개되어 점차 이 정열적인 멜로디가 일반인들의 많은 찬사와 더불어 탱고 춤 또한 유행하게 됨에 따라 아르헨티나 정부에서도 탱고의 금지제도를 해제하고 탱고의 발생지에 대한 자부심과 긍지를 가지고 더욱 널리 보급하여 빛을 보게 된 것이다.

부에노스아이레스의 항구 뒷골목에서 천하게 추어졌던 탱고가 미국의 무성영화시대인 1920년에 파리에서 상영시킨 탱고영화가 일대 센세이션을 일으키게 되었고, 이를 계기로 프랑스에서는 맵시 있는 탱고로 변화하여 대유행을 하게 된다. 이 New 스타일의 탱고를 '프렌치탱고'라 하였다. 이러한 뉴 스타일의 음악과 춤이 다시 독일에 건너가서 원래의 탱고 음률이 단음(Staccato)적인 음악으로 편곡되어 연주되어졌고, 이런 음악에 맞추어 추는 춤이 다시 Sharp한 스타일로 변화하게 되었다.

♪ 영화 [여인의 향기] 중 탱고장면

오늘날의 볼룸탱고 음악은 '콘티넨탈 탱고'가 주류를 이루고 있으며, 영국 무도계는 1924년부터 각 종류의 춤을 표준화하기 위한 작업에 착수할 때, 폭스트롯, 왈츠, 퀵스텝과 함께 이러한 탱고도 개정기술로써 제정하게 하였다. 이후 계속 그 기술의 개정 및 증보를 거듭하여 1948년에 무도강사자격시험요강의 교본을 발간하게 된다. 오늘날의 모던탱고 이론을 확립하는 데 가장 공로가 컸던 사람이 영국의 무도연구가인 랜 스클리브너(Len Scrivener)였다.

음악의 악기로는 바이올린, 피아노, 콘트라베이스 등이 표준악기로 되어 있으며, 유명한 탱고의 명곡으로는 불멸의 라쿰파르시타(La Comparcita)가 있다. 탱고는 라틴계통의 음악이나, 춤의 형태는 모던탱고인 것이 특색이며, 그 특징적인 테크닉은 스타카토(staccato), 어택(Attact), 샤프(Sharp)의 3대 Movement이다. 이 탱고도 역시 세계댄스, 즉 댄스스포츠평의회와 국제댄스스포츠연맹에서 5종목 중 하나로 경기종목에 채택하고 있다.

여우걸음 따라잡기 '슬로우 폭스트롯'

20세기 초 영국의 볼룸댄스는 아직 발레(무극)의 테크닉에 의한 춤을 추었으나, 당시의 미국에서는 점차 무도의 도법을 우리가 일상생활에서 걸어 다니는 자연운동(Natural Movement)으로 도입하려는 움직임이 활발하였다. 이 운동을 '자연가로보행법'이라 하며, 이의 주창자는 현대무도의 아버지라 일컫는 버논 캣슬 부처로써, 이 도법에 의한 캣슬 워크(walk)는 새로운 댄스의 기법이었다. 이 기법은 당시 뉴욕에서부터 시작하여 널리 보급되었으며, 영국의 무도계에서 공인하면서 새로운 볼륨댄스의 신시대를 이룩하게 된다.

1914년 8월초 세계 제1차 대전의 발발로 인하여 유럽전쟁이 시작될 무렵 영국의 무도계는 여름 휴가철이었다. 9월 중순경부터 새로운 시즌이 시작되었고, 암담한 나날이 계속되었지만 "일은 평상시와 같이"라는 전시 슬로건 때문에 댄스 스튜디오는 문을 열게 되었다. 이에 전쟁 중에 일반 국민들이 댄스를 하는 것이 바람직한가 하는 판단이 제기되게 된다. 그러나 댄스는 전쟁 중의 여가선용과 위안을 위하여 일반적 방법으로써 평화시보다 전쟁시에 더 한층 필요하다는 매스컴의 보도들이 전쟁터에서부터 날아 들어오게 된다. 이를 계기로 당시에 뉴욕에서 상당히 유행하고 있던 캣슬워크를 전시에 적용할 수 있도록 하였으나, 새로운 폭스트롯과 라그(Rag)의 신코페이션(Syncopation) 음악(Jazz)에 대하여 발레의 테크닉을 지지하는 사람들로부터 다소의 반대가 있었다. 그러한 대응에도 소위 '자연가로보행법'에 의한 폭스트롯은 결국 영국에서 많이 보급되게 되는데, 영국에서 처음으로 폭스트롯 음악이 연주된 것은 세계 제1차 대전 직전인 1914년 7월이었다.

그러나 폭스트롯은 수개월 동안 일정한 도법 없이 각자가 나름대로 걸으면서 돌아다니는 것뿐인 「Go-As-You Please」였다. 1915년에 비로소 이러한 유동성이 없어지고 마침내 1924년부터 오늘날과 같은 형태의 도법으로써, 빠른 템포의 재즈음악에 맞추어 추는 춤을 「Quick Step」으로 하라는 제안이 있게 된다. 이후 그 호칭과 종목을 정식으로 공인한 것이 1939년 4월 14일이었다. 그러나 슬로우 폭스트롯의 경우 "슬로우"란 단어는 부적합하다고 하여 오늘날에 와서는 슬로우를 생략하고 단순히 '폭스트롯'이라고도 한다.

♪ 슬로우 폭스트롯

폭스트롯이란 명칭의 기원에 대하여서는 여러 가지 학설이 있다. 미국 서부지방의 폭스트롯으로 알려진 '말의 걸음걸이'(일종의 빠른)에서 시작되었다는 학설이 가장 유력할 것이라 본다. 여우나 말 따위의 네발짐승이 빠른 걸음걸이로 걸어갈 때의 동작을 폭스트롯의 하나로 볼 수 있다. 즉 네발짐승의 걸음걸이는 오른쪽의 앞발과 왼쪽의 뒷발, 그리고 왼쪽의 앞발과 오른쪽의 뒷발이 동시에 움직여가는 경쾌한 종종걸음이 트롯의 하나이며, 또한 두 앞발과 두 뒷발이 동시에 움직이는 급속한 걸음걸이인 갤럽(Gallop)으로써 이 두 가지의 속보를 춤으로 표현한 것이 '폭스트롯'이다. 사람은 두 다리로만 걸어 다니기에 여우, 말 따위의 네발짐승의 속보를 할 수 없다. 단지 트로트 음악에 여우의 속보를 감정적으로 표현하려는 인간의 욕망에 지나지 않는다는 것이 폭스트롯의 의미일 뿐이다.

이 댄스의 기초는 워크(walk)이며, 그 도법은 자연가로보행법인 캣슬워크이고, 영국 무도계에서는 이 무도를 1924년에 현대무도의 표준도법으로 공인하였다. 이 폭스트롯도 무도의 표준화를 위한 학술적 이론의 정립작업이 1924년 영국무도강사들에 의하여 시작되어 24년이 지난 1948년에 이르러 완성되게 된다. 이 새로운 학술적 이론에 의하여 탄생된 댄스의 기술을 무도계에서는 리바이스 테크닉 오브 볼룸 댄싱(Reverse Technique of Ballroom Dancing : 개정기술)이라 한다.

폭스트롯의 단점은 다른 종목의 댄스보다 더 넓은 장소가 필요하기 때문에 파티 댄스로서는 부적합하다는 점이다. 그러나 경기용 댄스로서는 매우 훌륭한 댄스이며, 세계댄스, 즉 댄스스포츠평의회(W.D.D.S.), 전국제무도평의회(I.S.B.D.)와 국제댄스스포츠연맹(I.D.S.F.)에서도 모두 볼룸댄스 5종목의 하나로 경기종목에 채택하고 있다.

한가슴으로 달리는 '퀵스텝'

♪ 버논 캣슬 부부

퀵스텝은 세계 제1차 대전 직전인 1921년경 미국의 사우스 캐롤라이나주의 찰스톤(Charleston)근처에 사는 유색인종(흑인)들이 추고 있던 찰스톤 춤이 뉴욕에 소개되면서 시작되었다. 당시 무관이며 무도연구가인 버논 캣슬 부처가 원스텝인 퀵스텝을 유럽지역에 건너가서 폭스트롯과 함께 유행시키게 되면서 오늘날의 것으로 급속히 발전하게 된다. 당시 폭스트롯의 음악은 1분간에 39-34소절이었으나, 점차 빠른 템포에 맞추어 추는 춤을 영국에서는 'Quick Time 폭스트롯'이라고 하였다. 1923년에는 미국에서 48-50소절까지 연주하게 되었고, 1924년에는 영국에서 재즈의 빠른 템포인 원스텝 Quick Time 폭스트롯을 느린 템포의 폭스트롯과 구별하기 위하여 후로렌스 파셀(Florence. P.)여사가 이 댄스의 정식호칭을 '퀵스텝'으로 하자는 제안을 하게 된다. 이 제안의 호칭과 종목을 정식으로 공인한 것이 1939년 4월 14일이었다.

♪ 퀵스텝

퀵스텝은 아주 경쾌하고 명랑하며 스피드하면서도 리드미컬한 댄스이며, 경기대회에서는 때론 트릭키(Tricky) 스텝이란 도약적인 스텝을 사용하는 속도가 매우 빠른 춤이다. 피겨의 변화가 많이 필요하기 때문에 항상 자세가 흐트러지지 않도록 밸런스를 잘 유지하여야 하고 또한 서두르지 않는 원활한 보조로 양 무릎을 늦추어서 몸을 가볍게 움직여야 경쾌함을 얻을 수 있다. 이러한 퀵스텝은 상당히 스피드하며 기민한 동작을 요구하므로 운동량이 부족한 현대인에겐 건강증진을 위하여 권장할만한 댄스이며, 본인 스스로가 추지 않더라도 관람하는 것만으로도 쉽게 매료될 수 있는 춤이라 할 수 있다.

퀵스텝도 영국의 I.S.T.D.에서 1924년부터 1948년까지 24년의 세월동안 이의 학술적 이론과 기술적 확립을 정립하여 1948년 1월 11일에 무도강사자격시험의 요강으로 제정 발표하였다. 이후, 수차의 개정 및 증보를 거듭한 끝에 베이직 피겨 16개, 스탠다드 바리에이션 13개, 네임드(Named) 바리에이션 4개, 도합 33개로 구분하여 그 자격시험을 실시하고 있다. 물론 세계댄스(I.C.B.D.), 댄스스포츠평의회와 국제댄스스포츠연맹에서도 모던볼룸의 5종목 중 하나로 경기종목에 채택하고 있다.

화려한 무도회의 꽃 '비에니즈 왈츠'

왈츠란 독일어로 "파도치듯 떠오르고 내려간다"라는 뜻을 가지고 있다. 이 춤은 이미 소개한 바 있듯이 1780년경 남부 독일의 농부들이 추었던 렌들러(Landler)라는 민속춤에서 유래되었으며, 19세기 초 유럽 사교계에 소개되었을 때는 빠르게 우회전과 좌회전을 하는 춤이었다. 그러나 1차 대전을 전후하여 미국에서 발생한 새로운 리듬에 영향을 받은 왈츠는 두 가지 형태로 나누어진다. 그 하나는 속도가 느린 모던 왈츠(Slow Waltz)이고, 다른 하나는 빠른 속도로 추는 비에니즈 왈츠(Quick waltz)이다.

♪ 19세기에 번성한 비에니즈 왈츠무도회

비에니즈 왈츠의 기원과 발전의 과정은 오랜 역사를 가지고 있다. 이 춤의 발생기원은 오스트리아에서부터 독일의 알프스지방의 오랜 전통에 뿌리를 두고 있는 민속무용에 그 근간을 두고 있다. 클로즈홀드를 한 상태에서 연속회전만을 3박자의 음악에 주로 맞추어 추는 이춤은 다양한 이름으로 수 백년 동안 전래되어 왔다. 원무인 이 춤의 명칭은 스핀너(spinner : 실 감는 기계 또는 휠러 wheeler : 큰 수레바퀴)등으로 묘사한 것이 그 좋은 예이다.

그러나 19세기 중에 '요한 스트라우스 왈츠'가 유행함에 따라 오늘날은 이 춤을 '비에니즈 왈츠'라고 한다. 비에니즈 왈츠의 내츄럴 턴과 리버스 턴 등의 진행성 회전운동은 훗날 프랑스의 7월 대혁명(1789년)으로 루이왕조의 몰락과 함께 특권계층의 춤인 군무의 궁중무도였던 것이 18세기에서 19세기에 거쳐 대중화되었다. 거리의 술집 등지에서 추어진 비에니즈 왈츠가 상류사회의 넓은 무도장으로 옮기게 되어 오늘날의 형태인 남녀 커플의 완전한 사교무도로 발전된 것은 요한 스트라우스 왈츠의 유행과 함께 경쾌함을 좋아하는 비엔나 사람들의 기질 때문이기도 했다. 비엔나왈츠 음악의 템포는 점차 빠르게 연주되었으며, 각 스텝의 악센트를 강조하던 중후한 느린 풍의 왈츠도 점차 제1박만을 강조하는 악상으로 변해 갔다.

1953년 5월에 이 비에니즈 왈츠를 세계댄스스포츠평의회에서 경기종목으로 채택하여야 한다는 주장에 따라서 이를 세계무도경기대회 및 국제무도경기대회 등에서 정식경기종목으로 채택하게 되었고, 이의 명칭을 비에니즈 왈츠라 명명하였다. 일반적인 비에니즈 왈츠는 '컨트리 비에니즈 왈츠'라 하며, 경기대회에서 사용하는 비에니즈 왈츠는 '컨티넨탈 비에니즈 왈츠'라고 한다. 이 춤은 모던댄스이지만 무도강사자격시험에 채택하는 협회와 채택하지 않는 협회가 있으며, 채택하는 협회에서도 때로는 채택하지 않을 때도 있다.

○ 열정과 끼의 향연 '라틴 아메리칸 댄스'

사랑의 춤 '룸바'

이 춤은 아프리카 흑인 노예들에 의해 쿠바로 유입되어 온 것이 기원이다. 발의 움직임보다는 몸의 이동을 더 강조한 룸바(Rumba)는 댄스스포츠 라틴 가운데 가장 템포가 느리고 동작이 유연한 춤이다.

이러한 느리고 서정적인 룸바는 쿠바의 아프리카 흑인 노예들의 춤에서 그 유래를 찾을 수 있다. 춤을 추는 동안 어깨가 들썩이지 않고, 양 어깨의 높이를 계속 유지하는 것은 무거운 짐을 운반하거나 무거운 족쇄를 차고 발을 끌면서 이동한 노예들의 모습에서 룸바 특유의 워킹 동작을 유추해 볼 수 있다. 룸바의 상징적인 동작인 'Cucaracha'라 불리는 step은 바퀴에서 발을 구르는 모습이었고, 'Spot turn'은 수레바퀴의 가장자리를 돌며 걷는 것을 표현한 것이라고 한다.

♪ 룸바

룸바는 16세기경 아프리카에서 노예로 끌려와 서인도 제도에 정착한 흑인들의 리듬으로 만들어낸 춤이다. 19세기 초 쿠바의 아프리카 계통 흑인들 사이에서 발달하여 미국을 거쳐 유럽으로 보급되었으며, 영국에서 1930년경 현재와 같은 춤의 형태로 정리되었다.

룸바는 매우 환상적인 리듬과 동작을 가졌고, 여성이 여성다운 아름다움과 춤사위를 자연스럽게 표현할 수 있게 하는 춤이다. 처음 만난 남녀가 룸바를 한곡 추고 나면 달콤한 연인이 된다는 속설이 있을 정도로 룸바는 다정다감한 연인들의 춤으로 묘사된다.

룸바는 우여곡절을 거쳐 오늘날까지 이르렀고, 실로 4세기의 세월이 흘렀으나 세계적으로 가장 많은 사람들에게 애호되어 온 춤이 바로 룸바가 아닐까 한다.

카리브 해의 쿠바 섬 원주민들에게는 일찍부터 이 섬 특유의 음악이 있었다. 크고 작은 온갖 타악기로 이루어진 흑인들의 복잡한 리듬과 스페인 사람들의 정열적인 멜로디가 융합하여 연주된 이상야릇하고도 매혹적인 리듬이 바로 룸바음악이다. 아무것도 가진 것이 없는 이들이 구할 수 있는 것은 일상도구들뿐이어서 눈에 보이는 대로 작은 나무막대, 숟가락, 낡은 옷장 서랍, 생선 담는 나무궤짝 등을 가져다가 악기로 썼다. 이를 토대로 발전한 것이 봉고(소형 북), 콩가(대형 북), 마라카스(속을 파낸 열매 속에 말린 씨를 넣어 흔드는 딸랑이 비슷한 악기), 클라베스(길이 20cm 정도의 막대기 두 개를 맞부딪쳐 소리를 내는 악기) 같은 타악기들로, 이들 악기는 룸바 음악에 이국적인 정취를 불어넣어 주고 있다.

룸바음악이 영국에 처음 소개된 것이 '땅콩 장수' 라는 음악이었고, 이와 함께 룸바의 도법이 소개된 것은 1931년 무렵이다. 이후, 영국무도강사협회의 무도연구가들이 이 새로운 댄스에 많은 관심을 가지고 연구를 거듭하여 오늘의 모양을 갖춘 것이 1948년경이었다.

현재 세계의 볼룸(Ballroom)에서는 여러 종류의 룸바가 추어지고 있는데, 크게 나누어 '스퀘어 룸바'와 '쿠반 룸바' 2개의 스타일로서 스퀘어 룸바는 미국을 중심으로 사교용으로 추어지며, 경기대회나 메달 테스트, 시범공연에는 '쿠반 룸바'가 추어진다.

그러나 1940년대 중반까지만 해도 룸바라고 하면 미국 스타일의 '스퀘어 룸바'가 거의 전부였다. 최근의 인터내셔널 스타일의 '쿠반 룸바'는 1946년 스위스 태생의 프랑스인 '피에르'가 파트너였던 '도리스 라벨'과 함께 쿠바에 가서 현지의 룸바를 배운 후, 유럽에 돌아와 런던 등지에서 강습 및 시범공연을 하면서부터 처음 유럽에 알려졌다. 그러나 당시에는 거의 받아들여지지 않다가 1955년 ICBD에 의해 승인된 후 일반에 널리 알려지기 시작했고, 1974년 다시 춤의 기술과 스텝을 다듬고 피겨(Figure)를 정리하여 발표하게 된다. 이것이 오늘날의 '룸바(Rumba)'이다.

문/화/칼/럼/

사랑의 춤, 룸바

오늘날은 댄스스포츠를 직접 경험해보지 못한 이들도 다양한 매체를 통해 댄스스포츠 스타일을 이해할 수 있다.

근래에 우리는 케이블 매체를 통한 댄스스포츠 경기대회 실황중계나, 댄스의 소재를 접목한 영화들 그리고 연예인들이 댄스스포츠를 직접 배우고 익혀 댄스 배틀을 진행하는 프로그램들을 보면서 다양한 댄스의 세계를 접하고 있다.

댄스스포츠의 라틴아메리칸 댄스종목 중 으뜸인 장르는 바로 '룸바(Rumba)'일 것이다. 단순히 운동이나 취미수준을 벗어나 댄스의 매력을 느끼는 단계가 되면 누구나 룸바의 매력에 빠지는 듯하다.

룸바는 댄스스포츠 라틴아메리칸 댄스가운데 가장 느린 종목으로 라틴의 기본이 되는 몸의 사용법이 집대성된 장르이다. 룸바는 접하기에 따라 쉬운 듯 보이지만 깊이 들어갈수록 그 매력에 비례하여 제대로 추기가 어렵다는 느낌을 누구나 가지게 된다. 그렇지만 쉽게 익힐 수 없는 까다로움이 있기에 룸바를 정확하게 익히게 되는 과정에서 오는 성취와 조금씩 얻어지는 결과를 통해 얻는 희열감은 이루 말할 수 없는 카타르시스를 느끼게 하는 듯하다.

느리고 서정적인 룸바는 쿠바에 팔려온 아프리카 흑인 노예들에 의해서 시작되었는데, 이에 '쿠반룸바'로도 불리게 된다. 어깨를 들썩거리지 않고 발끝을 끄는 듯이 걷는 룸바의 기본 스텝은 무거운 짐을 나르거나 흔히 탈출을 방지하기 위해 장치되는 무거운 쇠고랑을 발목에 매단 채 걷는 노예들의 움직임을 나타내며, 스팟 턴(한쪽방향으로 스텝을 통해 도는 동작)은 마차바퀴 주위를 힘겹게 돌아 걷는 이들의 걸음걸이에서 유래하였다.

이렇듯 룸바는 아프리카 흑인노예들의 삶 속에서 진화한 춤이었고, 그 춤 속에는 남성과 여성의 뜨거운 욕망이 녹아있다. 여성의 느릿느릿하게 이어지는 스텝과 관능적인 힙의 움직임은 남성의 정욕에 불을 붙이며 유혹하지만, 끝내 남성을 받아들이지 않는다는 줄거리가 춤 동작 속에 들어있다. 현대인의 연애패턴에서 발견되는 소위 '밀당'을 표현하는 것이다.

룸바음악은 4분의 4박자의 느린 템포인데, 한 소절에 세 번만 스텝을 밟는다. 스텝 없이 기다리는 나머지 한 박자에서는 힙을 최대한 뒤로 빼면서 돌리는데(체중을 완전히 싣는 과정), 이러한 멈추는 듯 표현되는 기다림 속에서 황홀하고 아름다운 사랑의 동작으로 승화시키게 된다. 인간이 가진 사지육신을 통해 만들어 낼 수 있는 가장 섹스어필한 움직임이면서, 공간을 가르는 인체의 미학적인 멋진 선이 만들어 내는 조화의 극치는 남성과 여성의 궁극의 정서를 생성하게 된다. 때문에 룸바는 상스럽거나 노골적인 느낌 대신 은근하고 애절한 '사랑의 춤'이 되는 것이다.

동서양을 막론하고 인류의 가장 대표되는 정서가 '사랑'이라면, 인간의 본능적인 몸짓인 춤의 형태로 인간의 대표적인 정서인 사랑을 표현하는 것만큼 아름다운 작업은 없을 것이다.

부드럽고도 강렬한 스타카토 '차차'

차차(Cha Cha)는 쿠바의 무곡인 '단손'이 개조되어 생겨난 춤으로, 1950년대 중반부터 미국을 시작으로 세계적으로 큰 인기를 끌었다.

노예해방 전에 생겨난 '룸바'가 다소 무겁고 서정적인 느낌의 춤이라면, '차차'는 노예해방 후에 생겨났기에, 화려하고 활기찬 분위기를 가진 춤으로 라틴댄스 종목 중 가장 최근에 완성된 춤이다. 맘보에서 발생한 차차는 1952년 쿠바를 방문한 엔리케 호른에 의해 차차의 기본이 되는 스텝이 만들어 졌다고 한다. 맘보는 1940년 후반에 세계적으로 큰 붐을 일으켰고, 맘보에서 더 빠른 비트로 무장한 차차가 그로부터 10여년 뒤인 1950년대에 사랑받게 된다.

♪ 차차

특유의 빠르고 경쾌한 박자 덕분에 차차는 음악계에서도 '리듬의 혁명'이라는 평을 받고 있다. 맘보와 두 가지 리듬을 관악기의 빠른 템포로 편곡하고, 다시 강약이 있는 느린 곡조로 접목시켜 '차차차'라는 독특한 리듬을 만들게 되었으며, 부드러운 힙(hip)의 움직임이 강조되는 라틴댄스의 특징적인 움직임을 가미한 '차차'라는 춤으로 탄생하게 된다.

차차차란 어원의 발생은 서인도제도(카리브해역)에서 자생하는 타타(TaTa), 또는 콰콰(KwaKwa)라는 열매를 맺는 나무로 만든 악기의 이름에서 따온 것이므로 차차차라고 하는 것보다는 그냥 "차차"라고 하는 것이 더 정확한 표현이다. 봉고(bongo)나 마라카스(maracas) 특유의 두드림 소리가 연속적으로 마치 "차차차"로 들려서 우리는 흔히 이 춤을 "차차차"라고 하였다. 또한 젊은이들이 차차차의 반복되는 선율에 맞추어 플로어의 땅을 밟아 춤을 출 때 나는 반복적인 신발 소리에서 춤 이름이 탄생했다는 설도 있다.

영국의 무도계에서는 이 차차의 발전을 위하여 표준 피겨의 전반적인 문제를 여러 각도에서 세밀히 연구하고 검토하기를 1960년경에서 1970년경까지 무려 10여년의 세월을 걸쳐 진행하였다. 이후 드디어 1972년 10월 영국 ISTD가 심사위원의 공식적인 지도서 및 무도강사자격시험용의 참고서로서 출간하게 된다. 차차도 일반적으로 사용하는 아메리칸 스타일과 무도강사자격시험 및 무도경기대회에서나 또는 메달 테스트에 사용하는 인터내셔널스타일이 있다.

순수 남미의 열정 '삼바'

삼바는 남미 브라질의 민속무용이며 또 메시스(Masixe)라고 하는 순수한 라틴 아메리칸 댄스이다. 삼바의 유래는 브라질의 목화밭에서 목화재배와 경작을 위해 아프리카로부터 노동인력으로 수입된 노예들이 노동에 혹사를 당하면서 겪는 고통을 잊으려고 그들의 원시적인 특유한 노래 가락에 맞추어 율동하던 몸의 움직임에서 발생하였다고 전해진다.

♪ 삼바

브라질에서는 카톨릭교 4순절의 직전, 3일에서 1주일간에 걸친 '삼바 축제일'로 제정된 국공일에 모든 브라질인들이 이 '삼바 대축제'에 참가하고 있다.

브라질의 옛 수도인 리오데 자네이로에서 가장 성대하게 벌어지고 있는 '리우카니발'은 전 세계에서 이 삼바 대축제를 보고자 수많은 관광객이 모여들어 이 축제에 참가하고 있다. 또한 축제에 참가하여 이를 배워서 돌아갈 정도로 유명한 댄스가 바로 브라질의 유일한 민속무용인 삼바 춤인 것이다. 삼바는 1910년부터 약 10년간 미국에서는 사교댄스로 인기가 있었으며, 이때 미국에서의 삼바는 '탱고브라질리언'이라 불리었다.

삼바는 20세기 초에 세계적으로 유행을 하였으나, 일단 잊혀 졌다가 근래에 다시 유행하고 있는데, 이것은 지구촌 사회화의 영향에 따른 해외관광 여행의 붐에 편승, 브라질의 '삼바 축제'에 많은 세계인들이 참가하는데 그 원인이 있지 않을까 한다. 물론, 1923년에 개최되었던 국제무도강사들의 모임에서 이 삼바의 사교적 인기를 인정한 후, 1960년에서 1970년까지 이의 학술적 이론정립을 위하여 노력한 영국의 무도연구가인 월터 레이드(Walter Laied)를 비롯하여 ISTD 개정기술 제정과 활발한 국제무도경기대회를 통한 보급사회에 힘입은 바도 크다.

삼바 역시 무도강사자격시험규정에 적응하여 그 자격시험을 실시하고 있으며, 우리나라에서도 무도강사자격시험에 포함되어 있다.

격렬한 바운스 '자이브'

자이브란 재즈음악에 맞추어 추는 격렬한 춤을 말한다. 자이브는 1945년까지는 재즈 또는 스윙(Swing) 혹은 지터벅 등으로 호칭되었고, 그 뜻은 넌센스, 엉터리, 야유함 등의 의미라고 한다. 북미의 미시시피강 하구에 가까운 루이지아나주 뉴올리언즈에서 1910년대에 발생한 재즈음악이 1930년 무렵에는 부기우기(재즈피아노의 일종) 연주법으로 사용되는데, 이러한 음악에 맞추어 추기 시작한 새로운 댄스가 린디홉(Lindy Hop) 춤이었다고 한다.

♪ 린디홉

린디홉에 북미의 흑인들이 도약적인 동작과 익살맞은 제스처를 곁들여 춘 새로운 춤이 지터벅(Jitter Bug: 일명 스윙댄스)이다. 지터벅은 처음엔 상당히 아크로바틱(acrobatic: 재주넘기)하고 격렬한 춤이었으며, 세계 제2차 대전까지 전 미국에 대유행을 하였다. 이 지터벅이 전 세계적으로 파급되어 유행한 것은 세계 제2차 대전 중에 미국의 GI들이 전 세계의 주둔지에서 많이 추어 그 지역의 사람들이 따라 추었기 때문이었다. 스윙의 리듬과 재즈의 선율이 더해진 린디홉 열풍은 2차 세계대전을 치르며 이러한 미국 군인들에 의해 유럽까지 전해지면서 로큰롤(Rock'n Roll)의 영향까지 받아 세계적인 인기를 더욱 얻게 된다.

♪ 자이브

린디홉은 1970년 이후 새롭게 다듬어지면서 '과장', '혼란스러운 말'이라는 뜻을 가진 [자이브]라는 명칭으로 거듭나게 된다.

자이브는 4분의 4박자를 기본으로 하여 모든 스텝을 무릎을 굽혀 발의 앞부분(볼)을 이용해 가볍게 이동하기 때문에 무게가 거의 느껴지지 않는 춤이며, 대부분의 움직임이 샤세(Chasse)로 이루어져 있기 때문에 댄스스포츠 초보자들이 가장 먼저 배우는 춤이 바로 자이브이기도 하다.

자이브는 영국의 댄스강사들이 지터벅의 원스텝을 샤세(투스텝, 트리플스텝)로 개량 발전시켰으며, 이 호칭에 관한 공식 명칭을 사용한 것은 1950년에 영국의 6개 무도강사협회 협의기구인 오피셜 보드 오브 볼룸댄싱(약칭 O.B.B.D)에서 승인하고부터였다. 현재의 자이브 시험요강은 영국에서 가장 권위가 있고 제일 많은 무도강사회원을 확보하고 있는 영국황실무도강사협회(Imperial Society of Teachers of Dance 일명 ISTD)가 1973년 7월에 단행본을 출간하고 라틴아메리카댄스의 무도강사자격시험으로 채택하고 있다. 현재 영국의 6개 무도강사협회에서는 라틴아메리카댄스의 시험요강을 대체로 영국황실무도강사협회에서 제정한 것과 라틴아메리카댄스의 대가인 영국의 월터 레이드(Walter laird)가 저술한 라틴교본 중에서 그 하나를 채택하여 무도강사자격시험에 사용하고 있다.

스페인의 태양과 정열 '파소도블레'

파소도블레(Paso Double)는 스페인에서 유래되었으며, 기본 리듬은 행진곡형식이고 스페인의 투우경기를 묘사한 춤이다. 작가 헤밍웨이는 스페인의 투우 경기를 두고 '찰나가 삶과 죽음을 결정짓는 세상에서 가장 매력적인 스포츠'라고 하였다. 이러한 투우 경기를 춤으로 옮겨놓은 파소도블레는 남자가 투우사의 역할을 하며 여자는 투우와 망토를 표현하는 춤을 추게 되는데, 이는 지금도 유럽의 남쪽 프랑스·스페인·포르투칼에서 대단히 인기 있는 춤이라고 한다.

♪ 스페인 마드리드 투우경기

스페인어의 파소(paso)는 스텝(step)이라는 의미이고 도블레(doble)는 더블(double)이라는 의미로 더블스텝(Double Step) 즉, '두 배의 걸음'이라는 뜻이다. 그러면, 도대체 무엇이 더블 스텝이란 말인가? 이것은 엄밀하게 생각할 것 없이 스페니쉬 원 스텝(Spanish One Step) 이라는 옛날의 춤인 서 플레이스(Sur Place)나 베이직 무브먼트(Basic Movement: 소폭의 워크인 기본동작) 및 샤세(Chasse) 등이 주체로서 소폭인 스텝의 느낌을 더블로 표현한 것이며, 오늘날의 연기적인 피겨(Figure)나 베리에이션(Variation)은 그 이후의 발전단계에서 생긴 것이라고 볼 수 있다. 라틴댄스 가운데 유일하게 아프리카 리듬의 영향을 받지 않은 이 춤은 스페인 집시들의 춤인 플라멩코의 영향을 가장 많이 받았으며, 실제로 집시들에 의해 전 유럽에 퍼져나갔다.

♪ 투우경기를 묘사한 파소도블레

프랑스(France)의 파리(Paris)를 중심으로 하여 유럽(Europe)의 사교계에서도 재빠르게 수용된 이 춤은 오늘의 쇼(Show)적인 것이 아니고 멋있는 웅대한 댄스였으며, 스페인에서 시작하여 라틴 유럽(Latin Europe: 스페인, 포르투갈, 프랑스 등)으로 전파되어 점차 나머지 유럽 전체에 파급되었다.

스페인인들의 투우에 대한 애착과 노력은 대단한 것이었고, 마타도어(Matador: 투우사)는 스페인의 영웅으로 만인의 존경을 받아 왔으며, 또한 이를 찬미하는 행진곡이 자연적으로 많이 작곡된 것도 당연한 일이라 하겠다. 이 춤에서는 남자가 투우사의 동작을 하고, 여자는 투우사가 흔드는 빨간 케이프(Cape)의 동작과 투우사인 남자의 그림자 역할을 하는 것으로 투우사가 출장하여 소와 싸우는 동작으로 시종일관하고 있다. 투우와 투우사의 긴장된 순간순간에 일어나는 절묘하고 드라마틱한 연기는 보는 사람으로 하여금 열정과 희열감을 느끼게 하고도 남는다.

파소도블레는 음악이 갖는 추진감과 함께 연출하는 춤이 많은 사람들에게 호감을 주면서 최근에는 일반인에게도 널리 보급되고 있다. 파소도블레라는 명칭은 스페인에서 파생하였지만 피겨(Figure)의 명칭은 프랑스어가 상당히 많이 사용되고 있다.

남성의 리드와 뒷받침으로 여성의 동작이 꽃처럼 돋보이는 대부분의 커플 댄스와는 달리, 파소도블레는 남성이 완벽하게 주인공이 되는 유일한 춤이다.

문/화/칼/럼/

커플 댄스의 미학과 정서

댄스스포츠의 역학적 운동성에 기인하는 아름다움은 상대방과의 혼연 일체감으로 이루어진 호흡을 통해 서로를 존중하며 상대에 대한 배려가 우선되어지는 시점에서 시작된다.

댄스가 지니는 아름다움은 외형적 형태의 구조성으로서 일반적인 춤에서는 춤의 개인적 표현양식이 기본을 이루고 있다면, 커플 댄스는 춤의 구성요소가 상대 파트너와의 협력에 의한 형태변형을 통해 하나의 움직임이 형성되는 것에서 먼저 구분될 수 있다.

스포츠나 무용예술에서 파트너의 개념을 보면, 서로 한 팀을 이루어 서로의 재능을 발견하고 개발할 수 있게 해주며 재능을 한데모아 구성원 간의 강한 유대감으로 뭉쳐 효과적인 상호교류를 통해 시너지효과를 창출하는 것이다. 또한 파트너 간에는 원활한 커뮤니케이션을 통하여 서로에게 신뢰할 수 있는 긴밀한 정보와 생각, 감정을 공유하고 개개인이 가지고 있는 지식과 기술, 아이디어를 하나로 묶어서 효과적인 파트너십을 이끌어내는 것이 최종목표가 될 수 있다. 목표를 가지고 둘이 아닌 진정한 한 팀을 이루기 위해서는 상대방에 대한 신뢰와 더불어 생각과 요구에 귀 기울이고 이해하는 양질의 인간관계를 유지해야 함이 매우 중요함을 또한 이해할 수 있는 것이다.

특히 댄스스포츠 커플유형의 경우, 좋은 기술과 양질의 경험을 바탕으로 멋진 춤이 표현되기 위해서는 각 개인의 수고와 노력을 기점으로 상대방에 대한 배려와 조화로운 호흡이 매우 중요하다. 이는 그 과정에서 겪는 상호간의 정서에도 큰 영향을 미치게 된다. 눈에 보이지 않는 개개인의 정적 또는 부적 정서의 작용은 공간에 표현되는 움직이는 그림에 녹녹히 묻어나게 되기 때문에 활력이나 즐거움과 같은 긍정적인 정서를 상승시키고, 불안 또는 우울과 같은 부정적 정서는 감소시키기 위한 마인드 컨트롤이나 심리기법 등은 우수선수 및 엘리트 수행자들에겐 보이지 않게 영향력을 행사하는 요소가 되고 있다.

스포츠에서 정서는 규칙과 생각만 있는 흑백과도 같은 경기에 다양한 물감으로 색칠해 놓아 스포츠를 아름답게 수놓는 일을 한다. 또한 스포츠에서 느끼는 정서는 스포츠를 스포츠답게 만들고 스포츠를 인생의 축소판이라고 표현함으로써 스포츠를 통해 인생의 많은 가르침을 전달받을 수 있게도 한다.

단지 공연이나 시합의 멋진 무대와 성공 그리고 경쟁과 승리에서 얻는 성취감과 희열이라는 궁극적인 정서뿐만 아니라, 오랜 기간 특수한 상황 하에서 훈련하고 수행하는 커플댄스를 추구하는 수많은 이들이 가지는 내면의 정서는 인간의 사상과 감정표현을 대표하는 예술로서의 춤의 가치에 보다 깊은 맛을 더하게 할 것이다.

04 길거리에서 춤을

1) 한가슴 네다리 '아르헨티나 탱고'

- 아름다운 선율
하나의 가슴과 네 개의 다리
거부할 수 없는 유혹 -

♪ 아르헨티나탱고 이미지

탱고에 관한 아름답고도 집약적인 표현이다.

탱고는 '상체는 고요, 하체는 전쟁'이라는 말로 표현하기도 한다. 마치 잔잔한 호수에 떠 있는 백조를 연상시키는 표현일 것이다. 남녀 간의 상체간 거리가 하체간 거리보다 가깝기 때문에 상체에서는 고요한 움직임만 있는 반면, 행동반경이 큰 하체끼리는 마치 전쟁을 하듯 화려하고도 절도 있는 움직임을 주고받으며 서로의 존재감을 인식한다. 그러나 때로는 명상하듯 조용히 걷는 정적인 느낌만으로도 충분히 탱고를 표현하는 무궁무진한 몸짓을 보여주는 매혹적인 춤이 바로 탱고이다.

탱고가 아르헨티나에서는 축구 다음가는 수출품이라는 말이 있다. 이러한 말처럼 아르헨티나에서 탱고는 국가경제와 공동 운명체이다.

[Tango]라는 단어에는 흑인들이 춤추던 장소라는 의미가 담겨 있으며, 라틴어 어원 'Tangere'에는 '만지다', '맛보다', '가까이 다가서다', '마음을 움직이다'라는 뜻이 포함되어 있다. 이처럼 탱고는 그 어원에 이미 초기 발생 배경을 담고 있으며, 춤의 특징을 집약적으로 표현하고 있는 것이다.

탱고는 '탱고'라는 춤에 앞서 '탱고음악'으로 먼저 이해할 수 있다. 탱고음악에는 아프리카, 남아메리카, 유럽 등 세 대륙의 전통이 뒤섞여 있으며, 정복과 이민으로 이질적인 문화가 혼합되는 과정에서 각 문화의 토속적인 개성이 모두 담기게 되었다.

탱고음악에서 빠질 수 없는 것이 바로 '반도네온'이라는 독특한 악기이다. 이 악기는 아코디언을 변형한 것으로 이를 고안해 낸 독일인 반트의 이름을 따서 반도네온으로 불린다. 1880년경 탱고 밴드에 합류한 이 악기는 뼈저린 설움과 한을 느끼게 하는 깊고 매혹적인 음색으로 탱고 음악 전체에 큰 변화를 불러왔다. 그 가슴을 파고드는 듯이 길게 늘어지는 특유의 음색이 심금을 울리는데, 이는 탱고를 추는 이들의 마음을 먼저 사로잡고 이어서 그들로 하여금 느낌을 표현하는 춤을 추게 만든다.

♪ 부에노스아이레스 거리의 탱고

탱고를 너무나 좋아했던 비센테 피아졸라는 1921년 3월 10일 만삭의 아내를 이끌고 극장에 가서 탱고 뮤지컬을 관람하는데, 공연이 끝나자마자 아내의 진통이 시작됐고, 다음날 탱고의 역사를 바꾼 아르헨티나의 거장 아스토르 피아졸라(Astor Piazzolla)가 세상에 태어나게 된다.

재즈와 전위적인 클래식 음악이 뒤섞인 그의 탱고 작품들은 탱고계에 하나의 혁명이었다. 춤추기에 적합한 음악이 아니라는 이유로 전통적인 탱고 애호가들의 반발을 사기도 했지만, 1990년대 중반부터 탱고 열풍은 이러한 탱고음악을 필두로 새롭게 전 세계를 휩쓸게 된다.

아르헨티나의 현대사인 '탱고'문화는 범국가적으로 이민을 한창 받아들이던 1880년대 부에노스아이레스의 빈민가에서 처음 출현했는데, 당시 빈민가의 사창가에서 매춘부들을 기다리던 남성들끼리 추었던 춤이 바로 탱고의 발단이었다. 남성이 여성을 포옹한 상태에서 양 다리로 정서를 노출하는 탱고는 내적인 은밀한 감정을 표현한다. 포옹한 상태의 남녀는 하나의 가슴을 이루며, 떨어진 하체로부터 각각 네 개의 다리가 서로 엉키고 풀리며 서로의 정서를 희롱한다.

♪ 아르헨티나 탱고

이렇게 탄생한 탱고는 1910년경까지 음란한 춤으로 정숙한 여성들의 참여를 방해했지만, 도덕률을 무시한 채 탱고에 탐닉한 상류층의 젊은이들로 이루어진 춤꾼과 연주자들이 함께 탱고를 파리와 유럽으로 가져갔다. 이렇게 전 유럽을 매혹시킨 탱고의 열정은 다시 부에노스아이레스로 돌아와 인기와 존경을 한 몸에 받게 되고 하나의 춤 양식으로 자리 잡게 되었다. 이후 1922년 탱고를 좀 더 간편화시킨 새로운 양식의 볼룸 탱고가 출현하게 되고, 한참 후 아스토르 피아졸라에 의해 탱고음악과 재즈와 클래식이 결합된 탱고 누에보(새로운 탱고)로 혁신되었다.

탱고의 폭발적인 인기를 반영하는 몇 가지 사건들이 있는데, 1936년 9월 6일에는 부에노스아이레스의 400주년 기념을 축하하기 위해서 모든 시민들이 거리로 몰려나와 탱고를 추었다고 하며, 또한 1946년부터 아르헨티나의 영부인으로 있었던 에바 페론 즉 에비타가 정열적인 탱고를 선보이자 탱고의 인기는 하늘 높은 줄 모르고 치솟게 되었다. 1952년 에비타가 암으로 사망하기 전까지 아르헨티나의 전역에 수 만 명의 댄서들이 활동하고 있었을 정도였으니 그 인기를 실감케 하는 대목이다.

탱고는 추는 춤인 동시에 보는 춤이다. 둘이 한 쌍을 이루지만 상대를 강하게 의식하고 주시하는 것은 탱고의 유별난 특징이며, 커플 댄스 가운데 강렬한 감정에 기반을 둔 유동적 형태미로 장시간 시선을 집중시키기로는 탱고 이상 가는 춤이 없을 정도이다. 이러한 탱고는 대형 무대 쇼로도 기획되어 1980년대 이후 전 세계를 순회하며 공연한 결과 세계적인 탱고 붐을 일으키게 된다.

오늘날 탱고는 상품화되었다. 볼룸댄스로서, 그리고 판타지아 공연으로서. 그러나 사실 원산지 아르헨티나에서 탱고를 대하는 심경은 상당히 착잡하고도 미묘하다. 탱고는 원산지를 떠나 해외에서 다듬어졌고, 다시 역수입되어 정착되고 또 다시 수출되는 과정을 통해 세계적인 춤으로 자리 잡은 춤이다. 이러한 우여곡절 속에서 탱고는 민족 정체성을 비롯하여 성, 욕망, 계급의 측면에서 갈등을 겪어야 했고, 더욱이 아르헨티나의 혼란스러운 정치와 경제 상황은 이러한 갈등을 더욱 복잡하게 만드는 가운데 민중 가운데 뿌리내리게 된 춤이었다.

이런 사정은 아르헨티나 대통령이 탱고를 유네스코 지정 세계문화유산에 등재하는 운동에 앞장서도록 재촉하게 된다. 2002년 아르헨티나가 맞은 국가부도사태는 1930년대부터의 농산물 수출 부진, 잦은 쿠데타, 대중인기주의, 군부독재, 악성 인플레이션이 누적된 결과였다.

1952년 에비타가 33살에 암으로 죽자 전 국민이 애도하였지만, 그들이 추진했던 페론주의로 인해 결국 국가경제를 멍들게 만들면서 1995년 다시 쿠데타가 일어나게 되고 탱고는 탄압받게 된다. 탱고의 내용이 정치적이지 않음에도, 어떤 상황에서는 정치적이 될 수도 있다. 탱고를 추려고 모이는 집단을 빙자한 집회에 대한 금지도 있었지만, 결국은 페론주의 입장을 위해 탱고를 이용했던 에비타로 인해 탱고는 탄압을 당한 것이다.

그러나 이러한 복잡한 역사적 배경 속에서도 오늘날에 이른 탱고는 그 특유의 반도네온의 음률과 춤이 이루는 묘한 매력 속에 전 세계인이 사랑하는 대표적인 커플 댄스로 자리매김하고 있으며, 다른 어떠한 춤보다도 예술가들에게 많은 영감을 주는 춤으로 존재한다.

우리나라에서도 전문화된 탱고의 진수인 알랭 드 카로가 제작한 [패시네이팅 탱고]와 루이스 브라보의 [포에버 탱고]가 내한 공연되었던 적이 있다. [포에버 탱고]는 화려한 스텝, 높이 올라가는 다리, 넓은 활동반경, 사전에 잘 짜여진 구성 등이 어우러져 관객의 눈길을 사로잡았다. 뿐만 아니라 이 공연에서는 여러 분야가 종합적으로 펼쳐지는데, 탱고가 단순히 춤만이 아닌 음악과 노래, 시 그리고 그 속에서 삶과 사랑을 이야기하는 하나의 아르헨티나 문화임을 보여주었던 공연이었다. 공연 전 분위기 타진을 위해 두 차례 내한했던 알랭 드 카로는 "탱고의 서글프고 깊이 있는 곡조가 한국적 리듬과 정서에도 잘 어울린다"고 표현하였다.

♪ 루이스 브라보의 [포에버 탱고]

'한' 깃든 탱고와 한국무용

흥과 멋을 아는 우리 한국인은 풍류를 알고 즐길 줄 아는 민족이었다. 예로부터 우리민족은 지위고하, 남녀노소에 관계없이 인간의 본능에 의해 소박한 맘으로 우리의 멋을 표현해왔다. 물론 오늘날과 같은 예술이라 보기에는 미흡하고 덜 완성된 듯 거친 부분들이 있지만, 그것 또한 한국인의 여백의 미에 견주어볼 때 대중에 좀 더 가깝게 다가갈 수 있는 따뜻함으로 여겨진다.

우리 민족을 말할 때, '한(恨)' 없이는 뿌리 깊은 정서를 표현할 수 없을 것이다. 슬퍼도 흥겨워도 나라를 빼앗겨도 우리 조상들은 음률과 가락 그리고 몸짓으로 승화시켰다. 한마디 말보다 무언의 몸짓과 애절한 가락으로 만 가지 의미를 전달하는 것이다.

춤의 역사를 돌이켜 보지 않아도 움직이는 춤의 흐름 속에 오늘날 그 민족의 문화와 정서가 고스란히 담겨있음을 알 수 있듯이 언어와 삶의 방식이 달라도 한이 깃든 민족의 춤은 일맥상통한 면이 있음을 느낀다.

여러 댄스문화를 접하면서, 그 나라 민족성이 고스란히 내포된 춤 가운데 대표적인 것이 아르헨티나 탱고임을 알 수 있었다. 한국의 전통무용과 아르헨티나의 탱고는 두 나라가 역사적으로 겪어야 했던 민족의 '한'이 춤 속에 녹아있어서, 보는 사람과 추는 사람 모두 가슴 한편에 사무친 그들의 통곡이 절절이 스며있음을 느낄 수 있다. 음률 또한 심장을 압박하는 듯한 탱고의 반도네온 소리와 한국의 가야금, 대금과 같은 공기를 가르며 몸속에 스며드는 한줄기 가락이 비슷한 정서를 뽑아내는 듯하다.

♪ 명인 아스토르 피아졸라의 반도네온 연주

♪ 명인 황병기 가야금 연주

지금도 아르헨티나 탱고는 그 민족의 정서를 바탕으로 특정한 사람이 아닌 대중에 뿌리내려져, 반도네온이 있고 공간이 있다면 아르헨티나 사람들은 골목마다 곳곳에서 서로의 움직임을 하나로 만들어내기에 여념이 없다. 그러한 정서에 대한 공감은 인간의 근본적인 정서에도 부합되기에 전 세계 곳곳에서도 탱고에 대한 매력은 유감없이 발휘되고 있다.

'한'과 '민족성'을 바탕으로 풍류에 대한 멋과 흥은 무엇에도 뒤지지 않는 우리 민족의 예술은 왜 골목마다 곳곳에서 표현되지 못하는가. 특히 우리 춤의 문화가 대중 가운데 뿌리내리지 못하는데 대한 안타까움은 무수한 춤들이 난무하는 오늘날의 모습에서 더욱 느껴진다. 그러나 우리 것에 대한 우리민족의 재능과 자부심이 존재하는 한 그 불씨가 되살아나리라는 기대 속에 오늘도 예술인들은 한걸음씩 무거운 발걸음을 내딛고 있으리라.

2) 집시의 열정 '플라멩코'

스페인의 작열하는 태양만큼이나 화려하게 빛나는 춤! '플라멩코'는 스페인의 최하층인 집시들에 의해 시작되어 아이러니컬하게도 그 나라를 대표하는 문화아이콘으로 자리매김하고 있으며, 더 나아가 하나의 글로벌한 춤 현상으로서 인종, 국가, 대륙을 초월하여 전 세계를 매료시키고 있다.

집시(Gypsy)는 유럽을 중심으로 이곳저곳을 떠돌아다니며 유랑 생활을 하는 민족이다. 이들은 주로 유럽의 다양한 국가에 흩어져 살고 있지만, 자신들만이 가지고 있는 고유한 문화를 지키면서 잠시 정착한 곳의 문화와 교류하기도 한다. 집시의 기원은 이집트나 인도 배경을 들기도 하는데, 집시가 흑발 혹은 흑안, 황갈색 피부 등의 짙은 피부색을 가졌다는 점과 주술가로서의 명성, 그들만의 독특한 생활, 언어, 유목생활 등을 근거로 하는 이집트 기원설과 집시의 언어가 인도의 방언, 즉 힌두어와 산스크리트어와 유사하다는 점 그리고 집시라는 명칭이 현재 인도에 존재하는 종족인 칭가(Chingar) 혹은 챙가(Cengar)에서 유래한다는 점을 근거로 인도 기원설을 들기도 한다.

집시들은 삶 자체가 자유로운 모습을 하고 있으며 또 여러 다양한 지역으로 쫓겨 다니는 생활 등을 통해 스페인, 루마니아, 터키, 프랑스, 독일 등의 전 유럽지역을 집단으로 이주하고 유랑한다. 이후 역사적으로 계속되었던 집시들에 대한 인종 차별적 편견이 약화되고 노예가 폐지되면서 집시의 인권도 보호받게 되었다. 그들은 처해 있는 상황에 따라,

그리고 그들의 정신세계에 따라 다양한 형태의 삶을 살아가고 있는데, 현재 유럽에 살고 있는 집시는 아직도 미신적이고 유랑생활을 하는 특성을 유지하고 있다.

스페인 남부의 안달루시아 사크로몬테 언덕에서 로마인들이 살기 위해 파놓았던 동굴에 거주하는 집시들은 자신의 신체와 슬픈 처지를 한탄하며 노래와 춤을 추었는데, 그것이 바로 [플라멩코]였다.

♪ 플라멩코

플라멩코(Flamenco)는 스페인을 상징하는 문화로, 일상의 소리로 만든 집시만의 독특한 북과 기타 음악에 맞춰 손뼉을 치고 발을 구르는 춤으로써, 현재는 스페인 남부 안달루시아 지방에서 발달한 집시의 음악과 춤을 지칭한다.

플라멩코 무용수의 손놀림은 연주자가 기타 줄을 긁는 모습과 유사하거나 꽃잎이 떨어지는 모습과 유사한 모양이다. 또한 발레의 폴 드 브라(port de bras)에서 팔꿈치를 원으로 만들어 팔을 흔드는 브라세오(braceo)를 행한다. 그리고 발은 뒤꿈치를 붙이고 양발 끝을 15도 정도로 벌린 상태가 기본인데, 흥이 나거나 음악이 고조되면 무용수는 발바닥으로 바닥을 치며 새로운 음악을 만들어 내거나, 차고, 찍어내는 등 다양한 변화를 통해 음악과의 조화를 꾀한다.

주로 땅과 교감하는 발구르기와 우주와 교감하는 격정적인 팔의 움직임으로 이루어지는데, 남자와 여자가 함께 리드미컬하게 발구르기를 하고 우아하고 매끈한 머리나 허리, 팔과 다리의 춤사위를 매우 정열적이고 격렬하게 표현하다. 때론 정해진 법칙에서 벗어나 무용수가 원하는 데로 케스터네츠를 들거나 박수를 치고 손가락을 튕기는 등의 멋을 부릴 수 있으며, 즉흥적인 동작 또한 가능하다. 이처럼 플라멩코는 크게 세 가지 요소로 이루어지는 종합예술로써, 노래, 기타 연주, 춤이 그것이다.

♪ 스페인 국립 플레멩코발레단

춤으로서의 플라멩코는 남녀노소가 광장에 모여 즐겁게 춤추는 것에서도 볼 수 있다. 그러나 플라멩코는 대부분 전용 공연장이 마련된 카페 등에서 공연되며, 춤 기법의 창조와 발전은 이를 전문으로 하는 직업인들을 탄생시켰다. 플라멩코를 고급 예술화시키려는 노력도 끊임없이 모색되었으며, 예술적인 플라멩코 춤은 다양한 표현방식으로 전 세계의 극장 무대를 휩쓸게 되고 휘황찬란한 무대에 어울릴 수 있도록 좀 더 매끈하고 경쾌한 작업이 이루어지게 된다. 최근에는 룸바, 살사, 팝, 록, 재즈 등을 혼합하여 현대적인 감각의 춤을 만들어내기도 하였다.

플라멩코는 집시로부터 유래된 역사와 전통의 상징이자 자부심이다.

인종 차별을 당하고 노예로 전락해 천대받고 얽매여 살았던 집시의 춤이지만, 이리저리로 쫓기는 보헤미안적인 삶 속에서도 예술로 승화된 춤이 바로 플라멩코이다. 한과 설움이 가득한 플라멩코 칸테(노래)를 부를 때 다듬지 않은 자연 그대로의 소리를 뱃속에서 끌어내는 플라멩코 거장들은 우리나라 판소리 명창들을 떠올리게 하며, 플라멩코 기타와 춤에서는 원초적인 에너지가 넘쳐흐른다.

어느 민족이든 민족의 고통과 슬픔을 담은 춤을 춘다. 그러나 이를 가장 경쾌하고 정열적으로 승화시킨 집시의 춤 '플라멩코'는 세계 속의 아름다운 춤으로 역사 속에 자리매김하고 있다.

3) 거리의 카니발 '삼바'

삼바는 축구와 함께 브라질을 상징하며 혹자는 브라질 그 자체라고도 한다. 오늘날 삼바 춤은 댄스스포츠의 한 종목과 브라질 카니발에서의 춤, 이렇게 두 갈래로 잘 알려져 있다. 물론 댄스스포츠의 삼바는 카니발의 삼바를 변형시켜 정교하게 다듬은 것이다.

♪ 브라질 리우카니발 삼바댄서

삼바를 독립된 장르의 춤으로 전래된 장르로 여기기 쉽지만, 사실 삼바는 브라질이라는 환경 속에서 20세기의 필요에 의해 브라질을 상징하는 장르로 성장했다. 그것은 아프리카-유럽-남아메리카가 브라질의 열대 풍토 속에서 일군 일종의 혼혈품이며, 브라질의 현대문화 자체이기에 그러하다. 1930년대 이후 삼바인들의 노력으로 인기가 높아지게 되고 카니발은 삼바가 인기를 끄는 데 매우 중요한 역할을 하게 된다.

삼바의 유래에 대해 여러 설이 있으나 그 가운데 유력한 것은 아프리카 앙골라와 콩고의 제의 음악과 춤이던 '셈바'인데, 원래 이 춤은 아랫배를 내미는 것이 특징으로서 그런 몸짓은 여성의 매력적인 상냥함과 남성이 여성에게 바치는 경외심을 대변하는 몸짓이었다. 앙골라 흑인들의 춤은 둔부와 배꼽 흔들기를 강조했지만, 오늘날 삼바에서는 둔부 흔들기가 적고 오히려 움직임은 양쪽 다리의 바운스 액션과 복부의 압축운동으로 만들어진다. 강렬한 타악 리듬과 골반 부위의 유연한 동작 그리고 빠른 발놀림 같은 삼바의 특징들은 아프리카의 정서를 그대로 담고 있는 춤이다.

♪ 브라질의 리우카니발 [삼바 축제]

현재의 리우카니발은 초대형 꽃수레와 왜건을 앞세워 하룻밤에 수만 명이 춤과 노래로 경연하고 근 10만 명이 관람하는 거대한 지구인의 축제로 정착되었다. 매년 초부터 브라질 전역에서 다양한 카니발이 열리지만 그중에서 유독 '리우카니발'을 세계적으로 알린 것은 무엇보다도 그 규모의 거대성 때문인데, 그 엄청난 에너지를 뒷받침하는 것이 바로 '삼바학교'이다.

삼바학교가 처음 출현한 다음 해부터 다수의 학교가 출현했고, 이러한 삼바학교를 중심으로 가난한 자들과 흑인들이 삼바세력을 모아가는 와중에 경찰과 당국의 탄압도 적지 않았다. 그러나 1935년 삼바학교가 갑자기 리우카니발의 공식 조직으로 인가받음으로써, 카니발은 백인들 위주의 행사에서 브라질 전체의 행사로 변신하게 된다.

오늘날 삼바축제는 브라질 관광전략에서 핵심적인 비중을 차지하고 있으며, 브라질 국민들이 계층을 불문하고 일평생 출연하고픈 행사로 첫손에 꼽는 것이 바로 '리우카니발'이다.

4) 길거리 댄스 '힙합'

1970년대 미국 뉴욕의 거리에서 시작된 새로운 대중문화가 바로 힙합(hip-hop)이다.

힙합은 원래 미국 도시들의 소외된 흑인들로부터 시작된 음악이며 춤이며 낙서이며 또한 패션이었지만, 현재 전 세계의 젊은이들을 매료시키는 문화로 부상하고 있다.

힙합이 알려지기 시작했을 당시 힙합은 하위문화로 인식되었다. 즉 하위문화는 계급이나 성 그리고 세대 등으로 구분되는 커다란 범주 안에 속하면서 소집단의 독특한 정체성을 반영하는 문화를 의미한다. 그 주체는 노동자나 프롤레타리아, 흑인이나 청년, 동성애자 등과 같은 정부로부터 보호받지 못하면서 사회경제적인 어려움으로 생긴 슬럼(slum)지역과 게토(getto)지역에 살면서 분노와 좌절 및 저항이 기본에 깔려 있는 사람들이었다.

♪ 길거리 댄스 힙합

이들 중 미국 할렘가의 가난한 흑인과 히스패닉계 청소년들은 거리에 낙서를 하며 백인 사회에 대해 비판하거나 풍자하면서 독특한 리듬의 말과 춤으로 자신들의 생각을 전달하는 새로운 힙합 문화를 만들어냈다. 이는 주로 흑인들이 참여했기 때문에 '블랙 르네상스'라고도 한다.

힙합은 1970년대 자메이카 출신이자 비보이(B-Boy)였던 쿨 허크(Kool Herc)에 의해 탄생되었다. 이는 엉덩이를 뜻하는 영어의 'hip'(1960년대 히피를 표현한 형용사이며 1990년대 최신유행에 정통한 신세대라는 의미)과 함께 만세, 뛰다, 들썩이다를 의미하는 'hop'(미국 흑인들이 엉덩이를 튀기면서 걷는 모습을 표현)이 합해진 용어이다.

힙합은 디제잉(DJing), 엠싱(MCing), 그래피티(graffiti), 비보잉(B-Boying)의 4가지 요소를 가지는데, 그 중 비보잉은 곡과 곡사이, 즉 브레이크(break) 부분을 디제이가 반복해서 틀어줄 때 비보이가 장기자랑을 하려고 추었던 춤을 말한다.

청소년들은 길거리의 벽이나 전철역 내부 벽에 스프레이 페인트로 거대한 그림을 그리고 빠른 비트의 음악에 맞춰 그들의 생각과 삶을 이야기하는 랩을 하며 곡예에 가까운 몸동작으로 브레이크 댄스를 추었다. 땅에 끌리는 헐렁한 바지, 눌러 쓴 일자 모자 패션으로 춤을 추는 모습인 것이다. 이러한 그림과 춤, 랩, 브레이크 믹스 그리고 패션이 종합된 힙합 스타일은 신세대 청소년들이 자유롭고 즉흥적으로 자신의 생각을 표현하는 대중문화로 자리 잡게 되었다.

힙합 스타일 중 힙합 댄스는 디제이들이 간주를 틀어줄 때 일정하게 계속되는 음과 소리에 맞추어 독특한 비트와 리듬을 살리는 랩과 함께 춤을 춘 것이 시초였다. 1970년 중반의 마이클 잭슨이 무대 위에서 펼친 팝핀(pop-pin)이나 로봇 춤, '문 워크(Moon Walk)'는 많은 대중들에게 폭발적인 큰 인기를 끌었고, 세계적으로 크게 유행하기도 했다.

대표적인 힙합 댄스에는 거리에서 생겨난 모든 형태의 춤을 말하는 스트리트 댄스(street dance)와 전형적인 초창기 스타일로 브레이킨, 락킨, 팝핀으로 춤을 추는 올드스쿨 힙합댄스 그리고 정형화를 버리고 여러 장르를 섞어서 춤을 추는 뉴 스쿨 힙합 댄스로 나뉜다.

원래 비보잉은 청소년의 탈선과 방황 그리고 그들의 사회 비판을 기반에 깔고 나타난 사회 현상이었다. 그러나 최근에는 비보이의 국제적 명성과 함께 댄스 가수들의 전용 춤이 되어 방송을 통해 많은 대중에게 그 모습이 전해지고 있고 감각적으로 흥을 돋우는 춤으로 사랑을 받고 있다.

힙합 문화에 있어서 가장 큰 이념은 '자유'이다. 자신의 감정에 솔직한 자유, 자신이 생각하는 것을 아무런 제약 없이 표현하는 자유, 어떤 정형화된 틀에도 구속받지 않는 자유이다. 이제 힙합은 하류층 문화가 상류 문화를 압도하며 전 세계적인 젊은 문화코드의 하나로 자리매김하였다. 젊은이들의 공감대를 형성할 수 있었던 힙합의 가장 큰 매력은 아마도 다양한 표출방식과 그 이면에 깔려 있는 이러한 '자유로운 정신'이 아닐까 한다.

♪ [압구정 토끼굴] 그래피티된 터널에서 춤추는 한국의 비보이들

한국에서도 진지한 비보이의 활동이 전문화되고 참여하는 인구가 늘어나면서 국제 경연대회에서 한국의 비보이 그룹이 최고의 그룹으로 평가받고 있다. 미국에서 들어온 힙합문화가 한국의 정서에 맞게 발전되어 이제는 제3의 한류바람을 꿈꾸고 있는 것이다.

우리나라에서는 [비보이를 사랑한 발레리나]를 통해 대중에 힙합이 알려졌다고 해도 과언이 아닌데, 이 극은 광장에서 힙합 공연에 방해를 받던 한 발레리나가 결국 힙합의 흥과 테크닉에 매료되어 힙합의 세계로 합류하고 이로 인해 힙합 청년과 사랑을 하게 된다는 이야기이다.

전 세계인들의 가슴 깊은 곳까지 침투한 이러한 힙합 문화는 우리가 사는 삶의 표현이 되었으며, 우리사회의 표현이 된 문화라 할 수 있다.

♪ 뮤지컬 [비보이를 사랑한 발레리나]

5) 광장에서 다함께 '라인댄스'

라인댄스는 1970년대 미국에서 발생하였으며, 컨트리 앤드 웨스턴 댄스(country and western dance)로도 불린다. 컨트리 음악의 발달과 더불어 발전한 라인댄스는 미국의 서부 개척시대에 여러 명의 남성들이 줄을 맞춰 같은 동작의 춤을 네 개의 방향으로 전환하며 추던 춤에서 기원한 컨트리 앤드 웨스턴 댄스(Country and Western dance)에서 출발하였다. 이러한 라인댄스는 호주로 건너가 정형화되고 부흥되다가 다시 미국으로 넘어와 노인들의 건강은 물론 남녀노소를 위한 범 국민건강생활댄스로 자리 잡으면서 전 세계에 전파되기 시작했다.

라인댄스는 앞줄과 옆줄의 라인을 만들어 춤을 추는 것으로, 라인댄스의 형식은 일군의 사람들이 하나 이상의 라인에서 춤추며 같은 움직임으로 파트너 없이 혼자서 방향을 전환하며 한 음악에 같은 동작을 여러 번 반복하며 추는 댄스이다.

라인댄스는 줄을 맞추어 미리 안무된 동작들로 함께 춤을 춘다. 모두 같이 시작해서 모두 함께 같은 스텝을 하며 음악이 끝나면 춤도 끝난다. 즉 하나의 작품은 같은 안무, 같은 음악, 같은 제목으로 전 세계인들이 공유하고 즐길 수 있다는 특징을 가진 춤의 형태가 바로 라인댄스인 것이다.

오늘날 라인댄스의 막대한 인기는 식을 줄 모르는 열기, 에너지, 추진력과 함께 성장에 성장을 거듭하고 있다. 북아메리카 뿐 아니라 유럽, 아시아에서도 사람들은 수많은 댄스 플로어현장에서 라인댄스의 즐거움을 발견하고 있다.

♪ 라인댄스

우리나라의 라인댄스는 1994년 미국 세계 포크댄스 캠프(Stockton Folk dance Camp)에 한국의 지도자 10명이 처음 참여하면서 소개된 이후 국민건강댄스로서 자리 잡고 있으며, 특히 교육무용, 생활무용으로 그 가치를 크게 인정받고 있다.

최근 우리나라에서는 무겁게만 여겨지는 '한반도, 세계평화 염원'의 메시지가 지역 대학생의 재능과 춤, 노래와 만나 '라인댄스'와 '플래시 몹'으로 재해석 되고 있다. 라인댄스 플래시 몹은 '불특정 다수가 정해진 시간, 장소에 집결해 줄을 지어 추는 군무형태의 퍼포먼스'로, 대경대 실용댄스과 재학생 30여 명이 대구의 중심지인 동성로에서 '한반도, 세계평화'를 기원하는 라인댄스를 추는 플래시 몹 행사를 펼쳐 시민들의 눈과 귀를 사로잡기도 했다.

이 행사는 경북 칠곡군 주최의 '제2회 낙동강세계평화 문화대축전' 사전 행사의 일환으로, 서울과 대구지역에서 동시에 플래시 몹이 진행되었는데, 대학 캠퍼스에서 열풍이 불고 있는 '라인댄스' 동작을 활용해 대구 동성로 한복판에서 세계평화 메시지를 춤과 노래, 공연으로 풀어낸 행사였다. 이날 펼쳐진 라인댄스 플래시 몹은 약 2분 분량의 짧은 공연으로, 오후 4-5시경 불특정 시간마다 동성로 중앙 무대 위에 대경대 실용댄스과 팀이 나타나 플래시 몹 공연을 벌이는 깜짝 행사로 진행되었다. 거리를 거닐던 행인(전공학생들)이 길 한복판에서 라인댄스를 추면서 평화 메시지를 담은 현수막을 펼치는 모습에 많은 시민들이 바삐 움직이던 발길을 멈추고 공연을 관람했다.

한편 가까운 나라 일본 효고현 다카라즈카시의 무코강변에서도 4395명이 라인댄스를 추어 세계신기록을 세웠다. 다카라즈카 가극단 100주년, 시정 60주년을 기념한 이 행사에서 북해도에서부터 오키나와까지 일본 전국 각지에서 모여든 인파가 참여하였는데, 강변에 늘어선 4395명의 길이는 3km에 달했고 시작을 알리는 신호에 일제히 즐거운 환성을 지르며 신나게 댄스를 하였다고 한다. 일본에서의 퍼포먼스 이전에 펼쳐진 광장 라인댄스 인원의 최다기록은 2012년 미국 뉴욕에서의 2569명이었다.

최근 우리나라에서도 눈에 띄는 광장댄스가 있다. 경기도 고양시 정발산역 인근에 소재한 문화공원에서 제68회 광복절을 맞던 8월 15일 오후 5시 '독도는 우리 땅' 플래시 몹 퍼포먼스가 열렸다. 이 행사는 한국예총 고양지회가 주최하고 독도사랑회가 주관해 고양시 10여 개 중·고등학교 학생과 시민 1000여 명이 참여했으며, 참가자들은 독도에 대한 애정과 열정을 담아 '독도는 우리 땅' 노래에 맞춰 춤을 추고 노래를 부르며 영토수호의 의지를 강력히 표현했다.

♪ [독도는 우리 땅] 플래시 몹

[독도는 우리 땅] 플래시 몹은 2012년 '독도는 우리 땅' 노래발표 30주년을 맞아, 독도는 결코 영토 분쟁의 대상이 아님을 전 세계에 알리기 위하여 전 국민 및 재외동포, 특히 대한민국의 미래를 책임지게 될 우리 청소년들을 주인공으로 하는 나라사랑 퍼포먼스이다. 이 광장댄스 행사는 2012년 2월 서울역 광장을 시작으로 부산, 대구, 대전, 광주, 전주, 포항을 비롯하여 전국의 많은 지역 뿐 아니라 해외에서도 동시에 진행되고 있다.

[독도는 우리 땅]은 나라사랑과 국민댄스의 열풍이 어우러진 우리 고유의 댄스문화로 자리 잡은 대한민국 '광장댄스' 문화의 아이콘일 것이다.

문/화/칼/럼/

유희하는 인간의 본질

호이징가는 일찍이 '유희하는 인간'에 대해 피력한 바 있다.

인류의 전 과정 속에서 놀이의 표현 형태를 파악할 수 있는데, 이는 놀이가 인간의 본질이며 동시에 문화의 근원을 이루는 근간이 되기 때문이다.

우리가 여가시간에 여가를 즐기는 개념으로 레크리에이션분야에서 먼저 언급하는 것이 바로 놀이, 게임, 스포츠의 의미이다. 각 분야별로 상이한 바는 있지만, 놀이에서 발전된 형태로서 오늘날 다양한 게임문화와 스포츠문화로의 증대가 이루어짐을 알 수 있다. 게임의 어원이 독일어의 가만(gaman), 즉, '기쁨'이라는 의미인 점은 즐겁고 삶의 활력이 될 수 있는 기쁨에 대한 인간의 소망에서 출발한 것임을 한번쯤 되새길 필요가 있을 것이다. 게임뿐만 아니라 경쟁과 룰, 그리고 승부가 존재하는 스포츠의 경우도 예외는 아니다. 스포츠의 어원가운데 인간에게 위안이 되는 즐거움과 놀이의 뜻을 지닌 영어의 'disport'의 의미도 같은 맥락이 아닐까 싶다.

고대 올림픽의 경우 스포츠는 전사적인 가치를 중요시하였기에 "죽을 때까지 싸운다"라는 고대 그리스제전경기로부터의 모토가 다분히 반영되었음을 역사를 통해 알 수 있다. 그러나 오늘날의 올림픽 경기와 월드컵 그리고 세계적인 하계·동계 스포츠 축제는 우리에게 어떤 의미를 주고 있는가. 붉은 악마를 통해 전 세계에 우리 민족의 기를 보여준 대한민국의 저력이 중요한 것일까. 아니면, 일부 수단과 방법을 가리지 않는 금메달의 수나 승부, 등위 등을 통해 나라의 위신과 파워를 가늠하는 것이 목적인가.

분위기에 휩쓸려 진정한 스포츠와 문화축제의 의미를 망각하기도 하고 시즌이 끝나면 다시 무관심으로 돌아가는 군중들 속에서 상대적인 고독과 공허감을 짊어져야할 현대인에게 필요한 것이 있다.

그것은 따뜻한 승부의 세계이다.

우리는 오색 풍선들이 한가로이 떠다니는 청소년 축제의 현장에서 '유희하는 인간'의 본질이란 어떤 것인가를 느껴볼 수 있을 것이다. 5월 청소년의 달을 맞아 봉화산에서는 올해도 어김없이 봉화산 청소년 축제가 열린다. 고 노무현 대통령 생가로 알려진 진영 봉화산 일대는 이맘때쯤 꿈나무들의 열기가 산 공기를 뒤흔들기에 충분하다. 때로는 승부가 목적이 되고, 상금이 내걸리기도 하는 장면도 있지만, 관객들의 표정과 참가자들의 목소리엔 유희하는 인간 본연의 웃음이 걸려 있다.

중요한 것은 이 날을 위해 짬짬이 시간 내어 준비하는 과정에서 겪었을 청소년들의 노력과 땀방울들이다. 또한 연습 중에 필요한 서로간의 화합과 인내, 그리고 그에 따른 성취감은 그들에게 무엇과도 비교할 수 없는 값진 인생의 상금이 될 것이다. 흥겨운 어른들의 어깨춤 또한 우리 사랑스런 아이들의 멋진 노력이 있었기에 보다 신명을 더하지 않을까 싶다.

우리나라는 각 지방과 지역별로 상징적이며 아름다운 고유의 축제들이 존재한다. 삭막한 현대사회에서 이러한 우리 선조들이 즐겨온 유희방법을 눈여겨보는 혜안도 필요한 때인 것 같다.

IV

생활과 춤

01 둘이라서 즐거운 커플 댄스

1) 인터내셔널 댄스스포츠

오늘날 우리가 댄스스포츠로 알고 있는 춤은 1924년 영국의 무도계에서 학술적으로 이론을 정립한 인터내셔널 댄스스포츠로써, 사교적인 수단이 아닌 스포츠적 요소가 담긴 국제경기대회에서의 활용을 위하여 출발한 것임을 먼저 알 필요가 있다.

댄스스포츠는 17세기 유럽의 궁중무도회에서 사교를 목적으로 남녀가 서로 원을 이루고 파트너를 바꾸어 추는 춤이 그 원형이다. 세계 각 나라에서는 그 나라마다 고유의 민속무용이 있다. 댄스스포츠는 그러한 고유의 민속무용 중 매력적인 댄스를 채택하여 댄스스포츠 종목으로써 전 세계적으로 공통된 도법으로 즐길 수 있도록 만들어진 춤이다.

'춤'이라는 용어는 우리말 표현법이고 서구에서는 댄스(dance), 한자를 사용하는 동양 문화권에서는 무도(舞蹈)라고 표현한다. 또한 여기서 말하는 댄스스포츠는 종주국이 영국이기 때문에 볼룸댄스(Ballroom Dance)라고 칭하기도 한다.

볼룸(Ballroom, 큰방) + 댄스(Dance, 춤), 즉 볼룸댄스는 충분히 넓은 장소에서 추는 춤을 의미하는데, 그 종류와 용도에 따른 구별을 토대로 정확히 이해할 수 있다. 댄스스포츠의 종류는 크게 모던 스탠다드 댄스(Modern Standard Dance, 일명 모던댄스)와 라틴 아메리칸 댄스(Latin American Dance, 일명 라틴댄스)의 두 종류로 나눈다. 모던댄스는 1924년 영국왕실무도교육협회(Imperial Society of Teachers of Dancing, ISTD) 분과위원회에서 5종목을 정립시킨 것으로, 유럽 등지에서 예부터 추어져 왔던 춤이며 형식과 룰이 거의 갖추어진 춤이다. 라틴댄스는 1974년 위의 ISTD에서 역시 5종목을 정립시킨 것으로, 멕시코와 쿠바 등 스페인어를 구사하는 나라들, 즉 라틴계 나라들의 민속춤이 점차 대중화되어 성행된 춤이다.

댄 스 스 포 츠	
모던댄스	라틴댄스
왈츠	룸바
탱고	차차
슬로우 폭스트롯	삼바
퀵스텝	자이브
비에니즈 왈츠	파소도블레

♪ 블랙풀대회 프로모던 수상자

♪ 블랙풀대회 프로라틴 수상자

♪ 블랙풀 경기장

테니스는 윔블던, 골프가 전 영국 오픈이 있다면, 댄스스포츠는 [블랙풀 댄스 페스티발]이 전설적인 경기를 대표한다고 볼 수 있다. 매년 1월에 UK 대회, 10월에 인터내셔널 챔피언십, 그리고 5월에 블랙풀 댄스 페스티발까지가 세계 3대 댄스스포츠대회이다.

블랙풀 대회는 매년 5월 후반부터 6월 초까지 영국의 북서부 도시인 블랙풀에서 열리는데, 여기서 블랙풀은 영국의 한 작은 연안의 도시이름이다. 세계에서 가장 널리 알려진 경기댄스 장소인 블랙풀의 윈터가든에 있는 Express Ballroom의 역사는 바로 경기댄스의 역사이자 중심이다. 이 볼룸은 1차 세계대전 중인 1896년에 완공되었으며, 첫 번째 블랙풀 댄스 페스티발이 열린 1920년 이후 댄스스포츠 경기 역사와 더불어 오늘날에 이르게 된다. 최근 이 대회는 세계 50개국 이상의 국가가 참가하고 있고, 수많은 외국 선수들의 지속적인 유입과 그 확대로 인해 오늘날의 브리티시 오픈 블랙풀 댄스 페스티발로 그 위상을 떨치게 된다. 댄스스포츠 선수라면 누구나 열망하는 꿈의 무대가 바로 블랙풀 대회 참가인데, 최근 우리나라 댄스스포츠 선수들도 블랙풀 대회에 참가함으로써 세계적으로 어깨를 나란히 하는 실력을 가지기 위해 부단히 노력하고 있다.

댄스스포츠는 1987년부터 국제올림픽위원회(IOC) 가입을 추진하게 되고, 1997년 4월 IOC 106차 회의에서 국제댄스스포츠연맹(IDSF)이 IOC회원으로 가입이 되었다. 이어 볼룸댄스라는 명칭보다 댄스스포츠가 더욱 적합하다는 결론을 내리게 되었고, 회원국들에게 댄스스포츠라는 명칭을 사용하도록 권장하면서 그동안 불리어진 볼룸댄스, 스포츠댄스 등에서 [댄스스포츠]라는 용어가 정립되게 된다.

아직 댄스스포츠가 올림픽 공식 경기종목으로 채택되지는 않았지만, 1997년 방콕아시안게임 시범종목, 월드게임과 아시아인도어게임(Indoor Games)의 공식 경기종목이 되었으며, 현재까지 전 세계 52개국에서 댄스스포츠를 자국의 올림픽위원회(NOC)에 가입시키고 있다. 우리나라도 2003년 12월 23일 대한올림픽위원회(KOC)에 준가맹되었다.

이러한 국제적인 춤인 댄스스포츠를 보다 잘 인식하고 즐기기 위해서는 7가지 댄스의 본질((사)한국무도교육협회)과 댄스스포츠의 특성을 기억하고 활용할 필요가 있다.

댄스스포츠의 특성	댄스스포츠의 본질
① 신체의 대근육을 움직이는 스포츠성	① 댄스스포츠는 자연적이어야 한다.
② 음악의 리듬감과 함께 율동하는 음악성	② 댄스스포츠는 음률의 표현이다.
③ 파트너와 호흡을 맞추는 일치성	③ 댄스스포츠는 예의바른 춤이다.
④ 움직임 연결과 표현의 창의성	④ 댄스스포츠는 보이기 위해 하는 것이 아니다.
⑤ 공간사용의 다양성	⑤ 댄스스포츠는 친목도모를 목적으로 한다.
⑥ 아름다운 의상과 정중한 예절을 통한 예술성	⑥ 댄스스포츠는 적당한 운동이다.
	⑦ 댄스스포츠는 남녀노소를 불문하고 즐길 수 있는 긍정적인 운동이다.

○ 모던 스탠다드 댄스(Modern Standard Dance)

모던 스탠다드 댄스에는 5종목이 있는데, 왈츠, 탱고, 슬로우 폭스트롯, 퀵스텝, 비에니즈 왈츠가 그것이다.

모던 스탠다드 댄스는 정적인 움직임이 강조되는 댄스스포츠 분야이며, 남녀가 떨어져서 역동적으로 표현하는 라틴 아메리칸 댄스와 달리 항상 홀드 한 상태로 동작과 감정을 표현하는 춤이다. 낭만적이며 우아한 동작을 표현해야하기 때문에 다양한 자세와 홀드가 필요하지 않으며, 한정된 자세와 한 가지 홀드만으로 표현을 연출해야 하는 특징이 있다.

모던댄스의 대표적인 홀드는 클로즈 홀드(close hold)로서 가장 기본이 되는 자세를 취하게 되는데, 댄스 플로어의 일정한 방향으로 진행하며 춤을 추는 특성(Line of Dance : LOD, 시계반대방향)을 가지고 있기 때문에 커플간의 상호 협동성과 에티켓이 강조되는 측면이 있다. 서로 오른쪽 갈비뼈 아랫부분이 마주 접한 상태로 춤을 계속해야하는 특징 때문에 초보자들이 익숙해지기까지는 시간이 걸리기도 하지만, 익숙해지면 두 사람의 상체와 팔이 하나가 되어 움직이게 되고 남녀가 리드를 주고받는 무언의 댄스가 완성될 수 있다.

왈츠(Waltz)

왈츠는 모던 5종목 가운데 가장 기본이 되는 춤으로서 우아하고 아름다운 인체의 곡선을 표현함과 동시에 인간의 서정적인 감정을 잘 표현하는 '모던댄스의 꽃'이라고 할 수 있는 춤이다. 또한 전 세계적으로 사랑받는 커플 댄스로서 가장 인기 있는 종목이 바로 왈츠이다.

왈츠란 독일어로 '파도치듯 떠오르고 내려간다'는 뜻을 가지고 있는데, 라이즈 앤 폴의 과정을 물 흐르듯 유연하면서도 부드럽게 표현하며, 느리고 우아한 형태를 지니고 있는 춤이다.

이러한 오늘날의 슬로우 왈츠는 19세기 초 처음 소개되었을 때 빠르게 회전을 하는 춤이었다. 그러나 1차 세계대전 이후 미국에서 발생한 새로운 리듬에 영향을 받아 오늘날의 빠른 비에니즈 왈츠와 슬로우 왈츠로 나뉘게 된다.

모던 왈츠는 영국에서 만들어 졌기 때문에 잉글리쉬 왈츠라고도 하는데, 실베스터(Victor Silvester)가 댄스경기에서 템포를 두 배로 늘려 느린 템포로 춤을 추어 1등으로 입상한 것이 계기가 되어 알려지게 되었고, 이후 슬로우 왈츠(slow waltz)로 불려 지게 된다.

왈츠는 기본적으로 상승(rise)과 하강(fall)이 지속적으로 수반되어야 하는데, 이는 왈츠를 보다 더 기품 있고 우아한 춤을 만드는 동작의 특성이기도 하다. 왈츠의 음악은 4분의 3박자로 첫 번째 박자에 강한 악센트가 있으며 1분간 대략 28~30소절의 템포로 추어진다.

탱고(Tango)

탱고는 모던 5종목 가운데 가장 남성적인 춤으로 절제된 움직임을 강조하는 춤이다. 초기의 탱고는 라틴댄스에 가까운 특징을 지닌 아르헨티나 탱고에 기초를 두고 있지만,

현대의 모던댄스인 탱고는 그 동작의 특성이 완전히 다른 탱고로 자리 잡게 된다. 탱고는 유럽 춤에 큰 기여를 해 온 스페인 사람들의 비상한 무용능력에 힘입은 바가 크다. 1910년 탱고가 등장하자 춤의 열풍이 일어났는데, 모든 계층의 사람들이 이에 휩쓸렸다고 한다.

탱고 춤의 특징은 남녀 모두 양 무릎과 발목을 굽혀 중심을 낮게 하여 워크를 하며, 라이즈와 폴은 하지 않는다. 음악의 특징을 살리기 위해 풋 워크(foot work)와 몸의 움직임이 민첩하게 스타카토로 행해지며, 또한 동작이 크고 화려한 댄스로서 헤드 턴(head turn 또는 head flick)을 많이 사용하는 것이 특징이다. 이 춤이 영국에 도입되면서 더욱 세련된 춤(Continental Tango, 유럽탱고)으로 발전하였으며, 낭만적이며 이국적인 춤으로 누구에게나 사랑받는 레퍼토리로 자리매김하게 된다.

모던댄스 중 유일하게 무빙댄스가 아닌 탱고의 특징은 남녀 홀드에서도 나타나는데, 몸을 최대한 밀착하여 양팔을 굳게 홀딩하는 특유의 탱고홀드법이 있다. 음악은 4분의 2박자로 각 박자에 모두 악센트가 있고, 리듬의 특징은 음이 끊어지는 듯한 스타카토(staccato)에 있으며, 1분에 대략 33~34소절의 템포로 추어진다.

슬로우 폭스트롯(Slow Foxtrot)

폭스트롯의 트롯은 고대 독일어의 '스텝을 밟다'라는 트로톤(trotton)에서 파생된 말이며, 모던 5종목 중 스텝이 가장 길고 부드럽게 미끄러지듯이 움직이는 춤으로 동작을 서두르지 않고 편안하게 조절하면서 추어야 아름답게 표현할 수 있다.

폭스트롯의 원형이라 할 수 있는 쓰리스텝(three step)이나 투스텝(two step)이라는 춤의 장르는 영국의 캐슬부부에 의한 캐슬워크로서 체계가 이루어졌다. 이후 뉴욕의 해리 폭스에 의해 대중화되는데, 이에 그의 이름을 따서 폭스트롯이 탄생하게 된다. 당시 이 춤은 오늘날과 같이 느린 것이 아니라 빠른 템포로 추어서 대중에게 큰 인기를 누리지 못하고 사라졌다가 1927년경 오늘날과 같이 특유의 느리고 길게 끄는 듯한 템포의 슬로우 폭스트롯으로 개칭되어 대중에게 보급되었다.

물거미가 걷듯, 교활한 여우가 사냥감을 향해 살금살금 걷는 느낌을 춤으로 표현한 것이다. 라이즈 앤 폴이 있는 슬로우 폭스트롯은 왈츠처럼 상승과 하강동작이 많이 강조되지 않는 흐름의 춤으로 발놀림과 몸의 반작용 그리고 기울기(스웨이, sway) 등이 남성과 여성의 걷는 듯한 움직임을 위해 강조된다. 음악은 4분의 4박자로 음악적인 악센트는 1박과 3박에 있고, 동작적인 악센트는 스텝의 2보에 있으며, 1분에 대략 28~30소절의 템포로 춤을 춘다.

퀵스텝(QuickStep)

'환희의 춤'인 퀵스텝은 모던댄스 중 가장 경쾌한 리듬과 빠른 스텝을 가진 춤으로 밝고 즐거운 분위기를 표현한다. 달리고 뛰뛰면서 하는 동작의 특성 때문에 커플의 호흡이 절대적으로 필요한 춤 가운데 하나이다. 이 춤은 20세기 초 해리 폭스에 의해 알려진 빠른 템포의 폭스트롯을 퀵스텝 음악에 맞추어 추게 된 것에 기인하여, 오늘날 모던댄스의 퀵스텝으로 정립되었다.

퀵스텝은 빠른 음악과 스텝을 리드미컬하게 추면서 무릎을 낮추고 펴는 동작, 몸의 상승과 하강을 많이 하지 않지만 발놀림, 몸의 반작용과 기울기 등은 남성과 여성이 빠른 스텝을 하면서 춤을 추기 위해 강조된다,

이 춤은 영국 스타일의 대표적인 춤으로 숙련되고 곡예적인 베리에이션 동작을 통해 다른 춤에서는 볼 수 없는 특징이 있으며, 템포가 빠르기 때문에 라이즈 앤 폴은 가능한 적게 활용하여 순발력 있게 춤을 추는 것이 중요하다. 음악은 4분의 4박자로 2박과 3박에 악센트가 있으며, 1분간 50소절 정도의 템포로 춤을 춘다.

비에니즈 왈츠(Viennese Waltz)

비에니즈 왈츠는 무빙댄스(moving dance) 또는 글라이딩 댄스(gliding dance)라고도 하는데, 우아하고 아름다운 프로방스 지역의 민속무용에서 유래한 이 춤은 렌들러 무곡(요한 스트라우스 부자의 작품)보다 빠른 비엔나 왈츠곡이 탄생되어 오늘날의 모습을 갖추게 되었다.

모던 5종목 중 가장 스텝의 수가 적은 춤으로 무도회장의 벽을 따라 우아하고 아름다운 곡선을 그리며 빠르게 회전하는 댄스로서 위에서 내려다보면 빙글빙글 돌아가는 꽃잎들(여성들의 아름답고 풍성한 드레스에 의해)의 축제와 같은 향연을 보여주는 춤이다,

경쾌함과 우아함을 동시에 보여주는 이 춤 또한 양쪽으로의 회전을 번갈아 하며 라이즈와 폴을 최소화 하여 움직인다. 비에니즈 왈츠의 음악은 4분의 3박자로 1분간 약 60소절의 템포로 춤을 추게 된다.

♪ 모던 스탠댄드 댄스 프로선수들

문/화/칼/럼/

리듬에 몸을 맡기며

댄스는 원칙적으로 예술의 한 형식으로 복잡한 기법과 원리를 통해 발전해왔다. 특히 음악을 수반하는 댄스분야는 습관의 한 형식이고 결국 그 기법은 개별 기법으로 귀착되면서 개인적 표현에 의해 좌우되어왔다. 현대적 기법의 경향은 스탠더드 댄스(모던댄스)에서 오픈 톱 홀드와 라틴 아메리칸 댄스에서 〈1&a〉타이밍의 바디리듬을 강조한다. 넓은 의미에서 댄스음악은 춤을 추기위한 음악이며, 모든 형식의 댄스는 리듬과 함께 생성, 발전, 소멸을 거듭하게 된다.

리듬은 매우 복잡하고 다양한 개념으로 어떤 사물이 규칙적으로 반복되는 현상인데, 주로 인간의 감성을 통해 지각되고 인식되며 속도감, 강약, 박자감 등으로 이해할 수 있다.

우리가 흔히 들을 수 있는 리듬을 표현하는 방법으로는 느린 리듬을 대표하는 〈슬로우-S〉와 빠른 리듬을 표현하는 〈퀵-Q〉으로 카운트 하는 방법이 있으며, 4/4, 2/4, 3/4 박자 등에 따른 원, 투, 쓰리 카운트기법 또한 흔히 들을 수 있는 방법이다.

댄스스포츠를 조금이라도 경험한 이들에게 아주 익숙한 카운트이면서 댄스리듬을 익히는데 아주 중요한 것이 바로 위 카운트를 분할하는 방법에 익숙해지는 것이다. 슬로우든 퀵이든 123카운트이든, 매 박자에는 앤(and, &)과 아(a)의 타이밍이 존재한다. &은 1/2박이며, a는 1/4박인데, 라틴에서 흔히 쓰이는 박자인 〈4&1〉은 1/2, 1/2, 1이며, 〈1a2〉는 3/4, 1/4, 1의 박자로 구성된다.

대부분 취미와 운동의 개념으로 쉽게 댄스를 접하는 일반인들에게 이러한 박자의 개념이 쉽게 피부에 와 닿기까지는 오랜 반복적 연습과 인지가 뒤따라야 한다. 어떤 경우에는 박자에 대한 부담감으로 댄스의 진정한 묘미를 깨닫기 전 딜레마에 빠지는 경우를 보게 되는데, 시간이 지난 후 박자감이 근육에 인지되어 반사적으로 표현되는 즈음에 이르면, 엇박자의 개념과 &카운트 a카운트의 사용이 있기에 댄스스포츠만의 매력이 있음을 비로소 느끼게 되는 것이다.

댄스스포츠 경기에서 흔히 볼 수 있는 장면가운데 현란한 춤의 패턴이 퇴색되는 경우 중 첫 번째 원인이 박자와 리듬의 부재이다. 댄스스포츠의 경우 음악적 요소의 매치는 필수라서 박자감의 결핍은 표현의 치명적 결함이 될 수 있으며, 현란한 기법이라도 음악과 조화되지 못한 액션은 자칫 절룩거리는 걸음걸이인양 어색함을 유발한다. 박자감의 부재는 간혹 프로에 가까운 수준급 선수에게서도 발견되는데, 기술과 표현이 다이내믹한 경지에 이른 선수라도 타고난 박자감이 부족할 때 안타까움을 금할 길 없다. 과연 그 선수는 자신의 표현과 리듬감의 일치에서 오는 조화를 느끼며 춤을 추는 것일까. 만일 음악을 당당하게 느끼지 못하고 자신이 느끼고 싶은 리듬대로만 표현한다면 아쉽게도 댄스스포츠의 정상에 도달하기란 거의 불가능하다.

댄스스포츠 특히 라틴 아메리칸 댄스에서 룸바와 차차차의 경우 2카운트에 출발하여 1카운트에 한 소절이 완료되는 엇박자의 개념이 존재하는 리듬의 특징이 있다. 어긋나는 듯 출발하는 리듬과 동작이 일치될 때 나타나는 이 춤만의 파워풀한 액션과 춤의 포인트가 이러한 춤의 핵심이 된다는 것을 먼저 이해한다면, 댄스스포츠 라틴의 진정한 매력에 한걸음 더 다가가는데 도움이 될 것이다.

○ 라틴 아메리칸 댄스(Latin American Dance)

라틴 아메리칸 댄스에는 룸바, 차차, 삼바, 자이브, 파소도블레 5종목이 있다.

정적인 동작을 표현하는 모던댄스와 달리 라틴 아메리칸 댄스는 자유롭고 다양한 홀드와 자세를 이용하여 여러 가지 동작을 역동적으로 표현할 수 있는 춤이다. 특히, 인체의 모든 근육이 서로 다른 움직임을 가지는 가운데 조화로운 동작을 연출해야하는 특징이 있어서 개인적인 동작훈련이 선행되면 보다 멋진 커플 댄스를 표현할 수 있다. 라틴댄스는 대부분 스폿 댄스(spot dance)로서, 춤을 추는 진행방향이나 위치에 특별한 제한이 없이 출 수 있는데, 삼바와 파소도블레의 경우 춤의 특성상 모던댄스와 같이 일정하게 진행되는 라인오브댄스(LOD)의 형식을 취한다.

모든 라틴아메리칸 댄스가 라틴 아메리카에서 탄생된 것은 아니다. 자이브는 미국의 스윙댄스에서 출발했으며, 파소도블레는 스페인의 민속무용에서 기원했다. 따라서 지리학적 지역으로의 해석보다 라틴계의 유럽 문화와 아메리카 대륙의 남미 문화에서 기인한 춤을 영국이 경쾌한 라틴음악에 맞추어 실외에서 추던 춤들을 새로운 실내댄스로 개발하였고, 이것이 오늘날과 같은 형식을 갖춘 라틴아메리칸 댄스로 발전한 것이다.

상체와 하체의 각 부분이 서로 다른 움직임으로 하나의 조화로운 동작을 이끌어내는 특징을 가진 라틴댄스는 근육의 긴장과 이완의 원리를 통해 근력, 순발력, 유연성, 조정력을 발달시켜야 효과적인 동작을 수행할 수 있다. 또한 모던댄스와 달리 팔의 움직임이 고정되어 있지 않고 자유롭게 사용할 수 있는 특징이 있는데, 몸의 움직임과 함께 팔의 동작이 함께 적절히 이루어져야 춤을 완성할 수 있다. 라틴댄스에서 팔 동작(arm action)의 기능은 먼저 민첩하고 깨끗한 동작을 표현하며 정리된 동작을 표현하는 것이다. 그리고 춤을 출 때 몸의 균형을 유지하고 절제된 표현을 하는데 도움을 주며, 회전을 돕고 속도를 빠르게 하는 역할을 하는 것이 바로 팔 동작이다. 라틴댄스에서 팔 동작을 적절히 사용하면 전체적인 춤의 매력을 더욱 상승시키게 된다.

룸바(Rumba)

룸바는 남녀가 서로 사랑을 나눈다는 내용이 포함되어 있는 춤으로 매우 환상적인 리듬과 동작을 가졌으며, 여성이 여성다운 춤을 표현할 수 있게 하는 대표적인 춤으로써, 라틴 5종목의 가장 기본이 되는 춤이기도 하다. 봉고와 마라카스 등의 특수한 타악기가 자아내는 열대 분위기와 함께 정열적이고 서정적인 음률이 매우 로맨틱하다. 따라서 룸바는 사랑을 노래하는 '라틴 아메리칸 댄스의 꽃'이라 할 수 있다.

이러한 룸바는 라틴 아메리카의 열대 기후인 사바나 지역의 전형적인 춤으로써, 16세기경 아프리카에서 노예로 끌려온 흑인들이 힘든 노역을 할 때 북장단에 맞추어 움직이던 동작이 룸바의 근원이 되었다. 당시 노예들이 도망치지 못하게 착용하게 했던 발목의 무거운 쇠사슬 때문에 소리 내지 않고 발을 움직여 걸어가는 동작에 북장단 리듬을 맞추었는데, 쇠사슬 때문에 발을 좌우 3보 밖에 움직일 수 없었다고 한다. 그래서 룸바의 기본 스텝이 3보로 구성된 것이다.

오늘날의 룸바는 1930년경 현재와 같은 형태로 정리, 보급되었으며, 본래의 토속적인 룸바와는 다른 형태로 발전되었다. 룸바의 음악은 4분의 4박자로 기본동작은 3보로 구성되어 있으며, 마지막의 1카운트는 스텝을 하지 않고 힙 무브먼트를 강조하는 특징이 있다. 룸바는 이 마지막 박자에서 실질적인 스텝 없이 체중만을 한발에서 다른 발로 옮기는 동작으로 인해 매우 감각적인 춤으로 발전하게 된다.

춤에서 강조되는 악센트 박자는 4박에 있으며, 음악적인 강한 표현은 첫 박자 1에 있고, 1분간 대략 27~30소절의 템포로 춤을 추게 된다.

차차(Cha Cha)

차차는 쿠바에서 유래되었고, 빠른 템포의 맘보보다 조금 느리게 발전한 춤으로 라틴댄스에서 가장 인기 있는 종목이다. 차차는 라틴종목 중 가장 최근에 발생했으며, 룸바처럼 봉고나 마라카스 같은 타악기의 연주에 맞추어 추는 매력적인 리듬의 춤이다. 이 춤은 라틴 아메리카만의 밝고 경쾌한 분위기를 가지고 있는데, 동작의 구성 또한 개방적인 라틴 아메리카의 민족성을 표현하고 있으며, 정확하고 강한 비트의 역동적인 움직임이 특징적이다.

차차의 음악은 4분의 4박자이며, 4박자 동안 스텝은 5개를 하게 되고, 기본 카운트는 2, 3, 4 & 1 으로 구성된다. 룸바와 거의 흡사한 몸동작에서 샤세 동작을 통한 차차차 카운트를 표현하는 것이 특징으로 마지막 카운트인 1에 악센트가 있다. 1분간 약 28~30소절의 템포로 춤을 춘다.

자이브(Jive)

자이브는 뉴욕 하렘이란 흑인 거주 지역에서 재즈 음악의 일종인 스윙리듬에 맞추어 처음으로 추어진 춤이며, 댄스스포츠를 처음 접할 때 가장 쉽고 빠르게 익힐 수 있는 종목이다. 춤은 특징적으로 매우 빠른 음악과 함께 도약적이며 익살맞은 춤으로, 관람하는 것만으로도 흥을 돋우는 춤이라 할 수 있다. 탁구공을 튕기는 듯한 동작인 자이브 바운스(jive bounce)를 표현해야 하며, 라틴 5종목 가운데 가장 경쾌하고 빠른 템포를 구사한다.

이 춤은 1954년까지는 재즈(Jazz), 스윙댄스(swing dance) 혹은 지터벅(jitterbug) 등으로 호칭되었는데, 이러한 지터벅이 세계적으로 파급되어 유행한 것은 세계 제2차 대전 중에 미군들이 주둔지에서 많이 추었던 관계로 인해 그 지역의 사람들이 따라 추게 되면서 부터이다. 오늘날 자이브라는 공식 명칭은 1950년 영국무도교사협회에서 승인하면서 불리게 되었다.

자이브는 빠른 분절음의 베이직 샤세(chasse)를 가지고 있으며, 샤세에서 리드하는 발은 그 발의 볼 높이만큼 유지시키고, 끌리는 발은 바닥에 평평하게 유지하여 '문 워크(moon walk)'라 불리는 시각적 환영을 만들어 낸다. 이것으로 인해 댄서들은 무게를 전혀 느낄 수 없는 매력적인 자세를 갖게 되었다. 자이브는 라틴 5종목 가운데 가장 많이 볼 밸런스(ball balance)를 필요로 하는 춤으로써, 샤세 베이직을 통해 빠른 음악(rock'n roll)을 소화할 수 있는 것이 특징이다.

자이브 춤의 특징은 주로 샤세를 의미한다. 자이브의 샤세는 풋워크와 타이밍이 차차의 샤세와는 많이 다르다. 차차의 샤세가 4&1 – 1/2, 1/2, 1박 이라면, 자이브의 샤세는 Qa Q – 3/4, 1/4, 1박의 박자로 춤을 추는 차이점이 있다. 자이브의 음악은 4분의 4박자로 음악 한 소절이 2박자이다. 첫 박자에 음악 악센트가 있으며, 2박과 4박에 타격하는 악센트가 있다. 1분간 약 40~46소절의 템포로 춤을 추게 된다.

삼바(Samba)

삼바는 강렬하고 정열적인 생동감 넘치는 브라질의 춤으로 리우카니발 축제는 전 세계적으로 유명하며, 지금도 브라질에서는 삼바학교가 번창할 정도로 사랑받는 춤이다. 삼바는 브라질의 흑인계 주민들 사이에서 집단 댄스의 일종으로 시작되어 1910년대에는 대중적인 댄스 음악의 흐름을 타고 발전하였으며, 1950년대에는 영국의 마거릿 공주에 의해 더욱 인기를 모으게 된다. 삼바는 한정된 공간에서 추는 스폿 댄스가 아닌 LOD로 진행하면서 추는 라인오브댄스의 형식을 가진 춤이다. 힙의 앞뒤 움직임과 몸이 상하로 움직이는 삼바 바운스가 특징인데, 이 삼바의 바운스는 복부의 움직임으로 압축되기 때문에 실질적으로 인체의 바운스 액션은 거의 두드러지지 않게 된다. 이러한 삼바 바운스는 무릎, 발목, 발의 굴신과 힙의 전후, 좌우 롤링동작을 사용하며 복부의 압축으로 바운스 업(up)이 일어나게 되는 동작이다.

삼바 기본 동작에서 바운스가 있는 동작은 1a, 2a..로 카운트되며, 바운스가 없는 동작은 슬로우, 퀵, 퀵(S, Q, Q)으로 카운트된다. 삼바 음악은 원래 4분의 2박자지만, 오늘날에는 음악에 따라 4분의 4박자로 추어지기도 한다. 1분에 약 48~50소절의 템포로 춤이 이루어진다.

파소도블레(PasoDoble)

파소도블레는 스페인에서 유래된 춤으로 기본 스텝과 리듬은 행진곡 형식이고 남성은 투우사, 여성은 투우나 케이프(망토)의 역할을 표현하는 춤으로써, 댄스스포츠를 접할 때 가장 마지막에 익히게 되는 춤이다.

파소도블레는 에스파냐어로 파소(paso)는 영어의 스텝(step)을 도블레(doble)는 영어의 더블(double)을 의미하는 것으로 '두 개의 스텝'이라는 의미이다.

파소도블레는 삼바와 더불어 LOD 방향으로 진행되는 라인오브댄스이며, 춤의 형식과 내용은 투우경기의 장면을 극적으로 묘사하고 있다. 1920년대 에스파냐의 투우장에서 연주되기 시작한 행진곡풍인 파소도블레의 음악은 투우사들이 투우장에 입장할 때 연주되는 행진곡으로, 에스파냐에서 유럽으로 전파되어 많은 사람들에게 사랑받았다.

파소도블레의 걸음걸이는 상체가 움직이지 않는 상태에서 발목을 이용하여 신체의 중심을 이동하게 되며, 힙에 긴장을 주고 가슴을 위로 스트레칭 시킨 상태에서 직립된 자세를 취하고 움직이게 된다. 또한 발바닥을 구르며 스타트하는 동작에서의 박진감은 남성 댄서를 중심으로 극적인 효과를 나타내는 특징을 보여준다.

파소도블레의 음악은 4분의 2박자로서 첫 번째 박자에 악센트가 있으며, 1분간 약 60~62소절의 템포로 연주된다.

♪ 라틴 아메리칸 댄스 프로선수들

라틴의 마력(魔力)

댄스스포츠의 매력은 직접 경험해 보지 않은 사람일지라도 쉽게 공감하고 이해할 수 있는 부분이 많다. 배우고 익히기엔 다소 까다로운 부분이 없지는 않지만, 그것 또한 댄스스포츠에 대한 도전 의식과 성취욕을 불러일으키기에 필요충분 요소가 될 것이다.

처음 댄스를 접할 때는 대부분 리드미컬하면서 운동도 많이 되고 또 짧은 시간에 쉽게 익혀 즐겁게 춤추기가 용이한 라틴댄스를 선호한다.

형식적인 면에서는 커플의 형태를 취하기에 자칫 포크댄스(Folk Dance) 같은 액션이 되기도 하지만, 생활스포츠로서 남녀노소를 막론하고 더불어 즐겁게 춤추는 가운데 활력과 건강증진까지 도모하는 가치를 지닌 댄스스포츠의 효과로 볼 때, 뜀박질하는 포크댄스 같으면 또 어떠한가. 중요한 것은 즐거움이다. 즐겁게 춤추는 가운데 조금씩 향상되는 내 모습도 발견할 수 있고 파트너를 배려하는 여유까지도 느끼면서 댄스의 매력에 푹 빠지는 길로 접어들 수 있다.

이제는 댄스의 종목들도 대중들 가운데 매우 익숙하게 언급되고 있다. 댄스를 몰라도 룸바, 차차차는 혀끝에 맴돌기도 하는 것이다.

국제규정 종목으로서 댄스스포츠의 라틴 아메리칸 댄스는 총 5종목으로 구성된다. 가장 느리며 사랑을 노래하는 라틴의 꽃 '룸바'를 비롯하여 룸바의 액션을 기본으로 맘보의 리드미컬함과 스타카토를 가미한 매력적인 '차차', 미국 흑인문화에서 비롯된 재즈와 스윙의 흐름을 경쾌하게 표현한 '자이브', 그리고 오늘날 그 유명한 세계적인 축제의 상징으로 대표되기도 하는 브라질의 '삼바', 마지막으로 스페인의 투우경기를 상징으로 하여 플라멩코의 매력적인 동작이 돋보이는 파워풀한 '파소도블레'가 라틴 아메리칸 댄스의 5종목이다.

외형적인 느낌의 라틴은 말 그대로 정열적이며, 매혹적이다.

지중해의 뜨거운 태양 빛 속에서 만들어진 듯 건강히 빛나는 구릿빛 피부의 반짝이는 몸짓은 인간이 낼 수 있는 가장 섹시하며 원초적인 감동을 뿜어내기에 충분하다. 리듬 또한 심장을 깨우는 강렬한 비트가 역동하는 움직임과 더불어 하나가 되어 공간을 꽉 채운다. 각양각색의 화려한 의상이 플로어를 수놓고 있지만, 눈이 부신 조명과 반짝이는 의상도 인간만이 가진 섬세한 근육들의 살아있는 꿈틀거림 앞에서는 한낱 소품에 불과한 듯하다.

실제로 경기대회를 통한 댄스스포츠 라틴은 편안히 자리에 앉아서 눈동자만 부지런히 움직이다가는 많은 것을 놓치고 만다. 멋진 선수들의 액션과 눈빛에 이끌려 자신도 모르게 플로어 가까이 몰려들게 되는데, 그 수많은 인파들 속에서 좀 더 가까이 멋진 액션들을 눈에 담고자 또다시 파고드는 관객들의 모습 또한 낯선 풍경이 아니다.

'마력'이다. 예술인들에게 있어서, 특히 몰입하는 예술과 스포츠의 세계는 피나는 고통과 흘린 땀방울이 강을 이루듯 인고의 시간이 거듭되는 자신과의 싸움의 끝없는 연속이다. 그러나 '나를 끌어들이는 마력' 즉, 무대에서만 느낄 수 있는 카타르시스의 경험은 또다시 예술가들에게 인고의 시간들을 끊임없이 반복하게 만든다. 아울러 이 신비한 마력은 현장에서 관객들에게까지 전염되어 그들을 또한 기꺼이 자리에서 일어나게 만들고 있는 것이다.

2) 라인클래식 커플 댄스

라인댄스는 기본적으로 혼자서 추는 솔로의 형태를 지닌 춤이며, 그 춤을 여러 사람이 열을 지어 춤을 추는 형식의 컨트리댄스라고 할 수 있다, 그러나 세계적인 컨트리댄스는 그 출발부터 대중적이며 상호협동으로 효과를 발휘하는 춤의 특성을 가지고 있기에, 소셜댄스(Social Dance)의 역사와 함께 각 국의 댄스스타일을 가미하여 오늘날의 라인댄스 문화로 발전하게 되었다.

♪ 라인클래식 커플 댄스 '웨스트코스트스윙'

역사적으로 세계 소셜댄스의 역사는 커플 댄스의 역사라고 볼 수 있다. 때문에 라인댄스 또한 소셜댄스의 영향으로 커플 또는 파트너댄스 부분까지 널리 추어지고 사랑받고 있는 것이다.

이러한 라인댄스에는 파트너 없이 혼자 추는 형식 외에 남녀가 2인 1조를 이루어 추는 '커플 댄스(couple dance)'와 남녀가 2인 1조로 추거나 여자끼리 또는 남자끼리 2인 1조로 춤을 추되 여자가 남자동작 또는 남자가 여자동작을 수행해야 하는 '파트너댄스(partner dance)'가 있다. 댄스스포츠의 커플 댄스와 같이 모든 커플 댄스의 경우처럼 라인댄스의 커플 댄스 분야도 공통적인 남녀 간의 역할과 기본 매너 그리고 정해진 동작 방법이 존재한다. 그러나 라인댄스에 속하는 커플 댄스의 종류는 역사적으로 많은 이들에게 사랑받고 널리 추어졌던 커플 댄스의 원류가 많이 적용되어 있어서 특히 동양권과 우리나라에서는 매우 익숙지 못한 장르의 춤들이 존재한다. 그러나 기본 동작과 함께 라인댄스 솔로 작품을 익히면서 자연스럽게 커플이나 파트너 댄스에도 도전해 본다면 또 다른 세계적인 댄스의 매력을 느끼게 될 것이다.

라인댄스의 커플 또는 파트너댄스에 속하는 각각의 댄스는 솔로 또는 커플 둘 다 춤을 추기에 가능하다. 원래 커플 댄스로 시작한 장르의 춤을 혼자서도 즐길 수 있도록 만든 것이 라인댄스의 또 다른 큰 특징이자 매력인데, 솔로댄스로서 각 부분의 동작을 먼저 익힌 후 커플 댄스에 적용한다면 솔로와 커플 댄스라는 두 가지 스타일의 매력적인 춤을 모두 즐길 수 있다.

커플 댄스는 두 사람이 조화를 이루어 한사람이 움직이는 것처럼 매끄럽게 진행되어야 하는데, 댄스스포츠와 같은 방법으로 리드와 팔로우의 기능에 대해서 충분한 이해와 많은 연습이 요구된다.

라인댄스의 커플 댄스에는 8가지 종목의 춤이 있다. 다음은 오늘날 체계화된 라인클래식 커플 댄스 종목과 기본타이밍이다.

라인클래식 커플 댄스

종목	기본타이밍
트리플 투스텝(Triple Two Step)	1,2 3&4 5&6
폴카(Polka)	1&2 3&4 5&6 7&8
나이트클럽 투스텝 (Nightclub Tow Step)	1-2& 3-4& 5-6& 7-8&
차차(Cha Cha)	2 3 4&5 6 7 8&1
왈츠(Waltz)	1 2 3 4 5 6
투스텝(Two Step)	qqs s 또는 qqs qqs 또는 qqqqs s
이스트코스트 스윙 (East Coast Swing)	1&2 3&4 5 6 또는 1&2 3 4 5&6 7 8
웨스트코스트 스윙 (West Coast Swing)	1 2 3&4 5&6 또는 1 2 3&4 5 6 7&8

3) 소셜 라틴댄스

오늘날 전 세계적으로 널리 알려지고 오랜 시간 끊임없이 추어지고 있는 댄스가 바로 라틴댄스일 것이다. 역사적으로 소셜댄스 문화에서 볼 수 있듯이 여기에서도 커플 댄스의 매력과 더불어 정열적이고 이국적인 라틴의 매력이 세계인들의 공감을 이룬 이유를 알 수 있다.

라틴 음악의 매력은 춤을 추지 않는 이에게도 열정을 불러일으킬 정도로 깊고도 경쾌한 리듬이다. 특유의 악기인 봉고드럼에서 울리는 리듬은 심장의 고동소리와 흡사한 깊은 울림으로 인간의 본능을 일깨우며, 마라카스의 소리 또한 삶에 지친 이들에게 휴식과 활력을 주는 매력으로 다가온다. 이는 누구에게나 공통적으로 어필되는 라틴만의 마력이다.

♪ 마라카스

♪ 봉고드럼

가끔 댄스스포츠의 라틴댄스와 일반 소셜 라틴댄스를 혼동하는 경우가 있다. 댄스스포츠 라틴에 속하는 종목인 차차, 룸바, 자이브, 삼바 등은 국제규정종목으로 체계화된 라틴댄스이며, 선수권 대회의 지정종목으로 추어지는 인터내셔널 라틴댄스라고 할 수 있다. 그 외에 우리가 흔히 알고 있는 살사, 맘보, 메렝게, 바차타 등의 춤들은 소셜 라틴댄스로서 전 세계에 널리 알려져 있는 춤이며 이 또한 라틴댄스이지만, 댄스스포츠 라틴 아메리칸 댄스에는 속하지 않는다. 그러나 지구상의 수많은 사람들이 이런 소셜 라틴댄스를 생활 속에서 즐기며 추고 있다.

젊은 층에게 상대적으로 인기를 얻고 있는 소셜 라틴댄스는 댄스스포츠 라틴댄스와는 달리 비교적 동작과 스텝에 관한 규칙이 자유로우며, 의상에 대한 부담이 적고 춤을 추고 배울 수 있는 비용 또한 저렴하다. 젊은 대학가의 작은 바에서 언제든지 쉽게 배우고 즐길 수 있다는 점에서 실제적으로 대중에 보다 더 가까운 댄스문화가 바로 소셜 라틴댄스일 것이다.

○ 맘보(Mambo)

♪ 맘보

맘보는 룸바에 재즈가 섞인 라틴 아메리칸 음악의 하나로서 그 음악에 맞추어 추는 춤을 의미한다. 맘보 음악은 1940년대 쿠바 태생의 피아니스트 겸 지휘자이며 작곡가인 프라도(Prado, Perez)와 그 악단에 의해 창작되어 보급되었고, 우리나라에서도 1960년대에서 1970년대 사이에 크게 유행했다.

1940~1950년대는 라틴 재즈의 전성기였으며, [맘보]와 [차차]라는 새로운 음악장르가 출현해 작은 섬나라 쿠바가 다시 한 번 음악 수출로 전 세계를 재패한 시기였다. '맘보'라는 단어가 처음 쓰인 것은 1931년 오레스테 로페스가 작곡한 곡의 제목에서였는데, 이 시기는 대도시마다 라디오 방송국 개국이 한창일 때여서 쿠바의 리듬이 전 세계로 펴져나가기에 유리한 여건이 조성돼 있었다. 쿠바의 전통적인 리듬에 모던 재즈의 하모니와 주법을 도입한 맘보라는 형식이 제대로 확립된 것은 1943년 피아니스트이며 작곡가였던 페레스 프라도에 의해서였다. 맘보의 강렬한 음색과 시원한 리듬은 1948년경 멕시코를 거쳐 미국에서도 '맘보열풍'을 일으켰는데, 프라도는 무엇보다도 기존의 쿠바 음악을 연주하던 타악기 위에 트럼펫, 트롬본, 색소폰 등의 금관악기를 덧붙여 음악의 색체감을 살리면서 듣는 이들을 매료시키게 된다. 이러한 음악과 춤이 1950년대 중엽에 우리나라에도 들어와서 선풍적인 인기를 끌게 된다.

○ 살사(Salsa)

라틴댄스의 대명사처럼 불리는 [살사]는 '쿠바리듬의 총체'라고들 한다. 쿠바의 리듬에 재즈(jazz), 솔(soul), 로큰롤(rock'n'roll) 등의 요소를 혼합한 라틴 음악이라고 알려져 있는

♪ 살사

'살사'는 사실 어떤 특정한 리듬이 아니라 하나의 틀인데, 이는 음악적, 문화적, 사회적 틀이라고 말하기도 한다. 살사는 단순한 한 가지 리듬이나 춤의 이름이 아니다. 이는 라틴 아메리카의 모든 나라에 살사가 있고 각 지역마다 그 나름의 특수성을 띤 다양한 형태의 살사가 존재하기 때문이며, 살사가 자라난 토양이 카리브 해 11개국 41개 섬에서 태어난 100가지 이상의 다채로운 리듬으로 이루어져 있기 때문이다.

살사의 결정적인 발전은 1950~1960년대에 뉴욕으로 이주한 쿠바와 푸에르토리코 음악가들에 의해 이루어졌다. '살사'라는 단어는 원래 '소스(sauce)'라는 뜻으로, 삶의 의욕과 정열을 일깨우는 카리브 해의 매콤한 맛의 소스가 바로 살사이다. 그러나 음악과 춤으로서의 살사는 한 가지 맛의 소스 라기보다는 다양한 양념과 향신료로 버무린 '샐러드'라 할 수 있다.

살사의 기본동작은 남녀가 마주서서 맞잡은 손을 밀고 당기며 퀵-퀵-슬로우의 스텝을 밟는 것으로 출발한다. 손을 엇갈려 잡은 채 복잡한 턴을 선보이는 응용동작으로 가면 춤은 더욱 아름답고 열정적인 분위기를 전달하게 된다.

뉴욕에서 발전한 살사는 지역의 특성에 걸맞게 현대적이고 도시적인 성격을 지니게 되나, 사실은 유럽과 아프리카의 수백 년에 이르는 춤의 전통에 그 뿌리를 두고 있다. 또한 아르헨티나 탱고처럼 살사도 쿠바 뒷골목의 어둠과 빈곤층의 삶의 애환을 춤에 담고 있다.

전 세계에 열풍을 일으킨 살사는 많은 영화에도 등장하여 관객의 눈을 사로잡고 춤의 매력을 전달하였는데, 특히 우리나라에서도 페트릭 스웨이지 주연의 [더티 댄싱]이라는 영화에서 주인공 커플이 추는 살사를 통해 살사 댄스의 매력을 접할 수 있었으며, 또한 라틴 음악의 열기와 함께 세계적인 스타가 될 수 있었던 '살사의 제왕'인 가수 리키 마틴의 노래를 통해서도 살사와 라틴 음악의 매력이 더욱 알려지게 된다.

♪ 영화 [더티 댄싱]

○ 메렝게(Merengue)

오늘날 살사 댄스 다음으로 인기를 얻고 있는 춤 중의 하나가 바로 [메렝게]이다.

메렝게는 달걀흰자와 설탕으로 만드는 거품과자를 뜻하는데, 달걀흰자와 설탕을 휘젓는 일 자체를 뜻하기도 한다. 이 춤을 출 때 남성이 여성을 달걀거품 내듯이 계속 빙빙 돌아가게 해주기 때문에 붙은 이름이라고도 한다.

도미니카 공화국과 아이티, 푸에르토리코 등에서 사랑받는 이 춤은 원래 도미니카 공화국의 카니발 행렬에 쓰이던 음악 '탐보라'에서 비롯되었는데, 템포가 무척 빠르고 타악기의 리듬이 경쾌해 이 음악을 듣고 있으면 누구든지 어깨나 발을 움직이고 싶어진다.

이 춤은 1950년대부터 메렝게 음악과 함께 유럽과 미국으로 퍼져나가면서 오늘날과 같은 스타일의 춤으로 변형되어 왔다.

"걸을 수만 있다면 메렝게를 출 수 있다"고 말한다. 그 정도로 배우기가 쉬운 간단한 춤이어서 파티나 모임에서 이 음악이 나오면 따로 메렝게를 배우지 않아도 옆 사람의 동작을 보면서 어울려 출 수 있을 정도이다. 춤을 추는 사람은 모두 동의하듯이 음악이 좋고 리듬에 공감하며, 춤추고 싶은 마음이 더욱 상승된다고 느낀다. 메렝게 음악은 누구나 춤추고 싶게 만드는 매력이 있는 것이다.

♪ 메렝게

○ 바차타 (Bachata)

♪ 바차타

[바차타]라는 용어는 일반인에게 매우 생소한 용어일 것이다. 그러나 라틴음악이나 춤에 조금이라도 관심이 있는 사람 가운데 '바차타'를 모르는 사람은 없다.

바차타도 역시 도미니카 공화국이 원조인 음악과 춤이며, 미국의 랩(rap)형식처럼 가난하고 가진 것 없는 사람들의 서글픈 음악에서 출발하였다.

1960년대 도미니카 공화국의 빈민가에서 바차타 음악이 처음 등장했을 때, 방송과 주류 음악가들과 상류사회 사람들은 이 음악을 철저히 무시하고 모욕했다고 한다. 알코올 중독이나 섹스, 여자들의 고민거리와 남자들의 과시를 다루는 바차타의 가사들을 천박하게 여겼기 때문이었다. 그러나 메렝게의 거장이기도 한 후안 루이스 구에라가 [바차타 로사]라는 엘범으로 1992년 그래미상을 받으면서 비로소 바차타 음악은 국제적인 인정을 얻게 된다.

바차타 춤은 매우 감각적이고 관능적이다. 룸바와 비슷하게 느리고 유연하고 관능적인 움직임으로 감성의 밑바닥을 건드리기 때문에 더욱 춤에 빠져들게 된다. 어떤 느낌으로는 맘보와 탱고 그리고 룸바를 혼합한 듯한 춤이라고 하는 이 바차타는 유럽 국가 중에서는 이탈리아와 스페인에서 폭발적인 인기를 얻고 있으며, 독일을 비롯한 북유럽에서도 차츰 상승세를 보이고 있다.

♪ 매년 여름마다 열리는 라틴 페스티발 [부산 해운대 해변살사]

4) 커플 댄스를 돋보이게 하는 에티켓

커플 댄스는 자연스러운 표현을 바탕으로 삼고 있으며, 자유와 제어가 수반된 세련되고 우아한 움직임으로 표현되어야 한다. 남녀 두 사람이 일체가 되어 자연스럽고 아름답게 행해지기 위해서는 상호간에 지켜야 할 기본예절이 동반되어야 할 것이다. 전 세계 어디서나 언어와 문화가 다르더라도 댄스 기본을 알고 있는 사람이라면 누구나 당당하고 쉽게 춤을 청하고 춤을 출 수 있는 것이 바로 커플 댄스 문화이지만, 그렇기에 더더욱 숙지하고 지켜야할 기본

에티켓이 바탕이 되어야 멋진 춤을 통해 상호 긍정적인 교류로 소통하게 될 것이다. 커플댄스는 각각의 댄스에 따라 기본적인 춤의 방법을 달리 하지만 공통적으로 지켜야 할 부분이 있다. 아래의 각 항목을 통해 춤을 추기에 앞서 문화인으로서의 댄스 예절을 먼저 숙지해 보자.

➤ 먼저 참석한 댄스행사나 파티에 어울리는 단정하고 깨끗한 복장을 착용한다.

➤ 드레스코드를 미리 제시받은 경우 그 코드에 따른 의상을 착용하는 것이 예의이다.

➤ 몸을 청결히 하고, 음식을 조심하도록 하여 상대방에게 불쾌한 느낌을 주지 않도록 한다.

➤ 댄스 플로어에서는 기본적으로 춤의 형식에 맞는 댄스화를 착용하는 것이 좋다.

➤ 춤을 청할 때, '함께 춤을 추시겠습니까'와 같은 문구를 사용하면 무난하다.

➤ 춤 신청은 누구에게나 가능하지만, 반드시 기본적인 격식을 지켜 청하고, 상대 여성을 플로어로 에스코트해서 춤을 춘 다음 곡이 끝나면 제자리로 에스코트하도록 한다.

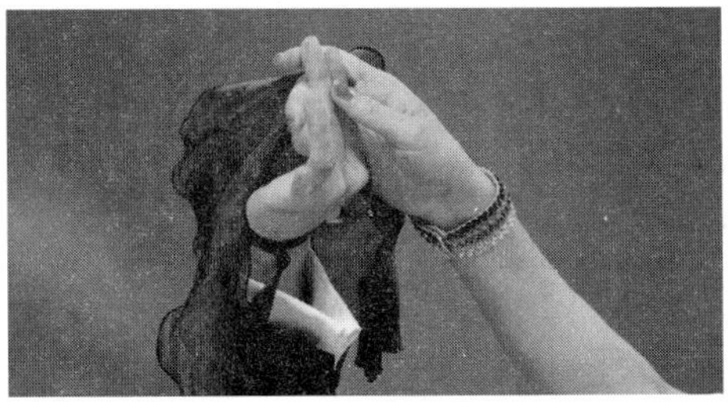

➤ 기본적으로 댄스를 임할 때, 타인의 인격을 존중하고 댄스 시작 전에 반드시 가벼운 목례로서 파트너에게 경의를 표한다.

➤ 파트너의 댄스 실력을 고려하여 호흡을 맞추도록 노력해야 한다.

➤ 춤추는 공간을 적절히 활용하며, 다른 커플의 진로를 방해하는 일이 없도록 한다.

➤ 특정 파트너를 혼자 독차지하지 않도록 한다.

➤ 다른 사람의 파트너에게 춤을 신청할 때에는 먼저 그 여성의 파트너에게 응분의 예의를 지키도록 한다.

➤ 동행한 파트너가 있다면, 그 파트너와 최소한 처음과 마지막 곡을 함께 하도록 한다.

➤ 춤을 추는 동안 언성을 높이거나 거친 대화를 하지 않도록 한다.

➤ 한번 춤을 시작하면 음악 한 곡이 끝날 때까지 춤을 추도록 한다.

➤ 불가피한 사정으로 춤을 중단할 경우, 상대에게 먼저 양해를 구하고 타인에게 방해가 되지 않도록 하여 플로어에서 퇴장한다.

➤ 여성이 남성에게 춤을 신청 받으면, 특별한 사정이 있는 경우 합당한 이유를 설명하고 거절하도록 하지만, 대체적으로 춤을 응하는 것이 예의이다.

➤ 가까운 지인이나 동호인 사이에서는 여성이 춤을 신청할 수 있다.

➤ 여성이 잠시 쉬고 싶어서 춤을 거절한 경우, 그 여성은 최소한 한 곡이 끝날 때까지 다른 파트너의 제안을 받아들이지 않는다.

➤ 댄스파티에서 춤을 추는 동안 상대방을 지적하거나 가르치려 들지 않는다.

➤ 춤을 출 때 진행방향으로 이동하는 춤일 경우 반드시 시계반대방향(LOD)으로 진행한다.

➤ 일단 댄스 플로어에 들어서면 상대 파트너에 대한 배려와 함께 다른 커플들에 대해서도 배려하는 마음을 갖는다.

♪ 커플 댄스 기본자세 – 영화 [댄스 위드 미]

문/화/칼/럼/

댄스스포츠의 예절과 댄스문화 에티켓

춤은 멋지게 추기만 하면 되는 것인가?

커플 댄스에 있어서 미의 극치는 물론 궁극적으로 유려하게 플로어를 가로지르는 커플이 그려내는 영상일 것이다. 그러나 국제규정종목으로서 댄스스포츠의 경기적 요소와 함께 댄스스포츠의 근간을 이루는 큰 가치 가운데 하나는 바로 남녀노소를 막론하고 즐겁게 춤추는 가운데 얻을 수 있는 활력과 심신의 건강을 얻을 수 있는 평생스포츠로서의 의미에 있다.

또한 알지 못하는 사람들과 처음으로 만나는 현장인 댄스파티에서 서로가 자연스러운 분위기 속에 안면을 틀 수 있는 가장 멋진 매개체가 바로 커플 댄스이며, 부부나 가까운 지인들이 춤추는 가운데 사교와 친목을 자연스럽게 도모하는데 있어서도 좋은 역할을 하는 것이 바로 국제적인 커플 댄스일 것이다. 그러나 이러한 커플 댄스의 특성이 돋보이기 위해서는 선행되어야할 상호간의 기본 에티켓이 존재한다.

춤을 추기에 앞서 상대방을 배려하고 예의를 가지는 심신의 준비는 항상 몸에 밸 수 있도록 해야 하며, 평상시 연습과정에서부터 춤에 대한 좋은 습관의 인지는 매우 중요하다.

다음은 몇 가지 갖춰야할 댄스스포츠에 대한 예절이다.

먼저 춤 출 때는 몸을 청결히 하며, 체취나 구취에 신경을 써야 한다. 복장은 단정히 하고 정장을 하는 것이 원칙이다. 여성이 바지나 타이트한 스커트를 착용하는 것은 실례이며, 신발은 댄스화를 반드시 착화한 후 플로어에 들어가야 한다. 춤은 먼저 남성이 예의바른 공손한 말씨로 신청하며, 여성이 남성의 신청을 받았을 때는 답례가 분명해야 한다. 즉, 사절할 경우에는 공손한 말투로 합당한 이유를 말하여 남성의 체면을 세워줘야 하는 것이다. 일단 응낙하게 되면 음악이 끝날 때까지 다른 사람과 춤을 추거나 중단해서는 안 되며, 아는 사이에서는 여성이 남성에게 춤을 신청할 수도 있다. 이 때 남성은 반드시 응하는 것이 도리이며, 여성을 플로어까지 에스코트하고 춤이 끝나면 다시 제자리까지 에스코트해서 파트너가 되어 준 것에 감사를 표해야 한다. 부부 또는 동행이 있는 여성에게는 먼저 상대남성의 허락을 받고, 동행한 남성이 다른 사람과 춤을 추고 있는 경우에는 직접 청해도 무방하다. 파트너와 동행했을 때는 첫 곡과 마지막 곡은 반드시 본인의 파트너와 추는 것이 기본 예의가 된다.

무도회 즉 댄스파티에서는 여러 사람과 즐기며 사교와 유쾌한 분위기를 만드는 데 모두가 협조해야하며, 한 상대와만 계속해서 추기를 원한다면 다른 장소에서 추는 것이 좋을 것이다. 왜냐하면 무도회란 여러 사람의 사교와 교제를 위한 장소이기 때문이다.

그리고 초청자가 있는 파티일 때는 여성은 남자주인, 남성은 여주인에게 춤을 청하는 것이 예의이다. 춤을 출 때는 파트너가 틀렸다고 그 자리에서 지적하거나 가르치는 것은 삼가야 하며, 춤의 방향(LOD-line of dance)을 지켜 다른 커플의 진로를 방해해서는 안 된다. 앞을 잘 주시하고 남성이 잘 볼 수 없는 경우에는 여성이 손으로 등이나 팔을 눌러서 알려주는 것이 좋다. 댄스에서는 남성이 리더이고 여성은 팔로워이다. 그러므로 여성이 남성을 리드하는 것은 큰 실수가 되며, 결코 바람직하지 못하다.

커플 댄스의 매력은 바로 남녀 각자의 포지션에서 자신감 있고 즐거운 맘으로 주어진 역할을 수행할 때 그 매력을 충분히 느낄 수 있으며 궁극적으로 멋진 댄스가 만들어 지는 것임을 이해하자.

02
함께하면 즐거운 컨트리 라인댄스

1) 다함께 즐기는 라인댄스

[라인댄스]는 '컨트리댄스', '컨트리 라인댄스', '라인댄스' 등의 명칭으로 알려져 있는데, 정확한 명칭은 그 유래와 발달의 의미에서 보면 '컨트리댄스'가 옳은 표현이다. 그러나 우리나라에서는 이미 '라인댄스'라는 명칭이 널리 알려져 있고, 세계적으로도 라인댄스의 명칭이 익숙하기에 통상 [라인댄스]로 명명하도록 한다.

'라인댄스'는 문자 그대로 앞줄과 옆줄의 라인을 만들어 함께 춤을 추는 것을 말하며, 라인댄스의 형식은 일군의 사람들이 하나 이상의 라인에서 춤을 추며 같은 움직임을 하는 것이다. 또한 라인댄스는 파트너 없이 혼자서 방향을 전환하며 한 음악에 같은 패턴의 동작을 여러 번 반복하여 추는 공통적인 특징을 가진 춤이다.

넓은 의미의 라인댄스는 춤추는 장소에서의 벽(4개의 벽, 4wall)을 따라 시계반대방향으로 진행하며 추는 모든 춤을 의미하며, 좁은 의미에서의 라인댄스는 미국에서 기원하여 발전한 컨트리 웨스턴 댄스(Country & Western Dance)를 의미하는데, 일반적으로 라인댄스라 함은 방향을 전환하며 한 음악에 같은 동작을 여러 번 반복하여 추는 댄스를 통칭한다고 이해할 수 있다. 대표적인 예로는 미국 서부개척 시대에 술집에서 남자들이 줄을 맞춰 같은 동작의 춤을 추며 4방향으로 방향을 전환하며 추던 춤이 여기에 속한다. 또한 댄스스포츠 종목에서 벽을 따라 시계 반대 방향으로 진행(CCW, Count Clock Wise / LOD, Line of Dance)하는 모던 5종목과 라틴댄스의 삼바, 파소도블레도 넓은 의미의 라인댄스 형식으로 볼 수 있다.

라인댄스의 기본적인 특징은 열을 지어 함께 즐기는 춤의 형식을 가지고 있지만, 전체적인 라인댄스의 스타일로는 커플 댄스(couple dance), 컨트라댄스(contra dance), 서클댄스(circle dance) 등의 다양한 형태로 안무되어진 작품을 즐길 수 있다.

각각의 댄스는 작품이름이 정해져 있으며 동작의 순서가 정해져 있고, 일련의 동작의 조합으로 구성된 패턴을 음악이 끝날 때까지 반복해서 추게 된다. 이러한 형태의 작품은 라인댄스 안무가에 의해 창작되어지는데, 같은 음악, 같은 안무, 같은 제목의 작품을 전 세계인이 어느 나라 어느 장소에서도 함께 즐길 수 있는 특징을 가진 인터내셔널 댄스라고 할 수 있다.

라인댄스는 기본적으로 걷는 동작의 스텝 위주로 구성되어 있기 때문에 특별히 상체나 팔의 움직임에 신경 쓰지 않더라도 스텝과 스텝의 연결로만 음악에 맞춰 즐겁게 춤출 수 있다는 점에서 누구든지 쉽게 접근할 수 있는 대중무용으로서의 특성을 가지고 있다. 또한 각자 실력과 기능에 따라 정해진 스텝과 더불어 상체의 움직임과 팔 동작을 자연스럽고 멋지게 연출할 수 있다. 따라서 자기표현을 위한 인간의 본능과 욕구를 충족시킬 수 있다는 점과 자유로움과 창의성 그리고, 개성을 표현할 수 있는 춤이라서 더욱 매력이 있다.

라인댄스는 인체에 무리를 주지 않는 적절한 강도의 신체활동이다. 인체의 각 부분의 근육의 움직임을 고르게 사용하여 리듬에 따라 자연스럽게 움직이는 가운데 신체 근력의 발달이 도모되는 남녀노소 누구에게나 적합한 운동이라는 점이 특히 강조된다.

따라서 대중문화로써 그리고 심신의 건강과 활력을 도모하기 위한 운동기능과 함께 사회성 함양에도 도움이 될 수 있고 나아가서는 국제적인 댄스문화의 흐름에도 동참할 수 있는 매우 가치 있는 춤의 분야가 바로 라인댄스이다.

대부분의 국제적인 댄스가 그러하듯이 라인댄스에 사용되는 동작 용어나 스텝 명칭, 그리고 방향과 각도에 대한 용어들도 국제적으로 약속된 용어들을 사용한다. 따라서 어느 정도 라인댄스 작품을 익히게 되면 자연스럽게 그러한 용어와 동작의 방법 그리고 지시하는 방향 등을 인지하게 된다. 비록 언어와 문화가 다른 전 세계인이 한자리에 모여 있더라도 함께 즐기고 춤추면서 소통하기에 부족함이 없는 인터내셔널 사교문화로서의 역할을 할 수 있는 것이 바로 오늘날의 라인댄스 문화일 것이다.

현재 라인댄스의 막대한 인기는 식을 줄 모르는 열기, 에너지, 추진력과 함께 성장과 성장을 거듭하고 있다. 북아메리카 뿐 아니라 유럽과 아시아에서도 많은 사람들이 다양한 댄스 플로어에서 라인댄스의 즐거움을 발견하고 있으며, 크고 작은 행사나 국제대회 개최를 통해 기량의 증진 및 나라간의 교류 또한 활발하게 진행되고 있다.

이처럼 라인댄스는 인기 있는 레크리에이션 활동으로서 세계적으로는 컨트리 웨스턴 바, 소셜 클럽, 그리고 볼룸, 심지어는 야외광장 등에서 광범위하게 행해지고 있으며, 볼룸댄스나 댄스스포츠, 스윙, 살사 등과 같은 커플 댄스에서 골칫거리였던 남성과 여성의 불균형 문제를 해소하면서도 또 다른 춤의 카타르시스를 맘껏 표출하는데 부족함이 없는 춤으로 각광받고 있다.

♪ 한국컨트리댄스협회 라인댄스 파티 강습현장

2) 라인댄스의 유래와 발달

현재 대부분의 댄스는 민속무용(folk dance)에서 발전한 것으로 컨트리댄스 역시 미국에서 생겨나 발전된 것이지만 그 뿌리는 유럽 특히 영국, 스코틀랜드, 프랑스, 독일, 스페인 등지에서 발생한 민속무용에 그 기원을 두고 있다. 1800년대 중반에 시작된 컨트리댄스의 근원은 영국 등의 궁정무용을 계승해서 커플로 추는 것이었다.

그러면 라인댄스는 언제부터 추어졌던 것일까? 거기에 대해서 정설은 없지만, 1977년 [Tush Push]라는 작품이 라인댄스로 인정되면서 부터라고 알려져 있다. 일설에는 1970년대 후반에 크게 히트한 영화인 'urban cowboy'가 라인댄스 창작의 계기를 만들었다고 전해지는데, 물론 받아들인 동작은 그 이전부터 추고 있는 것이 많았다. 어쨌든, 현재 라인댄스의 형식이 정해진 것은 이때부터인 것으로 알려진다.

1900년대 초, 라인댄스는 파트너 없이 추는 특징으로 인기를 누리게 되는데, [Gilley]와 같은 라인댄스를 추는 컨트리 전문 댄스홀이 여기저기 출현하였다. 처음에는 여성에게 인기가 나타나면서 결과적으로는 남성들도 합류하게 되는데, 많은 사람들이 자동차의 라디오에서 컨트리 프로그램을 선택해서 듣게 되었으며, 컨트리 나이트클럽도 가게 되고, 댄스 대회에 참가도 하게 된다. 한 번 발을 들여놓게 되면 빠질 수밖에 없는 댄스의 마력이 여기서도 발휘되어 광적인 댄스 마니아들이 생기게 된 것이다.

1900년대 후반에서 2000년대에 걸쳐 춤의 주류는 팝 음악에 의한 것으로 약간의 변화가 라인댄스 클럽에도 나타나게 된다. 이것은 모든 연령층의 사람들을 위한 춤 형식에 관심을 새로이 하는 계기가 되어 오늘날 남녀노소 누구나 함께하는 다양한 리듬과 형식의 라인댄스로 발전하게 된 것이다.

1970년대 후반에 크게 히트한 존 트라볼타 주연의 "saturday night fever"와 1980년대 초에 히트한 영화 "urban cowboy"가 라인댄스 창작의 계기를 만들었다고 전해지는데, 당시 전 세계를 강타한 춤의 열풍이었던 '디스코'는 잠깐 동안의 붐으로만 끝나지 않고 라인댄스에도 큰 영향을 미치게 된다. 1980년대 말경까지 존 트라볼타는 댄스애호가들의 스타로서 계속 군림하였으며, 우리에게도 잘 알려진 1994년에 개봉된 영화인 [펄프 픽션]에서 주인공 우마 서먼과 존 트라볼타의 트위스트 춤 장면은 아직도 대표적인 춤의 명장면으로 전 세계 관객들에게 기억되고 있다.

♪ 1977년 영화 [saturday night fever]의 존 트라볼타

♪ 1994년 영화 [펄프 픽션]의 배우 우마 서먼과 존 트라볼타

현재 미국에서 라인댄스는 카우보이 댄스 또는 웨스턴 댄스, 컨트리 댄스라는 이름으로 불리며 노인들의 복지를 위해 장려하는 건강댄스로 추어지고 있는데, 거의 팔과 몸동작이 없는 스텝 위주의 댄스로 구성되어 누구나 부담 없이 즐기는 댄스로 자리매김 하고 있다.

많은 라인댄스 작품들이 라인댄스 전문 잡지인 Line Dancer's Magazine이나 전문 인터넷 사이트를 통해 보급되어지고 있으며, 우수한 라인댄서를 매년, 매월 선정하여 상을 수여하며 알리고 있다.

컨트리댄스가 한국에 처음 소개된 것은 1994년 미국 포크댄스 캠프(Stockon Folk Dance Camp)에 한국의 지도자 10명이 처음 참여하면서부터 포크댄스 형식으로 알려지게 되었다. 이후 다른 새로운 댄스들이 도입되면서 시들해졌다가 '한국라인댄스협회'의 육완순 회장이 2007년 3월 LA한인라인댄스협회장을 초청, '제1회 라인댄스 지도자 강습회'를 개최하면서 본격적으로 컨트리 라인댄스를 보급하게 된다. 현재까지 많은 단체에서 라인댄스라는 이름으로 컨트리 라인댄스의 기본방식을 가지고 다양한 장르의 댄스와 혼합하여 보급하고 있지만 보다 체계적이고 검증된 형태의 라인댄스가 육성되고 보급되기 시작한 것은 불과 10년도 채 되지 않는 짧은 기간이었다. 이후 '한국컨트리댄스협회'와 '대한라인댄스협회' 등의 노력으로 전문지도자들의 세계선수권대회 참가가 이루어졌고 괄목할만한 성적을 거둠으로써, 한국의 라인댄스 위상을 세계에 알릴 수 있었다. 현재에는 대회참가를 통한 국제적인 성과와 교류에 힘입어 라인댄스 전문지도자 양성이 활발하게 이루어지고 있으며, 라인댄스의 세부적인 분야와 동작 방법 등에 관한 연구 또한 활발하게 이루어지고 있다.

오늘날 한국의 라인댄스는 정통적으로 국제적인 교류를 통한 체계적인 교육과 연구를 통해 지도자를 양성하는 '전문가와 협회를 통한 라인댄스'와 라인댄스의 기본형식을 차용하여 보다 다이내믹하고 다양한 장르의 댄스와 혼합하여 '인터넷 동호회 및 살사댄스 동호인을 대상으로 전파되고 있는 라인댄스'의 두 가지 형태로 라인댄스 보급이 이루어지고 있다.

물론 전자의 경우는 국제적인 댄스로서 전 세계인이 즐기고 소통하는 대중문화로서의 올바른 댄스 보급과 나아가서는 교육무용의 차원에서 전국의 교사들을 대상으로 하는 연수를 통한 학교교육의 일환으로 체계적으로 보급되는 경우이다. 후자의 경우는 춤 자체에 대한 즐거움과 운동 그리고 시대에 유행하는 가요나 가수들의 안무나 리듬의 흐름에 편승한 일회성을 지닌 운동으로서의 댄스로 좀 더 젊은 층에게 보급되어 영유되는 특성을 가지고 있다.

또한 현재에는 인터넷과 모바일의 활용으로 인하여 매우 빠른 속도로 새로운 라인댄스가 전파되고 있으며, 라인댄스만을 전문으로 즐기는 동호인들도 증가하는 추세이다. 반면 너무 다양한 안무의 최신 방송댄스 스타일과 전문적인 재즈댄스 스타일, 혹은 난이도 높은 힙합댄스 스타일의 라인댄스가 새롭게 보급되고 있어, 모든 사람이 부담 없이 쉽게 즐길 수 있는 라인댄스만의 장점이 퇴색되기도 하고, 때로는 정리되고 체계화되지 못한 무분별한 라인댄스 보급에 따른 혼란이 야기되는 면도 있다.

♪ 일본 나고야 라인댄스 국제페스티발

3) 라인댄스 즐기는 법

라인댄스의 장점은 작품마다 다양한 스타일의 춤과 리듬으로 만들어지기에, 지구상에 존재하고 세계인들로부터 사랑받는 수많은 분야의 댄스를 쉽고 간편하게 배우고 즐길 수 있다는 점이다. 또한 동일한 음악에 동일한 동작을 우리나라뿐만 아니라 전 세계 사람들이 함께 즐기고 있어 나 혼자만의 춤이 아닌 함께 공유할 수 있는 춤이라는 점이 다른 어떤 분야의 댄스와도 다른 큰 장점이라 할 수 있다.

라인댄스는 컨트리 음악에 맞추어 추는 것으로 출발하였지만, 오늘날에는 전통적인 컨트리 음악 뿐만 아니라 컨트리 음악을 팝이나 록과 크로스오버하거나 드럼이나 베이스 등의 악기를 다양하게 적용한 편곡을 사용하기도 한다. 최근에는 전 세계의 다양한 안무가에 의해 포크, 록, 블루스, 라틴, 재즈 등 다양한 종류의 음악을 사용한 작품이 안무되어지고 있다.

현재 라인댄스에서 가장 많이 사용되는 댄스의 종류는 다음과 같다.

ChaCha, C&W Dance, Two-Step, Swing(East Coast Swing, West Coast Swing), Waltz, Jitterbug, Samba, Polka, Ten Step, Foxtrot, Hustle, Mambo, Rumba, Schottische, Shuffle, Tango 이 외에도 Jazz Dance, Hip-Hop, Black Bottom, Paso Doble, Bolero, Lindy Hop, Merengue, Salsa, Bachata, Viennese waltz, Maxine 등의 다양한 춤들이 라인댄스에 응용되고 있다.

라인댄스는 시대의 흐름에 따라 선호하고 사랑받는 형식의 음악들이 많이 활용되고 있지만, 원래의 취지인 컨트리댄스의 기반을 잊지 않고 골고루 작품이 보급되고 추어질 수 있도록 세계적인 협회나 단체에서는 나름대로 노력하고 있다. 즉 WCDF(World Country Dance Federation)대회나 국제적인 행사에서 Country Music(컨트리 음악)과 Noncountry Music(컨트리가 아닌 음악)의 비율을 정해 고르게 음악 스타일과 작품이 분포될 수 있도록 노력하는 것에서도 나타난다.

댄스는 음악의 리듬에 맞춰 몸을 움직여야하기 때문에 음악을 들으면서 리듬에 따라 발을 움직이는 연습을 하는 것이 좋다. 리듬은 통상 드럼 등의 타악기나 베이스로 표현된다. 음악에는 리듬을 세는 빠르기의 속도(tempo)와 분간 연주속도(beat)가 있다. 한 개의 라인댄스 작품은 여러 가지 음악으로 추어질 수 있지만, 어떠한 곡으로 출지, 어떤 곡이 맞을지는 그 댄스의 스타일에 달려있다. 일반적으로 라인댄스의 스텝싯(step sheet)에는 추천 곡으로 안무가가 추천한 음악의 제목과 작품 제목, 그리고 기타 해당 작품에 사용된 기본 형식 등이 제시되어 있기에 보다 정확한 작품을 학습하기 위해서는 스텝싯을 활용하는 방법을 익히는 것도 필요하다.

일반적으로 라인댄스는 춤추면서 방향을 바꾸게 된다. 몸이 바라보고 있는 벽면을 기준으로 정해진 춤 패턴을 계속 한 면으로만 보고 하는 경우를 1wall dance, 앞과 뒤의 면을 번갈아 보면서 하는 경우를 2wall dance, 라인댄스의 정수라고 할 수 있는 앞·뒤·좌·우 각각의 벽면을 차례대로 돌면서 진행하는 형식이 4wall dance이다.

그리고 각각의 방향을 제시할 때, 시계의 시간을 가리키는 바늘을 연상하여 처음 바라보고 시작한 정면의 방향을 12시라고 정하고, 다음 오른쪽 방향으로 90도씩 돌면서 3시 방향, 6시 방향, 9시 방향 등으로 약속하여 적용하기에, 춤 출 때의 몸의 방향을 쉽게 이해할 수 있다.

기본적으로 라인댄스는 발의 움직임이 주체이다. 물론 안무의 특성에 따라 힙 롤(hip roll)이나 클랩(박수), 스냅(손가락 튀기기), 슬랩(손바닥으로 신체의 일부를 치기) 등의 움직임이 더해지는 것도 있지만, 중요한 기본은 발의 움직임일 것이다. 그러나 춤을 추는 데에는 발동작만으로는 부족함이 있다. 이에 필수는 아니지만 필요에 따라 자연스러운 손동작이 더불어 행해지는데, 특별히 정해진 팔 동작은 없으며 가끔 안무 의도에 따라 정해진 팔 동작이 제시되는 작품도 있다. 그러나 라인댄스의 특징가운데 하나인 '다함께 즐기는 춤'이라는 의미에서 볼 때, 솔로나 몇 몇 그룹이 즐기는 댄스홀에서는 나름대로 개성을 발휘한 상체의 움직임을 멋지게 사용해도 무방하지만, 특히 많은 사람들이 함께하는 장소에서는 지나치게 큰 팔의 사용은 어울리지 않는다. 이는 또한 옆 사람의 춤에 매우 큰 방해요소가 될 수 있으므로 팔사용을 최소한으로 줄이거나 팔사용 없이 스텝만으로 춤추는 것이 좋을 것이다.

똑같은 춤을 동시에 배웠어도 음악에 따라 표현하는 움직임은 사람마다 제각기 다르다. 어떤 사람은 참 멋있게, 예쁘게, 아름답게, 우아하게, 열정적으로 또는 현란하게 즐기면서 춤을 춘다. 라인댄스는 정해진 리듬과 댄스의 특성에 따라 움직임의 방법이 다르기 때문에 각각의 댄스 특성을 먼저 이해하고 작품을 즐긴다면, 라인댄스의 매력을 더욱 깊이 느낄 수 있다.

♪ 생활무용으로서의 라인댄스

릴트(lilt)는 경쾌한 바운싱(bouncing)을 이용하여 춤을 표현해야 하며, 스무스(smooth) 장르는 플렛 모션(flat motion), 즉 움직임이 수평적으로 일정하게 유지된 상태로 진행되어야 하고, 왈츠(waltz)는 라이즈 앤 폴(rise & fall)을 이용하여 업 앤 다운 움직임을 매끄럽고 아름답게 표현해야 한다. 또한 큐반(cuban)은 상복부와 힙 무브먼트(hip movement)를 사용하여 라틴댄스의 특징을 살려야 하며, 펑키(funky)는 힙합, 비보이, 브레이크 댄스 등의 리듬과 스타카토(staccato)로 춤을 춰야 펑키의 특성을 살릴 수 있고, 노벨티(novelty)는 대중적인 장르로 음악의 분위기에 맞도록 스토리에 따른 캐릭터를 연기하듯 개성을 표현한다.

이렇듯 라인댄스는 음악과 장르에 따라서 느낌을 다르게 연출할 수 있어야 한다. 단 모두가 지켜야 할 것은 경기나 시합을 위한 경우를 제외하고는 기본적으로 안무자의 의도와 다르게 스텝을 바꾸어서는 안 된다는 것이다.

라인댄스에 어울리는 복장은 기본적으로 '프리 스타일'이다. 춤에 방해가 되지 않고 불편하지 않은 복장이면 어떠한 형태든 가능하다. 청바지에 티셔츠도 좋고, 스커트에 블라우스 등 복장에 관한 한 그 어떤 제한도 따르지 않는다. 그러나 공식적인 라인댄스 페스티발이나 대회 등에서 컨트리 라인댄스의 특징을 잘 살리고 또한 라인댄스 각 부문의 댄스를 잘 표현하기 위해서는 기본적으로 라인댄스화인 웨스턴 부츠를 착용하는 것이 바람직하다. 이러한 웨스턴 부츠는 일반 부츠가 아닌 댄스에 적합하게 발 밑창이 가죽으로 처리된 부드러운 재질로 제작된 라인댄스 전용 댄스화이다. 일반적으로 라인댄스를 배우거나 즐길 때에는 재즈운동화 또는 굽이 낮은(4cm 이하) 댄스화를 착용하면 무방하다. 라인댄스 춤의 특성상 댄스스포츠에서 사용하는 굽이 높은 댄스화는 라인댄스에서 표현되는 다양한 댄스 장르들을 소화하기에 부적합하기 때문에 편안한 굽의 댄스화를 착용하는 것이 무엇보다 중요하다. 또한 대회에 참여할 경우 라인댄스 6개 카테고리(릴트, 스무스, 라이즈 앤 폴, 큐반, 펑키, 노벨티)의 특징과 주어진 작품의 느낌에 맞는 의상을 입고 표현하게 되는데, 이를 통해 종목별 춤의 특성을 더욱 살릴 수 있으며 댄서와 관객 모두에게 풍성한 볼거리와 신선한 매력을 선사할 수 있다.

♪ 웨스턴 스타일 복장

역사적으로 전통적인 컨트리댄스에 맞는 의상은 카우보이 모자에 웨스턴 부츠 그리고 청바지에 티셔츠가 대표적인 상징으로 알려져 있다. 그러나 댄스파티 같은 경우 분위기에 맞는 드레스 코드가 있거나 좀 더 화려하고 특별한 의상이 필요한 파티의 경우에는 그러한 파티의 특성을 참고로 하여 준비하는 것이 좋다. 예를 들어 가면파티의 형식을 위해서는 가면을 준비하고, 레드코드의 의상이 제시되면, 본인의 의상이나 장신구에 빨강색 컬러를 매치하기도 하며, 카우보이모자 착용이나, 블루진 착용 등을 주최 측의 제시에 따라서 미리 준비한다면 한층 더 파티의 현장 분위기에 즐겁게 동참할 수 있을 것이다.

문/화/칼/럼/

영화 속 주인공이 되어 날아보자

그 동안 우리에게 전달된 많은 댄스영화들은 대부분 남녀 간의 사랑 혹은 경기대회나 공연을 준비하면서 느끼는 진정한 파트너십 아니면 일상적인 삶에 대한 반동적인 측면에서 다룬 소재가 대부분이었다. 그리고 그 안에서 이미 알려진 춤을 조금 다듬거나 변신시켜서 새로운 느낌의 춤으로 소개하는 경우도 있었으나, 전체적인 스토리는 대부분 남녀 간의 사랑이 밑바탕에 깔려있다.

그도 그럴 것이 커플 댄스만큼 사랑, 이별, 갈등 그리고 재결합까지 남녀 간의 관계가 잘 표현되는 매개체도 없지만, 춤을 통해서 보여줄 수 있는 호흡과 실루엣의 아름다움을 통한 영상미는 미적 감동의 추구와 일맥상통하는 인간의 면면을 담아낼 수 있기 때문이다.

가장 잘 알려진 댄스관련 영화 중 댄스스포츠를 소재로 한 일본영화인 '셸 위 댄스'는 얼마 전 리차드 기어와 제니퍼 로페즈 주연으로 헐리웃에서 리메이크되어 화제가 된 영화이며, 이미 오래전 헐리웃에서 만들어진 바네사 윌리암스 주연의 '댄스 위드 미' 또한 댄스스포츠를 소재로 하여 만들어진 영화이다.

영화 '탱고'와 '탱고레슨'은 아르헨티나 탱고를 소재로 한 것으로 특히 '탱고레슨'은 여성 감독 자신이 주연으로 출연해 과감한 탱고를 직접 소화해 내어 화제가 된 영화로서 느와르적 색감을 화면 속 가득 담아내고 있다. 이 외 대중적인 살사를 소재로 한 영화도 많이 나와 있으며, 오래전 이슈가 되었던 람바다라는 영화는 대중적 댄스의 소재는 아니었지만, 람바다라는 댄스를 알려 한때 람바다 붐을 일으켰던 다소 선정적 느낌의 영화이기도 했다.

우리나라에서도 댄스관련 영화가 다소 있었는데, '바람의 전설'이나 '댄서의 순정' 또한 댄스스포츠를 소재로 하여 만든 영화였기에 우리나라 현실에 지금까지도 음지의 문화로 인식되고 있는 커플 댄스에 대한 올바른 시각과 함께 올림픽 종목으로 도약하는 댄스스포츠라는 장르에 대하여 새롭게 다가가는 전환점을 제공하였다.

스크린을 통한 대중에의 접근은 많은 영향력을 지닌다. 간접적인 경험이지만 사람들은 또 다른 자신의 삶을 대신해주는 스크린 속의 인물을 통해 가상이나마 대리만족과 흥분을 느끼고 싶어 한다. 실제로 환상적인 춤의 기술은 갖지 못했지만, 스크린 속 공간에서는 무대를 날아오르며 백조와 같은 우아한 날개 짓을 하거나, 불가능 할 것 같은 공중 5회전, 연속 32회전도 가능하다. 또한 매력적인 상대와 호흡하고 주인공과 함께 에너지를 발산하면서 인고 끝에 사랑으로 승화시켜 멋진 춤을 소화해 내는 감동어린 장면을 간접으로나마 느껴보는 것이다.

예술에서 오는 즐거움은 긴 여운을 남긴다.

육체적인 만족인 관능의 즐거움도 필요하겠지만 정신적인 만족을 주는 예술의 즐거움은 비록 필름을 통한 간접경험이더라도 영혼을 맑게 하고 생각을 아름답게 만들기에 부족함이 없을 것이다.

4) 인터내셔널 라인클래식 댄스

오늘날 지구상에는 수많은 라인댄스 작품이 존재하는데, 지금 이 순간에도 다양한 작품들이 만들어 지고 있으며, 또한 추어지고 있다.

라인댄스가 일반 대중들이 즐기면서 건강댄스로서의 춤으로만 널리 알려졌다면, 아마 많은 사람들이 사랑할 수 있는 큰 매력은 부족했을 것이다. 그러나 컨트리 라인댄스의 가치를 더욱 빛내고 그 매력을 더욱 더 발휘하게 만든 것은 라인댄스 카테고리의 정립과 더불어 전문가의 양성 그리고 눈부신 춤의 끼를 선보이는 댄서들의 발굴로 이어지는 전문협회의 기능 때문일 것이다. 세계적인 라인댄스 전문 단체는 수많은 사람들이 즐기는 널리 알려진 라인댄스의 형식과 춤의 종류 가운데 대표적이고 상징적인 춤의 장르를 선별하여 전통적인 컨트리 스타일의 댄스를 고취하면서도 새로운 현대적인 춤의 장르까지 아우르는 라인댄스 카테고리를 체계화하였다. 이를 [라인클래식, Line Classic]이라고 명명한다.

♪ WCDF 컨트리라인댄스 세계챔피언십

라인클래식에는 6개 춤의 카테고리가 있는데, 각 카테고리 안에는 또 다른 종류의 춤들이 기본적으로 존재한다. 컨트리 라인댄스 세계선수권 대회에서는 세부 카테고리가 존재하는 장르인 경우 해마다 번갈아서 춤의 종류를 택하여 경기 작품으로 진행하고 있다.

라인클래식 댄스 카테고리	
기본 카테고리	세부 장르
릴트(Lilt)	➤ 폴카(Polka) ➤ 이스트코스트 스윙(East Coast Swing, ECS) ➤ 삼바(Samba)
스무스(Smooth)	➤ 나이트클럽투스텝(Nightclub Two Step, NCTS) ➤ 웨스트코스트 스윙(West Coast Swing, WCS)
라이즈 앤 폴(Rise & Fall)	➤ 왈츠(Slow Waltz) 그 외 비에니즈 왈츠(Fast Waltz), 폭스트롯 등
큐반(Cuban)	➤ 차차(Cha Cha) ➤ 룸바(Rumba) 그 외 맘보(Mambo) 등
펑키(Funky)	➤ 각종 펑키, 힙합 스타일의 리듬과 춤
노벨티(Novelty)	➤ 모든 장르의 춤과 소셜 라인댄스 스토리와 캐릭터가 있는 마임과 연기 등의 표현이 적용

○ 라인클래식 - 릴트(Lilt)

즐겁고 경쾌하고 쾌활한 곡조(리듬, 가락)에 맞춰 이루어지는 릴트는 바운싱 모션(bouncing motion)을 이용하는 것으로 자이브(jive) 종류의 이스트코스트 스윙(east coast swing)을 비롯하여 폴카(polka), 삼바(samba) 등이 여기에 속한다.

폴카(Polka)

1840년대 보헤미아지방(현재의 체코)에서 추어진 춤으로서 현재의 탱고, 퀵스텝, 삼바에 큰 영향을 주었다고 한다. 폴카스텝은 가벼운 홉(hop)을 이용하여 발의 3번 포지션으로

트리플 스텝을 행하며, 진행되는 발과 어깨리드가 같은 방향(shoulder leading)으로 행해진다. 풋-워크는 뒤꿈치를 들고 주로 볼을 이용하여 바운싱을 한다. 권장 BPM은 100~120이다.

이스트코스트 스윙(East Coast Swing)

이스트코스트 스윙은 강렬하면서도 볼륨이 크고 실험적인 것을 추구하며, 음표가 많아 빠르면서도 현란하고 강하게 움직인다. 스윙리듬에 맞추어 추는 자이브(jive) 춤이 여기에 속한다.

자이브란 재즈음악에 맞추어 추는 격렬한 춤으로써, 자이브의 어원은 넌센스(nonsense : 무의미함, 허튼소리, 엉터리, 야유함) 등의 뜻을 포함하고 있다. 1910년대에 발생한 재즈음악이 1930년 무렵에는 부기우기(boogie woogie : 재즈 피아노 음악의 일종) 연주법에 맞추어 추기 시작한 댄스가 린디 홉(lindy hop)이었는데, 린디 홉에다 북미의 흑인들이 도약적인 동작과 익살맞은 제스처를 곁들여 춘 새로운 춤이 지터벅(jitter bug : 일명 스윙댄스)이었고, 영국의 무도강사들이 지터벅의 원스텝을 샤세로 발전시킨 것이 바로 자이브이다. 자이브 즉, 이스트코스트 스윙의 권장 BPM은 120~150이다.

자이브는 락(rock)과 샤세(chasse)로 이루어져 있으며, 가벼운 스킵(skip)을 이용하여 바운싱을 발생시켜 힙 스윙을 행하는 것이 특징이다. 오픈 샤세 바운스 무브먼트(open chasse bounce movement)로 차차와 같이 양발을 모으는 샤세가 아니라 양발이 약간 열리는 샤세를 하여야 한다. 힙 무브먼트(hip movement)는 의도적으로 하는 것이 아니라 체중을 두는 발의 힙(hip)을 따라가야 하며, 이 결과로서 좌우로 힙이 움직이게 되는데 이러한 운동을 힙 스윙(hip swing)이라 한다. 발동작은 볼 부분부터 시작하고 발뒤꿈치는 바닥에서 완전히 떼거나 살짝 닿게 한다. 체중은 앞쪽으로 실리도록 하고 발뒤꿈치에 실리는 일이 없도록 하며, 무릎은 자연스럽게 구부리는 것이 좋다.

삼바(Samba)

삼바는 강렬하고 독특한 율동을 지닌 생동감 넘치는 춤으로 아프리카에서 유래되었으며, 사탕수수 농장에서 일하던 흑인 노예들에 의해서 브라질 북부 마히야 지방으로 보급되어 마침내 브라질의 대표적인 춤이 되었다.

삼바의 특징은 허리와 어깨운동을 많이 사용하는 발랄하고 활달한 댄스로 힙 액션이 차차와 룸바와는 다르다. 삼바의 힙 액션은 양 무릎을 약간 굽힌 상태로 양발의 힐은 들고 힙을 뒤로 뺐다가 앞으로 밀어 올리는 듯한 느낌으로 동작한다. 바운스 액션은 "1a2"의 박자로 되어 있으며 모든 동작을 약간 아래쪽으로 "바운싱(bouncing)", 또는 "드로핑(dropping)" 동작을 취하면서 추는 특징이 있다. 모든 삼바의 동작 대부분이 체중을 지지하고 있는 다리의 발목과 무릎 굴신운동에서 생기며, 특히 복부의 압축에 따라 삼바 바운스 액션의 높낮이는 거의 눈에 띄지 않는 것이 특징이다.

○ 라인클래식 - 스무스(Smooth)

스무스 장르는 수평적으로 부드럽게 움직이는 것으로 바운싱을 사용하지 않고 플렛 모션(Flat Motion)을 사용하는 댄스이며, 나이트클럽 투스텝(nightclub two step), 웨스트코스트 스윙(west coast swing), 허슬(hustle), 탱고(tango) 등을 포함 한다.

나이트클럽 투스텝(Nightclub Two Step)

나이트클럽은 draping, shaping 동작으로 연기되어지는 선과 기하학적 형태의 댄스로써, 물 흐르듯 조용히 진행되는 상체와 하체의 조화로움이 아름답다. 특유의 음악 리듬과 분위기에 젖어 감정표현이 저절로 표출될 수 있는 춤을 출 수 있지만, 한편으로는 어렵게 느껴질 수도 있어서 쉽게 접근하기 힘든 장르이기도 하다. 나이트클럽 투스텝은 같은 스무스 장르인 웨스트코스트 스윙과 더불어 우리나라에 많이 알려져 있지 않은 관계로 더욱 매력적이면서도 어렵게 느껴지는 것이다. 춤에 있어서 자연스럽게 요구되는 팔의 다양한 움직임은 전체적인 흐름을 매끄럽고 아름답게 표현하는데 큰 몫을 한다. 권장 BPM은 60~80이다.

웨스트코스트 스윙(West Coast Swing)

웨스트코스트 스윙 춤의 특성은 캘리포니아의 기후에 영향을 받아 달콤하고 부드럽게 느껴지면서 섹시함이 강한 춤으로써, 느리고 감각적인 리듬에서부터 펑키스타일의 강한 비트를 가진 적절히 빠른 리듬까지 다양하게 응용된다. 이 춤은 이스트코스트 스윙보다 느린 스타일의 댄스이며 4/4 박자이고, 부드럽고 직선스타일의 댄스이다. 커플 WCS은 린디 홉에서 파생된 특유의 탄력 있는 모양이 특징인데 그 모양은 파트너 커넥션의 기본적인 확장과 압축 기술에서 비롯된다. 상하의 움직임이 없는 수평적인 움직임에는 상체의 움직임을 요구하며, 커플 댄스가 기본이지만 라인클래식 장르의 솔로 라인댄스 작품으로도 널리 선호되고 있는 춤이다. WCS의 권장 BPM은 110～130이다.

탱고(Tango)

탱고는 19C초 아르헨티나의 수도 부에노스아이레스에서 발생하였으며, 유럽으로 전해지면서 기법과 도형이 다양화되고 우아한 곡조로 편곡한 콘티넨탈 탱고가 탄생하였다.

탱고 춤의 특징은 양 무릎과 발목을 굽혀 중심을 낮게 하고 발뒤꿈치부터 바닥에 닿고 그 다음에 발전체가 닿는 순서(Heel-Flat)로 워킹스텝을 하며 대담하고 힘 있게 내딛어야 한다. 또한 전진워크를 할 때 왼발을 앞쪽으로 내밀 때에는 왼쪽 무릎이 오른쪽 무릎을 스치고 지나가고, 반대로 오른발을 앞쪽으로 내밀 때에는 오른쪽 무릎이 왼쪽 무릎을 스치고 지나가게 하는 방법으로 행한다. 후진워크도 전진워크와 같은 방법으로 행한다. 탱고음악의 특징을 살리기 위해 풋워크(foot work)와 몸의 움직임은 민첩하게 스타카토로 행하며, 동작이 크고 화려한 댄스로서 헤드 턴(head turn)을 많이 사용한다. 탱고 또한 커플댄스로 시작되었지만, 라인댄스 분야에서는 솔로 댄스로 안무되어진 작품을 혼자서 즐길 수 있다. 2/4박자로 첫 번째와 두 번째 박자에 악센트가 있으며, 기본리듬은 SS. QQ. S이다. S는 2박자이고, Q은 1박자이다.

○ 라인클래식 - 라이즈 앤 폴(Rise & Fall)

라이즈 앤 폴 장르는 파도의 물결처럼 공간의 웨이브로 높낮이를 부드럽게 표현하는 춤으로, 다운-업-업의 형태를 지니면서 전진하듯 나아가는 progressive dance이다. 특히 정확한 자세와 풋-워크가 요구되며, 많은 연습이 필요하다. 발목과 관절의 유동성이 끊임없이 이루어져야하며 팔과 다리의 동작이 협응하여 원활하게 움직이는 조화로움이 필요한 춤이기에, 베이직 동작을 통한 꾸준한 연습으로 물 흐르듯 우아한 라이즈 앤 폴 특유의 움직임을 표현할 수 있다. 왈츠, 비에니즈 왈츠, 폭스트롯, 퀵스텝을 포함하는 라이즈 앤 폴의 동작을 이용한 일반적인 댄스가 여기에 속한다.

♪ 라인클래식 라이즈 앤 폴(왈츠) 경기장면

왈츠(Slow Waltz)

왈츠는 영국에서 만들어졌기 때문에 잉글리쉬 왈츠라고도 하며, 일반적으로 슬로우 왈츠를 의미한다. 느린 곡조에 맞추어 여유 있는 모습으로 스윙(swing)과 스웨이(sway)를 하며 라이즈(rise)와 로워(lower) 동작을 아름답게 해야 하고, 움직임은 부드럽고 우아해야 한다. 파도와 같이 뜨고 가라앉는 운동인 몸의 파동동작은 왈츠를 스무스하며 우아하게 만드는 중요한 기술이다. 권장 BPM은 90~110이다.

왈츠스텝에 있어서 전진스텝은 힐을 딛고 나아가면서 볼 플랫으로 놓고 반대발의 볼로 라이즈가 이루어지며, 다른 발을 모으면서 좀 더 라이즈가 이루어진다. 후진스텝은 한 발의 토로 내딛고 뒤로 이동하면서 힐 플랫이 이루어지며 반대발의 볼로 라이즈가 이루어지며, 다른 발을 모으면서 좀 더 라이즈가 이루어진다. 따라서 왈츠의 풋-워크는 힐-볼-볼, 토-볼-볼이다.

비에니즈 왈츠(Viennese Waltz, Fast Waltz)

18C의 유럽인들은 남의 태도, 모든 공허한 형식들을 떨쳐버리고 새로운 부르주아의 춤을 만들어 내려는 강력한 충동이 있었다. 즉 연구되고 측정된 스텝이 아니라 즐겁고도 밀도 있는 동작, 양식화된 가장이 아니라 생기 있는 현실감, 의식적이 아니라 황홀경에 사로잡힌 상태 등이 바로 왈츠의 핵심이었다.

무빙댄스(moving dance) 또는 글라이딩 댄스(gliding dance)라고도 하는 이 왈츠는 우아하고 아름다운 렌들러(Landler)라는 민속춤에서 발전하였다. "비에니즈 왈츠"는 요한 스트라우스(Johann Strauss) 부자에 의해 렌들러 무곡보다 템포가 빠른 왈츠곡으로 완성되었다.

비에니즈 왈츠의 우아함과 매력은 유럽풍의 궁전과 대저택에서 열리는 화려한 무도회의 이미지를 가져다준다. 춤의 템포가 빠르기 때문에 우아함과 순발력, 속도의 조정능력을 유감없이 발휘해야 한다.

○ 라인클래식 - 큐반(Cuban)

Cuban 장르는 Latin 액션을 이용한 댄스로 차차(cha cha), 맘보(mambo), 룸바(rumba)를 포함하는 일반적인 라틴댄스이다. 라틴댄스는 그 리듬의 발생이 대부분 쿠바의 하바네라에 기원을 두고 있다. 하바네라는 부두에서 작업하는 뱃사람들이 작업을 서두를 때에

♪ WCDF세계챔피언십 라인클래식 개인경기

손으로 뱃전을 두들겼던 장단에서 발생한 것이라고 한다. 큐반 장르는 전진·전진·전진·홀드로 진행되며, 전체적으로는 수평적으로 움직인다.

룸바(Rumba)

룸바는 쿠바의 흑인들에 의해서 시작되었으며 100여년 이상의 역사를 가지고 있다. 룸바의 발생은 16세기경 아프리카 흑인노예를 태운 배가 쿠바에 도착하면서 시작되었다. 노예들은 양 발목이 쇠사슬에 묶여있기 때문에 자유롭게 음직일 수 없었고, "돔돔"하는 북소리가 들려오면 그 리듬은 흑인들의 피를 용솟음치게 했다. 그러나 발목의 쇠사슬 때문에 좌우로 3보 밖에 움직일 수가 없었기에, 이러한 3보의 스텝으로 이루어진 박자가 룸바의 기본리듬이 된 것이다.

룸바의 특성은 리듬이 대단히 매혹적이며 느리게 추도록 만들어졌고, 감각적이며 매우 아름다운 사랑의 춤으로 알려져 있다. 따라서 룸바는 바디(body)로 추는 춤으로서 선정적인 느낌을 주게 되는데, 이러한 룸바의 바디와 힙 액션은 한발에서 다른 발로 체중을 옮김으로서 발생된다. 각 발의 동작은 음악의 1/2박자에서 취하고, 체중의 이동 또는 바디액션은 소절의 2번째와 3번째 박자 사이에서 2번째 박자의 반에서 스텝 할 때에 발생한다. 음악의 2박자가 요구되는 스텝에서 체중의 이동 또는 몸의 동작은 음악의 1과 1/2박자에서 사용한다.

룸바의 기본적인 풋-워크는 볼-플랫(ball-flat)이다. 발끝이 절대로 들려서는 안 되며, 발끝을 세련되게 포인트를 시키며 스텝을 행한다.

차차(Cha Cha)

차차는 룸바 리듬에 기초를 두고, 맘보에서 발달한 춤으로 1952년 피에르 라벨르가 쿠바에서 이 춤을 배워 간 것이 계기가 되어 유럽에 알려졌다. 그 후 샤세 동작의 발소리를 흉내 내어"차차"라고 부르게 되었다. 음악은 빠르고 경쾌하며, 유쾌한 파티분위기를 느끼게 해준다.

차차의 샤세라는 뜻은 "발을 미끄러트리듯 벌리다"의 의미로 발을 벌리고 모았다가 다시 벌리는 3개의 스텝으로 구성되어 있다. 또한 샤세를 할 때 발생되는 힙 액션은 매 스텝 시 약간 무릎을 플렉스하여 움직이기 시작한다. "힙 액션(hip action)"이란, 스텝을 밟을 때 이용되는 골반 움직임의 한 형태를 의미한다. "4&1"카운트로 사용된 액션은 차차차 샤세로 나타나게 된다. 차차의 기본적인 풋-워크는 볼-플랫(ball-falt)이다.

맘보(Mambo)

1930년대 쿠바에 노예로 끌려간 흑인들 사이에서 전해진 춤으로 1940년대에 이르러 아메리카 재즈에 영향을 받아 현재의 맘보가 되었다.

맘보는 쿠바 춤 중에서 가장 화려하고 풍부한 리듬과 춤의 형태로 패턴, 구조와 느낌이 룸바와 차차에 가깝고 또 더 빠르고 더 생기 있는 춤이라 할 수 있다. 국제적인 스타일의 맘보춤은 음악의 4박자에 3스텝으로 추게 된다. 빠른 동작은 1박자로 느린동작은 2박자(또는 빠른 동작은 &(1/2박자), 느린동작은 1박자)로 스텝자체가 간단한 보통 패턴인 "퀵, 퀵, 슬로우"로 구성되어 있다.

○ 라인클래식 - 펑키(Funky)

극적인 Hip-hop, Jazz, Pop-pin, Break dance, Show-stoppers, Cheerleading, Modern과 일관되는 footwork나 bodywork을 시범하는 댄스로 모든 동작이 스타카토로 끊는 느낌으로 동작이 이루어진다. 신체의 부분을 털어내고, 꺾고, 던지고, 돌리고, 뒤집고, 튀기고, 흔들고 등 느낌을 다양하게 표현하는 장르이다.

팔과 다리의 관절을 짧고 강하게 끊듯이 동작을 행하는 특징이 있으며, 때로는 격렬하기도 하고 거칠게 느껴질 때도 있다. 주로 헐렁한 바지를 입고 즐기는 젊은이들이 좋아하고 잘 어울릴 수 있는 장르이다. 춤의 특성상 리듬과 조화로운 몸의 움직임이 요구되며, 모든 관절의 다양한 움직임 또한 요구한다.

○ 라인클래식 - 노벨티(Novelty)

노벨티에는 릴트, 스무스, 라이즈 앤 폴, 큐반, 펑키의 모든 장르가 해당되며, 이 다섯 개의 규정된 카테고리에 속하지 않지만 다양한 리듬과 동작으로 재미있게 안무되어진 수많은 소셜(social) 장르의 라인댄스들이 노벨티로 추어지게 된다. 노벨티 음악의 BPM에는 제한이 없으며, 노벨티에 해당되는 작품에는 일반적으로 Tag이나 Restart가 있을 수 있고, 음악의 특성에 따른 안무의 스토리와 해석이 있기 때문에 반드시 안무자에 의해 정해진 음악을 사용하여 춤을 표현해야 한다. 음악에 어울리는 마임적인 모션 및 표현, 개성적이면서 재미있고, 새롭고, 신기하고, 참신하고, 진기한 느낌을 주는 캐릭터와 연극적인 스토리가 있는 움직임으로 표현하는 것이 특징이며, 이는 춤을 추는 사람에 따라 다양하고 또 재미있게 나타나게 된다.

♪ 2014 KCDC 코리아컨트리댄스챔피언십 라인클래식 펑키부문

Linedancer

WCDF, World Country Dance Federation

월드컨트리댄스챔피언십 참가이야기

2009년 12월 27일부터 8일간 네덜란드 벨드호벤에서 열린 2010월드컨트리댄스챔피언십에 참가한 후, 일 년 만에 2010년 12월 27일 이태리 밀라노에서 개최된 2011월드컨트리댄스챔피언십에 연속으로 참가하게 되었고, 이를 통해 어떤 값으로도 매길 수 없는 소중한 추억과 경험을 얻게 되었다.

챔피언이라는 타이틀도 중요한 소득이었지만, 한국에서의 시합준비과정에서부터 15시간 비행 끝에 지구의 반 바퀴를 돌아 전 세계 라인댄스 매니아들의 열정에 동참하기까지 수많은 우여곡절이 있었고, 결국 그들 속에서 또 한 번 내 작은 발걸음을 디딜 수 있는 소중한 시간이 주어진데 대해 너무나 감사하는 마음이었다.

한국선수들의 국제무대진출과 KCDC(Korea Country Dance Championship)의 유치까지 한국라인댄스의 위상과 그 성과를 위해 앞서 발판을 마련해야하는 책임을 가진 한 사람으로서, 큰 기대였으며 또한 크나큰 임무이기도 했다.

2011 밀라노 출행은 나에겐 불혹의 나이에 다시 도전하는 마지막일수도 있는 기회였기에 심신으로 부담이 없을 수는 없었지만, 선수이기 전에 라인댄스 행사와 국제 문화를 즐기는 한 사람으로 행사기간 내내 들뜬 기분과 빠른 시간의 흐름에 아쉬운 맘으로 보내느라, 막상 마지막 시합당일은 멍한 상태에서 어떻게 끝났는지도 모르게 시상대에 서게 되었다.

시합도중 마지막 종목인 노벨티장르에서 웃지 못 할 헤프닝까지 연출하며, 대미를 장식한 기억도 생생하다. 노벨티 댄스 끝 무렵 머리에 장식한 인조가발이 헐거워지면서 결국 턴 동작 끝에 저만치 날아가 플로어에 떨어졌고, 그 가발을 이리저리 피하면서 끝까지 춤추느라 애먹은 일은... 아마 나뿐만 아니라 보는 관객들에게까지 잊지 못할 장면을 선사한 일일 것이다. 패널티 먹을 걱정에 속상하기는커녕 유쾌한 웃음이 절로 나올 만큼 나 자신

댄스를 즐기고 축제를 즐기는 마인드가 되는듯하여 한편으론 뿌듯함마저 들기도 했다.

최선을 다했고 또 트로피를 안고 왔지만, 그 트로피의 무게만큼 더욱 큰 책임감까지 안고 온듯하여, 한편으론 맘 한구석이 무거웠다. 앞으로 우리나라 선수들의 행보에 본격적인 박차가 가해진 느낌이며, 또한 지금까지는 동양에서 온 작은 선수들의 액션에 기존 유럽인들이 격려의 박수와 환영의 따뜻함을 보였다면, 이제부터는 경쟁과 가감 없는 승부의 세계에서 실력과 능력으로 평가받는 단계에 접어들었다는 생각에 앞으로 우리 선수들의 보다 책임감 있는 장면이 더욱 절실하리라 여겨지기도 했다.

누구나 한걸음 시작하기는 쉽지만, 꾸준히 유지하고 나아가 발전하는 단계에 이르기까지는 많은 시간과 노력, 그리고 순수한 에너지를 쏟아야만 얻어질 수 있는 댄스분야이기에, 앞선 지도자들의 조화롭고 발전적인 마음가짐이 더욱 필요한 시기라는 생각이 든다.

라인댄스는 너무나 행복하고 즐거운 춤이다. 생활무용으로서, 국민댄스로서, 남녀노소 즐기고 교류하는 장을 만듦과 동시에 한걸음 나아가 생각하고 연구하게끔 만들기도 하는 춤이다. 시합과 경합만이 주가 되는 분야라면 너무 살벌하다. 마음껏 즐길 수도 없을 것이다. 하지만, 스스로 발전하고 열심히 노력한 만큼 도전과 본인의 댄스라이프에 활력이 될 수 있는 장이라면 시합이든 발표든 댄스문화 발전에 없어서는 안 될 활력소임에는 틀림없다.

개인적인 상황과 여건이 힘들었음에도 결단을 내리고 어렵게 준비해서 두 번의 국제경기에 참가하고서 느낀 가장 큰 깨달음은, 전 세계 댄스 매니아들의 '댄스를 즐기는 마인드'일 것이다. 시상식이 막 끝나고 지나가는 나에게 누군가가 반갑게 불렀다. 바로 같은 부문에서 4등을 한 유럽선수였는데, 너무 즐겁게 내 트로피에 샴페인을 따르고는 건배하고 축하해 주는 것이다.

이들은 결과가 아닌 시합 순간순간을 즐기며 끝난 뒤에는 모두가 축제의 장으로 즐겁게 교류하는 모습을 보여준다. 세월이 지나도 언어의 장벽너머 통하는 따뜻하면서도 쿨한 그들의 표정이 많이 그리워질 듯하다.

몇 년의 시간이 흘러 나 자신 맘을 비우고 때로는 가볍게 내려놓는 모습을 종종 발견하면서, 이제는 좀 더 넓은 댄스의 세계에서 쿨하게 즐길 수도 있겠구나하는 생각을 해 본다.

♪ 2011 이태리 밀라노 월드컨트리댄스챔피언십 참가

5) 라인댄스 파티 에티켓

라인댄스를 출 때에는 매끄러운 전후의 라인을 만드는 것이 중요하다. 라인댄스는 다 함께 줄을 맞추어 같은 방향에서 춤을 시작하고 끝내는 것이 기본이지만, 춤을 추는 과정에서도 기본적인 줄을 이탈하지 않고 맞추어 추는 데서 라인댄스의 특성을 느낄 수 있고 또 더욱 즐겁게 춤을 출 수 있다. 그리고 같은 댄스를 추면 같은 방향으로 다함께 추는 것이 기본 에티켓이다. 그러나 가끔 같은 음악에 다른 안무자에 의해 안무되어진 라인댄스를 하나의 플로어에서 좌우나 앞뒤 플로어를 양분하여 춤을 추기도 하는데, 이러한 라인댄스 형식을 플로어 스플릿 댄스(floor split dance)라고 한다. 이러한 플로어 스플릿 댄스의 활용은 파티 주최 측에서 미리 그 행사의 댄스리스트를 만들 때, 초보그룹과 숙련된 그룹이 함께 즐길 수 있도록 같은 음악에 다른 안무, 즉 보다 쉽게 안무되어진 초급 수준의 작품과 숙련자를 위한 중급 이상의 작품을 같은 음악에 동시에 즐길 수 있도록 하여 보다 풍성하고 다채로운 댄스파티를 유도하기도 하는 것이다.

본인이 잘 모르는 라인댄스라도 추고 싶다는 생각이 들 때는 댄스의 맨 가운데 자리로 들어가는 것이 좋다. 가장자리는 라인댄스의 특성상 방향이 바뀌면서 자신이 선두가 될 때 앞의 사람을 보고 따라할 수가 없기 때문이다. 전혀 모르는 작품이거나 자신이 없으면 일단 플로어를 떠나서 다른 사람의 춤의 흐름에 방해가 되지 않도록 하는데, 때로는 보면서 즐기는 댄스를 경험하는 것도 라인댄스에서는 매우 즐거운 일이다.

라인댄스 파티나 행사에 참여하는 경우 다음 사항을 서로가 지켜주면 쾌적한 환경에서 댄스파티의 분위기를 한층 즐겁게 느낄 수 있다.

- 음료, 유리잔, 캔 혹은 담배를 무도회장으로 들고 입장하지 않는다.
- 라인댄스에 적합한 댄스화를 착용하도록 한다.(재즈 댄스화, 굽이 낮은 댄스화, 재즈 운동화 또는 웨스턴 댄스부츠)
- 음악이 시작되면 무도회장에 서서 얘기하지 않는다.
- 초보자들 옆에서 춤을 출 때 예의를 갖춘다.
- 무도회장이 붐비면 작은 스텝으로 추고, 사람들과 함께 즐긴다는 자세로 움직인다.

➤ 라인댄스 파티의 댄스플로어는 경기장이 아니다. 팔 동작이나 몸동작을 너무 크게 하여 옆 사람에게 방해가 되지 않도록 유의한다.

➤ 만약 당신이 다른 사람과 충돌한다면 서로의 잘잘못을 떠나 가벼운 목례로 사과한 후, 계속 댄스를 진행할 수 있다.

➤ 다른 사람이 춤을 출 때 무도회장을 가로질러 가지 않는다. 플로어 가장자리를 돌아가거나 한 곡이 끝날 때까지 기다리도록 한다.

➤ 모든 사람이 기본부터 시작했다는 걸 명심하고, 새로 시작한 초보자에게 배려한다.

➤ 춤이 끝날 때 다른 사람이 당신 뒤를 따라갈 수 있도록 앞쪽으로 나아간다.

➤ 머리를 바로 세우고, 당신이 즐기고 있다는 것을 밝은 표정과 웃음으로 보여준다.

♪ 서울교사라인댄스연구회(STLC ; Seoul Teacher's Linedance Club) 라인댄스파티

문/화/칼/럼/

춤 출수 있어서 행복하다

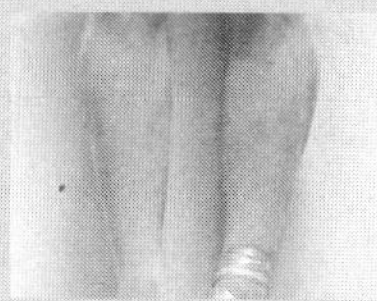

30년을 넘게 춤과 함께한 세월이다.

앞으로도 30년은 더 춤추고 싶다.

걸을 수 있는 힘이 있다면 손가락을 움직일 수만 있다면 춤에 대한 열정을 표현할 수 있으리라.

오랫동안 변함없이 춤에 대한 애정과 잔잔한 기쁨을 표현하는 이들을 보면서 현란한 테크닉과 화려한 몸짓에서 느낄 수 있는 감동과는 색깔이 다른 아릿한 깊은 맛을 느끼는 순간이 있다. 젊음과 분출하는 끼를 터질 듯 발산시키는 태풍과 같은 한 때가 지나고 나면 어느덧 세월의 흔적을 고스란히 느끼며 옮기는 걸음들이 차츰 느려지는 고요의 시간이 존재한다. 특별히 타고난 에너지를 갖고 있지 않는 한, 하고 싶은 마음과 할 수 있는 육체의 간격은 점점 더 멀어지는 것이다.

그러나 움직임의 미학은 폭발적인 장면에서만 존재하는 것이 아니기에 고요한 정적 속에서 숨 쉬듯 풀어놓는 이들의 움직임은 오히려 눈을 크게 뜨고 살펴보아야 할 정도의 소소한 움직임에도 불구하고 가랑비에 옷 젖듯 사람들의 마음 밭에 스며드는 힘이 대단하다.

명인, 예술 기능보유자, 무형 문화재로서의 무용예술인들의 활약은 세월이 가면서 더욱 그 가치를 지닌다. 화려한 체격과 체력 그리고 기술로 무장된 젊은 인재들이 보여주는 기능을 접할 때면 순간의 감탄이 절로 나오기도 하지만, 보잘 것 없는 굽은 등을 움츠리며 한 순간 뻗어내는 명인의 살풀이 수건 끝에 실린 보이지 않는 혼의 결정체는 일순간 보는 이의 호흡까지도 정지시키는 힘이 있다.

그저 맺힌 혼이 아닐 것이다. 평생을 한 길, 외로운 예술의 길을 더듬어 온 이들의 소리 없는 외침은 때로는 눈물로 때로는 입가에 걸린 작은 미소로 묻어나오는 것이 전부다. 나머지는 이들의 왜소한 몸이 표현하는 우주와 같은 넓은 움직임을 솔솔이 받아들이는 관객의 그릇일 것이다.

하루하루를 살아가면서 감히 예술인이라 자칭하기도 부끄러울 때가 많다. 물질문명의 발달과 급변하는 세상의 흐름 속에 보이지도 잡히지도 않는 예술의 혼을 놓고 고민하는 일들이 부질없게 보일지라도 초심을 지키며 묵묵히 세월을 견디는 이들의 순수가 쌓이고 그것이 하나의 명인을 탄생시키는 밑거름이 된다면, 이는 급변하는 세상에서 인류의 근본을 지탱하는 작은 자존심이 되리라.

V

춤 따라잡기

생활과
춤문화

01 댄스스포츠, 라틴 아메리칸 댄스 즐기기

1) 댄스스포츠의 특성과 바른 자세

○ 댄스스포츠의 특성

스포츠적인 특성

댄스스포츠는 대근육을 사용하는 활발한 신체활동이며, 서로 협동하는 가운데 경쟁해야 하는 스포츠의 신체적, 심리적, 사회적 가치를 고루 갖추고 있는 훌륭한 스포츠이다. 국제 댄스스포츠연맹 회장인 하그만(Hagemann, 1997)은 "댄스스포츠는 예술성보다는 스포츠성이 강하고, 기계공학적인 요소보다는 생체역학적인 요소가 많으며, 흥행적 효과보다는 교육적 효과가 큰 올림픽 스포츠로서의 특성을 갖추고 있다"고 강조하였다.

예술적인 특성

댄스스포츠는 다양한 동작과 운동기술로 구성된 도형을 창의적으로 연결시켜, 춤이라는 실제적 움직임으로 아름다운 선과 공간미를 창출하는 움직임 예술인 동시에 종합예술이다. 그리고 음악과의 일치된 호흡을 통한 감정이입에서 예술적 가치가 있다. 또한 남녀가 한 쌍이 되어 춤추는 커플 댄스라는 형식상의 특성을 갖게 되며, 아름다운 움직임을 연출하기 위해서 아름다운 파트너십을 발휘해야 한다.

운동생리학적인 특성

댄스스포츠의 동작과 기술은 주로 전진, 후진, 회전으로 구성되며, 기본 움직임에서 가장 중요한 요소는 균형성(balance)이다. 중심을 잡고 평형을 유지하는 가운데 공간에서 남녀가 운동 중심축을 함께 이동하게 되므로 운동 역학적 측면에서 균형성을 길러 주는 매우 적합한 신체 활동이라는 특성이 있다. 또한 근력의 발달뿐만 아니라 심폐기능의 향상에도 크게 도움이 되고 있다.

그러므로 댄스스포츠는 운동 강도와 지구력, 평형성의 측면에서 어떤 다른 스포츠종목에 뒤지지 않으며, 댄스스포츠를 생활체육의 한 분야라고 볼 때, 운동 강도와 시간적 측면에서도 일반인에게 우수한 유산소운동 프로그램이 된다.

레크리에이션적인 특성

여가시간을 어떻게 이용하느냐는 개인적으로 볼 때 그 사람이 얼마나 가치 있고 훌륭한 삶을 사느냐로 결정이 된다. 여가시간을 활용하기 위한 수단으로 댄스스포츠는 매우 훌륭한 신체활동이며, 현대사회에서 오는 정신적 긴장과 스트레스를 해소시켜줄 뿐만 아니라 정서적 안정을 도모하게 해 준다. 특히 이성간의 건전한 만남과 사교를 위한 활동으로 매우 적합하며, 음악의 리듬과 일치감을 느끼면서 움직임의 즐거움을 만끽할 수 있게 해 주는 레크리에이션적인 특성을 지니고 있다.

○ 댄스를 위한 바른 자세

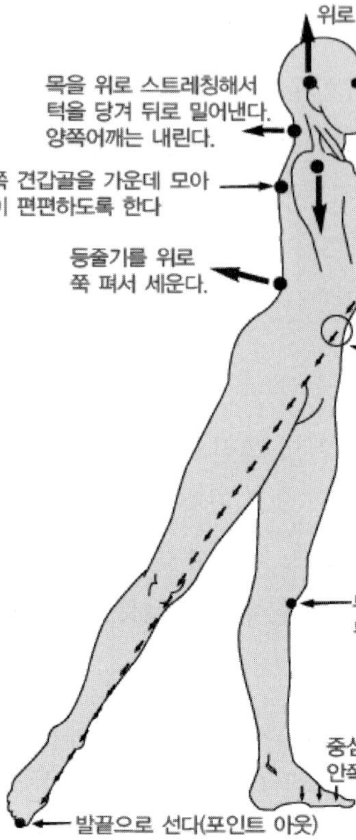

상체와 하체의 분리

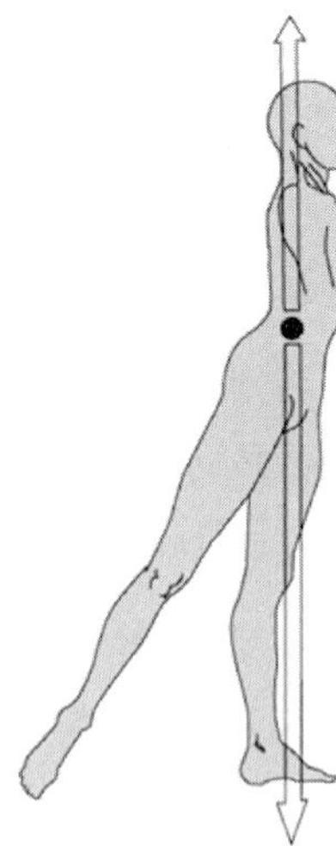

상체는 배꼽 위에서 머리끝까지이며, 목을 위로 뽑아서 최대한 들어 올린다. 하체는 배꼽아래에서 발끝까지이며, 중심축과 체중이 발바닥의 안쪽부분(Inside Edge)에 집중되도록 한다.

회전

회전은 빠르고 매끄럽게 하도록 한다.
팽이의 도는 모습이 뒤뚱거리고 금방 멈춰버리는 것은 회전축이 팽이의 중심을 통과하지 않았기 때문이다. 팽이는 회전축의 끝부분이 뾰쪽할수록 플로어(바닥)와의 마찰력이 최소화되기 때문에 오랫동안 돌 수 있다. 댄스스포츠에서 회전도 체중이동과 마찬가지로 상체와 하체를 분리 시켜야 한다. 상체는 목을 뽑아서 위로 들어올린다. 하체는 체중이 놓인 발을 회전축으로 한다. 이때 팽이의 원리와 마찬가지로 회전축이 머리끝에서 발바닥의 안쪽 볼(ball)까지 몸의 중심이 통과해야 한다. 회전축이 형성된 발에 점차적으로 압력을 가하면서 체중을 집중시킨다. 이때 발바닥이 플로어의 닿는 부분과의 마찰을 최소화시키기 위해서 발바닥의 안쪽 볼(ball)에 압력을 가한다.

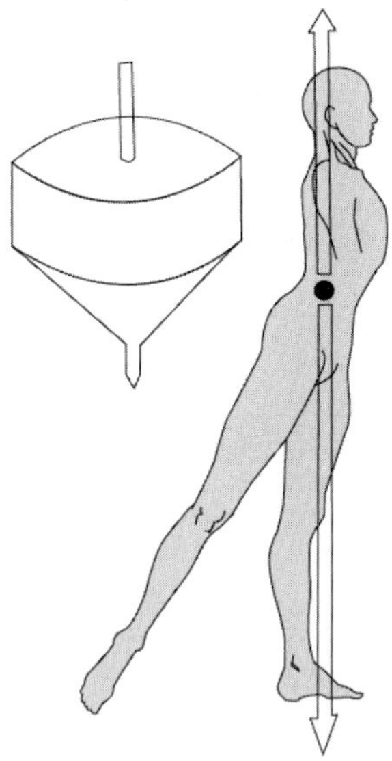

포인트(point)

발가락을 모아서 발끝에 힘을 주고 아킬레스건을 수축시켜 발등(Instep)의 윗부분이 약간 돌출 되어 휘어진 상태를 말한다.

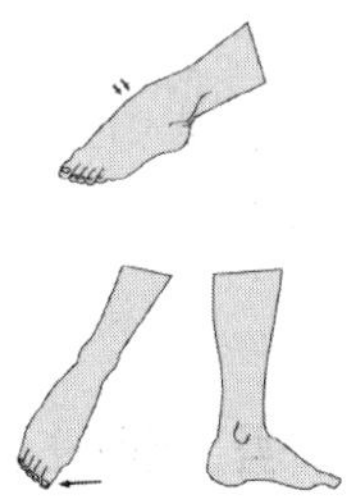

아웃(out)

뒷발의 발끝을 세워서 발등(Instep)이 전방으로부터 1/8(90˚) 정도 밖으로 향하도록 한다. 무릎에 힘을 주어 뒤로 당긴다.(니락 : knee lock)

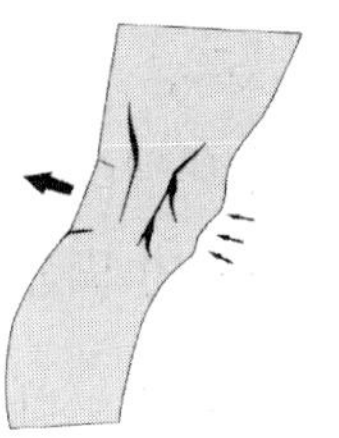

허리와 가슴

배꼽이 등까지(navel to spine)

배꼽을 중심으로 배가 등에 닿는 느낌이 될 때까지 배 근육을 긴장시킨다. 호흡은 반드시 평상시처럼 할 수 있도록 노력하고 점차적으로 자연스럽게 한다.
(호흡을 멈춰서는 절대 안 된다.)

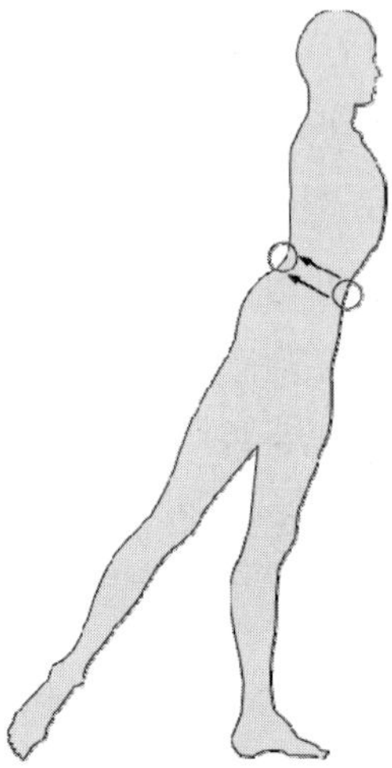

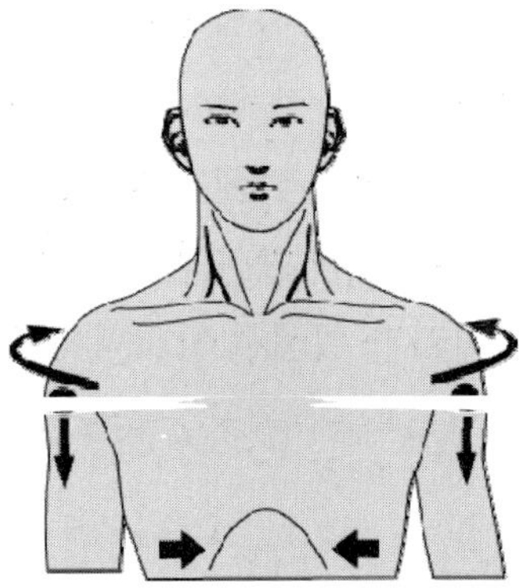

* 등이 벽(반듯이 서있을 때)이나 바닥(반듯이 누워 있을 때)에 닿을 때 까지 뒤로 밀어낸다. 가슴과 어깨가 편편하도록 양쪽 어깨를 뒤로 당겨서 가슴을 펴고 명치부분을 중심으로 양쪽 늑골을 조여야 한다.

목, 머리와 시선

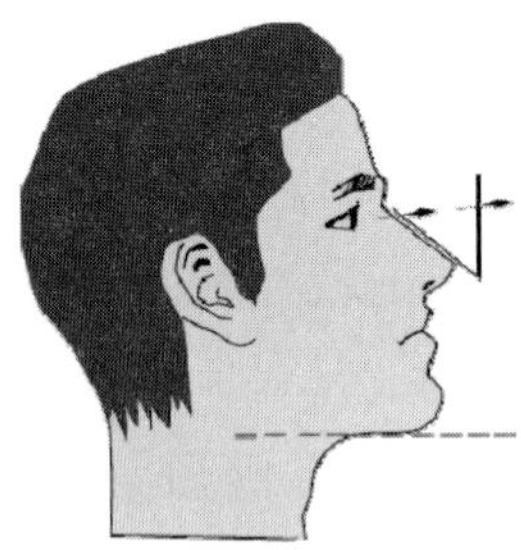

목과 머리 : 양쪽 어깨를 뒤로 당겨서 아래로 내린다.

목은 위로 스트레칭해서 뒤로 밀어내어 벽(반듯이 서 있을 때)이나 바닥(반듯이 누워있을 때)에 닿도록 해야 한다. 이때 턱을 뒤로 당기면 도움이 된다.

머리는 위로 올려서 천장에 매달리는 느낌이 되어야 한다. 시선은 파트너를 볼 때를 제외하고는 항상 수평에서 약 15° 위로 먼 곳을 주시한다.

2) 바디 무브먼트(Body Movement) 익히기

<table>
<tr><th colspan="2">힙 액션(Hip Action)</th></tr>
<tr><td>세틀링(Settling)</td><td>세틀링 또는 세틀은 '장착'이라는 뜻으로, 양 발 중 어느 한쪽에 체중을 싣는 것을 의미한다. 양 발 중심에 있던 전체 체중을 한 쪽 발로 옮기는 것으로, 세틀링이 되면 무릎은 펴지고 동시에 힙이 돌아가게 된다.</td></tr>
<tr><td>레트럴(Lateral)</td><td>레트럴은 힙을 좌우로 약하게 돌리는 것을 말한다. 대표적으로 룸바의 쿠카라차 동작에 사용된다.

♪ TV프로그램 댄싱9 김규리 인터뷰</td></tr>
<tr><td>로테이셔널(Rotational)</td><td>로테이셔널은 척추를 중심축으로 힙을 돌리는 동작이며, 양쪽 힙본(Hip Bone, 골반 뼈 앞쪽 튀어나온 부분)을 대각선으로 밀면서 누운 8자 모양으로 그리는 동작이다.</td></tr>
<tr><td>트위스팅(Twisting)</td><td>트위스팅은 회전이 오직 힙에서만 일어날 때 사용하는 기술이며, 왼쪽 힙을 오른쪽 힙보다 상대적으로 더 많이 뒤로 밀어 서로 꼬인 상태가 되는 것을 말한다. 힙트위스트 동작의 여자 3보가 이에 해당된다.</td></tr>
</table>

3) 댄스 종목별 카운트와 박자

미국의 유명한 댄스스포츠 교사인 머레이(Murray, 1959)는 리드미컬한 신체적 움직임을 통하여 미적 가치를 정서적으로 표현하는 댄스스포츠를 '음악과의 대화'라고 말하였는데, 이는 댄스스포츠가 음악과의 일치된 호흡을 통한 감정이입에서 예술적 가치가 인정된다는 의미일 것이다. 댄스스포츠에서 음악과 리듬, 그리고 박자에 대한 감각은 매우 중요하며, 춤을 익히고 즐기는 데 필수적인 요소이다.

다음은 댄스스포츠 라틴댄스에 사용되는 종목별 카운트와 카운트하는 방법, 박자값 그리고 악센트가 되는 카운트에 대한 내용이다.

종목	카운트	카운팅 방법	박자값	악센트 카운트
룸바	2 3 4 1	투 쓰리 포-원	1박 1박 1/2박	4
차차	2 3 4&1	투 쓰리 포앤-원	1박 1박 1/2박 1/2박 1박	1
삼바	1 2 1a2 1a2a1a2 S Q Q S Q Q Q Q Q Q Q Q S S S Q Q S	원 투 원-아 투 원-아 투-아 원-아 투 슬로 퀵 퀵 슬로 퀵 퀵 퀵 퀵 퀵 퀵 퀵 퀵 슬로 슬로 슬로 퀵 퀵 슬로	1박 1박 3/4박 1/4박 1박 3/4박 1/4박 3/4박 1/4박 3/4박 1/4박 1박 1박 1/2박 1/2박 1박 1/2박 1/2박 1/2박 1/2박 1/2박 1/2박 1/2박 1/2박 1박 1박 1박 1/2박 1/2박 1박	2
자이브	1 2 3a4 3a4 Q Q QaQ	원 투 쓰리-아 포 쓰리-아 포 퀵 퀵 퀵-아 퀵	1박 1박 3/4박 1/4박 1박 3/4박 1/4박 1박 1박 1박 3/4박 1/4박 1박	2 4
파소-도블레	1 2 3 4	원 투 쓰리 포	1박 1박 1박 1박	1

4) 기본 풋 포지션과 풋워크

○ 풋 포지션 (foot position)

- side – 옆으로
- side and slightly forward – 옆에서 약간 앞으로
- side and slightly back – 옆에서 약간 뒤로
- forward – 앞으로
- forward and slightly side – 앞에서 약간 옆으로
- back – 뒤로
- back and slightly side – 뒤에서 약간 옆으로

➢ diagonally forward – 비스듬히 앞으로(대각선 앞으로)

➢ diagonally back – 비스듬히 뒤로(대각선 뒤로)

○ 풋웍크 (foot work)

➢ Ball Flat, BF(볼플랫) – 볼을 먼저 디디고 뒤꿈치를 내린다. 룸바, 차차, 삼바, 자이브의 기본 풋워크이다.

➢ Hill Flat, HF(힐플랫) – 뒤꿈치를 먼저 디디고 볼을 내린다. 파소도블레의 전진스텝에 주로 쓰이며, 모던댄스의 기본 풋워크이다.

➢ Inside Edge Ball Point(인사이드 엣지 볼 포인트) – 발 안쪽 모서리(엄지발가락 쪽)로 바닥 누르기, 체중을 싣지 않고 발바닥 안쪽으로 바닥을 강하게 누른다.

➢ Outside Edge Ball Point(아웃사이드 엣지 볼 포인트) – 발 바깥쪽 모서리(새끼발가락 쪽)로 바닥 누르기, 체중을 싣지 않고 발바닥 바깥쪽으로 바닥을 강하게 누른다.

➢ Toe Point(토 포인트) – 발끝으로 바닥 누르기, 체중을 싣지 않고 발가락 끝으로 바닥을 누른다.

➢ Pointing(포인팅) – 체중을 싣지 않고 발 바깥쪽 모서리 끝(아웃사이드 엣지 포인트)이나 안쪽 모서리 끝(인사이드 엣지 포인트)으로 바닥을 누른다.

5) 기본홀드와 리드법

○ 기본홀드

홀 드	방 법
기본 홀드	<u>클로즈드 페이싱 포지션(Closed Facing Position)</u> 남자는 오른손을 여자의 왼쪽 견갑골에, 여자는 왼팔을 남자의 오른팔 위에 둔다. 남자의 왼손으로 여자의 오른손을 잡아 여자의 눈높이에 위치한다. 클로즈 포지션이라고도 한다. 

왼손-오른손 홀드	레프트 투 라이트 핸드 홀드포지션(Left to Right Hand Hold Position) 남자가 왼손으로 여자의 오른손을 잡아 허리위치로 한다.
오른손-오른손 홀드	라이트 투 라이트 핸드 홀드포지션(Right to Right Hand Hold Position) 남자가 오른손으로 여자의 오른손을 잡는다. 핸드셰이크홀드(Hand Shakes Hold)라고도 한다.
더블핸드 홀드	더블핸드홀드포지션(Double Hand Hold Position) 양손을 모두 잡고 허리 위치에 넓게 둔다. 이때 서로 교차해서 잡으면 크로스 홀드(Cross Hold)라고 한다.
노 홀드	노홀드(No Hold) 양손을 모두 놓고 각자의 춤을 춘다.

○ 리드법

커플 댄스에서 리드(Lead)는 남자가 하고 여자는 남자의 동작에 반응하는 팔로워(Follower) 역할을 하게 된다. 이러한 커플 댄스에서 리드는 매우 중요하다. 리드는 말로 하는 것이 아니라 파트너와의 신체적 접촉을 통한 의사소통으로 이루어진다. 그러므로 상호적이며 균형적이어야 한다. 무리한 힘을 가해 억지로 하지 말고 자연스럽고 조화롭게 해야 함을 유의하자.

리드 방법에는 다음의 네 가지가 있다.

리 드 법		
체중이동 (Weight Change)	남자의 체중 이동에 따라 여자가 움직이도록 리드하는 방법이다. 남자가 왼발에 있는 체중을 오른발로 옮길 때 여자도 똑같이 체중을 옮기도록 잡은 손을 통해 혹은 상체의 움직임으로 신호를 보내는 방법이다.	

피지컬 (Physical)	남자가 여자를 잡고 있는 팔에 힘을 주면 근육이 긴장하면서 그 힘이 손을 타고 여자에게 전달된다. 이렇게 힘의 움직임을 이용해 원하는 방향으로 여자를 리드하는 것으로, 흔히 '텐션(tension)을 준다'라고 표현되기도 한다. 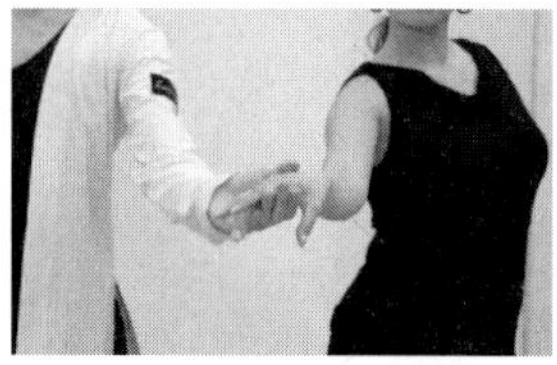
쉐이핑 (Shaping)	남자가 여자의 손을 시계방향이나 시계반대방향으로 돌려서 원하는 방향으로 이동시키는 방법이다. 여자가 시계반대방향으로 회전하도록 리드할 때는 남자가 왼손으로 여자의 오른손을 잡고 눈높이에서 시계반대방향으로 돌려준다. 이때 손에 무리한 힘을 주어 비틀어서는 안 된다.
비주얼 (Visual)	여자가 남자의 동작을 그대로 흉내 내어 따라하게 하는 방법으로 양손을 모두 잡지 않는다. 마치 거울을 보고 따라하듯이 남자가 왼발을 오른발 뒤로 하면 여자는 오른발을 왼발 뒤로 똑같이 하면 된다.

6) 쉽게 즐기는 댄스스포츠 라틴

○ 쉽게 즐기는 룸바(Rumba) 패턴

Rumba Pattern 1

Basic movement
New York(Check from open cpp. pp. cpp)
Spot Turn
Progressive Walks
Underarm Turn to Right
Hand to Hand
Spot Turn
Fan
Hocky stick
Natural Top 1-3
Opening out to Right & Left
Spiral

Rumba Pattern 2

Open Hip Twist
Alemana
Close Hip Twist
Hocky Stick
Shoulder to Shoulder
Spot Turn
Underarm Turn to Right
Side Step
Cucarachas
Underarm Turn to Left & Right
Aida
Cuban rocks
Spot Turn

○ 쉽게 즐기는 차차(Cha Cha) 패턴

Cha Cha Pattern 1

Basic movement
New York(Check from open cpp. pp. cpp)
Spot Turn
Three Cha Cha Chas
Underarm Turn to Right
Hand to Hand
Side Three Cha Cha Chas
Spot Turn
Open Basic
Fan
Hocky stick
Shoulder to Shoulder
Spot Turn

Cha Cha Pattern 2

Open Hip Twist
Alemana
Close Hip Twist
Hocky Stick
Underarm Turn to Right
Time Step
Right & Left Underarm Turn
Spot Turn

○ 쉽게 즐기는 자이브(Jive) 패턴

Jive Pattern 1

Fallaway Rock(Basic movement)
Fallaway Throwaway
Link & Link Rock
Change of Place Right to Left
Change of Place Left to Right
American spin
Change of Hands Behind Back
Link & Whip
Promenade Walks to Throwaway(The Walks)
Change of Place Right to Left
Stop and Go
Change of Place Left to Right

Jive Pattern 2

Fallaway Rock(Basic movement)
Fallaway Throwaway
Link & Link Rock
Change of Place Right to Left
Change of Place Left to Right
American spin
Change of Hands Behind Back
Link & Whip
Change of Place Left to Right
Windmill
Spanish Arms
Rolling off the Arms
Change of Place Left to Right
Simple spin

○ 쉽게 즐기는 삼바(Samba) 패턴

Samba Pattern 1

Basic Movement - Natural, Reverse
Basic Movement - Side
Samba whisk R & L
Botafogos to P.P and C.P.P
Samba Walks(in P.P)
Side Samba Walks
Shadow Botafogos
Criss Cross(=Travelling Volta)

Samba Pattern 2

Samba Whisk R & L
Travelling Botafogos Forward
Travelling Botafogos Backward
Stationary Samba Walks
Volta spot turn to R.(for lady)
Corta Jaca
Natural Roll
Close Rocks
Reverse turn
Basic Movement

문/화/칼/럼/

지피지기, 댄스의 달인 되기

나도 저렇게 움직일 수 있을까. 언제쯤 저렇게 될까. 과연 가능할까.

머무르는 듯 움직임이 없더니, 눈 한번 깜박하면 저 멀리 플로어를 종횡무진 하는 댄스의 달인들이 있다. 사람의 몸으로 어떻게 저런 몸짓을 만들어낼까 싶기도 하다.

저 사람들은 태어날 때부터 아마 회전을 하고 바디웨이브를 했으리라 생각되지만, 모든 것은 의지이다. 물론 선천적인 혜택도 도움이 되겠지만, 사람의 인체로 하는 모든 예술은 노력이 99%임을 믿어야한다.

고독한 솔로댄스보다 같은 기능으로 120% 이상의 효과를 낼 수 있는 상호작용의 원리를 가진 커플 댄스에 도전해 보는 것은 어떨까. 내가 2% 부족하더라도 상대방과 함께 표현할 때 그 2%는 꽉 채워질 수 있다. 그렇다면 내가가진 능력이 100%일 때 더 이상의 효과는 없는 것일까. 물론 아니다. 120, 150%의 효과까지도 얻을 수 있는 것이 바로 커플 댄스의 장점 중 가장 흥미로운 부분일 것이다.

이러한 커플 댄스 중 가장 체계적이고 국제적으로 통용되는 정상의 댄스인 댄스스포츠를 잘하기 위한 방법을 몇 가지 살펴보도록 하자.

먼저 춤을 잘 추기 위해서, 그리고 120%의 효과를 원한다면, 가능한 많은 연습과 노력이 필요하다. 댄스스포츠라는 멋진 취미를 만나면서 빨리 실력향상을 이룰 수 없다는 것은 유감스러운 일이지만, 그런 까다로운 조건이기에 더 보람 있는 작업이 될 것이다. '댄스의 달인'이 되기 위해서는 댄스스포츠를 인식하면서 지금 본인이 하고 있는 댄스법이 단시간에 실력을 향상하는 조건에 적합한지 체크해 보는 것이 먼저 필요할 것이다.

첫째, 댄스스포츠를 즐길 수 있는 환경을 만드는 것이 중요하다.

적합한 연습상대, 생활에서의 댄스자세 활용 등이 이에 속한다. 지하철에서 의미 없이 지나는 30분의 시간동안 뒤꿈치를 들고 견디는 등의 모습을 어디선가 본적이 있을지도 모르겠다.

둘째로는 자신의 댄스학습법을 체크해본다. 스텝중심으로 연습하고 있지는 않은지.

스텝중심의 연습법만으로는 커플 댄스의 요점인 리드와 팔로우의 기법에 도달하기 힘들다. 올바른 몸동작의 사용법이 커플 댄스의 장점을 부각시킬 수 있게 한다.

세 번째로는 자신의 결점을 알고 그것을 하나씩 고치는 인내가 필요하다.

올바른 지도자의 조언과 자신이 가진 결점을 하나씩 고쳐나가는 인내의 시간이 모여 아름다운 결정체를 만드는 것이다. 댄스의 길은 눈앞의 빠른 토끼 길보다 한걸음씩 정확하게 나아가는 노력을 통한 거북이 길이 결국에는 빠른 지름길임을 느끼게 하는 대표적인 장르이다.

넷째는 깊이 생각하면서 갖는 자기만의 트레이닝 시간이다.

능숙한 기능은 수없이 반복되어 근육이 인지하여 반사적으로 표현할 수 있는 근육의 자동화에 의해 얻어진다. 또한 정확한 피드백을 통한 연습은 올바른 지도에 의해 상승된다. 몸은 정직한 것이어서 잘못된 동작 또한 되풀이하면 그 동작도 인지해버리는데, 이미 인지된 동작의 교정이 더욱 어렵다는 것은 상상이 될 것이다.

마지막으로 리드와 팔로우의 밸런스가 맞도록 노력하는 것이다.

이것이 커플 댄스로서의 댄스의 달인이 되기 위한 가장 중요한 관문이 되는 요소이다. 남성과 여성의 역할분담이 얼마나 부드러우면서도 파워풀하고 스피드한 춤이 되느냐를 결정하기에, 남성은 바른 리드법을 익히고 여성은 정확하게 그 신호에 반응하는 것이 원칙이다. 이때 여성의 아이커넥션, 즉 상대방의 움직임을 느끼고 볼 수 있는 습관은 두 사람만의 상호작용을 이끌어내는 기본이 될 것이다.

인체를 매개로 하는 예술에 편법은 통하지 않는다. 이상의 방법들이 달인이 되기 위해 소홀히 해서는 안 될 절차이면서 궁극적인 지름길임을 이해하고 플로어를 종회무진 하는 그날까지 한걸음씩 도전해 보도록 하자.

02
라인댄스 제대로 즐기기

1) 라인댄스 스텝싯(Stepsheet) 이해하기

○ 라인댄스 스텝싯(Stepsheet) 읽기

작품제목

○ Choreographer : 안무자
○ Wall : 형식　　○ Count : 작품길이　　○ Level : 수준
○ Music : 작품에 사용되는 음악

Sec 1 [1-8]　**1동작 [1-8카운트]　대표 동작설명**

1-2　　카운트별 상세 동작설명

•
•
•

Tag - 음악구성에 따라 엑스트라 카운트가 존재하는 경우 Main 동작 외의 tag 동작(안무자에 의해 제시된)을 해당 부분에 삽입하여 춤을 춘다.

Restart - 음악구성에 따라 정해진 동작으로 춤추는 동안 제시된 지점에서 처음부터 다시 시작하여 춤을 춘다.

참고자료 : http://www.copperknob.co.uk/stepsheets/.....................
- 작품 스텝싯 원본이 수록된 인터넷 사이트 주소
(여기에서 스텝싯 원본자료와 참고 동영상을 감상할 수 있다.)

*** 본 라인댄스 스텝싯은 원본(안무자의 기록방식대로 만들어진 영문 안무보)을 그대로 제시하고 아래에 한글 번역을 하여 동작의 이해를 도왔다. 같은 동작이라도 안무자의 기록 스타일이나 표현 방식이 다른 점이 있으나, 번역은 통일하여 기록하였으며, 스텝싯 원본 및 동영상 등에 대한 참고를 위해 인터넷 사이트 주소를 함께 수록하였다.

2) 워밍업을 위한 라인댄스

Good Morning

- Choreographer : Jo Thompson Szymanski and Machelle Cook Holloway (Feb 2013)
- Wall : 4 wall　　o Count : 48　　o Level : Beginner
- Music : Good Morning by Mandisa feat. TobyMac

Sec 1 [1-8]　3 WALKS FORWARD, KICK, 3 WALKS BACK, TOUCH
(포워드 웍, 웍, 웍, 킥 - 백 웍, 웍, 웍, 터치)

1-4　Walk forward R, L, R, Kick L forward
앞으로 웍(오), 웍(왼), 웍(오), 왼발 앞으로 킥

5-8　Walk back L, R, L, Touch R beside L
뒤로 웍(왼), 웍(오), 웍(왼), 오른발 투게더 터치

Sec 2 [9-16]　4 STEP TOUCHES
(사이드 스텝, 투게더 터치(오-왼-오-왼))

1-2　Step R to right, Touch L beside R
오른발 옆으로 스텝, 왼발 투게더 터치

3-4　Step L to L, Touch R beside L
왼발 옆으로 스텝, 오른발 투게더 터치

5-6　Step R to right, Touch L beside R
오른발 옆으로 스텝, 왼발 투게더 터치

7-8　Step L to L, Touch R beside L
왼발 옆으로 스텝, 오른발 투게더 터치

Sec 3, 4 [17-32] REPEAT WALKS FORWARD & BACK, 4 STEP TOUCHES 1-16 Repeat above counts 1-16
1, 2 동작 [1-16카운트] 반복

Sec 5 [33-40]　VINE R, TOUCH, VINE L, TURN 1/4 L
(오른쪽 바인, 터치, 왼쪽 바인 왼쪽 1/4턴, 터치)

1-4　Step R to right, Step L behind R, Step R to right, Touch L beside R
오른발 옆으로 스텝, 왼발 뒤로 크로스, 오른발 옆으로 스텝, 왼발 투게더 터치

5-8 Step L to left, Step R behind L, Turn 1/4 left step L forward, Touch R beside
왼발 옆으로 스텝, 오른발 뒤로 크로스, 왼쪽 1/4턴 왼발 앞으로 스텝, 오른발 투게더 터치

Sec 6 [41-48] VINE R, TOUCH, VINE L, TOUCH
(오른쪽 바인, 터치, 왼쪽 바인 왼쪽, 터치)

1-4 Step R to right, Step L behind R, Step R to right, Touch L beside R
오른발 옆으로 스텝, 왼발 뒤로 크로스, 오른발 옆으로 스텝, 왼발 투게더 터치

5-8 Step L to left, Step R behind L, Step L to left, Touch R beside L
왼발 옆으로 스텝, 오른발 뒤로 크로스, 왼발 옆으로 스텝, 오른발 투게더 터치

참고자료 : http://www.copperknob.co.uk/stepsheets/good-morning-ID91093.aspx

3) 초보를 위한 즐거운 라인댄스

O 쉽게 즐기는 라인댄스 - Smooth / west coast swing

Jordin's Step

- o Choreographer : Keith Stewart, Northern Ireland (8th October 2013)
- o Wall : 4 wall o Count : 32 o Level : Improver
- o Music : "One Step at a Time" by Jordin Sparks

Sec 1 [1-8] Step Out Right, Left, Right Side Shuffle, Step Out Left, Right, Left Side Shuffle.
(아웃, 아웃, 오른쪽 셔플 - 아웃, 아웃, 왼쪽 셔플)

1 - 2 Step Right Foot Out And Slightly Forwards To Right Side, Step Left Foot Out And Slightly Forwards To Left Side.
오른발 약간 옆으로 아웃, 왼발 약간 옆으로 아웃

3&4 Step Right Foot To Right Side, Step Left Foot Beside Right Foot, Step Right Foot To Right Side.
오른발 옆으로 스텝, 왼발 투게더, 오른발 옆으로 스텝

5 - 6 Step Left Foot Out And Slightly Forwards To Left Side, Step Right Foot Out And Slightly Forwards To Right Side.
왼발 약간 옆으로 아웃, 오른발 약간 옆으로 아웃

7&8 Step Left Foot To Left Side, Step Right Foot Beside Left Foot, Step Left Foot To Left Side.
왼발 옆으로 스텝, 오른발 투게더, 왼발 옆으로 스텝

Sec 2 [9-16] Cross Unwind ¾ Turn Left, Right Shuffle Forward, Left Pivot ½ Turn, Left Shuffle Forward.
(크로스 언와인드 왼쪽 3/4턴, 포워드 셔플 - 왼쪽 피벗 1/2턴, 포워드 셔플)

9 - 10 Step Right Foot Across Left Foot Keeping Weight On Left Foot, Unwind A ¾ Turn Over Left Shoulder.
오른발 어크로스 스텝, 왼쪽 3/4 언와인드 턴(3시)

11&12 Step Forward On Right Foot, Step Left Foot Beside Right Foot, Step Forward On Right Foot (Facing 3 O'clock).
오른발 앞으로 스텝, 왼발 투게더, 오른발 앞으로 스텝

13 - 14 Step Forward On Left Foot, Pivot A ½ Turn Over Right Shoulder (Now Facing 9 O'clock).
왼발 앞으로 스텝, 오른쪽 피벗 1/2턴(9시)

15&16 Step Forward On Left Foot, Step Right Foot Beside Left Foot, Step Forward On Left Foot.
왼발 앞으로 스텝, 오른발 투게더, 왼발 앞으로 스텝

Restart Here On Walls 4 & 9

Sec 3 [17-24] Right Mambo Step Forward, 2 Walks Back, Left Coaster Step, 2 Walks Forward.
(포워드 맘보, 백 웍, 웍 - 코스터 스텝, 포워드 웍, 웍)

17&18 Rock Weight Forward Onto Right Foot, Recover Weight Onto Left Foot In Place, Step Right Foot Beside Left Foot.
오른발 앞으로 락, 왼발 리커버, 오른발 투게더

19 - 20 Step Back On Left Foot, Step Back On Right Foot.
왼발 뒤로 스텝, 오른발 뒤로 스텝

21&22 Step Back On Left Foot, Step Right Foot Beside Left Foot, Step Left Foot Forward.
왼발 뒤로 스텝, 오른발 투게더, 왼발 앞으로 스텝

23 - 24 Step Forward On Right Foot, Step Forward On Left Foot.
오른발 앞으로 스텝, 왼발 앞으로 스텝

Sec 4 [25-32] Syncopated Side Mambos, Right Touch, Full Turn Walk Round Right.
(싱코페이티드 사이드 맘보, 터치 - 오른쪽 웍 어라운드 풀 턴(오-왼-오-왼))

25&26 Rock Right Foot To Right Side, Recover Weight Onto Left Foot In Place, Step Right Foot Beside Left Foot.
오른발 옆으로 락, 왼발 리커버, 오른발 투게더

&27&28 Rock Left Foot To Left Side, Recover Weight Onto Right Foot In Place, Step Left Foot Beside Right Foot, Touch Right Foot Beside Left Foot.
왼발 옆으로 락, 오른발 리커버, 왼발 투게더, 오른발 투게더 터치

29 - 32 Walk Around A Full Turn In A Clockwise Direction Stepping Right, Left, Right, Left, Ending Up Facing The Wall You Began Your Walk On.
웍 어라운드(시계방향) 풀 턴(오-왼-오-왼)(9시)

Restart - On Walls 4 And 9, After You Shuffle Forward On Your Left Foot (Counts 15&16), Instead Of Going Into Your Right Mambo, Simply Restart The Dance!!

Restart - 4wall, 9wall 2동작(16count) 후, 처음부터 다시시작

참고자료 : http://www.copperknob.co.uk/stepsheets/jordins-step-ID94961.aspx

○ 쉽게 즐기는 라인댄스 - Lilt / east coast swing

Love To Trust

- Choreographer : Niels Poulsen
- Wall : 4 wall ○ Count : 32 ○ Level : Beginner
- Music : Vincero by Fredrik Kempe

Sec 1 [1-8] RIGHT KICK TWICE, RIGHT COASTER STEP, LEFT KICK TWICE, LEFT COASTER STEP
(오른발 포워드 킥, 킥, 코스터 스텝 - 왼발 포워드 킥, 킥, 코스터 스텝)

1-2 Kick right foot forward twice
오른발 앞으로 킥, 킥

3&4 Step back on right, step left next to right, step right forward
오른발 뒤로 스텝, 왼발 투게더, 오른발 앞으로 스텝

5-6 Kick left foot forward twice
왼발 앞으로 킥, 킥

7&8 Step back on left, step right next to left, step left forward
왼발 뒤로 스텝, 오른발 투게더, 왼발 앞으로 스텝

Sec 2 [9-16]	**RIGHT SIDE ROCK, CROSS SHUFFLE, SIDE LEFT, HOLD WITH CLAP, ½ TURN RIGHT, HOLD WITH CLAP** (오른쪽 사이드 락, 크로스 셔플 - 왼쪽 사이드, 홀드(박수), 오른쪽 1/2턴 사이드, 홀드(박수))
1-2	Rock right to right side, recover back to left 오른발 옆으로 락, 왼발 리커버
3&4	Cross right over left, step left to left side, cross right over left 오른발 크로스, 왼발 옆으로 스텝, 오른발 크로스
5-6	Step left to left side, hold with clap 왼발 옆으로 스텝, 박수
7-8	Turn ½ turn right on left foot stepping right to right side, hold with clap (weight still on right) 오른쪽 1/2턴 오른발 옆으로 스텝, 박수(체중 오른발)
Sec 3 [17-24]	**LEFT SIDE CHASSÉ, ROCK BACK, RIGHT SIDE CHASSÉ, LEFT SAILOR STEP** (왼쪽 샤세, 백 락 - 오른쪽 샤세, 세일러 스텝)
1&2	Step left to left side, step right next to left, step left to left side 왼발 옆으로 스텝, 오른발 투게더, 왼발 옆으로 스텝
3-4	Rock back on right foot, recover to left foot 오른발 뒤로 락, 왼발 리커버
5&6	Step right to right side, step left next to right, step right to right side 오른발 옆으로 스텝, 왼발 투게더, 오른발 옆으로 스텝
7&8	Cross left behind right, step right to right side, step small step to left side 왼발 뒤로 크로스, 오른발 옆으로 스텝, 왼발 옆으로 작게 스텝
Sec 4 [25-32]	**CROSS IN FRONT, SIDE, BEHIND, POINT, CROSS IN FRONT, SIDE, BEHIND, POINT** (오른발 크로스, 사이드, 비하인드, 포인트 - 왼발 크로스, 사이드, 비하인드, 포인트)
1-2	Cross right over left, step left to left side 오른발 크로스, 왼발 옆으로 스텝
3-4	Cross right behind left, point left to left side 오른발 뒤로 크로스, 왼발 옆으로 포인트
5-6	Cross left over right, step right to right side 왼발 크로스, 오른발 옆으로 스텝
7-8	Cross left behind right, point right to right side 왼발 뒤로 크로스, 오른발 옆으로 포인트

참고자료 : http://www.copperknob.co.uk/stepsheets/love-to-trust-ID29380.aspx

♪ 초등학생들의 라인댄스 대회장면

○ 쉽게 즐기는 라인댄스 - Smooth / west coast swing

Touchy!

○ Choreographer : Niels Poulsen, DK (Jan 10)

○ Wall : 4 wall ○ Count : 32 ○ Level : Beginner

○ Music : Sentimental by Gareth Gates

Sec 1 [1-8] Walk fw R L, R mambo step, walk back L R, L coaster step
(포워드 웍, 웍, 포워드 맘보 - 백 웍, 웍, 코스터 스텝)

1-2	Walk fw R (1), walk fw L (2) [12:00] 오른발 앞으로 웍, 왼발 앞으로 웍
3&4	Rock R fw (3), recover on L (&), step back on R (4) [12:00] 오른발 앞으로 락, 왼발 리커버, 오른발 뒤로 스텝
5-6	Walk back L (5), walk back R (6) [12:00] 왼발 뒤로 스텝, 오른발 뒤로 스텝
7&8	Step back on L (7), step R next to L (&), step fw on L (8) [12:00] 왼발 뒤로 스텝, 오른발 투게더, 왼발 앞으로 스텝

Sec 2 [9-16] Side switch R and L, L sailor step, R jazz box, step fw L

(사이드 스위치(오-왼), 세일러 스텝 - 재즈 박스, 포워드 스텝)

1&2 Point R to R side (1), bring R next to L (&), point L to L side (2) [12:00]
오른발 옆으로 포인트, 오른발 투게더, 왼발 옆으로 포인트

3&4 Cross L behind R (3), step R to R side (&), step L a small step to L side (4) [12:00]
왼발 뒤로 크로스, 오른발 옆으로 스텝, 왼발 옆으로 작게 스텝

5-6 Cross R over L (5), step back on L (6) [12:00]
오른발 크로스, 왼발 뒤로 스텝

7-8 Step R to R side (7), step fw on L (8) [12:00]
오른발 옆으로 스텝, 왼발 앞으로 스텝

Sec 3 [17-24] R rocking chair, R triple fw, Repeat but with Left foot

(오른발 로킹체어, 포워드 트리플스텝 - 왼발 로킹체어, 포워드 트리플스텝)

1&2& Rock fw on R (1), recover on L (&), rock back on R (2), recover on L (&) [12:00]
오른발 앞으로 락, 왼발 리커버, 오른발 뒤로 락, 왼발 리커버

3&4 Step fw on R (3), bring L next to R (&), step fw on R (4) [12:00]
오른발 앞으로 스텝, 왼발 투게더 , 오른발 앞으로 스텝

5&6& Rock fw on L (5), recover on R (&), rock back on L (6), recover on R (&) [12:00]
왼발 앞으로 락, 오른발 리커버, 왼발 뒤로 락, 오른발 리커버

7&8 Step fw on L (7), bring R next to L (&), step fw on L (8) [12:00]
왼발 앞으로 스텝, 오른발 투게더, 왼발 앞으로 스텝

Sec 4 [25-32] Step fw R, ½ L, step fw R, ¼ L, R mambo step fw, L coaster step

(오른발 피벗 1/2턴, 오른발 피벗 1/4턴 - 포워드 맘보, 코스터 스텝)

1-2 Step fw on R (1), turn ½ L stepping onto L (2) [6:00]
오른발 앞으로 스텝, 왼쪽 1/2턴 왼발 스텝(6시)

3-4 Step fw on R (3), turn ¼ L stepping onto L (4) [3:00]
오른발 앞으로 스텝, 왼쪽 1/4턴 왼발 스텝(3시)

5&6 Rock R fw (5), recover on L (&), step back on R (6) [3:00]
오른발 앞으로 락, 왼발 리커버, 오른발 뒤로 스켑

7&8 Step back on L (7), step R next to L (&), step fw on L (8) [3:00]
왼발 뒤로 스텝, 오른발 투게더, 왼발 앞으로 스텝

참고자료 : http://www.copperknob.co.uk/stepsheets/touchy-ID79003.aspx

○ 쉽게 즐기는 라인댄스 - Cuban / cha cha

Angelina

○ Choreographer : Kickick Line Dance - Nicky Tan (July 2012))
○ Wall : 4 wall ○ Count : 32 ○ Level : Beginner
○ Music : Angelina by Lou Bega

Sec 1 [1-8] **Step to Right Side, Together, Right Side Shuffle, Weave to the Right**
(사이드, 투게더, 사이드 셔플 - 오른쪽 위브)

1-2 Step RF to Right, Step LF beside RF
오른발 옆으로 스텝, 왼발 투게더

3&4 Step RF to Right, Step LF beside RF, Step RF to Right
오른발 옆으로 스텝, 왼발 투게더, 오른발 옆으로 스텝

5-6-7-8 Cross LF over RF, Step RF to Right, Cross LF behind RF, Step RF to Right (12:00)
왼발 크로스, 오른발 옆으로 스텝, 왼발 뒤로 크로스, 오른발 옆으로 스텝

Sec 2 [9-16] **New York Steps with ¼ Turn**
(왼발 뉴욕스텝 - 오른발 뉴욕 스텝 오른쪽 1/4턴)

1-2 Rock LF over RF, Recover on RF
왼발 크로스 락, 오른발 리커버

3&4 Step LF to Left, Step RF beside LF, Step LF to Left
왼발 옆으로 스텝, 오른발 투게더, 왼발 옆으로 스텝

5-6 Rock RF over LF, Recover on LF
오른발 크로스 락, 왼발 리커버

7&8 Step RF to Right. Step LF beside RF, Turn ¼ Right & Step RF forward (3:00)
오른발 옆으로 스텝, 왼발 투게더, 오른쪽 1/4턴 오른발 앞으로 스텝(3시)

Sec 3 [17-24] **Step Left Forward, ½ Turn R, Forward Left Cha Cha, Walk, Walk, Forward Right Cha Cha**
(오른쪽 피벗 1/2턴, 포워드 차차 - 포워드 웍, 웍, 포워드 차차)

1-2 Step LF forward, Turn ½ R with weight on RF (9:00)
왼발 앞으로 스텝, 오른쪽 1/2턴 오른발 스텝(9시)

3&4 Step LF forward, Step RF behind LF, Step LF forward
왼발 앞으로 스텝, 오른발 록, 왼발 앞으로 스텝

5-6 Step RF forward, Step LF forward
오른발 앞으로 스텝, 왼발 앞으로 스텝

7&8	Step RF forward, Step LF behind RF, Step RF forward 오른발 앞으로 스텝, 왼발 록, 오른발 앞으로 스텝

Sec 4 [25-32] Cross, Point, Step Back, Point, Jazz Box with a Touch
(크로스, 포인트, 백, 포인트 - 재즈박스, 터치)

1-2	Cross LF over RF, Point R toe to Right 왼발 크로스, 오른발 옆으로 포인트
3-4	Step RF behind LF, Point L toe to Left 오른발 뒤로 크로스, 왼발 옆으로 포인트
5-6-7-8	Cross LF over RF, Step RF back, Step LF to Left side, Touch RF beside LF (9:00) 왼발 크로스, 오른발 뒤로 스텝, 왼발 옆으로 스텝, 오른발 투게더 터치(9시)

참고자료 : http://www.copperknob.co.uk/stepsheets/angelina-ID89895.aspx

♪ 함께해서 즐거운 라인댄스(STLC, 서울교사 라인댄스클럽)

○ 쉽게 즐기는 라인댄스 - Cuban / mambo

A Little Bit of Mambo

- Choreographer : Jenifer Wolf - Dance With Wolfs
- Wall : 2 wall ○ Count : 32 ○ Level : Beginner
- Music : Mambo No. 5 by Lou Bega

Sec 1 [1-8] **MAMBO FORWARD, MAMBO BACK**
(포워드 맘보 - 백 맘보)

1-2-3-4 Step L. forward, Step R. in place, Step L. beside R., Hold
왼발 앞으로 락, 오른발 리커버, 왼발 투게더, 멈춤
5-6-7-8 Step R. back, Step L. in place, Step R. beside L., Hold
오른발 뒤로 락, 왼발 리커버, 오른발 투게더, 멈춤

Sec 2 [9-16] **SIDE ROCK, HOLD, SIDE ROCK, HOLD**
(사이드 맘보 - 사이브 맘보)

1-2-3-4 Step L. side on L., Step R. in place, Step L. beside R., Hold
왼발 옆으로 락, 오른발 리커버, 왼발 투게더, 멈춤
5-6-7-8 Step R. to R. side, Step L. in place, Step R. beside L., Hold
오른발 옆으로 락, 왼발 리커버, 오른발 투게더, 멈춤

Sec 3 [17-24] **STEP, HOLD, STEP, HOLD, STEP, TOGETHER, STEP, HOLD**
(포워드 스텝, 홀드, 스텝, 홀드 - 포워드 셔플, 홀드)

1-2-3-4 Step L, forward, Hold, Step R. forward, Hold
왼발 앞으로 스텝, 멈춤, 오른발 앞으로 스텝, 멈춤
5-6-7-8 Step L. forward, Step R. beside L., Step L. forward, Hold
왼발 앞으로 스텝, 오른발 투게더, 왼발 앞으로 스텝, 멈춤

Sec 4 [25-32] **STEP, HOLD, TURN 1/2, HOLD, STEP, TOGETHER, HOLD**
(포워드 스텝, 홀드, 왼쪽 피벗 1/2턴, 홀드 - 포워드 셔플, 홀드)

1-2-3-4 Step R. forward, Hold, Turn 1/2 L. onto L., Hold
오른발 앞으로 스텝, 멈춤, 오른쪽 1/2턴, 멈춤
5-6-7-8 Step R. forward, Step L. beside R., Step R. forward, Hold
오른발 앞으로 스텝, 왼발 투게더, 오른발 앞으로 스텝, 멈춤

참고자료 : http://www.copperknob.co.uk/stepsheets/a-little-bit-of-mambo-ID86245.aspx

DN Waltz

- Choreographer : Niels Poulsen (Denmark) March 2010
- Wall : 4 wall　　○ Count : 24　　○ Level : Beginner Waltz
- Music : Rock n roll waltz by Scooter Lee. Or Tattoos of life by Steve Wariner

Sec 1 [1-6]　**L basic fw, R basic back**
(왼발 앞으로 왈츠 베이직 - 오른발 뒤로 왈츠 베이직)

1-3　Step fw on L (1), step R next to L (2), change weight to L (3) 12:00
왼발 앞으로 스텝, 오른발 투게더, 왼발 제자리 스텝

4-6　Step back on R (4), step L next to R (5), change weight to R (6) 12:00
오른발 뒤로 스텝, 왼발 투게더, 오른발 제자리 스텝

Sec 2 [7-12]　**L twinkle, R twinkle**
(왼발 트윈클 - 오른발 트윈클)

1-3　Cross L over R (1), step R to R diagonal (2), step L to L diagonal (3) 12:00
왼발 크로스, 오른발 대각선 앞으로 스텝, 왼발 대각선 앞으로 스텝

4-6　Cross R over L (4), step L to L diagonal (5), step R to R diagonal (6) 12:00
오른발 크로스, 왼발 대각선 앞으로 스텝, 오른발 대각선 앞으로 스텝

Sec 3 [13-18]　**L cross rock side, weave**
(왼발 크로스 락, 사이드 - 왼쪽 위브)

1-3　Cross rock L over R (1), recover on R (2), step L to L side (3) 12:00
왼발 크로스 락, 오른발 리커버, 왼발 옆으로 스텝

4-6　Cross R over L (4), step L to L side (5), cross R behind L (6) 12:00
오른발 크로스, 왼발 옆으로 스텝, 오른발 뒤로 크로스

Sec 4 [19-24]　**¼ point hold, back point hold**
(왼쪽 1/4턴 스텝, 사이드 포인트, 홀드 - 백 스텝, 사이드 포인트, 홀드)

1-3　Turn ¼ L stepping fw on L (1), point R to R side (2), hold (3) 9:00
왼쪽 1/4턴 왼발 앞으로 스텝, 오른발 옆으로 포인트, 멈춤

4-6　Step back on R (4), point L to L side (5), hold (6) 9:00
오른발 뒤로 스텝, 왼발 옆으로 포인트, 멈춤

참고자료 : http://www.copperknob.co.uk/stepsheets/dn-waltz-ID79375.aspx

4) 끼를 표현하는 라인댄스

○ 끼를 표현하는 라인댄스 - Novelty

We no speak Americano

- Choreographer : Pim van Grootel
- Wall : 2 wall　　○ Count : 32　　○ Level : Beginner Fun
- Music : We no speak Americano by Yolanda Be Cool vs Dcup (2.36)

Sec 1 [1-8]　　Walk, Walk, Shuffle L, Walk, Walk, Shuffle R
(웍, 웍, 왼쪽 셔플 - 웍, 웍, 오른쪽 셔플)

1-2	LF Step diagonal left forward, RF Step diagonal right forward 왼발 대각선 앞으로 스텝, 오른발 대각선 앞으로 스텝
3&4	LF Step diagonal left forward, RF Step next to LF, LF Step diagonal left froward 왼발 대각선 앞으로 스텝, 오른발 투게더, 왼발 대각선 앞으로 스텝
5-6	RF Step diagonal right forward, LF Step diagonal left forward 오른발 대각선 앞으로 스텝, 왼발 대각선 앞으로 스텝
7&8	RF Step diagonal right forward, LF Step next to RF, RF Step diagonal right forward 오른발 대각선 앞으로 스텝, 왼발 투게더, 오른발 대각선 앞으로 스텝

Note: While you doing the shuffle L and R you push both arms in the air!
셔플하는 동안 양팔을 각 방향 대각선 위로 뻗어 밀어준다.

Sec 2 [9-16]　　Jazz box L, Touch, Rolling Vine R, Clap 2x
(재즈박스, 터치 - 오른쪽 롤링 바인, 클랩×2)

1-2	LF Cross over RF, RF Step backwards 왼발 크로스, 오른발 뒤로 스텝
3-4	LF Step to left side, RF Touch next to LF 왼발 옆으로 스텝, 오른발 투게더 터치
5-6	RF ¼ turn right stepping forward, LF ½ turn right stepping to back 오른쪽 1/4턴 오른발 앞으로 스텝, 오른쪽 1/2턴 왼발 뒤로 스텝
7&8	RF ¼ turn right stepping to right side, Clap, Clap 오른쪽 1/4턴 오른발 옆으로 스텝, 박수, 박수

Sec 3 [17-24] Zumba Rocks, (Cross rock, Rock step, Cross rock, Step)
(줌바 락스(크로스 락, 사이드 락, 크로스 & 사이드 스텝) ×2)

1&2& LF Cross over RF, Recover on RF, LF Step to left side, Recover on RF
왼발 크로스 락, 오른발 리커버, 왼발 옆으로 락, 오른발 리커버

3&4 LF Cross over RF, Recover on RF, LF Step to left side
왼발 크로스 락, 오른발 리커버, 왼발 옆으로 스텝

5&6& RF Cross over LF, Recover on LF, RF Step to right side, Recover on LF
오른발 크로스 락, 왼발 리커버, 오른발 옆으로 락, 왼발 리커버

7&8 RF Cross over LF, Recover on LF, RF Step to right side
오른발 크로스 락, 왼발 리커버, 오른발 옆으로 스텝

Sec 4 [25-32] Cross, Monterey Turn R, Cross, Step, Hip bumps
(크로스, 오른쪽 몬트레이 1/2턴 - 크로스, 사이드 스텝, 힙 범프×2)

1-2 LF Cross over RF, RF Touch to right side
왼발 크로스, 오른발 옆으로 터치

3-4 RF ½ Turn right step next to LF, LF Touch to left side
오른쪽 1/2턴하며 오른발 투게더, 왼발 옆으로 터치

5-6 LF Cross over RF, RF Step to right side
왼발 크로스, 오른발 옆으로 스텝

7-8 Bump hips right
오른쪽 힙 범프, 힙 범프

Note: While you doing the hip bumps, snap your right fingers in the air!
힙 범프하는 동안, 오른손 공중에서 스냅 2번

Tag 1: After wall 1 just add 4 extra hip bumps to the right.
1wall 후 4카운트 힙 범프 4번 추가(6시)

Tag 2: After wall 8 add again 4 extra hip bumps and wait for 4 more counts and start again :)
8wall 후 4카운트 힙 범프 4번 추가하고, 4카운트 멈춘 후(무음악) 다시시작(12시)

Restarts: In wall 3 and 5 start after the first 16 Counts.
3wall, 5wall에서 2동작(16카운트) 후, 처음부터 다시시작

Ending: In wall 11, dance until count 20 and make your own end pose.
11wall에서 20카운트 후 포즈(각자 나름대로)를 행하고 엔딩

참고자료 : http://www.copperknob.co.uk/stepsheets/we-no-speak-americano-ID80509.aspx

○ 끼를 표현하는 라인댄스 - Novelty

Wonder Train

- Choreographer : Ria Vos, Sept 2014
- Wall : 2 wall ○ Count : 64 ○ Level : Improver / Intermediate
- Music : "Wonder What You're Doing For The Rest Of Your Life"
  - Train, Album: Bulletproof Picasso

Sec 1 [1-8] R Side Rock, & L Side, R Together, Chasse L, R Rock Back
(사이드 락 & 투게더, 사이드 스텝, 투게더 - 샤세, 백 락)

1-2& Rock R to R Side, Recover on L, Step R Next to L
오른발 옆으로 락, 왼발 리커버, 오른발 투게더

3-4 Step L to L Side, Step R Next to L
왼발 옆으로 스텝, 오른발 투게더

5&6 Step L to L Side, Step R Next to L, Step L to L Side
왼발 옆으로 스텝, 오른발 투게더, 왼발 옆으로 스텝

7-8 Rock Back on R, Recover on L
오른발 뒤로 락, 왼발 리커버

Sec 2 [9-16] Syncopated Vine R, Behind-Side-Cross, Side Rock ¼ L
(싱코페이티드 오른쪽 바인 - 비하인드, 사이드, 크로스, 사이드 락, 왼쪽 1/4턴)

1-2& Step R to R Side, Step L Behind R, Step R to R Side
오른발 옆으로 스텝, 왼발 뒤로 크로스, 오른발 옆으로 스텝

3-4 Cross L Over R, Step R to R Side
왼발 크로스, 오른발 옆으로 스텝

5&6 Step L Behind R, Step R to R Side, Cross L Over R
왼발 뒤로 크로스, 오른발 옆으로 스텝, 왼발 크로스

7-8 Rock R to R Side, 1/4 Turn L Recover on L
오른발 옆으로 스텝, 왼쪽 1/4턴 왼발 리커버

Sec 3 [17-24] Full Turn L, Shuffle Fwd, Pivot ¼ R x2
(왼쪽 풀 턴 - 포워드 셔플, 오른쪽 피벗 1/4턴 ×2)

1-2 ½ Turn L Step Back on R, ½ Turn L Step Fwd on L (easy option: Walk Fwd R-L)
왼쪽 1/2턴 오른발 뒤로 스텝, 왼쪽 1/2턴 왼발 앞으로 스텝 (쉬운 동작 : 오른발 웍, 왼발 웍)

3&4 Shuffle Fwd Stepping R-L-R
앞으로 셔플(오-왼-오)

5-6 Step Fwd L, Pivot ¼ Turn R
왼발 앞으로 스텝, 오른쪽 피벗 1/4턴
7-8 Step Fwd L, Pivot ¼ Turn R
왼발 앞으로 스텝, 오른쪽 피벗 1/4턴

Sec 4 [25-32] Crossing Samba Step, Cross, Kick, Back, Sweep, Sailor Step **
(크로스 삼바 스텝, 크로스, 킥 - 백, 스위프, 세일러 스텝)

1&2 Cross L Over R, Rock R to R Side, Recover on L
왼발 크로스, 오른발 옆으로 락, 왼발 리커버
3-4 Cross R Over L, Kick L to L Diagonal
오른발 크로스, 왼발 대각선 앞으로 킥
5-6 Step L Behind R, Sweep R from Front to Back
왼발 뒤로 크로스, 오른발 스위프(앞-뒤)
7&8 Step R Behind L, Step L to L Side, Step R to R Side
왼발 뒤로 크로스, 오른발 옆으로 스텝, 왼발 옆으로 스텝

* Bridge Point - 2, 4, 6 wall

Sec 5 [33-40] (Diagonal) L Step, R Lock, L Lock Step Fwd, Side, Touch, Side, Touch
((오른쪽 대각선 방향) 왼발 스텝, 오른발 록, 왼발 록스텝 - 사이드, 터치, 사이드, 터치)

1-2 Step L Fwd to R Diagonal, Lock R Behind L
왼발 오른쪽 대각선 앞으로 스텝, 오른발 록
3&4 Step L Fwd to R Diagonal, Lock R Behind L, Step L Fwd to R Diagonal
왼발 오른쪽 대각선 앞으로 스텝, 오른발 록, 왼발 오른쪽 대각선 앞으로 스텝
5-6 Step R to R Side, Touch L Next to R
오른발 옆으로 스텝, 왼발 투게더 터치
7-8 Step L to L Side, Touch R Next to L
왼발 옆으로 스텝, 오른발 투게더 터치

Sec 6 [41-48] (Diagonal) R Step, L Lock, R Lock Step Fwd, Side, Touch, ¼ R, Scuff
((왼쪽 대각선 방향) 오른발 스텝, 왼발 록, 오른발 록스텝 - 사이드, 터치, 오른쪽 1/4턴 스텝, 스카프)

1-2 Step R Fwd to L Diagonal, Lock L Behind R
오른발 왼쪽 대각선 앞으로 스텝, 왼발 록
3&4 Step R Fwd to L Diagonal, Lock L Behind L, Step R Fwd to L Diagonal
오른발 왼쪽 대각선 앞으로 스텝, 왼발 록, 오른발 왼쪽 대각선 앞으로 스텝

5-6 Step L to L Side, Touch R Next to L
왼발 옆으로 스텝, 오른발 투게더 터치

7-8 ¼ Turn R Step Fwd on R, Scuff L Next to R (slightly crossed over, ready for next step)
오른쪽 1/4턴 오른발 앞으로 스텝, 왼발 스카프 (다음동작을 위해 약간 크로스 방향으로)

Sec 7 [49-56] Crossing Toe Strut, ¼ L, ¼ L, Crossing Toe Strut, ¼ R, ¼ R
(크로스 토 스트럿, 왼쪽 1/4턴 백, 왼쪽 1/4턴 사이드 - 크로스 토 스트럿, 오른쪽 1/4턴 백, 오른쪽 1/4턴 사이드)

1-2 Cross on L Toe over R, Lower L Heel
왼발 크로스 토, 왼발 힐 다운

3-4 ¼ Turn L Step Back on R, ¼ Turn L Step L to L Side
왼쪽 1/4턴 오른발 뒤로 스텝, 왼쪽 1/4턴 왼발 옆으로 스텝

5-6 Cross on R Toe over L, Lower R Heel
오른발 크로스 토, 오른발 힐 다운

7-8 ¼ Turn R Step Back on L, ¼ Turn R Step R to R Side
오른쪽 1/4턴 왼발 뒤로 스텝, 오른쪽 1/4턴 오른발 옆으로 스텝

Sec 8 [57-64] Cross Rock, Chasse L, Jazz Box Cross
(크로스 락, 샤세 - 재즈박스, 크로스)

1-2 Rock L Over R, Recover on R
왼발 크로스 락, 오른발 리커버

3&4 Step L to L Side, Step R Next to L, Step L to L Side
왼발 옆으로 스텝, 오른발 투게더, 왼발 옆으로 스텝

5-6 Cross R Over L, Step Back on L
오른발 크로스, 왼발 뒤로 스텝

7-8 Step R to R Side, Cross L Over R
오른발 옆으로 스텝, 왼발 크로스

**Bridge: On all Even Walls (2,4,6) (9:00) … then Continue with count 33

*브리지 동작 : 2wall, 4wall, 6wall에서 32count(4동작) 후 아래동작(4동작 8count)을 행하고, 이어서 5동작부터 계속 진행한다.

Crossing Samba Step, Cross, Kick, Back, Sweep, Sailor Step

Repeat count 25-32 (when he sings: "Wonder What You're Doing For The Rest Of Your Life")

참고자료 : http://www.copperknob.co.uk/stepsheets/wonder-train-ID100267.aspx

5) 분위기 띄우는 라인댄스

○ 기분 업 라인댄스 - Social line dance

Rock & Roll King

- Choreographer : Rachael McEnaney (UK/USA) Dec 2014
- Wall : 4 wall ○ Count : 64 ○ Level : Improver
- Music : Rock and Roll Is King - Electric Light Orchestra. (iTunes) Approx 3.08 mins

Sec 1 [1-8] L side, R together, L side, R touch, R side, L touch, L side, R touch
(왼발 사이드, 투게더, 사이드, 터치 - 사이드, 터치, 사이드, 터치)

1-4 Step L to left side (1), step R next to L (2), step L to left side (3), touch R next to L (4) 12.00
왼발 옆으로 스텝, 오른발 투게더, 왼발 옆으로 스텝, 오른발 투게더 터치

5-8 Step R to right side (5), touch L next to R (6), step L to left side (7), touch R next to L (8) 12.00
오른발 옆으로 스텝, 왼발 투게더 터치, 왼발 옆으로 스텝, 오른발 투게더 터치

Sec 2 [9-16] R side, L together, ¼ turn R, ½ turn R with L hitch, L back, ½ turn R with R hitch, R fwd, L hitch
(오른발 사이드, 투게더, 오른쪽 1/4턴 스텝, 오른쪽 1/2턴 히치 - 오른쪽 1/2턴 히치, 포워드, 히치)

1-2 Step R to right side (1), step L next to R (2), 12.00
오른발 옆으로 스텝, 왼발 투게더

3-4 Make ¼ turn right stepping forward R (3), make ½ turn right on ball of R as you hitch L knee (4) 9.00
오른쪽 1/4턴 오른발 앞으로 스텝, 오른쪽 1/2턴 왼발 히치(9시)

5-6 Step back L (5), make ½ turn right on ball of L as you hitch R knee (6) 3.00
왼발 뒤로 스텝, 오른쪽 1/2턴 오른발 히치(3시)

7-8 Step forward R (7), hitch L knee (8) 3.00
오른발 앞으로 스텝, 왼발 히치

Sec 3 [17-24] L fwd mambo, hold, R back rocking chair
(포워드 맘보, 홀드 - 백 로킹체어)

1-4 Rock forward L (1), recover weight R (2), step back L (3), hold (4) 3.00
왼발 앞으로 락, 오른발 리커버, 왼발 뒤로 스텝, 멈춤

5-8	Rock back R (5), recover weight L (6), rock forward R (7) recover weight L (8) 3.00 오른발 뒤로 스텝, 왼발 리커버, 오른발 앞으로 스텝, 왼발 리커버

Sec 4 [25-32] **R back toe strut, L back toe strut, R back toe strut, L back, R together**
(백 토 스트럿(오), 백 토 스트럿(왼) - 백 토스트럿(오), 백 스텝, 투게더

1-4	Touch R toe back (1), drop R heel to floor (2), touch L toe back (3), drop L heel to floor (4), 3.00 오른발 뒤로 토 터치, 오른발 힐 다운, 왼발 뒤로 토 토치, 왼발 힐 다운
5-8	Touch R toe back (5), drop R heel to floor (6), step back L (7), step R next to left (8) 3.00 오른발 뒤로 토 터치, 오른발 힐 다운, 왼발 뒤로 스텝, 오른발 투게더

Sec 5 [33-40] **L shuffle fwd, R brush, ¼ turn R with clap, ½ turn L with clap**
(포워드 셔플, 브러시 - 오른쪽 1/4턴 스텝, 클랩, 왼쪽 1/2턴 스텝, 클랩)

1-4	Step forward L (1), step R next to L (2), step forward L (3), brush R next to L (4) 3.00 왼발 앞으로 스텝, 오른발 투게더, 왼발 앞으로 스텝, 오른발 브러시
5-6	Make ¼ turn right stepping forward R (slightly bent knee) (5), clap hands (6) 오른쪽 1/4턴 오른발 앞으로 스텝(무릎 살짝 굽히고), 박수
7-8	Make ½ turn left stepping forward L (slightly bent knee) (7), clap hands (8) 12.00 왼쪽 1/2턴 왼발 앞으로 스텝(무릎 살짝 굽히고), 박수(12시)

Sec 6 [41-48] **R stomp (toe in), R toe fan out-in-out, L stomp across R, L side, R stomp across L, R side**
(포워드 스톰프(인), 팬 아웃, 팬 인, 팬 아웃 - 크로스 스톰프, 사이드, 크로스 스톰프, 사이드)

1-2	Stomp forward R (slight bent R knee and turn R toe in) (1), fan R toe out to right side (2) 12.00 오른발 앞으로 스톰프(무릎 살짝 굽힌 상태로 오른발 토 인), 오른발 토 아웃
3-4	Fan R toe in towards L (3), fan R toe out to right side (weight needs to be on right) (4) 12.00 오른발 토 인, 오른발 토 아웃(오른발 체중)(12시)
5-6	Stomp L forward and slightly across R (5), step L to left side (6), 12.00 왼발 크로스 스톰프, 왼발 투게더
7-8	Stomp R forward and slightly across L (7), step R to right side (8) 12.00 오른발 크로스 스톰프, 오른발 투게더

Sec 7 [49-56] **L fwd, ½ turn R with shoulder shimmy, R lock step fwd, hold (or brush)**
(포워드 스텝, 오른쪽 1/2턴 숄더 시미 - 오른발 포워드 록스텝, 브러시)

1-4 Step forward L (1), make ½ turn right as you shimmy shoulders for 3 counts (weight remains on L) (2,3,4) 6.00
왼발 앞으로 스텝, 오른쪽 1/2턴하며 시미(어깨) 3카운트(체중은 계속 왼발)

5-8 Step forward R (5), step L next to R (slightly behind R) (6), step forward R (7), hold (or brush L) (8) 6.00
오른발 앞으로 스텝, 왼발 투게더, 오른발 앞으로 스텝, 왼발 브러시

Sec 8]57-64] L jazz box with ¼ turn L, L weave (L side, R behind, L side, R cross)
(재즈박스 왼쪽 1/4턴 - 왼쪽 위브)

1-4 Cross L over R (1), make ¼ turn left stepping back R (2), step L to left side (3), cross R over L (4) 3.00
왼발 크로스, 왼쪽 1/4턴 오른발 뒤로 스텝, 왼발 옆으로 스텝, 오른발 크로스(3시)

5-8 Step L to left side (5), cross R behind L (6), step L to left side (7), cross R over L (8) 3.00
왼발 옆으로 스텝, 오른발 뒤로 크로스, 왼발 옆으로 스텝, 오른발 크로스

TAGS:-
Wall 3 begins facing 6.00, do the 4 count tag below then Restart facing 9.00
Wall 6 begins facing 3.00, do the 4 count tag below then Restart facing 6.00
3wall, 6wall 32count(4동작) 후 아래의 4count Tag을 행하고, 처음부터 시작

1-4 Step forward L (1), clap hands twice (2&), step forward R (3), clap hands (4)
왼발 앞으로 스텝, 박수, 왼발 앞으로 스텝, 박수

참고자료 : http://www.copperknob.co.uk/stepsheets/rock--roll-king-ID101829.aspx

○ 기분 업 라인댄스 - Smooth / tango

La Song

○ Choreographer : Hyun-Sook Park (Republic of Korea, April 2014)
○ Wall : 4 ○ Count : 32 ○ Level : beginner - Tango Rhythm
○ Music : "La Song" by Rain(Album: Rain Effect)
* Count In : Dance begins on vocals (40 secs)
* Option : 24 secs, you'll try intro dance Tagx2

Sec 1 [1-8]	CROSS, POINT, CROSS, POINT, 1/4 R, HITCH, BACK WALKS (크로스, 포인트, 크로스, 포인트 - 오른쪽 1/4턴 히치, 백 웍 ×2)
1-2	Cross right over left, point left toe to left 오른발 크로스, 왼발 옆으로 포인트
3-4	Cross left over right, point right toe to right 왼발 크로스, 오른발 옆으로 포인트
5-6	1/4 turn right(weight to left), hitch right knee 오른쪽 1/4턴(왼발 체중), 오른발 히치
7-8	Step back on right, step back on left 오른발 뒤로 스텝, 왼발 뒤로 스텝

Sec 2 [9-16]	BEHIND, POINT, BEHIND, POINT, FLICK OUT, ACROSS POINT, FLICK OUT ACROSS STEP, LOCK (비하인드, 포인트, 비하인드, 포인트 - 아웃 플릭, 어크로스 포인트, 아웃 플릭, 어크로스 스텝, 록)
1-2	Cross right behind left, point toe to left 오른발 뒤로 크로스, 왼발 옆으로 포인트
3-4	Cross left behind right, point toe to right 왼발 뒤로 크로스, 오른발 옆으로 포인트
5-6	Flick out right knee, across point right toe over left 오른발 아웃 플릭, 오른발 어크로스 포인트
7-8&	Flick out right knee, across step right toe over left, lock left diagonally left 오른발 아웃 플릭, 오른발 어크로스 스텝, 왼발 록

Sec 3 [17-24]	STEP, 1/4 R SWEEP, CROSS, SIDE, BEHIND, 1/4 R SWEEP, BACK WALKS (스텝, 오른쪽 1/4턴 스위프, 크로스, 사이드 - 오른쪽 1/4턴 스위프, 백 웍 ×2)
1-2	Step right diagonally left, 1/4 turn right and sweep left back to forward 6:00 오른발 앞으로(대각선) 스텝, 오른쪽 1/4턴 왼발 스위프(뒤-앞)(6시)
3-4	Cross left over right, step right to right 왼발 크로스, 오른발 옆으로 스텝
5-6	Cross left behind right, 1/4 turn right and sweep right forward to back 9:00 왼발 뒤로 크로스, 오른쪽 1/4턴 오른발 스위프(앞-뒤)(9시)
7-8	Step back on right, step back on left 오른발 뒤로 스텝, 왼발 뒤로 스텝

Sec 4 [25-32]	BACK ROCK, FORWARD HIP BUMPS, BACKWARD HIP BUMPS, RONDE FLICK, BACK SLIDE, STOMP (백 락, 포워드 힙 범프스 - 백 힙 범프스, 론데 플릭, 백 슬라이드, 투게더 스톰프)

1-2 Rock right back, recover on to left
오른발 뒤로 락, 왼발 리커버

3&4 Step forward diagonally to right bumping right hip forward, bump left hip back, bump right hip forward(weight on right)
오른발 대각선 앞으로 스텝하며 오른쪽 힙 범프, 왼쪽 힙 범프, 오른쪽 힙 범프(오른발 체중)

5&6 Step backward diagonally to left bumping left hip back, bump right hip forward, bump left hip back(weight on left)
왼발 대각선 뒤로 스텝하며 힙 범프, 오른쪽 힙 범프, 왼쪽 힙 범프(왼발 체중)

&7-8 Flick with ronde right, step slide back on right, stomp left together
오른발 플릭 론데, 오른발 뒤로 슬라이드 스텝, 왼발 투게더 스톰프

Tag - After wall 2, add following steps(16 count) and dance again. (you will be facing 6:00)
(2wall 후, 아래의 tag 동작(2동작(16카운트))을 하고 처음부터 시작한다.)

Sec 1 [1-8] CROSS, POINT, CROSS, POINT, JAZZ BOX
(크로스, 포인트, 크로스, 포인트 - 재즈박스)

1-2 Cross right over left, point left toe to left
오른발 크로스, 왼발 옆으로 포인트

3-4 Cross left over right, point right toe to right
왼발 크로스, 오른발 옆으로 포인트

5-6 Cross right over left, step back on left
오른발 크로스, 왼발 뒤로 스텝

7-8 Step right to right side, step left next to right
오른발 옆으로 스텝, 왼발 투게더

Sec 2 [9-16] BEHIND, POINT, BEHIND POINT, TANGO HEAD ACTION
(비하인드, 포인트, 비하인드, 포인트 - 탱고 헤드 액션)

1-2 Cross right behind left, point left toe to left
오른발 뒤로 크로스, 왼발 옆으로 포인트

3-4 Cross left behind right, point right toe to right
왼발 뒤로 크로스, 오른발 옆으로 포인트

5-8 Right hand circling around the head and head action of tango
오른손으로 얼굴주변 원을 그리며 탱고 헤드 액션

참고자료 : http://www.copperknob.co.uk/stepsheets/la-song-ID98507.aspx

6) 리듬을 즐기는 라인댄스

○ 비트를 즐기는 라인댄스 - Funky

Bust A Move

- Choreographer : Jo & John Kinser and Philip Sobrielo
- Wall : 4 wall　　○ Count : 32　　○ Level : Beginner
- Music : Bust A Move. Time 4.24. Artist: Glee Cast Version. The Music, Vol. 1(BPM: 118)

Sec 1 [1-8]　Vine Rt Touch, Vine Lt Touch
(오른쪽 바인 스텝, 터치 - 왼쪽 바인 스텝, 터치)

1-2	Step Rt to Rt, Step Lt behind Rt 오른발 옆으로 스텝, 왼발 뒤로 크로스
3-4	Step Rt to Rt, Touch Lt beside Rt 오른발 옆으로 스텝, 왼발 투게더 터치
5-6	Step Lt to Lt, Step Rt behind Lt 왼발 옆으로 스텝, 오른발 뒤로 크로스
7-8	Step Lt to Lt, Touch Rt beside Lt 왼발 옆으로 스텝, 오른발 투게더 터치

Sec 2 [9-16]　Side Behind, 1/4 Turn, Step Fwd, 1/2 Step, & Jump, Clap
(사이드, 비하인드, 오른쪽 1/4턴, 포워드 - 피벗 1/2턴, 아웃(&), 아웃 점프, 클랩)

1-2	Step Rt to Rt, Step Lt behind Rt 오른발 옆으로 스텝, 왼발 뒤로 크로스
3-4	Make 1/4 turn Rt stepping Rt Fwd, Step Lt Fwd 오른쪽 1/4턴 오른발 앞으로 스텝, 왼발 앞으로 스텝
5-6	Make 1/2 turn Rt stepping Rt Fwd, Step Lt Fwd 오른쪽 1/2턴 오른발 앞으로 스텝, 왼발 앞으로 스텝
&7-8	Jump Fwd Rt, Lt with both feet, Clap your hands 양발 앞으로 아웃 아웃 점프, 박수

Sec 3 [17-24]　Tap Tap Step, Tap Tap Step, Out Out, Back Together
(오른발 탭, 탭, 스텝, 왼발 탭, 탭, 스텝 - 아웃, 아웃, 백, 투게더(인,인))

1&2	Tap your Rt Toe Diagonally Fwd Rt (Twice), Step Rt to the Rt Diagonal 오른발 대각선 앞으로 탭, 탭, 스텝
3&4	Tap your Lt Toe Diagonally Fwd Lt (Twice), Step Lt to the Lt Diagonal 오른발 대각선 앞으로 탭, 탭, 스텝
5-6	Step Rt to Rt Diagonal, Step Lt to Lt Diagonal 오른발 오른쪽 대각선으로 스텝, 왼발 왼쪽 대각선으로 스텝
7-8	Step Rt In-place, Step Lt next to Rt 오른발 뒤로 리플레이스, 왼발 투게더

Sec 4 [24-32] Jazz Box, Kick Ball Change, Walk Fwd
(재즈박스 - 킥 볼 체인지, 웍, 웍)

1-2	Step Rt over Lt, Step Lt back 오른발 크로스, 왼발 뒤로 스텝
3-4	Step Rt to Rt, Step Lt next to Rt (Shoulder Width Apart) 오른발 옆으로 스텝, 왼발 투게더
5&6	Kick Rt Fwd, Replace weight Rt, Step Lt Fwd 오른발 앞으로 킥, 오른발 투게더, 왼발 앞으로 스텝
7-8	Walk Fwd Rt, Lt 오른발 앞으로 웍, 왼발 앞으로 웍

참고자료 : http://www.copperknob.co.uk/stepsheets/bust-a-move-ID79954.aspx

♪ 라인댄스 포메이션 (라인댄스 La Song 장면)

○ 비트를 즐기는 라인댄스 - Smooth / funky west coast swing

Let It Rock

- Choreographer : Hyun-Sook Park (Republic of Korea, Oct 2014)
- Wall : 4 wall　　○ Count : 32　　○ Level : Easy Intermediate - funky wcs
- Music : Let It Rock by Kevin Rudolf & Lil Wayne

Sec 1 [1-8]　Walks(2×), Reverse Coaster Step, Back Walks(2×), Back Rocking Chair
(포워드 웍, 웍, 리버스 코스터스텝 - 백 웍, 웍, 백 로킹체어)

1-2	RF Step forward, LF Step forward 오른발 앞으로 스텝, 왼발 앞으로 스텝
3&4	RF Step forward, RF Close next to LF, RF Step back 오른발 앞으로 스텝, 왼발 투게더, 오른발 앞으로 스텝
5-6	LF Step back, RF Step back 왼발 뒤로 스텝, 오른발 뒤로 스텝
7&8&	Rock LF back, Recover on RF, Rock LF forward, Recover on RF 왼발 뒤로 락, 오른발 리커버, 왼발 앞으로 락, 오른발 리커버

Sec 2 [9-16]　Big Step Back, Hold, Together, Pressy Walks, 3/4 turn Circle walks with Lock
(백 빅스텝, 홀드, 투게더, 프리시 웍스 - 왼쪽 3/4 써클 웍, 록)

1-2&	Big Step LF back, hold, RF Close next to LF 왼발 뒤로 크게 스텝, 멈춤, 오른발 투게더
3-4	Walk forward on left across right, Walk forward on right across left 왼발 크로스, 오른발 크로스
5-6-7	LF 1/4 left and step forward(9:00), RF 1/4 left and step forward(6:00), LF 1/4 left and step forward(3:00) 왼쪽 1/4턴 왼발 앞으로 스텝, 왼쪽 1/4턴 오른발 앞으로 스텝, 왼쪽 1/4턴 왼발 앞으로 스텝
8&	RF Step forward, Lock LF behind RF 오른발 앞으로 스텝, 오른발 뒤에 왼발 록

Sec 3 [17-24]　Step fwd, 1/4 L Side, 1/4 R Step Knee-Pop with Sweep, Jazz Box with Chasse, Together
(스텝, 왼쪽 1/4턴 사이드, 오른쪽 1/4턴 스텝, 니 팝(스위프) - 재즈박스, 샤세, 투게더)

1-2	RF Step forward(with hip bump), 1/4 turn L step LF to L side(with hip bump)(12:00) 오른발 앞으로 스텝(힙 범프), 왼쪽 1/4턴 왼발 옆으로 스텝(힙 범프)

3&4	1/4 turn R place RF forward, Bend both knees and lifting both heels up (&), Lower heels with sweep LF back to forward (weight on R)(3:00) 오른쪽 1/4턴 오른발 스텝, 양쪽 무릎 살짝 구부리며 양발 힐 업, 힐 다운하며 왼발 스위프(뒤-앞)
5-6	Cross LF over RF, Step RF back 왼발 크로스, 오른발 뒤로 스텝
7&8&	Step LF to L side, RF close next to LF, Step LF to L side, RF close next to LF 왼발 옆으로 스텝, 오른발 투게더, 왼발 옆으로 스텝, 오른발 투게더

Sec 4 [25-32] **Side Rock & Side Rock &, 1/2 Pivot R, Step fwd Spiral full turn R, Step Lock**
(사이드 락 & 사이드 락 & - 오른쪽 피벗 1/2턴, 스파이럴 풀 턴, 스텝, 록)

1-2&	Rock side on LF, Recover on RF, LF Close next to RF 왼발 옆으로 락, 오른발 리커버, 왼발 투게더
3-4&	Rock side on RF, Recover on LF, RF Close next to LF 오른발 옆으로 락, 왼발 리커버, 오른발 투게더
5-6	LF Step forward, Turn 1/2 R(9:00) 왼발 앞으로 스텝, 오른쪽 피벗 1/2턴
7-8&	LF Step forward with spiral full turn R, RF Step forward, Lock LF behind RF(9:00) 왼발 앞으로 스텝하며 오른쪽 스파이럴 풀턴, 오른발 앞으로 스텝, 오른발 뒤에 왼발 록(9시)

참고자료 : http://www.copperknob.co.uk/stepsheets/let-it-rock-ID100731.aspx

7) 복고열풍 컨트리 라인댄스

○ 복고열풍 컨트리 스타일

Foxy Girl

- ○ Choreographer : Frank Trace
- ○ Wall : 4 wall ○ Count : 32 ○ Level : Beginner
- ○ Music : "Bad Bad Girl" by The Derailers (CD: "Guaranteed To Satisfy")

Sec 1 [1-8] **VINE RIGHT, TOUCH, HEEL, HOOK, HEEL, HOOK**
(오른쪽 바인 스텝, 터치 - 힐, 훅, 힐, 훅)

1-4	Step R to R side, step L behind R, step R to R side, touch L next to R 오른발 옆으로 스텝, 왼발 뒤로 크로스, 오른발 옆으로 스텝, 왼발 투게더 터치

5-8 Touch L heel diagonally left, bring L foot up and in front of right leg, touch L heel diagonally left, bring L foot up and in front of right leg
왼발 대각선 힐 터치, 왼발 훅, 왼발 대각선 힐 터치, 왼발 훅

Sec 2 [9-16] VINE LEFT, TOUCH, HEEL, HOOK, HEEL, HOOK
(왼쪽 바인 스텝, 터치 - 힐, 훅, 힐, 훅)

1-4 Step L to L side, step R behind L, step L to L side, touch R next to L
왼발 옆으로 스텝, 오른발 뒤로 크로스, 왼발 옆으로 스텝, 오른발 투게더 터치

5-8 Touch R heel diagonally right, bring R foot up and in front of left leg, touch R heel diagonally right, bring R foot up and in front of left leg
오른발 대각선 힐 터치, 오른발 훅, 오른발 대각선 힐 터치, 오른발 훅

Sec 3 [17-24] STEP TOUCHES FORWARD, BACK, BACK, FORWARD
(대각선 포워드 스텝, 터치, 대각선 백 스텝, 터치 - 대각선 백 스텝, 터치, 대각선 포워드 스텝터치(k스텝))

1-4 Step R diagonally forward right, touch L next to R, step L diagonally back left, touch R next to L
오른발 대각선 앞으로 스텝, 왼발 투게더 터치, 왼발 대각선 뒤로 스텝, 오른발 투게더 터치

5-8 Step R diagonally back right, touch L next to R, step L diagonally forward left, touch R next to L
오른발 대각선 뒤로 스텝, 왼발 투게더 터치, 왼발 대각선 앞으로 스텝, 오른발 투게더 터치

Sec 4 [25-32] STEP LOCK, STEP, BRUSH, STEP, LOCK, STEP, BRUSH 1/4 LEFT
(포워드 스텝, 록, 스텝, 브러시 - 포워드 스텝, 록, 스텝, 왼쪽 1/4턴 브러시)

1-4 Step R forward, lock L behind R, step R forward, brush L forward
오른발 앞으로 스텝, 왼발 록, 오른발 앞으로 스텝, 왼발 브러시

5-8 Step L forward, lock R behind L, step L forward, brush R turning 1/4 to left (9:00)
왼발 앞으로 스텝, 오른발 록, 왼발 앞으로 스텝, 왼쪽 1/4턴 오른발 브러시

RESTART: Every time you return to the 12:00 wall do the first 16 counts and then restart the dance.
This will happen 3 times with the dance ending at the front wall.
Restart : 매번 12시 방향(4wall, 8wall, 12wall 후)에서 1,2동작(16카운트)를 Tag으로 진행하고 처음부터 다시 시작
이 작품에서는 모두 3번의 리스타트가 진행된다.

참고자료 : http://www.copperknob.co.uk/stepsheets/foxy-girl-ID81189.aspx

♪ 고등학교 특수학급 여학생들의 라인댄스 포메이션

O 복고열풍 컨트리 스타일 - Lilt / polka

Cowboy Yoddle Song

- Choreographer : Pierre Provencher & Louise Bohemier
- Wall : 4 wall　　o Count : 32　　o Level : Improver
- Music : Cowboy yoddle song by Kikki Danielsson

Sec 1 [1-8]　Right sailor step, Left sailor step, Heel Touch, Hook, Forward Shuffle
(세일러 스텝, 세일러 스텝 - 힐, 훅, 포워드 셔플)

1&2	Right sailor step 오른발 뒤로 크로스, 왼발 옆으로 스텝, 오른발 옆으로 스텝(오른발 세일러스텝)
3&4	Left sailor step 왼발 뒤로 크로스, 오른발 옆으로 스텝, 왼발 옆으로 스텝(왼발 세일러스텝)
5 6	Touch right heel forward, hook right foot across left shin 오른발 앞으로 힐 터치, 오른발 정강이 앞 훅
7&8	Right shuffle forward 오른발 앞으로 스텝, 왼발 투게더, 오른발 앞으로 스텝(포워드 셔플)

Sec 2 [9-16]　Cross rock, Shuffle ½ left, Shuffle ½ left, Coaster step
(크로스 락, 왼쪽 셔플 1/2턴, 왼쪽 셔플 1/2턴, 코스터 스텝)

9-10	Cross rock left over right 왼발 크로스 락, 오른발 리커버
11 &12	Shuffle ½ turn left 왼쪽 1/4턴 왼발 옆으로 스텝, 오른발 투게더, 왼쪽 1/4턴 왼발 앞으로 스텝
13 &14	Shuffle ½ turn left 왼쪽 1/4턴 오른발 옆으로 스텝, 왼발 투게더, 왼쪽 1/4턴 오른발 뒤로 스텝
15 &16	Coaster step 왼발 뒤로 스텝, 오른발 투게더, 왼발 앞으로 스텝(코스터 스텝)

Sec 3 [17-24] Side Point, Step, Side Point, Step, Side switch, Heel switch
(사이드 포인트, 포워드 스텝, 사이드 포인트, 포워드 스텝 - 사이드 스위치, 힐 스위치)

17 18	Point right toe to right side, step forward on right 오른발 옆으로 포인트, 오른발 앞으로 스텝
19 20	Point left toe to left side, step forward on left 왼발 옆으로 포인트, 왼발 앞으로 스텝
21 &22	Touch right toe to right side, step right by left, touch left toe to left side, 오른발 옆으로 토 터치, 오른발 투게더, 왼발 옆으로 토 터치
&23	Step left by right, touch right heel forward, 왼발 투게더, 오른발 앞으로 힐 터치
&24	Step right by left, touch left heel forward 오른발 투게더, 왼발 앞으로 힐 터치
&	Step left by right. 왼발 투게더

Sec 4 [25-32] Right shuffle forward, Left shuffle forward, pivot ½ left, Stomp, Stomp
(오른발 포워드 셔플, 왼발 포워드 셔플, 왼쪽 피벗 1/2턴, 스톰프, 스톰프)

25 &26	Right shuffle forward 오른발 앞으로 스텝, 왼발 투게더, 오른발 앞으로 스텝(오른발 포워드 셔플)
27 &28	Left shuffle forward 왼발 앞으로 스텝, 오른발 투게더, 왼발 앞으로 스텝(왼발 포워드 셔플)
29 30	Step forward on right ,pivot ½ turn left, 오른발 앞으로 스텝, 왼쪽 1/2 피벗 턴
31 32	Stomp right, stomp left. 오른발 투게더 스톰프, 왼발 투게더 스톰프

참고자료 : http://www.copperknob.co.uk/stepsheets/cowboy-yoddle-song-ID81234.aspx

8) 춤추고 싶은 라인댄스

○ 춤추는 재미 라인댄스 - Social line dance

Domino

- ○ Choreographer : Rachael McEnaney (with help) (England) Oct 2011
- ○ Wall : 2 wall ○ Count : 64 ○ Level : High Intermediate
- ○ Music : "Domino" by Jessie J

Sec 1 [1-8] Walk RL, R shuffle, L rock forward, L coaster cross
(오른발 포워드 웍, 웍, 포워드 셔플 - 포워드 락, 코스터 크로스)

1-2 Step forward on right (1), step forward on left (2)
오른발 앞으로 스텝, 왼발 앞으로 스텝

3 & 4 step forward on right (3), step left next to right (&), step forward on right (4) 12.00
오른발 앞으로 스텝, 왼발 투게더, 오른발 앞으로 스텝

5-6 Rock forward on left (5), recover weight onto right (6)
왼발 앞으로 락, 오른발 리커버

7 & 8 step back on left (7), step right next to left (&), cross left over right (8) 12.00
왼발 뒤로 스텝, 오른발 투게더, 왼발 크로스

Sec 2 [9-16] ½ Monterey turn R, toe switch, R touch across, R touch side, ¼ sailor step R
(오른쪽 몬트레이 1/2턴, 토 스위치 - 어크로스 터치, 사이드 터치, 오른쪽 1/4턴 세일러 스텝)

1 - 2 Touch right to right side (1), make ½ turn right stepping right next to left (2) 6.00
오른발 옆으로 터치, 오른쪽 1/2턴 오른발 투게더(6시)

3 & 4 Touch left to left side (3), step left next to right (&), touch right to right side (4) 6.00
왼발 옆으로 터치, 왼발 투게더, 오른발 옆으로 터치

5 - 6 Touch right in front of left (5), touch right to right side (6), 6.00
오른발 크로스 터치, 오른발 옆으로 터치

7 & 8 Cross right behind left (7), make ¼ turn right stepping left next to right (&), step forward on right (8) 9.00
오른발 뒤로 크로스, 오른쪽 1/4턴 왼발 투게더, 오른발 앞으로 스텝(9시)

Sec 3 [17-24] Walk LR, L shuffle, R rock forward, R coaster cross
(왼발 포워드 웍, 웍, 포워드 셔플 - 포워드 락, 코스터 크로스)

1-2 Step forward on left (1), step forward on right (2)
왼발 앞으로 스텝, 오른발 앞으로 스텝

3 & 4 step forward on left (3), step right next to left (&), step forward on left (4) 9.00
왼발 앞으로 스텝, 오른발 투게더, 왼발 앞으로 스텝

5-6 Rock forward on right (5), recover weight onto left (6)
오른발 앞으로 락, 왼발 리커버

7 & 8 step back on right (7), step left next to right (&), cross right over left (8) 9.00
오른발 뒤로 스텝, 왼발 투게더, 오른발 크로스

Sec 4 [25-32] Big step L, hold dragging R, ball cross, ¼ turn R stepping fwd R, L touch with hip, R touch with hip
(왼쪽 빅 사이드 스텝, 홀드(오르발 드래그), 볼 크로스, 오른쪽 1/2턴 포워드 스텝 - 터치(힙), 터치(힙))

1 - 2 Take big step to left side (1), hold as you drag right foot towards left (2) 9.00
왼발 옆으로 크게 스텝, 오른발 드래그하며 멈춤

& 3, 4 Step in place on ball of right (&), cross left over right (3), make ¼ turn right stepping forward on right (4) 12.00
오른발 볼 스텝, 왼발 크로스, 오른쪽 1/4턴 오른발 앞으로 스텝(12시)

5 - 6 Touch left to left diagonal as you push hips forward (5), step left next to right (slightly forward) (6) 12.00
왼발 대각선 앞으로 터치(힙 푸시), 왼발 투게더

7 - 8 Touch right to right diagonal as you push hips forward (7), step right next to left (slightly forward) (8) 12.00
오른발 대각선 앞으로 터치(힙 푸시), 오른발 투게더

Sec 5 [33-40] Toe&Heel switches – L toe, R heel, L heel, R toe. R behind, L side, R cross, L side rock.
(토&힐 스위치즈(토-힐-힐-토) - 비하인드, 사이드, 크로스, 사이드 락)

1 & 2 Touch left to left side (1), step left next to right (&), touch right heel forward (2) 12.00
왼발 옆으로 터치, 왼발 투게더, 오른발 앞으로 힐 터치

& 3 & 4 Step right next to left (&), touch left heel forward (3), step left next to right (&), touch right to right side (4) 12.00
오른발 투게더, 왼발 앞으로 힐 터치, 왼발 투게더, 오른발 옆으로 터치

5 & 6 Cross right behind left (5), step left to left side (&), cross right over left (6), 12.00
오른발 뒤로 크로스, 왼발 옆으로 스텝, 오른발 크로스

7 - 8 Rock left to left side (7), recover weight onto right (8)
왼발 옆으로 락, 오른발 리커버

Sec 6 [41-48] **L behind, R side, L cross, ¼ turn L doing R lock step back, L coaster step, R fwd rock.**
(비하인드, 사이드, 크로스, 왼쪽 1/4턴 백 록 스텝 - 코스터 스텝, 포워드 락)

1 & 2 Cross left behind right (1), step right to right side (&), cross left over right (2) 12.00
왼발 뒤로 크로스, 오른발 옆으로 스텝, 왼발 크로스

3 & 4 Make ¼ turn left stepping back on right (3), lock left in front of right (&), step back on right (4) 9.00
왼쪽 1/4턴 오른발 뒤로 스텝, 왼발 앞으로 록, 오른발 뒤로 스텝(9시)

5 & 6 Step back on left (5), step right next to left (&), step forward on left (6)
왼발 뒤로 스텝, 오른발 투게더, 왼발 앞으로 스텝

*RESTART/TAG happens here on 3rd wall see notes above 9.00
(restart(tag) point - 3wall 9시 방향)

7 - 8 Rock forward on right (7), recover weight onto left (8)
오른발 앞으로 락, 왼발 리커버

Sec 7 [49-56] **¼ R stepping R to R side, touch L to L side, rolling vine left into 4 steps in place LRLR (with arms)**
(오른쪽 1/4턴 사이드, 사이드 터치, 왼쪽 롤링 바인 - 4스텝 인플레이스(암액션))

1 - 2 Make ¼ turn right stepping right to right side (1), touch left to left side (2)
오른쪽 1/4턴 오른발 옆으로 스텝, 왼발 옆으로 터치(12시)

Styling: 1-Take right arm up & over in circle, 2-snap fingers right
(스타일링 - 오른팔을 위로 원을 그리며 스냅)

3 - 4 Make ¼ turn left stepping forward on left (3), make ½ turn left stepping back on right (4) 3.00
왼쪽 1/4턴 왼발 앞으로 스텝, 왼쪽 1/2턴 오른발 뒤로 스텝(3시)

5 - 6 Make ¼ turn left stepping left to left side as you put right hand behind head (5), step right to right side putting left hand behind head (6) 12.00
왼쪽 1/4턴 왼발 옆으로 스텝(오른손 머리 뒤로), 오른발 옆으로 스텝(왼손 머리 뒤로)(12시)

7 - 8 Step left to left side putting right hand on left hip (7), step right to right side putting left hand on right hip (8) 12.00
왼발 옆으로 스텝(오른손 왼쪽 힙), 오른발 옆으로 스텝(왼손 오른쪽 힙)

Sec 8 [57-64] **Rolling vine L into L chasse, R jazz box making ½ turn R.**
(왼쪽 롤링 바인, 샤세 - 오른쪽 1/2턴 재즈박스)

1 - 2 Make ¼ turn left stepping forward on left (1), make ½ turn left stepping back on right (2), 3.00
왼쪽 1/4턴 왼발 앞으로 스텝, 왼쪽 1/2턴 오른발 뒤로 스텝

3 & 4 Make ¼ turn left stepping left to left side (3), step right next to left (&), step left to left side (4) 12.00
왼쪽 1/4턴 왼발 옆으로 스텝, 오른발 투게더, 왼발 옆으로 스텝(12시)

5-6-7-8 Cross right over left (5), make ¼ turn right stepping back on left (6), make ¼ turn right to right side (7), step left slightly forward (8) 6.00
오른발 크로스, 오른쪽 1/4턴 왼발 뒤로 스텝, 오른쪽 1/4턴 오른발 옆으로 스텝, 왼발 약 간 앞으로 스텝(6시)

Notes: There is 1 restart/tag on 3rd wall - 3rd wall begins facing 12.00.
tag을 포함한 restart - 3wall

Do first 46 counts of dance (upto L coaster) then step forward on right (7), make ¼ turn left (8) - You will be facing 6.00 to restart the dance.
3wall 46count 코스터 스텝 후, 오른발 앞으로 스텝(7), 왼쪽 1/4턴 왼발 투게더를 하고 처음부터 다시 시작(6시)

참고자료 : http://www.copperknob.co.uk/stepsheets/domino-ID84687.aspx

♪ 춤추고 싶은 라인댄스

New York 2 LA

- Choreographer : Rachael McEnaney (UK/USA) Dec 2013
- Wall : 4 wall　　○ Count : 48　　○ Level : Intermediate/Advanced
- Music : NY2LA by Press Play [3.35mins]

Sec 1 [1-8]　Fwd R, twist, R coaster step, fwd L, ½ pivot R, ½ turn R, ¼ turn R
(포워드 스텝, 트위스트, 코스터 스텝 - 오른쪽 피벗 1/2턴, 오른쪽 1/2턴 백, 오른쪽 1/4턴 사이드)

1 & 2　Step right foot forward as you bend right knee (almost like a press) (1), twist right heel to right (pushing into right foot)(&), twist right heel back to place (weight ends on left)(2) 12.00
오른발 앞으로 스텝(무릎 약간 굽히고), 오른발 힐 아웃, 오른발 힐 인

3 & 4　Step back right (3), step left next to right (&), step forward right (4) 12.00
오른발 뒤로 스텝, 왼발 투게더, 오른발 앞으로 스텝

5 6 7 8　Step forward left (5), pivot ½ turn right (6), make ½ turn right stepping back on left (7), make ¼ turn right stepping right to right side (8) 3.00
왼발 앞으로 스텝하며 오른쪽 1/2턴, 오른쪽 1/2턴 왼발 뒤로 스텝, 오른쪽 1/4턴 오른발 옆으로 스텝(3시)

Sec 2 [9-16]　L syncopated jazz box, ¼ turn R with sweep back, back sweeps R-L, R sailor
(싱코페이티드 재즈박스, 오른쪽 1/4턴 백 스위프(오), 백, 스위프(왼), 백, 스위프(오), 세일러 스텝)

1 2 & 3　Cross left over right (1), step back right (2), step left to left side (&), cross right over left (3) 3.00
왼발 크로스, 오른발 뒤로 스텝, 왼발 옆으로 스텝, 오른발 크로스

4 - 5　Make ¼ turn right stepping as you step back on left and sweep right (4), step back on right as you sweep left (5) 6.00
오른쪽 1/4턴 왼발 뒤로 스텝하며 오른발 스위프(앞-뒤), 오른발 뒤로 스텝하며 왼발 스위프 (앞-뒤)(6시)

6 7 & 8　Step back on left as you sweep right (6), cross right behind left (7), step left next to right (&), step right to right side (8) 6.00
왼발 뒤로 스텝하며 오른발 스위프(앞-뒤), 오른발 뒤로 크로스, 왼발 옆으로 스텝, 오른발 옆으로 스텝

Sec 3 [17-24]　L touch behind, L side, R behind-side-cross, ½ turn L with R sweep, R cross, L side-rock-cross
(비하인드 터치, 사이드, 비하인드, 사이드, 크로스 - 왼쪽 1/2턴 스위프 크로스, 사이드 락, 크로스)

1 Point left toe crossed behind right (style: as you point left behind take both hands to right side & look to right) 6.00
왼발 뒤로 크로스(양손과 시선 오른쪽으로 향하며)

2 3 & 4 Step left to left side (2), cross right behind left (3), step left to left side (&), cross right over left (4) 6.00
왼발 옆으로 스텝, 오른발 뒤로 크로스, 왼발 옆으로 스텝, 오른발 크로스

5 - 6 Make ¼ turn left stepping forward left and sweep/swing right leg out to make another ¼ turn left (5), cross right over left (6) 12.00
왼쪽 1/4턴 왼발 앞으로 스텝하며 오른발 스위프(뒤-앞), 왼쪽 1/4턴하며 오른발 크로스(12시)

7 & 8 Rock left to left side (7), recover weight right (&), cross left over right (8) 12.00
왼발 옆으로 락, 오른발 리커버, 왼발 크로스

Sec 4 [25-32] R side press/rock, R behind-side-cross, L side with hip, R side with hip, rolling full turn L
(사이드 락(프레스), 비하인드, 사이드, 크로스 - 사이드 힙, 사이드 힙, 왼쪽 롤링 풀 턴)

1 - 2 Press ball of right to right side (style: lift right shoulder up) (1), recover weight left (drop shoulder) (2) 12.00
오른발 옆으로 볼 프레스(오른쪽 어깨 올리며), 왼발 리커버(어깨 내리고)

3 & 4 Cross right behind left (3), step left to left side (&), cross right over left (4) 12.00
오른발 뒤로 크로스, 왼발 옆으로 스텝, 오른발 크로스

5 - 6 Step left to left side as you turn hip & upper body left (5), step right out to right side as you turn hip & upper body right (6) 12.00
왼발 옆으로 스텝(힙 푸시), 오른발 옆으로 스텝(힙 푸시)

7 - 8 - 1 Make ¼ turn left stepping forward left (7), make ½ turn left stepping back right (8), make ¼ turn left taking big step to left side 12.00
왼쪽 1/4턴 왼발 앞으로 스텝, 왼쪽 1/2턴 오른발 뒤로 스텝, 왼쪽 1/4턴 왼발 옆으로 크게 스텝(12시)

Sec 5 [33-40] Hold, R ball, L cross, ¼ turn R, ½ turn R with L hip bump, ¼ turn R with R hip bump
(홀드, 볼, 크로스, 오른쪽 1/4턴 스텝, 오른쪽 1/2턴 힙 범프, 오른쪽 1/4턴 힙 범프)

2 & 3 - 4 Hold (slide right towards left) (2), step in place on ball of right (&), cross left over right (3), make ¼ turn right stepping forward right (4) 3.00
멈춤(왼발 드래그), 오른발 투게더 볼 스텝, 왼발 크로스, 오른쪽 1/4턴 오른발 앞으로 스텝

5 - 6 Make ¼ turn right touching left to left side and pushing hip left (5), make ¼ turn right stepping back left (6) 9.00
오른쪽 1/4턴 왼발 옆으로 터치(힙 푸시), 오른쪽 1/4턴 왼발 뒤로 스텝(9시)

7 - 8	Make ¼ turn right touching right to right side and pushing hip right (7), step right to right side (8) 12.00 오른쪽 1/4턴 오른발 옆으로 터치(힙 푸시), 오른발 옆으로 스텝(12시)

Sec 6 [41-48] L cross, R side, ¼ L sailor, R fwd, pivot ½ turn L, 2x ¼ turns L
(크로스, 사이드, 왼쪽 1/4턴 세일러 스텝, 왼쪽 피벗 1/2턴, 왼쪽 1/4턴 터치 ×2)

1 - 2	Cross left over right (1), step right to right side (2), 12.00 왼발 크로스, 오른발 옆으로 스텝
3 & 4	Cross left behind right (3), make ¼ turn left stepping right next to left (&), step forward left (4) 9.00 왼발 뒤로 크로스, 왼쪽 1/4턴 오른발 투게더, 왼발 앞으로 스텝(9시)
5 - 6	Step forward right (5), pivot ½ turn left (6), 3.00 오른발 앞으로 스텝, 왼쪽 피벗 1/2턴(3시)
7 - 8	Make ¼ turn left touching right to right side (7), make ¼ turn left touching right to side (8) 9.00 왼쪽 1/4턴 오른발 옆으로 터치, 왼쪽 1/4턴 오른발 옆으로 터치(9시)

TAG: At the end of the 7th wall you will be facing 3.00 add the following Tag.
7wall 후 3시 방향에서 아래동작(tag)을 행한다.

Make ¼ turn left stepping right to right side as you do a big hip circle counter clockwise (left) for 4 counts (1,2,3,4)
왼쪽 1/4턴을 하며(12시방향), 힙을 크게 원을 그린다.(반시계방향 4카운트)
Making a full turn to right, walk around in a circle right-left-right-left (5,6,7,8) Then start again - facing 12.00
오른쪽으로 웍 어라운드 풀턴(오-왼-오-왼, 4카운트)을 행한 후 처음부터 시작(12시)

참고자료 : http://www.copperknob.co.uk/stepsheets/new-york-2-la-ID96609.aspx

○ 춤추는 재미 라인댄스 - Social line dance

Pink Stilettos

- Choreographer : Rob Fowler & Daniel Whittaker - June 2015
- Wall : 4 wall ○ Count : 32 ○ Level : Intermediate
- Music : 'Two Step' by Laura Bell Bundy (Feat Colt Ford) (3:14 - iTunes) off album "Another piece of me"

Sec 1 [1-8] Walk forward R-L, 2 x heel switches, Heel splitz, Coaster step
(포워드 웍, 웍, 힐 스위치 - 힐 스플릿, 코스터 스텝)

1 - 2 Walk forward right, left 12:00
오른발 앞으로 스텝, 왼발 앞으로 스텝 (12시)

3 & 4 Touch right heel forward, switch touch left heel forward 12:00
오른발 앞으로 힐 터치, 오른발 투게더, 왼발 앞으로 힐 터치 (12시)

& 5 & 6 Step left beside right foot, step right foot forward, push both heels out to side, return to centre 12:00
왼발 투게더, 오른발 앞으로 스텝, 양발 힐 아웃, 양발 가운데 (12시)

7 & 8 Step right foot back, step left beside right foot, step right foot forward 12:00
오른발 뒤로 스텝, 왼발 투게더, 오른발 앞으로 스텝 (12시)

Sec 2 [9-16] Mambo Step ¼ turn, Toe Heel Cross, Coaster cross, Chasse
(맘보 왼쪽 1/4턴, 토, 힐, 크로스 - 코스터 크로스, 사이드 샤세)

1 & 2 Rock left foot forward, recover weight on right, make ¼ turn left stepping left to left side 09:00
왼발 앞으로 락, 오른발 리커버, 왼쪽 1/4턴 왼발 옆으로 스텝 (9시)

3 & 4 Tap right toe to left instep, touch right heel to right diagonal turning right toe out to right side, step right over left 09:00
오른발 투게더 토 텝, 오른발 대각선 바깥쪽으로 힐 터치(토 아웃), 오른발 크로스 (9시)

5 & 6 Step left foot back, step right beside left, cross left over right 09:00
왼발 뒤로 스텝, 오른발 투게더, 왼발 크로스 (9시)

7 & 8 Step right to right side, close left to right, step right to right side 09:00
오른발 옆으로 스텝, 왼발 투게더, 오른발 옆으로 스텝 (9시)

Sec 3 [17-24] Sailor Step, Behind Side Cross, Rock & Cross, Rock & Cross
(세일러 스텝, 비하인드, 사이드, 크로스 - 사이드 락, &, 크로스, 사이드 락, &, 크로스)

1 & 2 Step left behind right, step right beside left, step left to left side 09:00
왼발 뒤로 크로스, 오른발 옆으로 스텝, 왼발 옆으로 스텝 (9시)

3 & 4 Step right behind left, step left to left side, cross right over left 09:00
오른발 뒤로 크로스, 왼발 옆으로 스텝, 오른발 크로스 (9시)

5 & 6 Rock left to left side, recover weight on right, step left slightly over right 09:00
왼발 옆으로 락, 오른발 리커버, 왼발 크로스

7 & 8 Rock right to right side, recover weight on left, step right slightly over left** 09:00
오른발 옆으로 락, 왼발 리커버, 오른발 크로스 (9시) ** restart point(5wall)

Sec 4 [25-32] **Mambo Step ½ turn, Walk around R-L-R-L, together, Clap, Clap**
(왼쪽 1/2 맘보 턴, 왼쪽 워킹 어라운드 1/2턴 - 투게더, 클랩, 클랩)

1 & 2 Rock left foot forward, recover weight on right, make ½ turn left stepping left foot forward 03:00
왼발 앞으로 락, 오른발 리커버, 왼쪽 1/2턴 왼발 앞으로 스텝 (3시)

3 - 6 Walk around ½ left stepping R-L-R-L 09:00
워킹 어라운드하며 왼쪽 1/2턴 (오-왼-오-왼) (9시)

7 & 8 Step right beside left, Clap, Clap 09:00
오른발 투게더, 박수, 박수 (9시)

Tag 1 This will happen at the end of wall 2 facing 6:00 wall (8 count tag)
2wall 후 6시 방향에서 tag 1(아래 8카운트 동작)

[1-8] **Skate Right, Skate Left, Chasse Right, Skate Left, Skate Right, Chasse Left**
(오른쪽 스케이트, 왼쪽 스케이트, 오른쪽 샤세 - 왼쪽, 스케이트, 오른쪽 스케이트, 왼쪽 샤세)

1-2 Skate right foot to right side, Skate left foot to left side 06:00
오른쪽으로 오른발 스케이트 스텝, 왼쪽으로 왼발 스케이트 스텝 (6시)

3&4 Chasse right stepping R-L-R 06:00
오른쪽으로 샤세(오-왼-오) (6시)

5-6 Skate left foot to left side, Skate right to right side 06:00
왼쪽으로 왼발 스케이트 스텝, 오른쪽으로 오른발 스케이트 스텝 (6시)

7&8 Chasse left stepping L-R-L 06:00
왼쪽으로 샤세(왼-오-왼) (6시)

Tag 2 This will happen at the end of wall 3 facing 3:00 wall (4 count tag)
3wall 후 3시 방향에서 tag 2(아래 4카운트 동작)

[1-4] **Skate right, Left, Right, Left**
(스케이트 오-왼-오-왼)

1-4 Skate right to right side, Skate left to left side, skate right to right side, Skate left to left side 03:00
(오른쪽으로 오른발 스케이트 스텝, 왼쪽으로 왼발 스케이트 스텝, 오른쪽으로 오른발 스케이트 스텝, 왼쪽으로 왼발 스케이트 스텝)

Tag 3 This will happen at the end of wall 4 facing 12:00 wall (32 count tag)
4wall 후 12시 방향에서 tag 3(아래 32카운트 동작)

[1-8]	**Skate Right, Skate Left, Chasse Right, Skate Left, Skate Right, Chasse Left** (오른쪽 스케이트, 왼쪽 스케이트, 오른쪽 샤세 - 왼쪽 스케이트, 오른쪽 스케이트, 왼쪽 샤세)
1-2	Skate right foot to right side, Skate left foot to left side 12:00 오른쪽으로 오른발 스케이트 스텝, 왼쪽으로 왼발 스케이트 스텝 (12시)
3&4	Chasse right stepping R-L-R 12:00 오른쪽으로 샤세(오-왼-오) (12시)
5-6	Skate left foot to left side, Skate right to right side 12:00 왼쪽으로 왼발 스케이트 스텝, 오른쪽으로 오른발 스케이트 스텝 (12시)
7&8	Chasse left stepping L-R-L 12:00 왼쪽으로 샤세(왼-오-왼) (12시)
[9-16]	**Rolling vine right, Left Heel grind, Switch Right Heel grind** (오른쪽 롤링 바인 - 왼발 힐 그라인드, 스위치, 오른발 힐 그라인드)
1-4	Step right ¼ turn right, make ½ turn right step left back, make ¼ turn right step right to side, touch left beside right 12:00 오른쪽 1/4턴 오른발 스텝, 오른쪽 1/2턴 왼발 뒤로 스텝, 오른쪽 1/4턴 오른발 옆으로 스텝, 왼발 투게더터치 (12시)
5-6	Rock left forward with toe pointing in, Grind left heel turning toe out recovering weight back on right 12:00 왼발 앞으로 록(토-인), 왼발 힐 그라인드(토-아웃)하며 오른발 제자리 스텝 (12시)
&7-8&	Step left beside right and Rock right forward with toe pointing in, Grind right heel turning toe out recovering weight back on left, switch and step right beside left 12:00 왼발 투게더, 오른발 앞으로 록(토-인), 오른발 힐 그라인드(토-아웃)하며 왼발 제자리 스텝, 오른발 투게더 (12시)
[17-32]	1-16카운트(1,2동작)을 왼쪽으로 반복

RESTART After tag 3 you start the dance again facing 12:00 dance up to count 24 and replace count 8 on secton 3 with a touch beside left then restart facing 9:00 wall (Colt starts singing and that's when you restart)

*5wall 3동작(24카운트)까지 행한 후, 처음부터 다시시작 - 이때 마지막 카운트(24카운트 동작)에서 오른발 투게더 터치로 변경 후 오른발부터 시작

http://www.copperknob.co.uk/stepsheets/pink-stilettos-ID105080.aspx

9) 다함께 즐기는 라인댄스 - 컨트라, 써클

○ 다함께 즐기는 컨트라(Contra) 라인댄스 : Contra line dance

EZ Swing (Contra)

o Choreographer : Winnie Yu (Can) & Kathleen Richau (US) Aug, 2010

o Wall : 2 wall　　o Count : 32　　o Level : Beginner Contra

o Music : Miss Kiss Kiss Bang Bang (Radio Version) by Alex Swings Oscar Sings!

---

*컨트라 스타일 라인댄스 - 두 사람(2인 1조)이 마주보고 시작

Sec 1 [1-8]　CHASSE RIGHT, BACK RECOVER, CHASSE LEFT, BACK RECOVER
(오른쪽 샤세, 백 락 - 왼쪽 샤세, 백 락)

1&2　Step right to right side, step left next to right, step right to right side
오른발 옆으로 스텝, 왼발 투게더, 오른발 옆으로 스텝

3-4　Rock back on left, recover onto right
왼발 뒤로 락, 오른발 리커버

5&6　Step left to left side, step right next to left, step left to left side
왼발 옆으로 스텝, 오른발 투게더, 왼발 옆으로 스텝

7-8　Rock back on right, recover onto left
오른발 뒤로 락, 왼발 리커버

Sec 2 [9-16]　RIGHT SHUFFLE BACK ½ TURN LEFT, BACK RECOVER, LEFT SHUFFLE BACK ½ TURN RIGHT, BACK RECOVER
(왼쪽 셔플 1/2턴 , 백 락, 오른쪽 셔플 1/2턴, 백 락)

1&2　Make a ½ turn left stepping back on right, step left beside right, step back on right (6:00)
왼쪽 1/2턴 오른발 뒤로 스텝, 왼발 투게더, 오른발 뒤로 스테(6시)

3-4　Rock back on left, recover onto right
왼발 뒤로 락, 오른발 리커버

5&6　Make a ½ turn right stepping back on left, step right beside left, step back on left (12:00)
오른쪽 1/2턴 왼발 뒤로 스텝, 오른발 투게더, 왼발 뒤로 스텝(12시)

7-8　Rock back on right, recover onto left
오른발 뒤로 락, 왼발 리커버

Optional hands: When shuffling back ½ turn, grab the left person's hand with your right hand and hold onto it until both shuffle turns are complete.
*손동작 옵션 - 셔플 1/2턴 하는 동안 앞 사람과 오른쪽 손을 마주 잡고 진행

Sec 3 [17-24] 2 X RIGHT KICK BALL CHANGE, RIGHT & LEFT SHUFFLE FORWARD
(오른발 킥 볼 체인지 ×2 - 오른발 포워드 셔플, 왼발 포워드 셔플)

1&2 Kick right foot forward, step ball of right beside left, step left foot in place
오른발 앞으로 킥, 오른발 투게더 볼 스텝, 왼발 제자리 스텝

3&4 Kick right foot forward, step ball of right beside left, step left foot in place
오른발 앞으로 킥, 오른발 투게더 볼 스텝, 왼발 제자리 스텝

5&6 Step forward on right, step ball of left behind right, step forward on right
오른발 앞으로 스텝, 오른발 뒤에 왼발 볼 스텝, 오른발 앞으로 스텝

7&8 Step forward on left, step ball of right behind left, step forward on left
왼발 앞으로 스텝, 왼발 뒤에 오른발 볼 스텝, 왼발 앞으로 스텝

* Optional hands: When shuffling forward, raise up both hands and high five both the person on your left and right side.*
* 손동작 옵션 - 앞으로 셔플할 때, 양손 들고, 양쪽 옆에 있는 사람과 하이 파이브

Sec 4 [25-32] RIGHT JAZZ BOX TOE STRUT ½ TURN RIGHT
(오른쪽 1/2턴 재즈박스 토 스트럿)

1-2 Cross touch right toe over left, drop right heel down
오른발 크로스 토 터치, 오른발 힐 다운

3-4 Make a ¼ right turn and placing left toe back, drop heel down
오른쪽 1/4턴하며 왼발 뒤로 토 터치, 왼발 다운

5-6 Make a ¼ right turn and placing right toe forward, drop right heel down
오른쪽 1/4턴하며 오른발 앞으로 토 터치, 오른발 힐 다운

7-8 Place left toe forward, drop left heel down (6:00)
왼발 앞으로 토 터치, 왼발 힐 다운(6시)

참고자료 : http://www.copperknob.co.uk/stepsheets/ez-swing-contra-ID80445.aspx

---

Circle Of Love Train

○ Choreographer : Rachael McEnaney (UK/USA) Dec 2013
○ Wall : 0 wall ○ Count : 48 ○ Level : Beginner - Circle
○ Music : "Love Train" - Rod Stewart (Album: Soulbook) Approx 3.03 mins

Sec 1 [1-8] **Fwd R, L shuffle, walk R-L, R shuffle, fwd L**
(웍, 포워드 셔플 - 웍, 웍, 포워드 셔플, 웍)

1-2&3 Step forward right (1), step forward left (2), step right next to left (&), step forward left (3) [LOD]
오른발 앞으로 스텝, 왼발 앞으로 스텝, 오른발 투게더, 왼발 앞으로 스텝(LOD방향)

4-5-6&7-8 Step forward right (4), step forward left (5), step forward right (6), step left next to right (&), step forward right (7), step forward left (8) [LOD]
오른발 앞으로 스텝, 왼발 앞으로 스텝, 오른발 앞으로 스텝, 왼발 투게더, 오른발 앞으로 스텝, 왼발 앞으로 스텝

Sec 2 [9-16] **¼ L into weave R (hold hands with people next to you for fun)**
(왼쪽 1/4턴 오른쪽 위브(옆사람과 손을 잡고 즐겁게))

1-2-3-4 Make ¼ turn left as you step right to right side (1), cross left behind right (2), step right to right side (3), cross left over right (4) [C]
(옆 사람과 손을 잡으며)왼쪽 1/4턴 오른발 옆으로 스텝, 왼발 뒤로 크로스, 오른발 옆으로 스텝, 왼발 크로스

5-6-7-8 Step right to right side (5), cross left behind right (6), step right to right side (7), cross left over right (8) [C]
오른발 옆으로 스텝, 왼발 뒤로 크로스, 오른발 옆으로 스텝, 왼발 크로스

Sec 3 [17-24] **Side R, touch L, side L, touch R, walk fwd R-L-R, kick L (still holding hands)**
(사이드, 터치, 사이드, 터치 - 포워드 웍, 웍, 웍, 킥(계속 손잡고))

1-2-3-4 Step right to right side (1), touch left next to right (2), step left to left side (3), touch right next to left (4) [C]
오른발 옆으로 스텝, 왼발 투게더 터치, 왼발 옆으로 스텝, 오른발 투게더 터치(센터방향)

5-6-7-8 Step forward right (5), step forward left (6), step forward right (7), kick left foot forward (8)
오른발 앞으로 스텝, 왼발 앞으로 스텝, 오른발 앞으로 스텝, 왼발 앞으로 킥

(option: raise arms up on walks forward) [C] 앞으로 워킹하며 팔을 위로 올린다.

Sec 4 [25-32] Charleston (back L, touch R, fwd R, kick L), walk back L-R, L back rock
(찰스턴 스텝(백, 터치, 포워드, 킥) - 백 웍, 웍, 백 락)

1-2-3-4 Step back left (1), touch right toe back (2), step forward right (3), kick left foot forward (4)
왼발 뒤로 스텝, 오른발 뒤로 터치, 오른발 앞으로 스텝, 왼발 앞으로 킥

(option: bring arms down on 1-2, up again on 3-4) [C]
(1,2카운트에 팔을 내리고, 3,4카운트에 팔을 올린다.)

5-6-7-8 Step back left (5), step back right (6), rock back left (7), recover weight right (8) (release hands at this point) [C]
왼발 뒤로 스텝, 오른발 뒤로 스텝, 왼발 뒤로 락, 오른발 리커버(손을 놓으며)

Sec 5 [33-40] Fwd L, ½ pivot R, L shuffle, R jazz box with ¼ turn R
(오른쪽 피벗 1/2턴, 포워드 셔플 - 오른쪽 1/4턴 재즈박스)

1-2-3&4 Step forward left (1), pivot ½ turn right (2), step forward left (3), step right next to left (&), step forward left (4) [W]
왼발 앞으로 스텝, 오른쪽 피벗 1/2턴, 왼발 앞으로 스텝, 오른발 투게더, 왼발 앞으로 스텝(W-방향)

5-6-7-8 Cross right over left (5), step back left (6), make ¼ turn right stepping forward right (7), step forward left (8) [RLOD]
오른발 크로스, 왼발 뒤로 스텝, 오른쪽 1/4턴 오른발 앞으로 스텝, 왼발 앞으로 스텝 (RLOD방향)

Sec 6 [41-48] Turning hip bumps / toe taps x 4 (or option without turns)
(오른쪽 터닝 힙 범프 & 토 탭스 ×4)

1-2 Touch right toe forward as you push hip right (1), step in place (fwd) on right (2), (snap fingers up) [RLOD]
오른발 앞으로 토 터치(힙 푸시), 오른발 다운(스냅 업, RLOD방향)

3-4 On ball of right make ½ turn right touching left toe back as you push hip left (3), step in place (back) on left (4) (snap fingers down) [LOD]
오른쪽 1/2턴 왼발 뒤로 토 터치(힙 푸시), 왼발 다운(스냅 다운, LOD방향)

5-6 On ball of left make ½ turn right touching right toe as you push hip right (5), step in place (fwd) on right (6) (snap fingers up) [RLOD]
오른쪽 1/2턴 오른발 앞으로 토 터치(힙 푸시), 오른발 다운(스냅 업, RLOD방향)

7-8 On ball of right make ½ turn right touching left toe back as you push hip left (7), step in place (back) on left (8) (snap fingers down) [LOD]
오른쪽 1/2턴 왼발 뒤로 토 터치(힙 푸시), 왼발 다운(스냅 다운, LOD방향)

Abbreviations on directions for 'End Facing': LOD - Line Of Dance (Counter clockwise direction), C - Center (center of circle), W - Wall (outside circle), RLOD - Reverse Line Of Dance (clockwise direction)

LOD : 시계반대방향, RLOD : 시계방향, C : 원 안쪽, 가운데(중앙)방향, W : 벽, 원 바깥쪽

참고자료 : http://www.copperknob.co.uk/stepsheets/circle-of-love-train-ID95855.aspx

문/화/칼/럼/

나, 사랑하기

바닷가에서 무릎 꿇고 기도하는 사람이나 매일 밤 자기 전에 기도하는 이들, 그리고 새벽을 깨우며 사랑하는 이들을 위해 눈물로 기도하는 사람들의 모습은 사랑의 심오한 의미를 곰곰이 생각하게 만든다.

아가페든 에로스든 우리 인간과 사랑은 서로 숨 쉬듯 상생하는 관계인 듯하다. "사랑해"라는 짧은 말 한마디에 담긴 의미는 단순하면서도 복잡하다. 감정과 기대와 열망, 그 많은 것이 이 한마디에 함축되어 있다.

사랑한다는 말은 너무나 모호하고 부담이 따르기 때문에 어떤 연인들은 그 말을 거부하기도 한다. 사랑한다는 말은 또한 연인사이 뿐만 아니라 어울리지 않는 싸움터 같은 참혹한 현장이나 부정적 현실에서도 사용되기 때문에 마치 돈 달라고 재촉하는 청구서 같기도 하고, 그 말 한마디로 모든 것을 마음대로 하려는 술책 같기도 하다. '사랑해'라는 표현은 카드회사나 나쁜 영화에서도 마구 사용되는 탓에, 크고 깊은 사랑을 담아내야 함에도 조금도 크고 깊게 느껴지지 않을 때도 있다.

누구나 사랑한다고 말하고 싶어 하며, 사랑한다는 말을 기다리고 또 기다린다. 그러나 그 말보다 더 중요한 사랑을 보여주고 지키는 것은 사랑한다고 선언하는 것보다 훨씬 힘들다.

사랑하고 사랑받고 싶은 만큼 내 생에 기쁨이 되는 미칠 것 같은 사랑을 갈구한다면, 내가 남들에게 주는 사랑보다 먼저 나 자신에 대한 소중함이 더 우선되어야 하지 않을까. 남

보다 나를 먼저 생각하는 이기적인 맘이라고 볼 수도 있겠지만, 자기 자신에 대한 사랑과 자긍심이 바탕에 없이 타인에 대한 영원한 사랑은 의미가 없다고 본다. 사랑하고 싶다면, 내 자신이 준비가 되고 빛이 날 때 더욱 가치가 있을 것이다.

머리끝에서 발끝까지 나를 구성하는 모든 세포하나까지도 소중하게 어루만지고 가꾸어 나가면서 부족한 심신이나마 나를 이루는 모든 것들을 존중하는 마음이 선행되어야지, 상대방을 향한 나의 눈길도 선의의 맘에서 출발하지 않을까 하는 생각이다.

또한 내가 나를 존중하고 사랑하는데, 내 눈빛이 나를 아름답게 보는데, 누가 나를 귀하게 여기지 않겠는가.

정신과 마찬가지로 마음도 성장하고 성취할 수 있는 커다란 잠재력을 가지고 있다. 우리의 잠재력을 실현하기 위해서는 고감도 에너지가 필요한데, 마음속 깊은 곳에서 사랑을 끌어 모으는 것을 두려워해서는 안 된다. 그것은 감사할 일이며, 기분 좋은 일이다.

나를 돌아보자. 나를 구성하는 내 몸이 삶을 꾸려나가고 있다. 사랑의 실천도 이 몸이 하는 것이다.

나를 발견하기 힘들다면, 어떻게 봐야 하는지 자신 없다면, 먼저 감추어진 내 일부를 움직여보자. 숨겨진 새끼발가락을 꼼지락거려보고 허리 뒤에 숨은 등근육도 살짝 부풀려보자. 내 몸을 구성하는 세포 하나하나를 깨운다는 생각으로 만져도 보고 돌려도 보고 움직임 없이 가만히 단전으로 에너지를 보내기도 해서 심신으로 나 자신을 컨트롤하는 느낌을 먼저 얻을 수 있다면, 살아있는 내 몸을 긍휼히 여기고 사랑하는 첫걸음이 될 수 있을 것이다.

내 영혼은 사랑으로 빛난다. 그 빛이 나를 더욱 아름답게 할 것이다.

R.E.F.E.R.E.N.C.E.

가와타케 도시오(2006), 가부키, 최경국 역, 도서출판 창해.

강혜근(2001), 댄스스포츠의 이해와 실제, 국립특수교육원.

김도석, 박영숙(공역, 2005), 춤을 추시겠습니까, 대한미디어.

김말복(2010), 춤과 몸, 이화여대출판부.

김말복(2013), 무용예술에서 카타르시스, 라사, 신명 비교논의 : 미적경험의 메커니즘을 중심으로, 무용예술학연구(제41집).

김무철(2002), 한국 사회문화 변천에 따른 춤문화 변천연구-해방 이후 춤문화 중심으로, 석사학위논문, 우석대학교 교육대학원.

김재호, 임재숙(공저, 2004), 라틴댄스 배우기. 넥서스BOOKS.

김정은, 조기숙(2013), 비디오댄스 에 관한 연구 : 표현영역 확장의 측면에서, 한국무용기록학회지(The Korean research journal of dance documentation 제28호).

김종문, 엄화숙(공저, 2001), 댄스스포츠, 도서출판 21세기교육사.

김채현(2008), 춤, 새로 말한다 새로 만든다, 경기문화재단.

김학주(2009), 경극이란 어떤 연극인가?, 명문당.

대한무용학회(2010), 춤과 문화, 대한미디어.

레이놀드, N & 레이머톤, S(1986), 발레와 현대무용, 장정윤 역, 교학연구사.

마정순, 박현숙, 나은영(공저, 2011), 지도자를 위한 길잡이-라인클래식 1, 한국컨트리댄스협회

마정순, 박현숙(공저, 2012), 전문가를 위한 지침서-라인클래식 2, 한국컨트리댄스협회

마정순, 박현숙(공저, 2014), Fun & Joy 라인댄스, 한국컨트리댄스협회

미우라 마사시(2004), 무용의 현대, 남정호,이세진 역, 늘봄.

배수경(2012), 탱고, 살림출판사.

박지은(2006), 관기제도를 중심으로 한 기생(춤)의 기원 및 변천에 관한 고찰, 한국무용사학 5호.

박일우(2001), 서유럽의 민속음악과 춤, 한양대학교 출판부.

박현숙(2006~2007), [문화칼럼 연재자료] 1호~30호, 김해신문

샤오 춘레이(2006), 욕망과 지혜의 문화사전, 몸, 유소영 역, 푸른숲.

서연호(1998), 탈놀이의 사상연구, 한국학 연구 10호.

송준호(2010), <댄스 필름의 창시자 마야 데렌과 오마주>전 : 춤으로 말하고 카메라가 느낀다 : 춤과 영화의 영역 넘나든 경계의 예술 명작들 한자리에, 주간한국(통권 2317호).

신상미(2013), 인간은 왜 춤을 추는가, 이화여대출판부.

심정민(2012), 21세기 춤 예술, 북쇼컴퍼니.

참고 문헌

안나용(2008), 메튜 본 <백조의 호수>의 문화 코드 연구, 석사논문, 이화여자대학교 대학원.

안유진(2007), 나를 춤추게 하다-벨리댄스, 경향미디어.

오화진(편, 2008), 무용문화사, 금광미디어.

유우봉(2000). 댄스스포츠의 이론과 실제, 무도원.

유타 크라우트샤이트(2005), 춤, 엄양선 역, 예경출판사.

이사도라 던컨(2003), My Life, 구희서 역, 도서출판 경당.

이순림(편저, 2000), 여가활동 및 생활체육을 위한 댄스스포츠, 도서출판 홍경.

이애순(1993), 최승희 무용 특징에 대한 고찰, <예술세계>, 예술문화총연합회.

이용숙(2004), 춤에 빠져들다, 도서출판 열대림.

이용숙(2010), 춤의 유혹, 도서출판 열대림.

이정노(2004), 조선조 19세기 춤문화 연구, 석사학위논문, 중앙대학교 대학원.

이찬주(2007), 춤예술과 미학, 도서출판 금광.

작스, K(1992), 춤의 세계사, 김매자 역, 박영사.

장 조르주 노베르(1987), 무용가에 보내는 노베르의 편지, 육완순 역, 도서출판 금광.

전매희 외(2011), 댄스스포츠, 미래엔컬처그룹(대한교과서).

정강자(2010), 춤을 그리다, 서문당.

정재왈(2011), 발레에 반하다, 아이세움.

정희숙, 반주은(2004), 몸짓의 빛 그 한순간의 자유 - 현대무용인물론, 성균관대학교출판부.

제니아 자리나(1997), 동양의 전통무용, 김인숙 역, 현대미학사.

조던 매티(2014), 우리 삶이 춤이 된다면, 이선혜, 김은주 역, 시공사.

조앤 카스(2001), 역사속의 춤, 김말복 역, 이화여대 출판부.

조규청(2002), 한국 기독교 정신세계와 스포츠 예술성에 관한 연구, 한국스포츠리서치.

조규청(2002), 탈춤을 통한 심리상태와 기독교교육의 상관성에 관한 연구, 한국스포츠리서치.

최승빈(2005), 춤 예술의 존재론적 본성에 관한 고찰 : Joseph Margolis의 예술론을 중심으로, 석사학위논문, 홍익대학교 대학원.

최인애 외(2002), Dance Sport인을 위한 라틴댄스, 대한미디어.

프랭크스 A.H.(2001), 소셜댄스의 역사, 이혜숙 이순원 역, 도서출판 금광.

하혜석(2009), '생활하는 몸'에 있어서 춤의 의미, 한국체육철학회지. 제17권 4호 통권39호

R.E.F.E.R.E.N.C.E.

Fraleigh, S. H.(1987). Dance and the lived body: A disruptive aesthetics. Pittsburgh, PA: University of pittsburgh press.

Guy Howard, Technique of Ballroom Dancing: Chapman Graphics Corporation Limited Printed in England 1998

Hanna, J. L.(1988). To dance is human: A theory of nonverbal communication. Chicago, IL: University of Chicago press.

Heath, G. W., Love, M. A., Baker, M., Perry, W. C., Owens, G. W., & Muse, S. A.(1982). Cardiovascular function in ballet dancers. Medicine and Science in Sport and Exercise, 14.

Jack Anderson, Ballet and Modern Dance: A Concise History, New Jersey: Princeton Book Company, 1992

Kraus, R., & Chapman, S.(1991). History of the dance in art and education. Englewood Cliffs, NJ: Prentice-Hall Inc.

Price, B.(1986). Keeping up appearance. Nursing Times, 82(40).

Puretz, S. L.(1978). A comparison of the effects of dance and physical education on the self- concept of selected disadvantaged girls. In R. E. Priddle(Ed), Psychological perspectives on dance. Dance research annual(Vol. 11). New York: Congress on research in dance.

Susan Au, Ballet and Modern Dance: Thames and Hudson Ltd. 2002

Walter Laird, Technique of Latin Dancing: Chapman Graphics Corporation Limited Printed in England 1998

http://www.copperknob.co.uk/stepsheets/good-morning-ID91093.aspx

http://www.copperknob.co.uk/stepsheets/jordins-step-ID94961.aspx

http://www.copperknob.co.uk/stepsheets/touchy-ID79003.aspx

http://www.copperknob.co.uk/stepsheets/angelina-ID89895.aspx

http://www.copperknob.co.uk/stepsheets/a-little-bit-of-mambo-ID86245.aspx

http://www.copperknob.co.uk/stepsheets/dn-waltz-ID79375.aspx

http://www.copperknob.co.uk/stepsheets/we-no-speak-americano-ID80509.aspx

http://www.copperknob.co.uk/stepsheets/wonder-train-ID100267.aspx

http://www.copperknob.co.uk/stepsheets/rock—roll-king-ID101829.aspx

http://www.copperknob.co.uk/stepsheets/la-song-ID98507.aspx

http://www.copperknob.co.uk/stepsheets/bust-a-move-ID79954.aspx

http://www.copperknob.co.uk/stepsheets/let-it-rock-ID100731.aspx

참고 문헌

http://www.copperknob.co.uk/stepsheets/foxy-girl-ID81189.aspx

http://www.copperknob.co.uk/stepsheets/cowboy-yoddle-song-ID81234.aspx

http://www.copperknob.co.uk/stepsheets/domino-ID84687.aspx

http://www.copperknob.co.uk/stepsheets/new-york-2-la-ID96609.aspx

http://www.copperknob.co.uk/stepsheets/pink-stilettos-ID105080.aspx

http://www.copperknob.co.uk/stepsheets/ez-swing-contra-ID80445.aspx

http://www.copperknob.co.uk/stepsheets/circle-of-love-train-ID95855.aspx

http://www.fullradiusdance.org/

http://www.ballet.co.uk/magazines

http://www.answers.com/b-boy

http://en.wikipedia.org/wiki/Breakdance

http://www.todotango.com/english/main.html

http://en.wikipedia.org/wiki/Samba

http://www.nunghwa.org/

http://www.fnnews.com/news/201003191426564252

http://blog.naver.com/PostView.nhn?blogId=soclare&logNo=70083152281

http://en.wikipedia.org/wiki/United_Country_Western_Dance_Council

http://www.movist.com/movies/viewgallery.asp?mid=3093&tp=s&num=1

http://blog.naver.com/PostView.nhn?blogId=sanghui80&logNo=141672891

http://media.daum.net/life/health/newsview?newsId=20110616150209230

http://iij.co.kr/detail.php?number=99491

http://www.localsegye.co.kr/news/newsview.php?ncode=1065564528779536

http://www.daejeontoday.com/news/articleView.html?idxno=262467

http://m.sudoilbo.com/news/articleView.html?idxno=195174

http://www.gogodokdo.com/

http://culturenori.tistory.com/1662#

I.N.D.E.X.

찾아보기

I.N.D.E.X.

찾아 보기

I.N.D.E.X.

찾아보기

ㅇ

I.N.D.E.X.

찾아 보기

I.N.D.E.X.

찾아보기

I.N.D.E.X.

생활과 춤문화

2015년 8월 20일 초판 인쇄
2015년 8월 25일 초판 발행

저 자 • 박현숙
발행자 • 오판근
발행처 • 교우사

주 소 • 서울특별시 동대문구 약령시로 8 교우빌딩 2층
전 화 • 925-2861(代), 편집부 / 925-2825, 홈쇼핑 / 969-5762
팩 스 • 925-2860

이메일 / kyowoo@kyowoo.co.kr
홈페이지 / http://www.kyowoo.co.kr
북스토어(쇼핑몰) / http://www.kyowoo.co.kr

등록 / 1994. 3. 24 제6-0256호

ISBN 979-11-251-0124-6 (93680)

값 **24,000**원